本书系国家社会科学基金重大项目

"构建金融稳定的长效机制研究——基于美国金融危机的经济学分析"

（08&ZD035）的研究成果之一

中国金融安全研究丛书

何德旭　张军洲 ◇ 主 编

中国社会科学院创新工程学术出版资助项目

# 创新 风险 保障：
# 中国金融发展安全观

INNOVATION, RISK AND SAFEGUARD:
FINANCIAL SAFETY IN CHINA'S FINANCIAL
DEVELOPMENT

何德旭　张军洲 等／著

社会科学文献出版社
SOCIAL SCIENCES ACADEMIC PRESS (CHINA)

# 主要撰稿人

何德旭　张军洲　张雪兰　郑联盛　娄　峰
何　炜　张　捷　史晓琳　吴伯磊　饶云清
应寅锋　王卉彤　王朝阳　饶　明　许传华
周中胜　杨雪菜　钟　震　邱恒昌　董　捷
郑健鹏

# 总　　序

2007 年美国次贷危机爆发至今已过去五年，全球经济却依然风声鹤唳、难以平复，金融市场更是在低迷之间动荡不已。一方面，是迥异于以往的金融危机导致的经济社会的急剧变化；另一方面，则是对其变动前景的茫然，整个世界似乎正处于制度转型与秩序重构的临界时刻。然而，与茫然的深切相对应的，则是金融稳定和金融安全重要性前所未有的凸显，以及由此激发的一系列关于新形势、新趋势背景下如何实现金融稳定和金融安全的探究。

在这一背景之下，我们有幸承担了国家社会科学基金重大项目"构建金融稳定的长效机制研究——基于美国金融危机的经济学分析"（08&ZD035）的研究，特别是与国内知名高校及研究机构的专家通力合作，对中国金融稳定和金融安全长效机制的构建问题进行了较为系统而深入的探讨，并由此形成了本套"中国金融安全研究丛书"：《创新 风险 保障：中国金融发展安全观》，《中国金融安全网：理论分析与制度设计》，《宏观审慎管理与中国金融安全》，《中国金融安全的多向度解析》。

丛书以理论脉络和知识发展方式为依凭，从两个向度展开对中国金融稳定及安全问题的思考：在国际向度上，我们以经济学人的视角，探析此次金融危机的成因及演进历程，基于对历次金融危机的比较反思，描摹西方国家政府为应对金融危机而在金融监管体系、货币政策、政府职能重构等方面做出的种种努力，挖掘其蕴涵的改革理念与研究思潮；在国内向度上，我们根植中国现实，在构建及测度中国金融稳定与安全指数的基础上，从宏观审慎管理制度、货币政策选择、金融安全网设计、金融市场结构、政府职能及行为诸方面，探讨如何在由西方所主导的全球化进程和世界秩序中捍卫中国的经济金融稳定与安全。

　　尽管学识及笔力有限，但在我们努力建构一个全景式的中国金融稳定和安全长效机制的诉求背后，有我们以思辨笔耕来践履报效社会使命的责任感，更有我们对伟大祖国繁荣昌盛的美好祝愿。我们也深刻地认识到，我们所作的努力，不过是学术长河中的一朵小小浪花。中国金融稳定和安全长效机制的构建，需要更多学界同人的集体努力。我们真诚地期待着各位专家学者的批评与建言。

何德旭　张军洲

2012 年 11 月

# 目　　录

## 上篇　中国金融寻求创新发展之路

## 下篇 中国金融发展的安全保障机制

# CONTENTS

## Part One  Innovation and Development Path
## of China's Financial System

## Part Two　Risk and Risk Prevention in China's Financial Development

## Part Three　Safety Guaranty Mechanism for China's Financial Development

# 绪　言

## 中国金融体系的变迁

　　1978 年 12 月，中国共产党第十一届三中全会召开，会议决定把工作重心转移到经济建设上来，从而拉开了改革开放的帷幕。中国的金融体系和商业银行的改革开放也由此启动。30 多年来，中国金融业坚持深化改革，不断扩大开放，发生了翻天覆地的变化，呈现出加速递进的改革特征，展现着一幅跌宕起伏、波澜壮阔的历史画卷。

### 0.1　中国金融体系的变迁脉络

#### 0.1.1　中国金融体系的初步建立：1979～1992 年

　　从 1979 年开始，按照"必须把银行办成真正的银行"的思想，中国启动了有计划、有步骤的金融体制改革。1979 年 2 月，国务院决定恢复中国农业银行，统一管理支农资金，集中办理农村信贷，领导农村信用社（简称"农信社"）；3 月，国务院批准改革中国银行体制，中国银行从中国人民银行分设出来；8 月，中国人民建设银行从财政部分离出来，成为一家独立的专业银行。1984 年 1 月，中国工商银行正式成立，承担原由中国人民银行办理的金融业务。这样，就基本形成了由一家中央银行（中国人民银行）和四大国有专业银行（中国工商银行、中国人民建设银行、中国银行、中国农业银行）组成的二级银行体制。

　　中国证券市场的发展以 1981 年恢复发行国库券和 1984 年上海飞乐音响

股份有限公司向社会公开发行股票为起点。随后，1990 年上海证券交易所和 1991 年深圳证券交易所的组建，以及 1992 年国务院证券委员会和中国证券监督管理委员会（简称"证监会"）的成立，标志着中国证券市场和监管体系的初步形成。

在保险市场方面，1979 年国务院批准恢复国内保险业务，但在 1986 年新疆建设兵团农牧业保险公司成立之前，一直是中国人民保险公司独家垄断中国的保险市场，之后，中国平安保险公司、中国太平洋保险公司以及外资保险公司的相继设立使中国保险市场逐渐形成了一个多种保险公司并存和多元化竞争的局面。

通过一系列的改革，这一时期基本确定了一个由中央银行领导的、国家专业银行为主体、证券业和保险业等多家金融机构并存的格局。截至 1992 年底，除中国人民银行以外，还有 4 家专业银行、9 家全国性和区域性商业银行、12 家保险公司、387 家金融信托投资公司、87 家证券公司、29 家财务公司、11 家金融租赁公司、59000 家农村信用社和 3900 家城市信用社。此外，还有 225 家外国金融机构在中国设立 302 个代表处和 98 家经营性分支机构。[①]

1983 年 9 月 17 日，国务院决定由中国人民银行从 1984 年 1 月 1 日起专门行使中央银行的职能，并具体规定了中国人民银行的 10 项职责。之后，中国人民银行积极探索建立以中央银行为领导的新的金融体系，努力运用经济手段和必要的行政手段组织和管理金融业务，对各类金融机构进行金融行政监督。在宏观调控手段和方式上，除了改进计划调控手段之外，也开始逐步运用利率、存款准备金率、中央银行贷款等手段来控制信贷和货币的供给，通过货币政策的运用促进国民经济增长和经济结构调整。

### 0.1.2　中国金融体制改革走向深化：1993 ~ 2001 年

为适应社会主义市场经济发展的需要，1993 年 7 月，国务院决定加大经济体制改革的力度，同时推出了金融、财税、投资、外贸和外汇五大体制改革方案。其中提出的金融体制改革方案要求：把中国人民银行办成真正的中央银行，建立有效的中央银行宏观调控体系；建立政策性银行；发展和完善商业银行；进一步发展和完善金融市场；正确引导非银行金融机构的健康

---

① 参见《中国金融年鉴》（1993）。

发展；改革外汇管理体制。

按照这一要求，1994 年，国家开发银行、中国进出口银行和中国农业发展银行三家政策性银行先后挂牌成立。同时，中国农业银行、中国工商银行、中国银行和中国人民建设银行（1996 年 3 月，中国人民建设银行正式更名为中国建设银行）四大专业银行按照商业化改革的要求，转换机制，加强一级法人体制，银行结构和管理逐渐向商业化运作过渡并积极向海外扩展业务，开始了向商业银行的艰难转变。1994 年 1 月 1 日，国家外汇挂牌价和市场外汇调剂价并轨，实现了经常项目下人民币有条件可兑换，建立了以市场供求为基础的、单一的、有管理的浮动汇率制度，结束了长达 40 多年的国家垄断的汇率制度。1996 年 11 月 27 日，中国人民银行宣布人民币实现了经常项目下的可兑换。此外，为改善国有商业银行的经营状况，1999 年 4 月 19 日组建了信达资产管理公司，专门负责处置中国建设银行剥离的部分不良债权，之后又陆续成立了华融、东方和长城三家资产管理公司负责处置其他三家国有商业银行剥离的部分不良债权。

在金融市场方面，1990 年 12 月由国家经济体制改革委员会牵头，模仿美国纳斯达克市场建立了中国证券交易自动报价系统（STAQ），1993 年 4 月由中国人民银行牵头设立了同 STAQ 类似的全国电子交易系统（NET），但由于缺乏做市商制度这一场外市场的核心制度，法人股的交易非常冷清。到 1999 年 2 月，NET 和 STAQ 系统的所有挂牌公司全部跌破面值和净资产，预定功能逐渐丧失殆尽，当年 9 月管理层决定停止两个系统的交易。2001 年 6 月 12 日根据中国证券业协会发布的文件《证券公司代办股份转让服务业务试点办法》，成立三板市场并选择了 6 家证券公司作为试点单位，通过他们的网点办理原 NET 和 STAQ 遗留的 11 家挂牌公司流通股份的交易。2001 年底，三板市场的功能进一步扩展为可以接受主板市场退市公司的股份转让。

在这一阶段，中国人民银行体系也进行了改革，撤销按行政区划设置的省级分行，设立跨省的大区行，到 1998 年底，中国人民银行新的管理体系基本建立：下设 9 个分行（包括 20 个金融监管办事处）、328 个中心支行和 1828 个县支行。1998 年底，各国有商业银行与所属信托投资公司、证券公司和其他经济实体彻底完成脱钩，中国人民银行不再承担证券业和保险业的监管职能（这次改革后，证券机构的监管移交给证券监督管理委员会），由证监会单独对证券业进行监管；1998 年 11 月 18 日，保险监督管理委员会

（简称"保监会"）成立，对保险业进行专门监管。根据第十届全国人民代表大会审议通过的国务院机构改革方案的规定，又进一步将中国人民银行对银行、资产管理公司、信托投资公司及其他存款类金融机构的监管职能分离出来，并和中共中央金融工作委员会的相关职能进行整合，成立了中国银行业监督管理委员会（简称"银监会"），负责统一监管上述金融机构，维护银行业的合法、稳健运行。①

这一时期，中国金融业的法制建设也得到了进一步完善。1995 年全国人民代表大会通过了《中华人民共和国中国人民银行法》、《中华人民共和国商业银行法》②、《中华人民共和国保险法》和《中华人民共和国票据法》，以国家立法形式确立了中国人民银行作为中央银行的地位、商业银行体制和保险体制等重大问题，形成了中国金融体制的基本法律框架，标志着中国金融体制开始走向法制化和规范化的轨道。1998 年 12 月 29 日通过的《中华人民共和国证券法》，2003 年 10 月 28 日通过的《中华人民共和国证券投资基金法》以及 2003 年 12 月 27 日通过的《中华人民共和国银行业监督管理法》在上述立法的基础上使中国金融体制的法律框架又得到了进一步完善。

有必要指出的是，2001 年 12 月 11 日，中国成为世界贸易组织（WTO）的正式成员。按照金融相关行业的"入世"承诺，中国将进一步对外开放金融领域，这对中国金融业的发展包括金融体系的建设充满了机遇和挑战。引进外资金融机构，改善投资环境有利于促进中资金融机构的改革和竞争力的提升，也有利于中资金融机构更好地进入国际金融市场。但与此同时，"入世"对中资金融机构、相关监管部门的金融监管能力、金融宏观调控以及政府职能的行使都提出了严峻挑战。

### 0.1.3 五年"入世"保护期中的中国金融体系变革：2002～2006 年

中国金融体制改革在这一时期得到明显的推进。首先表现在商业银行机构的股份制改革上。2003 年以来，中国银行、中国建设银行、中国工商银

---

① 银监会自 2003 年 4 月 28 日起正式履行职责。至 2003 年底，36 个银监局和 296 个银监分局基本组建到位。银监会系统机构组织体系的初步建立，为加强对银行业金融机构的监管奠定了重要的组织基础，也标志着中国银行业监管工作进入了新阶段。

② 2003 年 12 月 27 日，十届全国人大常委会第六次会议表决通过了全国人大常委会关于修改《中国人民银行法》和《商业银行法》的决定，这两部法律以及《银行业监督管理法》于 2004 年 2 月 1 日起施行。三部法律的实施，勾勒出中国银行业运行的基本法律轮廓。

行先后实施了股份制改造，政府动用外汇储备向三家注资总计 600 亿美元（其中中国银行和中国建设银行分别注资 225 亿美元，中国工商银行注资 150 亿美元）。继交通银行、中国建设银行 2005 年境外上市后，2006 年，中国银行、中国工商银行先后在境内外成功上市，开创了中国银行业"A 股 + H 股"的上市模式之先河，成为国有商业银行股份制改革（简称"股改"）和当年资本市场发展的亮点。4 家股改银行上市共募集资金约 470 亿美元，按 2006 年底收盘价计算，国有股份市值达到 36062 亿元，实现了国有资产的保值增值。中国工商银行、中国银行和中国建设银行均跻身于世界十大银行之列，分别列第 3 位、第 6 位和第 7 位，取得了前所未有的成绩。2006 年，4 家股改银行在公司治理机制、发展战略和经营理念、透明度建设以及激励约束机制等方面均取得突出成效，经营绩效大幅度提升，与国际先进银行的差距不断缩小。2006 年 4 月，中国银监会参考国际银行业的一般做法，出台了《国有商业银行公司治理及相关监管指引》，设定三大类 7 项考核指标对国有商业银行进行考核，具体包括经营绩效类（总资产净回报率、股本净回报率、成本收入比）、资产质量类（不良贷款率）和审慎经营类（资本充足率、大额风险集中度和不良贷款拨备覆盖率），建立了对国有商业银行的持续监测和评估机制。

农村金融体制改革也提上了重要议事日程。2005 年 5 月，根据国务院四部委小额信贷专题工作组的部署，山西、贵州、四川、陕西、内蒙古 5 省区被确定为农村小额信贷试点。同年 12 月 27 日，新中国成立以来第一批正式注册的新型民间商业性金融组织——"小额贷款公司"在山西省平遥县率先成立。截至 2006 年底，全国已有 30 个省（区、市）开展深化农村信用社改革工作，农村信用社在管理体制、产权模式和组织形式等方面发生了变化，改革取得阶段性成果。一是基本完成管理体制改革。将管理交省政府负责，初步形成"国家宏观调控、加强监管，省级政府依法管理、落实责任，信用社自我约束、自担风险"的管理框架。形成三种省级管理机构模式：有 27 个省（区、市）组建省级联社；北京、上海组建全市一级法人体制的农村商业银行；天津设立市、区（县）两级法人的农村合作银行。二是积极探索新的产权模式和组织形式。产权开始明晰，法人治理有所改善，经营机制初步转换。在合作制基础上，探索实践股份制、股份合作制等新的产权形式，组建农村商业银行、农村合作银行、县（市）统一法人机构。三是消化历史包袱。有序落实中央和地方政府扶持政策，消化历史包袱，化解风险，支农服务能力和水平明显增强。四是赢利水平提高。农村信用社整体账面利润实现扭亏为盈并持续增长（2006 年达到 187 亿元）。

在邮政储蓄改革方面，2006 年 6 月 22 日，银监会批准筹建中国邮政储蓄银行。12 月 31 日，正式批准由中国邮政集团公司以全资方式出资成立邮政储蓄银行。这是中国邮政储蓄实现规范化经营和管理的历史性跨越。

城市商业银行以风险处置和改革发展为主线，引进境内外机构投资者，规范信息披露，开展联合与重组。继 2005 年安徽省 6 家城市商业银行和 7 家城市信用社重组为徽商银行后，2006 年，江苏省 10 家城市商业银行重组为江苏银行，山东省十几家城市商业银行探索组建合作联盟，搭建合作平台。按照扶优限劣的原则审慎批准设立异地分支机构，上海银行率先突破区域限制，获准在宁波设立异地分行，北京银行获准设立天津分行。

在金融市场体系方面，除主板市场之外，还建立了"二板"和"三板"市场，从而在名义上搭建起了多层次资本市场的大致框架。2004 年 5 月 27 日，经国务院批准，在深圳证券交易所内设立了中小企业板块的股票交易新品种，出现了二板市场的雏形。2006 年 1 月，中关村科技园区非上市股份有限公司可以进入三板市场进行股份转让。至此，在三板市场上市的企业就包括了只发行三板股票的企业、主板退市企业以及中关村科技企业。二板市场正式名称是中小企业板市场。在二板市场上市的企业逐渐增加，标志着中国以主板市场为主体的证券市场结构体系，正由原来的主板、代办转让交易市场并行，逐渐发展成为以主板为主体、二板和三板并行的市场结构体系。

从 2003 年开始，中国的期货市场出现了恢复性增长，当年成交总额突破了 1995 年的历史纪录。2004 年 6 月以后，中国证券监督管理委员会陆续推出了燃料油、棉花、玉米、黄大豆 2 号等品种；2006 年 1 月又推出了白糖和豆油期货，商品期货品种日益丰富。在实物期货品种创新的同时，金融期货开始进入人们的视野。2006 年 9 月 8 日，经国务院同意和证监会批准，由上海期货交易所、郑州商品交易所、大连商品交易所、上海证券交易所和深圳证券交易所共同发起设立的中国金融期货交易所挂牌。2006 年 10 月 25 日，中国金融期货交易所发布《中国金融期货交易所仿真交易业务规则》，并于 10 月 30 日开始沪深 300 股指期货的仿真交易活动。这对于深化资本市场改革，完善资本市场体系和发挥资本市场功能，具有重要的推动作用。

为了充分借鉴国外成熟的经验，积极推进中国资本市场的对外开放，2002 年 11 月 5 日，中国证监会和中国人民银行联合发布了《合格境外机构

投资者境内证券投资管理暂行办法》，正式宣布在中国引入 QFII 制度。① 11
月 28 日，国家外汇管理局发布了《合格境外机构投资者境内证券投资外汇
管理暂行规定》，对所涉及的外汇管理进行了细化。12 月 1 日，上海和深圳
两家证券交易所以及中国证券登记结算公司分别发布了专门针对 QFII 制度
的交易和清算细则。2003 年 7 月 9 日，瑞士银行高调完成 QFII 第一单，
QFII 正式进入中国 A 股市场。2006 年 8 月 25 日，中国证监会、中国人民银
行和国家外汇管理局联合发布《合格境外机构投资者境内证券投资管理办
法》，标志着中国内地金融市场以更低的门槛迎接海外资本。此外，作为对
外开放的另一项制度安排，2006 年 2 月 1 日，《外国投资者对上市公司战略
投资管理办法》正式实施，允许外国投资者对上市公司进行战略性投资。

外汇体制改革方面，自 2005 年 7 月 21 日起，中国开始实行以市场供求
为基础、参考一篮子货币进行调节、有管理的浮动汇率制度。人民币汇率不
再盯住单一美元，而是按照中国对外经济发展的实际情况，选择若干种主要
货币，赋予相应的权重，组成一个货币篮子。作为配套措施，2005 年 8 月 2
日，中国人民银行发布实施了《关于扩大外汇指定银行对客户远期结售汇
业务和开办人民币与外币掉期业务有关问题的通知》，扩大商业银行的业务
服务范围。9 月 22 日，国家外汇管理局发布实施《关于调整银行结售汇头
寸管理办法的通知》，将结售汇周转头寸涵盖范围扩展为外汇指定银行持有
的因人民币与外币间交易而形成的外汇头寸，并实行结售汇综合头寸管理。

### 0.1.4　全面开放背景下的中国金融体制改革攻坚：2007 年以来

2007 年，大型商业银行继续深化与机构投资者在公司治理、业务转型、
风险管理、员工培训等方面的合作，加强公司治理和业务流程的优化建设，
在信用卡、私人银行等业务领域，按照流程银行的要求共建了多个相对独立
的业务单元，直接引进先进的风险控制技术，业务创新、风险管理水平和整
体竞争能力得到提升。政策性银行改革步伐加快，2007 年初，全国金融工
作会议明确，政策性银行改革坚持"分类指导、一行一策"的改革原则。
国家开发银行商业化改革的方向和原则基本确定，并按照现代企业制度推进

---

① 作为一种准市场开放模式，许多国家和地区，特别是新兴市场经济体大都在货币完全可自
由兑换前实施过 QFII 这种过渡性制度。应该说，在中国资本项目尚未完全放开的情况下，
通过有限度地引进外资进入证券市场，既有利于增加证券市场的资金来源，也能够为资本
项目的最终开放积累经验。

改革，全面推行商业化运作，自主经营、自担风险、自负盈亏，主要从事中长期业务。12 月 31 日，中国投资有限责任公司（简称"中投公司"）向国家开发银行注资 200 亿美元，国家开发银行资本实力得到增强。中国农业发展银行和中国进出口银行扎实推进内部改革，大力加强内部控制和风险管理，稳步拓宽业务范围，努力提高市场化管理水平，为全面改革积极创造有利条件。中国邮政储蓄银行的组建工作也取得了突破性进展，邮政储蓄银行总行于 2007 年 3 月 20 日正式挂牌成立，改革的重点开始转向推进公司治理建设和分支机构组建工作。2007 年，中国银监会批准邮政储蓄银行在全国筹建 36 家一级分行（包括 31 家省级分行和 5 家计划单列市分行）及其所属的 20405 家分支机构，全面放宽其业务范围，允许其经营《商业银行法》规定的各项业务。组建后的邮政储蓄银行网络成为沟通和连接中国城乡经济社会的最大金融网络，其分支机构覆盖中国所有的市、县和主要乡镇，大部分设置在县及县以下地区，也是农村金融服务体系的重要组成部分。邮政储蓄银行成立后，继续依托邮政网络，按照现代商业银行公司治理和管理要求，建立严格的内部控制和风险管理体系，实行市场化经营管理。邮政储蓄银行的市场定位是：以零售业务和中间业务为主，为城市社区和广大农村地区居民提供基础金融服务，支持社会主义新农村建设和城乡经济社会协调发展。中小商业银行进一步探索联合发展的多种模式，注重加强公司治理建设和风险防范能力建设。2007 年，广东发展银行内部改革全面启动，深圳发展银行完成股权分置改革，中国光大银行财务重组方案获得通过。中信银行、兴业银行、宁波银行、南京银行和北京银行等 5 家银行成功上市。一批城市商业银行联合重组和跨区域发展步伐加快。14 家符合条件的城市信用社批准组建城市商业银行。2007 年，中国银监会还批准成立了一批新的农村金融机构。2007 年初，中国银监会发布 6 份文件为新型农村银行业金融机构服务"三农"提供制度保障，实施细则文件包括：《村镇银行管理暂行规定》、《村镇银行组建审批工作指引》①、《贷款公司管理暂行规定》、《贷

---

① 村镇银行是指经中国银行业监督管理委员会依据有关法律、法规批准，由境内外金融机构、境内非金融机构企业法人、境内自然人出资在农村地区设立的主要为当地农民、农业和农村经济发展提供金融服务的银行业金融机构。《村镇银行管理暂行规定》规定村镇银行可经营吸收公众存款发放短期、中期和长期贷款，办理国内结算、票据承兑与贴现，从事同业拆借和银行卡业务，代理发行、代理兑付、承销政府债券，代理收付款项及保险业务等业务。有条件的村镇银行要在农村地区设置 ATM 机。

款公司组建审批工作指引》①、《农村资金互助社管理暂行规定》以及《农村资金互助社组建审批工作指引》，旨在规范村镇银行、贷款公司、农村资金互助社的设立与退出、组织机构、公司治理、经营行为及组建审批程序。2007 年 3 月 1 日，四川仪陇惠民村镇银行正式开业，标志着一类崭新的农村银行业金融机构在中国农村地区的正式诞生。截至 2007 年底，共有 31 家新型农村金融机构开业，其中村镇银行 19 家，贷款公司 4 家，农村资金互助社 8 家，进一步拓宽和引导各类资金流向农村的渠道，在解决农村金融服务问题上实现重大突破。农村信用社省级联社管理体制改革模式稳步推进，农村信用社跨区域发展试点开局良好。截至 2007 年底，已组建银行类金融机构 130 家，组建以县（市）为单位统一法人机构 1818 家，地（市）统一法人社 7 家。作为解决巨额外汇储备的一个重要选择，2007 年 9 月 29 日，中国投资有限责任公司宣告成立。作为专门从事外汇资金投资业务的国有投资公司，中投公司有望减轻外汇储备增长对人民币供应的压力，缓解流动性过剩问题；同时，还有助于提高外汇资产的投资收益。

2008 年，政策性银行改革取得突破性进展，国家开发银行于 2008 年 12 月 7 日获准以发起设立的方式改制，设立国家开发银行股份有限公司，注册资本金 3000 亿元，由财政部和中央汇金投资有限责任公司共同出资，双方持股比例分别为 51.3% 和 48.7%。国家开发银行股份有限公司全面纳入商业银行监管范畴，初步建立起资本约束机制，资本充足率为 11.3%。中国邮政储蓄银行分支机构组建工作基本完成，截至 2008 年底，36 家一级分行、312 家二级分行和 19564 家支行全部核准开业，基本完成与邮政企业的分离经营、分账核算和成本费用追溯调整，初步建立财务会计预算、核算体系，开始按照商业银行要求独立运行。城市商业银行加大跨区域发展力度，截至 2008 年底，全国有 33 家城市商业银行跨区域（包括省内、省外）设立 54 家异地分行（含开业和批准筹建）、29 家异地支行。农村合作金融机构改革进入新阶段，管理体制和产权制度改革加快推进。重庆市和宁夏回族自治区农村信用联社成功组建为农村商业银行，截至 2008 年底，改制组建银行类金融机构 185 家，其中农村商业银行 22 家，农村合作银行 163 家，

---

① 贷款公司是指经中国银行业监督管理委员会依据有关法律、法规批准，由境内商业银行或农村合作银行在农村地区设立的专门为县域农民、农业和农村经济发展提供贷款服务的非银行业金融机构。《贷款公司管理暂行规定》规定贷款公司不得吸收公众存款，营运资金为实收资本和向投资人的借款。

组建以县（市）为单位统一法人机构 1966 家，地（市）统一法人社 7 家。跨区域投资发展实现重大突破。江苏和浙江等省农村商业银行和农村合作银行战略投资异地农村合作金融机构；宁波鄞州农村合作银行成功入股秦皇岛城市商业银行；常熟、张家港和天津滨海 3 家农村商业银行设立异地支行，一批农村合作金融机构发起设立新型农村金融机构。

2009 年，政策性银行及国家开发银行改革不断深入，国家开发银行商业化转型稳步推进。按照现代金融企业制度和商业银行运行管理要求完善公司治理机制建设，不断提高公司治理有效性。国家开发银行出资 350 亿元设立国开金融有限责任公司，并出资收购航空证券有限责任公司全部股权，初步建立子公司的资本约束机制和监管模式，以及母子公司、银行和非银行业务之间风险隔离机制。中国进出口银行坚持政策性银行定位和服务职能不变，通过修订章程、补充资本，建立健全公司治理机制和风险约束机制，进一步增强政策性金融服务功能。2009 年，大型商业银行改革持续深化，各大型商业银行进一步深化组织机构扁平化改革、事业部制和流程银行改革；完善公司治理机制，提高董事会的独立性和专业性；加大内部评级法的开发力度，积极准备实施新巴塞尔资本协议，稳步提升风险管理能力；注重吸取国际金融危机教训，进一步增强资本约束意识，不断提高资本质量；审慎开拓海外市场，国际化程度继续提升。2009 年，资产管理公司积极实施战略转型，长城资产管理公司收购广电日生保险公司 50% 股份，与日本生命保险相互会社共同成立长生人寿保险公司，信达资产管理公司投资入股西安市商业银行，东方资产管理公司投资入股金诚国际信用评估有限公司。

中国保险业得到了迅速发展，综合实力明显提升、服务能力显著增强、行业地位和社会影响力大幅提高，一个统一开放、竞争有序、充满活力的保险市场基本建立。2006~2010 年，中国保险公司数量由 93 家增加到 146 家，保费收入由 4931 亿元增加到 1.47 万亿元，总资产由 1.5 万亿元增加到 5 万亿元，呈现出原保险、再保险、保险中介、保险资产管理相互协调、中外资保险公司共同发展的市场格局。与此同时，一批资本充足、内控较为严密、服务和效益较好的现代保险企业快速成长。在 2006 年初 3 家保险公司资产过 1000 亿元的基础上，经过几年的发展，到 2010 年已有 7 家保险公司资产超过 1000 亿元、2 家超过 5000 亿元、1 家超过 10000 亿元，保险公司在中国金融市场和国际保险市场的影响力和竞争力不断提升。

中国资本市场也实现了重大发展和突破，服务经济社会发展全局方面的能力显著提高，市场整体运行质量明显提升，特别是在美国金融危机爆发之后，中国证券期货监管部门以及市场参与各方牢牢把握市场发展大局，抓住机遇、克服困难，稳步推进改革创新，同时加强基础设施建设、培育和完善市场机制、强化监管效能，使资本市场总体平稳健康运行、功能得到较好发挥，为促进国民经济平稳较快发展做出了积极贡献，中国资本市场已成为全球最重要的资本市场之一。截至 2011 年 1 月底，中国沪、深股市总市值已经达到 26.13 万亿元，市值排名由 2005 年的全球第 13 位跃升至第 2 位，沪、深两市上市公司达到了 2094 家；中国期货市场在 2010 年全年成交达31.33 亿手、成交金额 309 万亿元，分别是 2005 年的 8.7 倍和 22 倍，商品期货市场成交量已连续两年居世界第一。

## 0.2　中国金融体制改革开放的主要成就

改革开放 30 多年来，中国金融业在创建独立自主的货币制度、维护金融稳定、支持经济发展和经济结构调整等方面发挥了重要作用，已经成为宏观经济管理和调控过程中不可或缺的重要渠道。归纳起来，中国金融改革开放所取得的成就主要体现在如下六个方面。

第一，建立了统一健全的货币制度。货币是金融存在的必然条件，因而也是构成金融体系的最基本要素。在现代货币经济中，商品的交换、生产要素的流动都是通过货币来进行的。因此，货币对内对外币值的稳定与否，直接关系到投资意愿和资源配置效率，进而影响金融体系的安全和金融功能的发挥。在通过一系列改革建立了比较完善的货币制度之后，人民币已经成为世界上一种比较稳定的货币。改革开放以来，通过不断推进外汇体制改革，形成了与中国国情基本符合的汇率管理制度，人民币的对内币值与对外币值有了共同的市场基础。在国际经济交往中，人民币汇率的稳定也获得了较好的国际声誉。

第二，形成了功能齐备的金融组织体系。在现代市场经济中，资金融通必须借助于专门的金融机构（媒介）来完成。各种金融机构在资金资源配置中发挥着不同的作用，比如商业银行主要是吸收存款和发放贷款；证券公司（或投资银行）主要是提供中介服务将一部分资金直接转化为长期资本；保险公司通过转移和分散风险、降低损失，为社会再生产的各个环节提供经济保障。可见，金融要在现代经济中发挥核心作用，其最重要的一个微观基础就是功能齐全、合理分工、公平竞争的金融组织体系。在中国，金融组织体系由单一的国家银行体系发展到现在，已初步建立了由"一行三会"（中国人民银行、中国银监会、中国证监会、中国保监会）调控和监管，国有控股商业银行为主体，政策性金融与商业性金融相分离，多种金融机构分工协作，多种融资渠道并存，功能互补和协调发展的金融体系，为国民经济持续健康稳定发展构筑了良好的货币和金融环境。

第三，构建了竞争有序的金融市场。金融市场的有序运转是促进资源优化配置和金融体系功能有效发挥的重要条件。金融市场主要包括货币市场和资本市场两个部分，前者主要是调剂资金余缺，后者则负责提供长期资本和永久性资本。货币市场与资本市场的均衡发展，可以使直接融资和间接融资之间形成合理的比例，有助于改善社会融资结构。至目前，中国已经建立了一个较为完备的，包括同业拆借市场、银行间债券市场、大额定期存单市场和商业票据市场等子市场在内的货币市场。货币市场资金流动畅通，加强了商业银行的贷款能力，提高了货币政策传导的效率和力度；货币市场利率能够较灵敏地反映金融机构的头寸变化和中央银行的货币政策，逐步成为中央银行货币政策的重要操作目标和主要的经济指标，为利率市场化奠定了良好的基础。资本市场方面，这些年来债券市场、股票市场、基金市场、期货市场的迅速发展为建立一个多层次资本市场体系、完善资本市场结构和丰富资本市场产品提供了良好的基础。

第四，形成了灵活高效的金融宏观调控体系。一个健全的金融宏观调控体系有助于实现总供给与总需求的基本均衡，促进国民经济健康、协调、可持续发展。一般来说，健全的金融宏观调控体系需要一个较为独立的中央银行，功能齐备的货币政策工具和畅通的货币政策传导渠道，其目的在于维持币值对内对外的稳定，并以此促进经济发展。中国改革开放以来，宏观经济管理由以实物管理为主逐步转向以价值管理为主，指导性计划和市场调节逐步取代指令性计划。商业银行开始代替财政在社会资金的集中与分配中居于支配地位，银行贷款范围逐步扩大。在 1997 年亚洲金融危机之后，中国货币政策工具的选择、运用、时机和力度以及货币政策的传导机制都发生了显著变化。近年来，通过政策调整和配合实施，金融宏观调控在促进经济发展中产生了良好的效果。

第五，明确规范的金融监管体系。由于金融体系特别是银行系统内在的脆弱性，为了保持金融体系的稳健运行和金融体系功能的充分发挥，必须加强对金融业的监管，促进金融机构强化内部风险控制，充分保护存款人和投资者的利益。而提高金融监管效率的一个必要条件就是建立一个与金融业发展水平相适应的金融监管体系。改革开放以来，中国陆续颁布了一系列金融法律法规，通过进行一系列银行和非银行、证券业、保险业的监管立法，建立和完善了金融监管的法律框架。为适应金融机构多元化、金融业务相互交叉和竞争的格局，建立了分业经营、分业监管的金融体制。通过改革中央银行的监管体制，建立和完善证券业、保险业以及银行业的监管体制，同时通过在改革金融监管方式的过程中逐渐丰富监管手段，使金融监管体制得到了进一步发展和完善，在维护金融秩序、执行国家经济金融政策、促进国民经济发展过程中发挥了重要作用。

第六，面向世界的金融开放。在经济全球化和金融全球化的时代，只有不断提高金融业对外开放的水平，才能更好地发挥金融在现代经济中的核心作用。但也必须注意到，金融业在对外开放的同时也面临着较大风险，甚至会影响一国的经济安全。因此，要积极参与国际竞争、主动融入金融全球化进程，并且有效防范金融对外开放可能带来的风险，就必须建立一个稳健的金融开放机制。根据经济体制改革的整体战略需要，中国在金融对外开放过程中采取了循序渐进的策略，确保了金融系统的稳定运行和发展。在引进外资金融机构的同时，通过实施"走出去"战略，中资金融机构开始进入国际金融市场。加入 WTO 之后，中国金融业进一步融入世界经济中，在面临内在改革要求和外部竞争压力的双重形势下不断发展，金融服务水平和行业竞争力有了进一步提升。

## 0.3　中国金融体制改革的趋势和方向

针对金融体制中存在的突出问题，借鉴发达国家金融发展的经验，中国金融体制改革的趋势和方向是：

在金融监管方面，为了更好、更有效地防范和化解金融风险，为中国金融发展创造适宜的条件，必须尽快提高金融监管的水平。对此，有必要：①根据中国金融市场发展状况及时清理和完善现有的法律法规，尤其是加强中国金融业市场准入、业务规范、行业竞争、市场退出和金融网络化、电子化等方面的立法工作；②及时更新金融监管理念，明确金融监管的内容，实行金融监管模式、金融监管手段、金融监管内容等方面的创新，以使中国金融监管从传统的合规性监管向经营性风险监管和功能性监管转变，从单纯维护金融安全监管向兼顾金融安全和提高金融业核心竞争力方面转变，从外部监管向内外结合型监管转变；③建立和完善金融业信息披露制度，统一量化监管标准，完善金融机构的非现场监管；④完善金融监管队伍的建设，提高金融监管人员的素质。

在金融监管协调方面，考虑到中国金融体制机制尚不完善，现代金融企业制度还不够健全，企业风险控制意识和能力有待进一步提高等现实情况，银行、证券和保险分业监管体制在未来还将继续实行一段时间，但随着综合经营试点的稳步推进，金融监管体制改进的重点应该转移到逐步推进以资本充足率为核心内容的监管方式，建立健全银行、证券、保险监管机构之间以及同中央银行、财政部门的有效协调和沟通机制，强化风险监管，建立市场化的正向激励机制和风险及时校正机制，减少系统性金融风险的积累。此外，出于有效防范风险和维护金融稳定的要求，金融机构市场退出机制还需要进一步规范，相应的存款保险、投资者保护和保险保障等制度有必要着手建立和完善。

在增加农村金融服务供给方面，除了进行小额贷款公司和村镇银行的试点工作之外，农村金融作为未来一段时期中国金融改革的重点，应该有一系列新的措施出台。毋庸置疑，建设社会主义新农村政策的推行，将给中国农村金融的改革和发展提供一次难得的历史机遇。建设社会主义新农村是一项长期的历史任务，在未来一段时间，推进这项工作的重点内容包括促进农业稳定生产，推动农民收入持续增长和实现农村经济的快速发展，而这些目标的实现都需要大量资金投入和金融支持。在这种背景下，未来中国农村金融市场竞争将更加激烈，现行的农村金融体系安排将面临重新洗牌的可能。针对建设社会主义新农村对金融的需求，应该采取的措施包括：进一步健全农村金融组织体系，中国农业银行和中国农业发展银行作为农村金融体系的骨干和支柱，其内部规范和业务开展应进一步深化；为农村经济发展提供更加丰富和多样化的金融产品与服务项目，包括小额贷款、联保贷款、信用贷款、农业保险、农产品期货等。

在金融机构的改革与发展方面，对于已经完成上市改制的中国工商银行、中国建设银行、中国银行和中国农业银行，其改革重点应放在继续完善公司法人治理结构与内控制度，加强贷款风险的监测和管理，建立科学、合理、有效的覆盖全部业务的风险管理机制。在政策性银行改革方面，随着商业化运作的全面推行，国家开发银行应逐步发展成为自主经营、自担风险、自负盈亏的金融企业，并把业务重点集中在中长期业务上。中小金融企业由于在创新过程中面临着相对较低的风险，因此更容易成为创新的源泉，未来中国多种所有制的中小金融企业将得到快速发展。同时，还需要进一步完善股份制商业银行的运行机制，积极鼓励社会资本和外资参与中小金融机构的重组改造，稳步推进中小金融企业改革。另外，证券公司、基金管理公司的法人治理结构还需要进一步完善，信托投资公司应向着规范发展的方向改进，并进一步深化保险公司的体制改革，从而把这些非银行金融机构建设成规模适当、有经营特色的金融企业。

在金融市场发展方面，下一步的改革重点在于积极推进多层次金融市场体系的建设，通过加强基础性制度建设，健全金融市场的登记、托管、交易、清算系统，建立多层次市场体系和良好的市场竞争环境。在股票市场方面，改革的重点要逐步转移到基础设施建设、制度创新、市场创新、上市公司质量、投资者保护等方面；债券市场作为中国资本市场的薄弱环节，还需要加快发展速度，特别是企业债券（公司债券）的发行规模需要进一步扩大，债券管理体制、市场化发行机制和发债主体的自我约束机制需要进一步完善，从而建立一个集中监管、互通互连的债券市场。除此之外，货币市场、保险市场和期货市场应在发展中不断完善，推出一些新型金融产品，进一步丰富市场交易工具。

还有，在中国金融业全面对外开放的背景下，未来中国金融开放不应该再仅仅局限于相关承诺的落实上，而应该在确保金融对外开放与总体经济改革相适应、与市场发育程度和监管水平相一致的前提下，把重点放在提高对外开放的质量和水平上。未来一段时期，中国金融对外开放方面的改革应包括：进一步完善审慎监管，促进中外资金融机构的公平竞争，出台一系列外资金融机构在进入和监管方面的管理规定。在相关政策上鼓励外资金融机构在中西部地区落户，以与整个国家战略相配合。还要加强区域和国际间的金融合作，让越来越多的国内金融机构走出国门进入世界市场，让中国金融业以更加积极的姿态融入全球金融体系。

基于前一个时期金融改革的进程、美国金融危机带来的深刻教训以及金融业在快速发展过程中出现的一些新情况和新问题，如金融体系不健全且结构不尽合理、利率和汇率形成机制仍不完善、金融监管的适应性不强、资本市场和保险市场发展还有较大空间、直接融资比重依然偏低、城乡和区域金融发展还不协调、农业和中小企业金融服务仍然薄弱、金融企业公司治理和风险管理水平有待提高、金融业发展的信用环境有待改善、国际收支不平衡等，中国将继续深化金融体制改革。具体来看，"十二五"时期，中国将在以下方面取得突破：第一，构建逆周期的金融宏观审慎管理制度框架；第二，稳步推进利率市场化改革；第三，完善以市场供求为基础的有管理的浮动汇率制度，改进外汇储备经营管理，逐步实现人民币资本项目可兑换；第四，加强金融监管协调，建立健全系统性金融风险防范预警体系和处置机制；第五，参与国际金融准则新一轮修订，提升中国金融业稳健标准；第六，建立存款保险制度；第七，深化政策性银行体制改革；第八，健全国有金融资产管理体制；第九，完善地方政府金融管理体制；第十，深化农村信用社改革，鼓励有条件的地区以县为单位建立社区银行，发展农村小型金融组织和小额信贷，健全农业保险制度，改善农村金融服务；第十一，加快多层次资本市场体系建设，显著提高直接融资比重；第十二，积极发展债券市场，稳步发展场外交易市场和期货市场。

可以预期，经过这些方面的改革，中国的金融体系将更加完善，中国的金融政策将更加灵活，中国的金融监管将更加有效，中国的金融市场将更具活力，中国金融将在中国经济社会发展过程中居于更加重要的地位，发挥更加重要的作用。

上 篇

◀◀◀ 中国金融寻求创新发展之路

# 1

## 中国银行业的对外开放

### 1.1　中国银行业发展概况

改革开放 30 多年来，中国商业银行发生了根本性变化，取得了举世瞩目的成绩，综合实力、风险管理能力、国际地位全面提升，实现了历史性跨越。

2009 年，中国银行业金融机构包括政策性银行 3 家，大型商业银行 5 家，股份制商业银行 12 家，城市商业银行 143 家，城市信用社 11 家，农村商业银行 43 家，农村合作银行 196 家，农村信用社 3056 家，邮政储蓄银行 1 家，资产管理公司 4 家，外资法人金融机构 37 家，信托投资公司 58 家，企业集团财务公司 91 家，金融租赁公司 12 家，货币经纪公司 3 家，汽车金融公司 10 家，村镇银行 148 家，贷款公司 8 家以及农村资金互助社 16 家。中国银行业金融机构共有法人机构 3857 家，营业网点 19.3 万个，从业人员 284.5 万人。

根据中国银监会公布的银行业统计数据，截至 2010 年末，中国银行业金融机构境内本外币资产总额为 94.3 万亿元，比 2009 年同期增长 19.7%；负债总额为 88.4 万亿元，比 2009 年同期增长 19%（见图 1 - 1）。分机构类型看，大型商业银行资产总额 45.9 万亿元，增长 14.4%；股份制商业银行资产总额 14.9 万亿元，增长 26.1%；城市商业银行资产总额 7.9 万亿元，增长 38.2%；其他类金融机构资产总额 25.7 万亿元，增长 21%。从结构上看，大型商业银行资产总额占中国银行业资产总额的比例达到近 50%（见图 1 - 2）。根据英国《银行家》杂志最新评选结果，中国工商银行、中国建设银行、中国银行、中国农业银行、交通银行分别位列全球银行税前利润总额第1位、2位、7位、14位和19位，来自中国的商业银行已经在世界大企业的名录中有了一席之地。

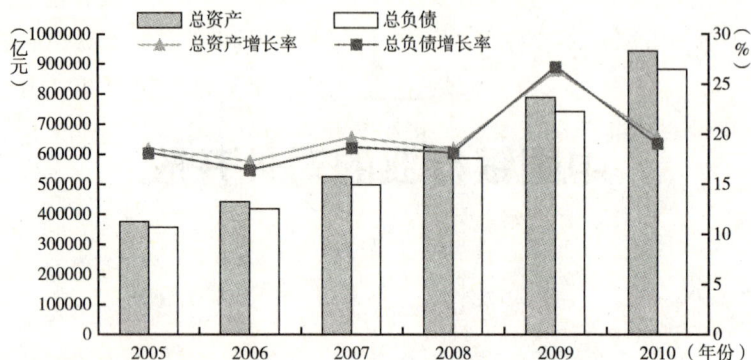

**图1-1 中国银行业资产负债规模及增长率**

注：银行业金融机构包括政策性银行、大型商业银行、股份制商业银行、城市商业银行、农村商业银行、农村合作银行、城市信用社、农村信用社、邮政储蓄银行、外资银行和非银行金融机构。

资料来源：中国银行业监督管理委员会网站。

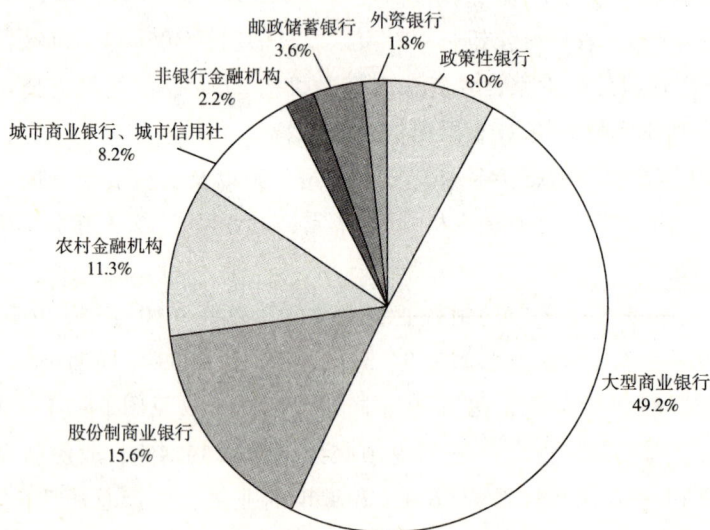

**图1-2 中国银行业金融机构资产结构**

资料来源：中国银行业监督管理委员会网站。

更不可忽视的是中国银行业在机制改革上取得的巨大进步。近几年来，在经历了国家注资、处置不良资产、设立股份公司、引进战略投资者、择机上市等一系列步骤后，中国工商银行、中国银行、中国建设银行、交通银行4家大型商业银行先后完成财务重组和股份制改革工作，并在香港联合交易所和上海证券交易所成功上市。2008年，尽管面对着国际金融危机带来的各种冲击，但中国农业银行的股改上市依然如期启动。2010年7月15日、16日，中国农业银行分别在上海和香港两地成功实现公开同步上市，成为A股第三大上市公司、全球第七大上市银行。中国农业银行上市也标志着大型国有商业银行的上市工作圆满完成。这些大银行按照现代企业制度的要求不断改善公司治理结构，深化内部机制改革，由股东大会、董事会、监事会和高级管理层组成的公司治理基本架构搭建完毕，良好的公司治理文化正在培育之中，而新的体制和机制带来的创新、变革和效率也正在不断显现。

通过几年的改革实践，大型商业银行的内控机制和管理能力不断增强，风险防范体系不断完善。截至2010年底，中国商业银行不良贷款余额为4293亿元，占全部贷款的比例为1.14%（见图1-3）；商业银行的资本充足率达到12.2%，核心资本充足率为10.1%（见图1-4）。这些指标充分说明了中国的商业银行在风险管理能力上的显著提升以及在稳健经营上取得的巨大成果。

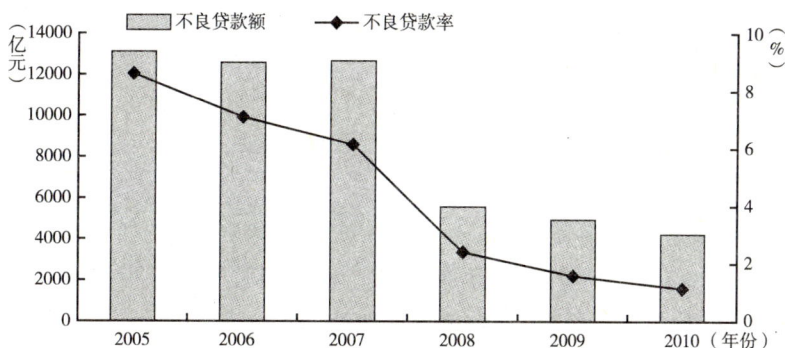

**图1-3 中国商业银行业不良贷款额与不良贷款率**

注：商业银行包括大型商业银行、股份制商业银行、城市商业银行、农村商业银行和外资银行。

资料来源：中国银行业监督管理委员会网站。

此外，各商业银行不断深化与战略投资者的合作，在转换经营机制、完善风险控制、开发金融产品、改善金融服务等方面取得了明显进展。特别是

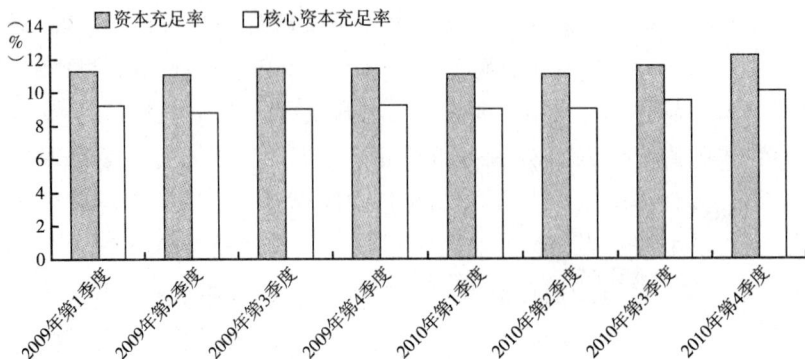

图 1 - 4  中国商业银行业资本充足率

资料来源：中国银行业监督管理委员会网站。

成为上市公司后，各商业银行信息披露不断规范，对高级管理层的履职约束显著加强，对股东尤其是中小股东权利和权益的保障也在不断加强。

经过 30 多年的改革发展，中国商业银行已经成长为中国经济发展的主要支撑力量，具体体现在：

第一，商业银行为国民经济发展提供了全方位的支持。商业银行冲破了传统经营范围和领域的限制，从简单再生产领域跨入扩大再生产领域，继而进入了消费领域；突破了所有制方面的界限，除了国有、集体等公有制企业以外，对外资、合资、私营、民办企业、个体工商户、农户和自然人等各种经济成分的经济实体，商业银行都一视同仁地提供贷款融资支持和其他金融服务。可以说，商业银行形成了渗透到经济每一细胞、每一环节的金融经营覆盖网络。

第二，商业银行融资总量明显扩大，成为中国融通资金的主要渠道。有数据显示，20 世纪 80 年代以来，商业银行每年对社会经济投入的资金量迅速增加。截至 2009 年的 20 多年里，商业银行以年均 20% 以上的速度增加贷款的投入量。商业银行贷款总量已由 1984 年的 5000 多亿元上升为 2009 年上半年的 390000 多亿元，商业银行已成为与财政投资并重的主要融资渠道之一。商业银行巨大的和高速增长的资金供给，成为中国经济连续 30 多年保持高速增长的重要支撑。

第三，中国商业银行体系的稳定性明显增强。中国商业银行特别是原来的国有商业银行成功地实现了改制转型，即通过股份制改革，实现了产权结构多元化，保持了国家的绝对控股地位及国有资产的保值增值，确立了现代金融企业制度，建立了规范的现代公司治理结构，形成了决策科学、执行有力、监督有效的运行机制，改变了中国银行业的国际形象、经营状况和竞争实力，也为中国经济较少受到国际金融危机的直接冲击提供了稳定的金融支持。截至 2010 年 12 月底，中国 281 家商业银行资本充足率水平全部超过8%，达标银行资产占商业银行总资产的比例达到 100%（见图 1-5）。

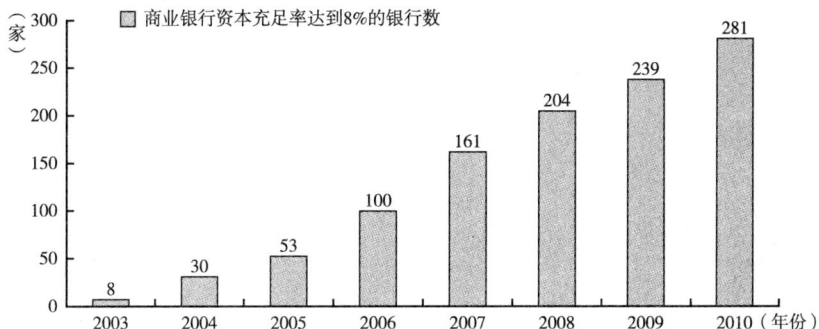

图 1-5　中国商业银行资本充足率情况

资料来源：中国银行业监督管理委员会网站。

第四，中国商业银行确立了可持续发展的坚实基础。商业银行的经营效益有了大幅提高，其中中国工商银行，自 2003 年引入国际审计至 2010 年的净利润年复合增长率达到了 37.5%，成为全球成长性最好的大型商业银行之一。同时，中国商业银行充分分享了中国经济高速增长的红利，经营规模和赢利能力都保持了快速增长的势头，中国商业银行资产规模 30 多年来保持了年均 20% 的增长速度，中国五大商业银行已经进入全球市值最大的 20家银行排名。即使是在美国次贷危机爆发以后，中国商业银行仍保持了全球少有的稳定的经营效益。

第五，中国商业银行初步建立了跨市场、全球化的经营格局。中国商业银行自改革开放以来，伴随中国企业"走出去"的步伐，加快了国际经营网络的建立，已在 20 多个国家和地区设立了 1000 多家机构，总资产超过 3000 亿美元，基本形成覆盖主要国际金融中心和中国主要经贸往来地区的全球化服务网络。通过收购和控股境外非银行金融机构、合资（独资）设立基金管理公司和金融租赁公司等方式，中国商业银行进入了牌照类投资银行、投资基金、保险、租赁等领域，初步形成跨市场的综合经营格局。

面对国内外错综复杂的经济金融形势，中国商业银行依然面临着繁重的改革任务。

一是面对国际经营环境的恶化和国内经济波动加剧带来的资产质量和赢利能力下降的风险，面对国内利率市场化和金融脱媒带来的传统存贷款市场与收益收窄的压力，面对国际、国内竞争加剧的压力，中国商业银行必须主动实施经营模式、发展方式和经营结构的战略转型，积极发展综合经营，全面调整资产结构、业务结构、负债结构、收益结构、客户结构、营销渠道结构以及员工知识与技能结构，使经营结构转变为传统存贷款业务与投资性、交易性和收费性业务并重，信贷资产与非信贷资产并重，贷款利差收入与非信贷收入并重的集约化、多元化和综合化结构，实现经营模式由以规模扩张为主向以质量效益提升为主的转变，实现发展方式由主要依赖传统存贷款业务收益向多元化、综合化收益的转变，提升核心竞争力和金融服务水平，保持商业银行稳健和持续的发展，最终建设成为治理优良、资本充足、内控严密、服务和效益良好，具有较强创新能力和国际竞争力的世界一流的现代金融企业。

二是中国商业银行必须通过大力推进体制、机制、管理、业务和技术创新，创建创新型银行，推动经营模式和发展方式转变，提升核心竞争力和国际竞争力。特别是要正确对待金融创新，在积极吸取美国次贷危机教训的基础上，鼓励和勇于创新，继续通过创新加快综合化经营步伐，以并购、合资等方式拓展证券、保险等业务领域，建立适合中国国情的投资银行和具有完备服务功能的金融控股集团。同时，中国商业银行要通过创新稳步完成以客户为中心、以风险控制为主线的业务和管理流程改造，建立高效的营销团队和强大的产品支持体系，打造专业化、集中化的风险管理平台，完成从部门银行向流程银行的转变。还要发挥金融技术创新对业务和制度创新的推动与支持作用，优化科技投入结构，提高科技开发效率，增强引进消化吸收能力和自主创新能力，全面赶超国际金融业科技先进水平。

三是为了应对外资银行在核心客户、核心业务、核心人才等核心竞争力上面临的新挑战，中国商业银行必须通过体制、机制、经营模式、经营结构、业务、产品、技术、工具等全面的自主创新，迅速扭转在公司治理效率上、在跨市场跨行业综合经营和转移风险的能力上、在提供个性化和差别化客户服务上的相对劣势，提高应对挑战的能力和竞争力。

四是中国商业银行必须进一步推进经营转型，加快综合经营步伐，主动调整资产、负债结构和收益结构，积极发展投资和交易类业务，大力发展收费及佣金业务，提高应对利率市场化改革及经济周期性波动挑战的能力；要强化对宏观经济走势和金融市场变化的研究，加强对利率、汇率等市场风险的监控与防范，创新利率、汇率风险管理工具，构建市场风险监测、预警、计量和处置的新机制；要大力发展中间业务，通过多渠道、多元化资产营销，提高收益率和赢利能力，缓解外部危机和经济波动带来的赢利下滑压力，提高应对利率市场化带来的利差收窄的能力；要充分发挥分销渠道交叉销售功能，积极发展银证、银保等跨业合作产品，提高应对金融脱媒挑战的能力。

五是基于国内外市场的进一步融合及国际银行业的发展趋势，中国商业银行必须加快国际化经营步伐。首先，要加快本土业务的国际化发展，要大力推进本外币业务的一体化经营，进一步完善境内外联动发展模式，把人民币业务优势转化为推进国际化发展的战略支撑；其次，要加快推进境外网络的拓展和境外机构的本土化经营，要积极创新跨国经营思路，综合运用并购、合资、合作等多种方式，稳步构建全球化网络体系，充分利用国际、国内两个市场，推动转型、转移风险、提高收益；最后，要充分满足中国跨境经营企业的国际金融服务需求，为跨国企业提供全球化金融服务，要推动境外机构充分融入当地市场，以境外机构人才的本土化、国际化来带动业务的本土化、全球化经营发展。

## 1.2 外资金融机构的进入

### 1.2.1 外资银行进入中国金融市场的进程

中国银行业对外开放坚持以下基本原则：一是必须符合中国经济不断发展的需要；二是着力提高中国银行业的整体竞争力；三是继续履行加入世界贸易组织承诺，为中外资银行创造公平的竞争环境；四是着力维护中国的金融稳定。因此，中国银行业领域的开放是循序渐进、有计划而且有步骤地进行的，在试点的基础上逐步扩大开放的地域和领域。改革开放以来，外资银行进入中国市场，大致经历了五个发展阶段。

第一阶段（1979~1981年），随着1979年日本输出入银行在北京设立第一家代表处之后，先后共有31家外国金融机构在中国设立了代表处，拉开了中国金融业对外开放的序幕。1981年，中国开始批准外资银行在经济特区设立营业性分支机构，香港南洋商业银行首先被获准在深圳设立第一家营业性网点，从而开始了中国引进营业性外资金融机构的试点工作。

第二阶段（1982～1989年），为了规范外资银行的审批工作，并加强对外资银行的管理，中国先后颁布和实施了《中国人民银行关于侨资、外资金融机构在中国设立常驻代表机构的管理办法》（1983年）和《中华人民共和国经济特区外资银行、中外合资银行管理条例》（1985年），对外国金融机构在中国设立营业性分支机构在法律上给予规范和保障。这也成为中国金融业正式对外资金融机构开放的标志。

第三阶段（1990～1993年），为配合开发开放浦东的战略决策，国务院于1990年8月批准上海成为除经济特区以外率先获准引进营业性外资金融机构的沿海开放城市，《上海外资金融机构管理办法》正式实施。先前遗留下来的香港东亚银行、英国渣打银行、英国汇丰银行和新加坡华侨银行获准重新登记，并扩大了营业范围。1992年，经国务院批准，允许设立营业性外资金融机构的城市又扩大至大连、天津、青岛、南京、宁波、福州和广州7个沿海城市。

第四阶段（1994～1998年），《中华人民共和国外资金融机构管理条例》于1994年4月1日颁布实施，标志着中国对外资银行的开放进入规范化管理阶段，改变了大连等7个城市的外资银行无法可依的局面，为进一步扩大开放区域奠定了法律基础。从1994年8月开始，为进一步加快中国金融业的对外开放，推动国内金融体制的改革，国务院又批准北京、沈阳、石家庄、西安、成都、重庆、武汉、合肥、杭州、苏州和昆明11个内陆中心城市设立营业性外资金融机构。与此同时，中国批准设立了一家中外合资投资银行。此外，在此期间中国对外资参股中国金融机构进行了尝试，亚洲开发银行获准参股中国光大银行。为增强外资银行的融资水平，提高外资银行的竞争能力，加快中资银行向商业银行转化的进程，1996年12月，中国人民银行宣布允许符合条件的外资金融机构在上海浦东试点经营人民币业务并颁布了《上海浦东外资金融机构经营人民币业务暂行管理办法》，强化了中国金融对外开放的深度。1998年8月，中国人民银行决定，将外资银行从事经营人民币业务的试点从上海扩大到深圳，批准深圳特区的5家外资银行开办人民币业务。同时，中国人民银行还采取措施解决外资银行在经营人民币业务中遇到的一些问题，例如，外资银行可以以个案报批的形式增加人民币营运资金；外资银行进行同业拆借的控制放松；外资银行可在适当时候发行大额可转让存单，并可参与发放人民币银团贷款。

第五阶段（1999 年至今），经国务院批准，1999 年 1 月，中国人民银行取消了外资金融机构在中国设立营业性分支机构的城市地域限制，外资银行可以在中国所有中心城市设立营业性分支机构，这标志着中国的外资银行政策进入全面开放阶段。1999 年，中国人民银行进一步扩大了外资银行经营人民币业务的地域范围，上海的外资银行的客户可由上海市内扩大到江苏、浙江两省；深圳的外资银行的客户可由深圳市内扩大到广东、广西和湖南三省区。同时，中国人民银行进一步放宽了外资银行经营人民币业务的规模限制，人民币负债总额对其外汇负债总额的比例由 35% 放宽到 50%；废除超过 7 天的同业拆借与营运资金按 1∶1 比例挂钩的规定；增加外资银行人民币同业拆借业务；利率和期限由中外资金融机构双方参照市场条件协商确定。同时，中国人民银行允许经营人民币业务的外资银行组织银团贷款时收取承担费和管理费，允许在同一家外资银行已获准经营人民币业务的异地分行之间自由调拨人民币头寸。

总体上看，30 多年来，中国引进外资银行采取循序渐进、逐步开放的政策是符合中国国情的，也是与经济体制改革的整体战略部署和需要相适应的。实践表明，中国银行业对外开放政策取得了显著的成效。首先，引进外资银行，不仅带动了外资的流入，而且促进了银行竞争，改善了金融服务，提高了金融服务的整体水平，同时也避免了外资银行可能给中国经济带来的冲击。其次，侧重引进国际大银行的政策有效地控制了风险。[①] 国际大银行不仅融资能力较强，而且抵御风险的能力也较小银行强得多，因此，引进国际大银行不仅可以达到引进外资的目的，而且还可以降低外资银行的经营风险。最后，外资银行带来先进的经营管理经验。外资银行为了保证信贷管理的严谨、安全和有效率，一般都有严密有效的组织结构、完善的会计控制体系、各职能部门相互独立的业务分工和明确的职责、严格的控制资产风险的授权审批程序、独立的内部审计机构和合理有序的内部审计制度以及行之有效的员工管理方式等。这些先进、有效的管理方式和方法，对于提高中国银行业的经营管理水平无疑具有重要的借鉴作用和参考价值。

---

① 1994 年颁布的《中华人民共和国外资金融机构管理条例》规定：申请设立分行，外国银行的资产需达到 200 亿美元；申请设立独资、合资银行，外国银行的资产要达到 100 亿美元。如此高的资产要求，只有欧美和日本等发达国家的大银行才能达到，从而限制了一些破产倒闭风险较大的中小银行的进入。

### 1.2.2　外资银行在中国发展的基本状况

改革开放以来，与内资银行的发展趋势相适应，外资在华金融机构无论从数量上还是从业务上都有了较大的发展，特别是外资银行已经成为中国银行体系的重要组成部分和重要力量。截至 2009 年底，共有 46 个国家和地区的 194 家银行在华设立 229 家代表处，13 个国家和地区的外国银行在华设立 33 家外商独资银行（下设分行 199 家）、2 家合资银行（下设分行 6 家，附属机构 1 家），24 个国家和地区的 71 家外国银行在华设立 95 家分行（见表 1－1）。2008 年，新批准 7 家外资法人银行从事人民币零售业务，允许符合条件的外资法人银行开办国债承销业务，允许外资法人银行发行银行卡。至 2009 年底，获准经营人民币业务的外国银行分行为 49 家、外资法人银行为 32 家，获准从事金融衍生产品交易业务的外资银行机构为 54 家。外资金融机构根据自身业务发展需要和中国区域发展战略，进一步优化在华区域布局。

表 1－1　在华外资银行业金融机构情况（截至 2009 年底）

单位：家

| | 外国银行 | 独资银行 | 合资银行 | 合　计 |
|---|---|---|---|---|
| 法人机构总行 | | 33 | 2 | 35 |
| 法人机构分行及附属机构 | | 199 | 7 | 206 |
| 外国银行分行 | 95 | | | 95 |
| 总　计 | 95 | 232 | 9 | 336 |

资料来源：《中国银行业监督管理委员会 2009 年报》。

2009 年，在国际金融危机严重冲击下，个别外资法人银行境外主要股东经营情况发生重大变化。中国银行业监督管理委员会引领银行业沉着应对、妥善处置，成功防范境外机构风险的跨境传递，该行业未受重大冲击，业务经营平稳正常。目前，在华外资银行营业机构基本面健康，资本充足，资产质量良好，拨备充足，赢利情况较好，流动性充足，主要指标均高于监管要求。截至 2009 年底，在华外资银行业金融机构资产总额为 13492.29 亿元（见表 1－2），同比增长 0.33%，占全国银行业金融机构资产总额的 1.71%；负债合计 11818.46 亿元，占全国银行业金融机构负债的 1.59%；境内资产与境内负债之比为 141.11%，实现利润 64.46 亿元。资本金（营运资金）总计 1435. 10 亿元，同比增长 16. 33% ，占全国银行业金融机构实收资本的 5. 86% 。整体资本充足率和核心资本充足率分别达到 21. 22% 和 20. 76% 。资产质量总体保持良好，不良贷款余额 61. 82 亿元，不良贷款率保持在 0. 85% 的低位。贷款损失准备水平稳步提高，拨备覆盖率为 139. 66% ，贷款损失准备充足率为 140. 86% 。整体流动性比例基本保持稳定，为 58. 83% ，所有银行流动性比例均超过 25% 的监管要求，同业资金依存度继续降低，存贷比持续下降。

表 1 - 2　在华外资银行营业机构数与资产情况（2003～2009 年）

| 项目/年份 | 2004 | 2005 | 2006 | 2007 | 2008 | 2009 |
|---|---|---|---|---|---|---|
| 营业性机构数 *（家） | 188 | 207 | 224 | 274 | 311 | 338 |
| 资产（亿元） | 5823 | 7155 | 9279 | 12525 | 13448 | 13492 |
| 占银行业金融机构总资产比（%） | 1.84 | 1.91 | 2.11 | 2.38 | 2.16 | 1.71 |

＊ 含法人机构总行、分行、支行和附属机构，外国银行分行和支行。

资料来源：《中国银行业监督管理委员会 2009 年报》。

### 1.2.3　中国银行业进一步开放的影响

毫无疑问，中国银行业的进一步开放将迎来诸多发展机遇：外资银行全面进入带来的先进技术、金融创新方法、先进的管理理念和运作方式等，为中国银行业提供了学习榜样、参照体系和竞争对象，有利于中国商业银行经营管理水平的提高和体系的完善；同时，在加入 WTO 的背景下，中国银行业也必须遵循国际商业银行经营管理的统一规则，接受以巴赛尔协议为准绳的国际银行业监管原则、标准和方法，这也将推动中国的金融监管和金融运行向国际标准、国际惯例靠拢，形成统一、规范、客观、公正的金融监管体系，提高监管的透明度；另外，WTO 的互惠原则也将有利于中国银行业走向世界，在国外增设分支机构，拓展海外业务，提高竞争能力。

但是，更应该清醒地认识到，外资银行有丰富的管理经验和灵活的经营策略，有全球范围的服务网络和雄厚的资金实力，有高素质的人才和与市场经济相适应的激励机制，在经营管理、资产质量、人才资源、产品创新等方面都占有绝对优势。因此，外资银行进入中国带给中国银行业激烈的竞争、严峻的挑战和巨大的冲击也将是显而易见的。

（1）在人才方面。银行业是资金密集型行业，同时也是知识技术密集型行业，人员的素质是决定银行兴衰成败的关键。一般而言，外资银行除了部分高级管理人员外，绝大多数员工来自当地。这样，中国原有银行体系中工作经验丰富、业务熟练和懂外语的优秀员工和业务骨干就可能成为外资银行"猎取"的重要目标。而且，外资银行大多资本雄厚、历史悠久、信誉卓著、业绩出色，再加上优厚的报酬、灵活的分配机制、公平的用人机制以及良好的培训机制等，容易吸引大批国内银行界的经营管理人才。国内银行业可能会面临优秀人才、业务骨干竞争、流失的压力。①

（2）在客户方面。银行的利润主要来自优质客户。统计资料表明，一家银行利润和收入总额的80%来自20%的优质客户。外资银行不仅在信誉和服务质量上比中资银行高出一筹，而且大多实行混业经营，集商业银行、投资银行以及保险业务于一身，与严格分业管理的中资银行相比，他们可以为客户提供更为全面、更为完备的商业银行服务，能够满足客户多元化的业务要求，对优质客户有着强大的吸引力。因此，外资银行利用其资本实力雄厚、跨国经营、创新能力、丰富的金融产品、优质和高水平的服务以及经营管理机制等方面的优势，可能与中资银行展开激烈的优质客户资源争夺战，从而分流中资银行的资金来源，挤占中资银行的市场份额，对中国银行业的业务开展和赢利前景产生较大的冲击。

（3）在业务方面。随着国际贸易量的飞速发展，银行的国际结算、信用证业务也将大量增加。外资银行将凭借其操作规范、管理先进以及与跨国公司的长期合作关系，不仅与中资银行抢夺风险小、成本低、利润高的国际结算等中间业务②，而且还将向批发业务（银行贷款是重点）和零售业务（消费信贷是重点）进军，同时，他们还将扩大中间服务领域，如信息咨询、家居理财等业务会成为他们关注的重点。可以肯定的是，由于设立分支机构的成本极高，且市场基础不如中资银行，所以外资银行不会盲目追求机构数量和规模的横向扩展，而会将注意力集中在高增值业务、跨境性业务、

---

① 问题的严重性还在于，业务骨干的流失势必会带走与之密切相关的许多优质客户。因此，国内银行业在失去人才的同时，还会失去一部分优质业务，削弱竞争力和发展后劲。由此形成的损失不可谓不大。

② 据统计，外资银行办理的出口结算业务已经占中国市场份额的40%左右，而且这个趋势有增无减。

批发业务、金融衍生业务、投资及理财业务等方面。在业务方面，外资银行也必然会对中资银行形成强大的压力。

（4）在服务手段方面。现代银行业是以具有高科技含量的信息技术、网络技术作支撑的，技术能力的差异将从根本上制约银行业务的发展。尽管中资银行目前已基本实现了计算机联网，结算等中间业务也较以往有了很大的进步，但外资银行更胜一筹。他们不仅拥有先进的管理信息系统，能以计算机网络为基础建立共享的客户档案库，对客户进行个性化服务，而且拥有遍及世界的机构网络体系，能实现国内外联行资金的自由划拨，可凭借快捷的资讯渠道为客户提供全球 24 小时金融市场的跟踪服务。这种技术优势、服务手段的现代化及其派生的服务优势对中资银行也构成了强有力的挑战。

（5）在金融监管方面。如何对跨国银行海外分支机构进行有效监管，一直是一个世界性的难题。尽管外资银行一般具有健全的管理体制、科学的决策机制和灵活的经营机制，具备较强的化解风险和业务开拓的能力，但这并不意味着可以放弃或减少对外资银行的监管。国际经验表明，为了保证银行体系的稳定和正常的金融运行秩序，防范金融风险，维护金融和经济的安全，对于外资银行的监管丝毫不能放松。著名的巴林银行就是因为其新加坡分行的投机失败而宣告破产，从而对东道国新加坡金融市场造成了极大的冲击。而且，银行结构的复杂化以及层出不穷的金融创新，将使银行体系的不稳定性和系统性风险进一步增加，从而对这一体系的监管也将变得更为困难，谨慎性监管成本将大幅度提高。在这种背景下，中国金融监管当局如何在较短的时间内较好地履行对外资银行的有效监管职责，仍然是一个严峻的挑战。

基于这方方面面的竞争和挑战，中国金融监管当局要有充分的估计、认识和准备，做到未雨绸缪。

### 1.2.4　中国银行业进一步开放的趋势

银行业开放是世界经济一体化发展的必然趋势，也是加入 WTO 之后中国银行业所必须面对的严峻现实。

根据有关双边协议，中国银行业开放的时间表是：加入 WTO 后 2 年开始，外国银行将可以与中国企业进行人民币业务往来；加入 WTO 5 年后，外国银行将可以与中国居民进行人民币业务往来；5 年过渡期结束之后，中国将取消外国银行经营人民币业务的地域和客户限制，外国银行也将与中资银行享受统一的国民待遇。可见，中国银行业的对外开放将进一步扩大，将由批发业务扩展到零售业务；由部分中心城市扩展到各经济区域；由银行机构扩展到非银行金融机构。这意味着中国银行业将进入一个接近全方位开放的新阶段，中国银行业的大门将向世界全面开启。

# 2

## 社区银行的包容性创新发展

改革开放以来，中国金融体系建设取得了巨大的进步，金融资产实现了巨大的增长。但是，金融增长不等于金融发展。与经济发展的概念类似，金融发展也是一个既包括数量指标也包括质量指标的概念，而且该概念中还包括一定的价值判断。但作为比金融增长内涵更为丰富的概念，金融发展不仅意味着金融资源相对于一国 GDP 份额的增加，从资源配置的角度来看，更是金融资源配置效率的改进与提高。这意味着金融发展不仅包括金融增长，更重要的是一个金融功能的不断细化和金融结构不断优化的过程（李纪建，2000）。因此，金融体系所具有的金融功能是否健全，或者说金融体系服务实体经济发展的有效性如何，无疑是衡量金融发展程度的一个重要指标。具体而言，金融发展的程度如何，可以通过考察金融系统在各个储蓄主体和投资主体进行"配对"的储蓄—投资转化机制来实现。因为，这种机制不但影响着全社会储蓄资源的总量和投资总水平，而且还决定着储蓄资源能否配置给拥有最有效的投资项目的投资者所使用，进而影响并决定着社会储蓄资源能否得到优化配置。就此而论，在中国由银行主导的金融系统中，金融发展显然存在众所周知的两个服务"短板"，一个是中小企业长期面临的融资困局，另一个则是农村金融市场上金融资源的供求失衡。毋庸讳言，在中国的实体经济中，中小企业和农村地区的农户，显然是金融需求主体中的"弱势"群体，尽管他们在数量上处于无法超越的"强势"地位。金融服务实体经济的这两块"短板"，尽管早已为学术界、实业界和政府管理部门所知悉，而且也进行了多方面努力和实践，并取得了一定成效，但是时至今日，这两块金融"短板"依然存在，这是为什么？

从经济学研究方法论的角度分析，合乎逻辑的理论推断，很可能是还有引致金融服务实体经济出现"短板"的因素存在，而这种因素在现有金融体系中还不容易被发现，可能还是现有研究分析框架中没有出现过的外生变量。通过深入分析对于国民经济发展和现代化至关重要的两个经济主体，即中小企业和农户的金融需求以及他们申请获得金融服务所能够提供的硬件和软件，可以发现，他们的金融需求得不到有效满足，在很大程度上是由于他们无法提供金融机构所需要的"硬信息"。从金融业属于服务业这一产业属性分析，显然是现有金融机构不具有服务这两类经济主体金融需求的功能，或者是存在功能缺失与不足。考察国内外银行业金融机构的经营模式，通过对比，不难发现，中国金融发展中的这两块"短板"，在很大程度上与银行类金融机构的经营模式有着密切的相关关系。一言以蔽之，是中国还缺少以关系型银行业务为主导经营模式的金融机构。

## 2.1 社区银行界说

### 2.1.1 社区及社区银行

自德国社会学家费迪南德·滕尼斯提出"社区"（Community）[①] 概念以来，人们也从各自不同的需要进行了上百种不同的界定。但不管从哪个角度[②]对社区进行界定，就构成社区的要素而言，一般应包括一定的地域、一定的人群、一定的组织机构和一定的认同感（于燕燕，2003）。因此，社区可以看做是一个以地域、意识、行为和利益为特征的生活共同体，在共同体内部存在同质性，而共同体之间则存在显著的差异性。然而，在社区银行的概念中，社区并不是一个严格的地域概念，从美国的情况来看，它既可以是一个州、一个市或一个县，也可以指城市或乡村居民的聚居区

---

① 社区就是那些有着相同价值取向、人口同质性较强的社会共同体，其人际关系是一种亲密无间、守望相助、服从权威且具有共同信仰和共同风俗习惯的关系，由传统的血缘、地缘和文化等自然因素所造成，其外延主要限于传统的乡村社区（童星、赵夕荣，2006）。

② 总的来讲，社区概念大致有相对于社会、相对于社团、相对于单位和相对于政府的四层含义（童星、赵夕荣，2006）。

域（王爱俭，2006）。从中国的实际情况来看，有效的社区边界应按经济区域的社区属性划分，既可以是县或市内的社区，也可以是农业区、开发区、商贸区等，甚至可以扩大到以农业为基础产业的小城市或农业县市（杨少芬，2006）。

尽管早在 1867 年美国就出现了世界上最早的社区银行（贺英，2004），但在国内外学者对社区银行进行的大量研究中，迄今尚未形成统一的社区银行概念。虽然代表美国社区银行利益的唯一会员组织——美国独立社区银行家协会（ICBA）网站将社区银行定义为"在一定的社区范围内按照市场化原则自主设立、独立经营，主要服务于中小企业和个人客户的中小银行"，但是在统计上，国外的经济学家、行业分析师及其金融监管人员往往以资产规模的上限来界定社区银行，比如将总资产低于 3 亿美元（Zimmerman，1996）或低于 10 亿美元（Bies，2002；Gilbert et al.，2003；Hoeing，2003）的商业银行界定为社区银行。从美国的实际情况来看，资产规模在 10 亿美元以下的银行，绝大多数是社区银行。[①] 在商业活动中，社区银行通常把自身的经营活动（吸收储蓄和提供贷款）范围限定在当地社区或一个有限的贸易区域内，而非全国性的运作（Hein et al.，2005）。这种经营行为的集中性，就使得此类银行具有区别于其他银行的一些独有特征，比如向中小企业提供信贷支持的核心功能（Berger et al.，2003），从当地家庭和企业中接受储蓄并向他们提供交易服务和信用服务，相对于大银行的信息采集优势（DeYoung et al.，2004a）等。为了更好地将社区银行与非社区银行相区分，DeYoung 等人（2004a）采用了 5 项指标作为社区银行的判断标准：①资产低于 10 亿美元；②从一个县的分支机构获得至少一半以上的储蓄额；③为本国人所有；④经营传统的金融产品系列，如组合贷款（portfolio lending）、交易服务（transactions services）和保险储蓄（insured deposits）；⑤是一家独立银行，银行控股公司内唯一的一家银行，或是完全由社区银行组成的多银行控股公司的附属机构。当然，这样的界定也没有完全指出社区银行与其他商业银行在经营方面的区别。从商业银行经营模式的角度看，社区银行的核心经营原则实际上是关系型金融（relationship finance），即在银行、小额

---

① 但在其他国家，尤其是在发展中国家，这样的资产规模标准便显得与其经济现实不相符合。此外，在美国，这样界定也可能把一些业务仅限于当地的大银行排除在外，或把一些小的高度专业化的非社区银行划为社区银行。

借款者和储蓄者之间建立人员交流机制，促进信贷资金更高效率的流动和商贸的快速增长（DeYoung et al.，2004b）。就此而言，社区银行其实就是小型的、区域集中度较高的、拥有关系型借贷优势的银行（Emmons et al.，2002）。这样的界定，对于一个社区的发展来讲，无疑具有重要的意义。因为关系型借贷的实施，要求银行工作人员能够亲自地、极受信任地和节俭地开展服务，而且在服务过程中，要力求实现社区的进步以及银行股东投资的预期回报。

综合而言，无论如何界定社区银行，社区银行至少具有以下主要特征：一是属于具有独立法人资格的中小型商业银行；二是主要经营活动集中于社区范围之内；三是提供关系型的金融服务，并重视零售银行业务；四是市场定位于服务中小企业和社区居民。由此可以看出，与中国现有的银行体系相比，社区银行既与民营银行有所区别，也与国有控股银行及其在社区内建立的营业网点有所不同，而且也不同于股份制商业银行和城市商业银行，甚至也不等同于农村信用社（中国人民银行西安分行课题组，2005）。社区银行在产权上可以是多元化的，不一定要求资本民营化，但在资产规模、经营地域、经营模式、服务对象、组织形式上则是界定明确的。因此，我们将社区银行界定为：一种具有独立法人资格、以关系型银行业务为主导经营模式、服务于社区内中小企业和居民金融需求的地方性中小商业银行。需要特别指出的是，笔者查阅国外诸多研究文献后认为，提供关系型银行业务是社区银行区别于其他商业银行的最为显著的特征。

## 2.1.2 社区银行的经营模式：关系型银行业务

与其他商业银行的经营模式不同，社区银行的经营模式是以提供关系型银行业务为核心业务。从经营理念层次讲，Moriarty 等人（1983）认为，商业银行开展关系型银行业务，旨在通过在长期中最大化与其客户关系所产生的总体利益来增加其收益，而不是寻求从单一的产品或单笔交易中获取最大利益。这种经营理念，从内涵上讲，关系型银行业务是一种银企关系，而且这种关系的价值取决于客户与银行之间互动的时间长短或持续期的长短（Ongena and Smith，1998）；从外延上讲，经营关系型银行业务要以关系客户为业务单元，并提供多种多样的银行业务服务，不仅包括贷款，也包括其他多种金融服务，如信用证、存款、支票清算和现金管理等（Boot，2000），也即关系型银行业务涉及的范围与银行提供给客户的服务的广度有关（Ongena and Smith，1998）。从国外社区银行的经营实践来看，无论是在与客户关系的维系与强化中，还是在向客户提供各种金融服务的过程中，社区银行都大量而且广泛地搜集、使用了客户及其与之相关的"软信息"。从下文的分析可知，"软信息"很难以量化的方式传递，而且信息的搜集人本身就是信息内容的一部分，这就使得这种信息具有了显著的私人信息特征。如果这种信息具有重要的商业价值，信息供求双方自然会将其置于保密状态，那么，对此类信息进行搜集就很难从公开市场或渠道获得，而且仅仅通过单一的搜集方式进行次数有限的搜集，也不能够获得全面准确的信息。这就需要商业银行能够与企业保持长期稳定的联系，进行以客户为中心的多产品、多渠道、长期的业务往来才能够获取和垄断客户的专有信息，并成为客户的关系银行。因此，在本章的分析中，倾向于使用 Boot（2000）对关系型银行业务所下的定义，即金融中介机构通过在获取特定客户专有信息上进行投资，并对这样的投资从与同一客户长期和/或多产品的多重互动方面进行赢利性评估之后提供的金融服务。

对于实施交易型银行业务、追求规模经济和范围经济的大银行而言，开展依赖于"软信息"的关系型银行业务显然是不经济的，而且在多层次的科层管理模式下，信息的传递和使用也会存在诸多问题。但是对于社区银行而言，在关系型银行业务经营模式下，却能够获得作为中小企业关系银行的一系列租金，如垄断租金、政策性诱导租金、业务扩展关联租金、声誉租金和信息租金（何韧，2005）。这些租金便激励着社区银行去搜集中小企业的各种公开及非公开信息和提供多样化的金融服务：一是中小企业的财务报表、抵押或其他公开可获得的信息；二是通过给借款企业提供存款、结算、现金管理等多种金融服务来获取企业的生产环境、组织制度、员工素质等非财务报表、抵押品或信用评级所提供的其他重要信息（Berger et al.，2002）；三是结合客户企业的生命周期，并重复利用这些专有信息满足客户整个生命周期各阶段对银行金融服务的多样化需求，并从中进一步搜集客户信息；四是从不同角度去接触企业、企业主、供应商、客户、地方政府部门和社会团体，搜集不易在金融市场上获取的、不易量化和传递的意会信息。通过这些获取客户特有信息的活动，及其与同一客户多次互动式的接触，社区银行便能较好地解决中小企业的信息不透明、不对称问题。于是，在充分掌握中小企业各种经济信息的前提下，社区银行在贷款决策、贷款监督、合同修订以及再融资决策中，便能够很好地估测这些投资的赢利性（Boot，2000），并在长期的业务往来中削减社区银行贷款决策的信息成本、控制贷款发放后的风险，以及为借贷双方带来难以合约化的潜在的额外利益。由此可见，社区银行实行的关系型银行业务战略是以客户为中心、利用专有信息向客户提供长期的多样化金融服务。而且，这种金融服务具有很强的内生性：即不但基于客户关系提供多种金融服务有利于拓展银行业务，而且银行对同一客户提供多种服务能获取对其贷款有利的信息，增强银行贷款的比较优势（胡燕、肖文，2006）。可以说，基于关系集约型的资金融通是企业和经济在发展过程中的一种不可或缺的营养元素（Ongena and Smith，1998）。

## 2.2　中小企业融资难与农村金融供求失衡

### 2.2.1　经济贡献巨大的中小企业依然融资困难

中小企业在中国经济发展中所占据的重要地位及发挥的重要作用，在学术界早已形成一致的看法。仅仅从数量指标来看，中国中小企业发展十分迅速，早在 2004 年，就已占全国企业总数的 99.3%，而且在中国经济增长的直接贡献中，中小企业的产值已占到中国当年 GDP 的 55.6%、工业新增产值的 74.7%，以及社会销售额的 58.9% 和出口总额的 62.3%。① 到 2010 年，全年规模以上中小型企业的增加值同比增长了 17.5%，增速比全部规模以上工业企业平均水平快 1.8 个百分点，而且在 2010 年前 11 个月实现利润和上缴税金总额同比分别增长了 50.5% 和 28.3%，吸纳就业人数同比增长 8.6%。② 中小企业的发展显然已经成为中国工业经济的重要增长点，为中国经济发展做出了巨大贡献。如果从中小企业发展对经济增长的间接贡献来看，与大企业相比，中小企业在技术进步、提高效率等方面的积极作用同样不能忽略，而且有的作用是大企业所无法替代的，比如，在活跃市

---

① 资料来源：《2005 年中国成长型中小企业发展报告》，http：//www. gel. org. cn/zxfb. asp。

② 资料来源：http：//www. sme. gov. cn/web/assembly/action/browsePage. do？channelID = 20124 &contentID = 1295935860973。

场、促进技术创新方面，中小企业的创新活动非常活跃；① 在提供就业机会方面，中小企业更是主要的提供渠道；② 在造就市场机制和培育大企业方面，中小企业是市场经济公开、公正、公平基本原则最积极的支持者，而且也是竞争性市场的主体和产生大企业的母体；在稳定社会经济方面，中小企业作为连接传统经济向现代经济过渡的中介，可提供大量就业岗位，维护社会稳定（杨思群，2001）。从优化资源配置角度看，中国最有比较优势的、最有竞争力的是劳动力密集型产业，其中的企业以中小型为主，对资金的需求规模比较小，而且生产的是成熟的产品，应用的是成熟的技术，基本上是没有市场风险和技术风险的（林毅夫，2004）。因此，中小企业的发展壮大也能够使中国充分利用处于发展阶段所具有的后发优势。

尽管中小企业对国民经济的发展具有巨大的经济贡献，但是，追求规模经济和实施经济赶超的战略却使中国中小企业的发展一直处于"强位弱势"（白钦先、薛誉华，2001）的尴尬境地，在融资方面普遍面临"不公平的待遇"。从企业对资金需求的实际满足程度来看，占中国企业总量绝大多数的中小企业，资金不足一直是制约其发展的第一大问题（林汉川等，2003），至今仍然未得到缓解。而且在导致中小企业资金短缺的主要原因中，因扩大生产规模的投资需求不能满足而居于首位的比重也高达82.68%。有关调查资料还表明，在以中小企业为主的民营企业中，真正不缺乏资金的仅占12%，资金匮乏的中小企业则占到80%，其中严重缺乏者为20%（晏露蓉、林晓甫，2003）。而近年来的调查问卷分析还表明，即便是在经济金融较为发达的地区的小企业，其贷款难度甚至超过了在经济欠发达地区的小企业，而且资信等级较高的小企业融资依然很难（袁增霆、蔡真、王旭祥，2010）。虽然近年来尤其是在国际金融危机爆发后，在积极货币政策的鼓励下，商业银行纷纷加大了对中小企业贷款的支持力度，截至2011年底，全国中小企业贷款余额尽管比2010年增长了18.6%，达到了21.77万亿元，较以往年份有所改善，这在当年全部金融机构贷款余额中的占比上升到了39.73%，但是中

---

① 2003年以来，中小企业建立了70%以上经认定的省级以上企业技术中心，完成了中国66%的发明专利、82%以上的新产品开发（刘明康，2008年4月16日在2007年度全国小企业金融服务表彰会议上的讲话）。

② 截至2007年底，中小工业企业就提供了全国工业从业人员77%的就业机会，解决了6052.1万劳动力的就业问题（wind资讯）。

小企业贷款（含票据融资）只有 10.76 万亿元，占比还不足 20%，① 如果都除去票据融资，其占比会更低。② 由此可见，中国现有的银行体系并没有能够把大量的储蓄资源以贷款的方式转移给具有生产优势的中小企业投资于有获利前景的项目，也制约了全社会储蓄投资转化率和资本形成率的提高。很显然，如果通过对中国现有金融体系进行改革或者成立一些新型的能够匹配中小企业融资需求特点的金融服务机构，使中小企业能够从金融系统获得足够的发展资金，那么，就能够提高整个社会的储蓄投资转化率和资本形成率，进而为国民经济的增长做出更大的贡献。

### 2.2.2 农村金融资源配置长期供求失衡

"三农"发展一直是中国经济发展中需要解决的重大问题，但农村经济的大发展显然需要大量的资金支持。新农村建设作为中国解决"三农"问题的又一重大政策，其高达 5 万~10 万亿元的资金投入，除了财政渠道资金和农村自有资金外，更重要的还是要依赖于金融投入这个主渠道（何广文，2006a，2006b）。经过 30 多年的改革和发展，尤其自农村经济体制改革以来，目前中国的农村金融体系，已经呈现出以中国农业银行、中国农业发展银行、农村信用社为主，以农业保险公司、邮政储蓄银行、村镇银行为辅的正规金融组织，和以民间自由借贷及小额信贷公司等非正规金融组织为补充的二元结构。这种看似周全的金融体系，在经营实践中其"农业色彩"却越来越淡，并没有很好地满足农村地区的金融需求，也未能将金融资源在农村地区进行合理的配置。

从总体上讲，中国正规金融机构配置在农村地区的信贷资源相当有限。以短期农业贷款（尽管这不是涉农贷款的全部，但是农户的贷款需求一般期限较短）为例（如图 2-1 所示），1985 年以来，其在中国金融机构人民币总贷款中的占比，基本上处于无足轻重的弱势地位，在绝大多数年份，该占比一直低于 6.25%（历年平均值），其中，1997 年该占比下降到了

---

① 资料来源：中国人民银行《2011 年金融机构贷款投向统计报告》。

② 需要指出的是，近一两年来小企业贷款的快速增长，除了政府政策的鼓励之外，在商业银行日均余额存贷比普遍偏高的现实背景下，小微企业贷款不纳入存贷比考核也是促进商业银行增加小企业贷款的一个重要原因。但是，从中国商业银行经营体系改革的进程看，中小企业贷款占比的上升，并不意味着中国金融体系已经建立起了解决中小企业融资困局的长效机制。

4.42%的历史低位。尽管自1997年开始（全国出现洪灾、农业受损严重），金融机构对农业发展的金融支持力度加强，短期农业贷款的余额在逐年增加，其在总贷款中的占比也出现恢复性上升；截至2011年末（短期农业贷款余额达到31000亿元），该占比也仅仅提高到了5.66%，甚至低于1985年的水平。可见，农村地区农业发展对资金的需求，显然不是中国金融机构信贷资源投向的重点行业和方向，在信贷资源配置上并没有向农村地区配置倾斜。

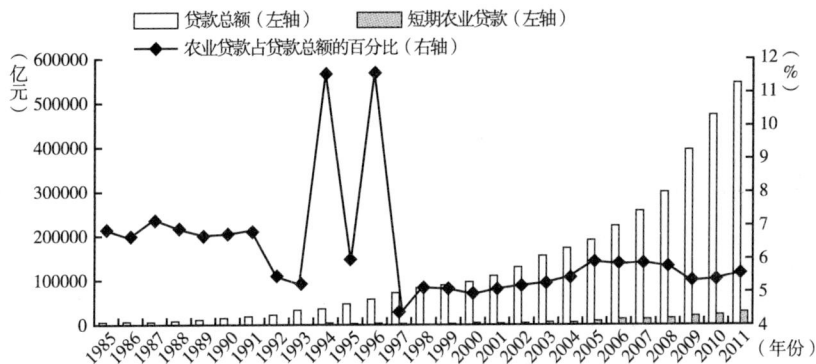

**图 2 - 1　中国涉农金融机构在农村地区的短期农业贷款发放情况**

资料来源：1985～1998年短期农业贷款来自中国统计数据应用系统，由于中国人民银行统计报表未公布相应数据，2010年和2011年短期农业贷款以wind资讯中"主要金融机构本外币农户贷款"近似代替，其余数均来自wind资讯。

值得注意的是，农村的正规金融机构不但未能在农村地区对金融资源进行合理配置，而且还导致大量农村资金外流，直接减少了农村地区可能获得的金融资源总量。仅仅从经过农村信用社和农村邮政储蓄机构渠道外流的资金看，1979～2010年的32年中，中国农村资金净流出量高达41866.73亿元，其中通过农村信用社的资金净流出量为16316.14亿元，通过邮政储蓄机构（银行）净流出量为25598.09亿元。从图2-2中可以看出，农村资金的净外流逐渐呈上升趋势，其中在1997年，资金的净流出达到996.7亿元，形成第一个历史高峰，其后虽有所下降，但在2001年后，资金净流出突破1000亿元，并且开始逐年增加，而且增长速度惊人；到2004年净流出金额竟高达9041.05亿元之巨。需要特别指出的是，以上数据还未包括从其他正规金融机构的流出的资金。可见，中国农村金融系统不但没有很好地发挥其支持农村地区社会经济发展的金融功能，在很大程度上抵消了国家通过财政渠道和金融渠道对"三农"建设的资金支持力度，而且成为了中国农村金融的"抽水机"，从而形成了中国农村正式金融供求缺口巨大的现实图景。

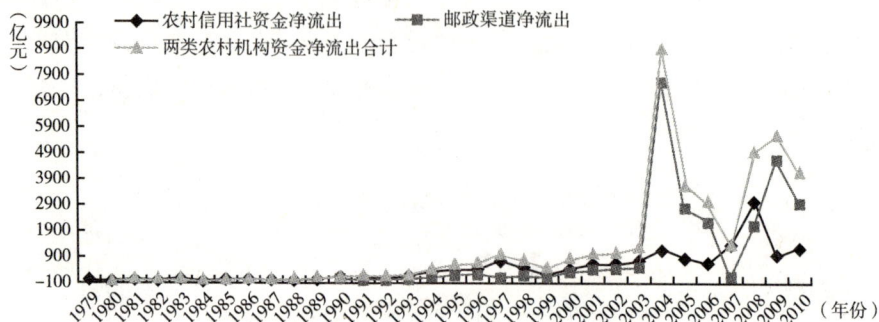

图2-2  农村信用社和邮政储蓄渠道的农村资金外流情况

资料来源：根据《中国金融年鉴》1979～2011年中的有关数据计算绘制。

于是，在中国人口众多的广大农村地区，农村正规金融机构在供给方面的严重不足，很自然地诱使了各种民间非正规金融的蓬勃发展。从目前的情况来看，民间借贷已经发展到了农村各经济主体之间互助性无息民间借贷、有息甚至高息的农村民间借贷和农村民间金融组织的3个层次。而且这些民间金融已经具有明显的社区性（基于一定的地缘、血缘、亲缘关系）、人格性（交易活动经济行为在一定程度上已经人格化）、分散性（交易的频率高、金额小、高度分散）和层次性（经济落后地区以民间借贷为主，发达地区已出现较为规范的民间金融组织）特征（李伟毅、胡士华，2004）。央行专项调查结果[①]显示，截至2011年5月末，全国的民间融资总量已经增长到约3.38万亿元，占到了当时贷款余额的6.7%，占企业贷款余额比重则为10.2%；从违约风险上看，央行调研结果也较为乐观：3.38万亿元的民间借贷中，82.5%是能够偿还的，16.6%是有偿还可能的，不能按期偿还的只有0.9%，不到1%。尽管央行调查结果中的大部分金额可能由企业的民间融资组成，但是从发生笔数而言，农村地区民间借贷却很可能居于主导地位，而且已经成为农村金融供给的一种重要的补充型融资渠道。这里需要

---

① 资料来源：http://www.sme.gov.cn/web/assembly/action/browsePage.do? channelID = 1195111685376&contentID = 1319011424416。

指出的是，民间金融依然处于地下发展状态，还不具有相应的合法性，从而在满足农村地区的金融需求上还存在较大的局限性。

## 2.3 中小企业融资难与农村金融供求失衡的根源

### 2.3.1 文献回顾与评述

长期以来，中小企业以市场为导向和适应要素禀赋特点的发展模式为国民经济的发展做出了巨大的贡献。然而，占中国企业总量绝大多数的中小企业在发展中却一直深陷资金不足和融资难的困境。对于中小企业发展中面临的融资困难及其根源，学术界已经从多方面展开了广泛而深入的研究，并从不同角度进行了理论解析。比如，中小企业融资难是由中国金融体系产生金融压抑造成的（徐洪水，2001），是由中小企业自身的信用问题和规模问题造成的（张捷、王宵，2002），是由于政府的作用发挥不够和受到了企业所有制歧视（徐滇庆，2001），再如，是由于银行市场的垄断结构与经济中的摩擦因素过多和引发了供求双方的信息不对称（李志赟，2002），银行风险管理水平低、部分小企业高不良贷款率使得整个中小企业信贷市场成为了柠檬市场（袁增霆、蔡真、王旭祥，2010），以及金融制度存在缺陷和外部环境缺失（辛树人、向柯，2004）等。尽管这些研究对于解释中小企业融资难问题具有很强的说服力，并就商业银行与中小企业之间的信息不对称这一核心问题进行了深入研究，而且也涉及了金融体系存在的缺陷，但总的来讲，这些研究大多是集中在中国现有金融服务体系，尤其是现有的商业银行经营模式下解析中小企业发展中面临的融资困难，并根据各自的研究结论推论出相应的政策建议。虽然有关方面一直在为解决中小企业融资难问题而努力，但时至今日，中国的金融深化并没有对中小企业的融资困境带来实质性的改善，中小企业发展仍然面临着较强的资金约束。

从农村金融市场来看，随着中国农村经济体制改革的深入、农业和农村经济全面转型①的推进，以及社会主义新农村建设目标的实施，整个农村地

---

① 这种转型表现在：农业发展面临战略性结构调整，农村经济由供给型增长转变为质量型增长，农村工业化和农村城镇化，农村民营经济成为农村经济增长的主要动力，农户产业活动的复杂化和收入来源渠道的多样化（何广文，2004）。

区的资金需求量日趋扩大。然而，反观中国现在的金融体系，其在配置金融资源时不但存在明显的城市化和国有化倾向，导致农村发展资金外流，而且正规金融机构在农村地区经营网点的撤并，也使得一些农村地区缺乏基本的金融服务，农村金融供求失衡的局面日益严重，农村地区的金融供给明显不足。据测算，1999年以来，农村资金缺口每年都在5000亿元以上（田力、胡改导、王东方，2004），而且这种资金缺口还在逐年扩大。对于中国农村地区金融供求失衡的原因，人们也进行了多方面的解释。例如，农村金融市场存在金融抑制（何广文，1999；高帆，2002）；正规金融机构对农户存在信贷约束（中国农村金融需求与农村信用社改革课题组，2007）；严格的资产负债比例管理，较多的资金余缺调剂限制，对农民贷款缺乏财政金融政策的扶持；农村金融结构和金融制度未能实现优化，存在制度和功能缺陷（何广文，2004）；因而不适合小农家庭的功能和金融偏好（张杰，2003）；农村地区受到了金融的供给约束，以及中国农村经济体制和农村金融体制的双重制约（田力、胡改导、王东方，2004）；农村金融市场缺乏活力和推动（张元红，2005）；农村金融制度安排存在信息处理机制和博弈参与能力的不足（王元，2006）；农村金融市场化的非均衡推进（何大安、丁芳菲，2006）；金融体系商业化经营在农村地区运用金融资源的低效性，风险性从根本上制约和限制了各项资金的投入（白莹，2006）等。总的来讲，上述对中国农村金融的研究，遵循的是三条思路：一是帕特里克的金融发展路径假说，二是麦金农的金融抑制和金融深化理论，三是结合中国农民和农村经济特点分析农村金融需求及其金融供给体系（刘锡良，2006）。虽然这些重要研究从金融制度层面很好地解释了中国农村金融的供求失衡的成因，也具有很强的解释力，而且也涉及了对农村金融机构经营层面的分析。但总的来讲，他们在农村金融机构的经营层面未作出系统和全面的理论解释。

从经济学研究方法论的角度看，制约中小企业融资难和制约中国农村金融资源供求失衡的上述种种原因，均可归类于由于某种外生变量引发的内生变量。因为多年来上述多个原因同时存在，虽然有关方面也在努力消除，但其实际成效并不显著，可以推论，其背后应该还有更为基本的共同原因。换言之，只要中国金融服务体系尤其是商业银行体系仍然以现有的经营模式为绝对主导，即便上述问题都解决了，中小企业融资难的问题和农村金融供求失衡的问题可能依然存在，只是程度减轻了一些而已。

对于中小企业融资困难这一金融"短板"问题，从金融制度的内生性来说，探讨中小企业融资的逻辑起点理应落脚于企业的融资需求（刘新华、线文，2005），但是，从金融与经济的基本关系和金融业属于服务业的行业性质分析，这一金融难题的存续表明，中国金融体系服务实体经济的功能还不健全。因此，就解决中小企业融资困难的实质而言，就是要通过金融系统的一定安排使得能够高效率使用资金的中小企业能够顺利地获得资金这种资源，从而优化整个社会的资源配置（刘曼红，2003）。基于此，与已有文献的研究视角不同，我们试图从中国现有金融体系中去寻找制约向中小企业提供金融服务的外生变量。沿此思路，本章直接剖析金融机构与中小企业之间这组"一对一"的金融服务供求关系所无法回避的核心问题，即从提供金融服务的金融机构经营模式定位的研究视角，对中国中小企业的融资困局形成的根源进行深入挖掘和论证后给出新的理论解释。

对于农村金融失衡这一"短板"问题，很显然，中国当前的金融体系，还缺乏有效支持农村地区经济发展的金融功能，或者说还缺乏与这一功能目标相适应的金融产品结构、金融中介结构和金融市场结构。于是，金融体系在配置金融资源的实际过程中，便对农村地区的金融需求产生了普遍的金融排斥性。所谓金融排斥性（Financial Exclusion），就是在金融体系中，一些人群有获取金融服务的需求，但却因社会经济因素和金融服务的市场因素①而很少或从未获得和分享金融服务一种状态（Leyshon and Thrift，1995），即社会中的经济主体缺乏一定方式和渠道从主流金融机构获得合意的、低成本的、公平和低风险的金融产品和服务（Mohan，2006）。很显然，支持农村经济的发展，在金融服务方面无疑需要降低其金融排斥性，增强其金融包容性，使得农村居民的金融需求能够得到金融体系的有效满足。从现有的研究文献看，学术界对金融排斥性和金融包容性的研究兴趣越来越浓，并提出建立包容性金融体系（Inclusive Finance System）来实现金融的包容性发展，这无疑是克服金融排斥性的逻辑之所在。不过，从国内的研究现状考察，这方面的研究还处于起步阶段，而且研究成果也大多集中于包容性金融体系的框架及特征方面（杜晓山，2009；焦瑾璞，2010），而对金融机构在操作层

---

① 社会经济因素如：收入水平及收入分配、劳动力市场变迁、人口结构的变化、住房政策的变更、社会福利及财政改革等；金融服务市场因素如：金融市场的再管制、信息技术的发展、金融产品的开发、风险评估、市场细分和金融产品的上门服务等（FSA，2000）。

面或在实际的经营过程中，该采取怎样的经营服务方式或模式才能够增强金融服务的包容性则几乎没有涉及；从国外的相关研究文献看，目前也主要集中于分析一些影响金融包容性的非经营服务模式方面的因素[①]，尚未涉及该研究命题的核心因素。为此，我们试图从商业银行经营模式定位的角度剖析金融排斥性产生的金融根源，在结合国外克服金融排斥性、实现金融包容性的成功经验的基础上，分析怎样的金融服务模式才可能对低收入居民具有金融包容性。在此基础上再以中国的村镇银行为案例，分析其提供金融服务的有效性和存在的问题。

归纳起来，从现有国内外研究文献，尤其是国内的研究文献看，分析研究中国当前金融发展中的这两块"短板"的文献虽然众多，但鲜见从商业银行服务实体经济发展的经营模式视角开展深入系统的研究。而经营模式正是商业银行与中小企业、农户面对面展开金融服务的一切操作环节和行为细节的总和及其外在表现。为此，本章通过剖析决定或影响商业银行经营模式定位的基础因素和两种经营模式的特征及其实现商业利益的途径，进而解析当前中国金融发展中存在的两块金融"短板"，之后再就中国金融体系如何更好更有效地服务中小企业发展和如何实现包容性发展提出相应的政策建议。

### 2.3.2 信息生产的比较优势与商业银行的经营模式定位

现代金融理论认为，金融体系具有的一个重要功能就是进行信息生产，并据此生产金融产品、管理金融资源配置中的风险和进行专业化的经营活动。从国内外既有的研究文献看，根据不同标准，信息可划分为不同的种类，但是就信息的基本属性或特征而言，主要有"硬信息"和"软信息"两大类。所谓"硬信息"，就是能够量化或统计分析处理、容易储存和以非人员方式（如电脑、电话和网络）进行传递，而且其内容独立于信息搜集过程的信息，如财务报表、可抵押资产的数量与质量、业务往来及支付记录、信用评分等级档案等，具有可量化和可查证的属性或特征。而"软信

---

① 如 Sarma 和 Pais（2008）进行的实证研究认为，一国金融体系在配置金融资源的包容性程度与就业率（薪酬通过银行系统支付）、成年人的文化程度和基础设施（如公路网络、电话电视、无线电以及互联网）的发达程度正相关，与国民收入差距或基尼系数和农村居民人口在总人口中的占比负相关。单从银行体系看，不良贷款率和资本充足率的高低与金融包容性均呈负相关关系。

息"则不同，它的传递要以意见、观点、新闻、经济计划、未来的管理规划和市场评论等文本或口头交流的方式进行，很难以量化的方式进行准确传递，信息搜集过程也必须通过专人亲自搜集而不能委托他人来代理，而且信息的搜集人本身就是信息内容的一部分，甚至他还是信息的使用人或以此信息进行经营决策的人（Petersen，2004）。由此可见，"软信息"具有强烈的模糊性、主观性、人格化和难以高度概括精简等非规范化的属性或特征，有的信息甚至"只可意会不可言传"，第三人未必能够准确解读其中的原始含义。对两项比较可以发现，与"软信息"相比，"硬信息"的生产成本和交易成本更为低廉，而且也能够进行长期的保存；不过就信息的完备性而言，"硬信息"由于侧重于一些最重要的和能够量化的方面，可能遗漏一些有用的信息。

正因为经济信息存在"硬信息"与"软信息"之分，而且搜集信息的方式与传递信息的方式也有所不同，所以一些研究企业组织的文献就认为，信息的类型结构和决策结构是分析企业组织问题的核心（Aoki，1986；程德俊、孔继红，2002）；而且分析企业在其经营中生产、处理和运用信息的类型，也有助于解释不同企业的经营领域与市场定位、组织结构的形式以及获取资本的方式与途径（Stein，2002）。虽然在一些行业中，大企业和小企业并存，但是，如果信息的搜集、处理和交流对于企业的产品生产至关重要（如银行业和药物研究行业），那么，该企业在其产品生产过程中可获取和处理的经济信息的类型特征（"软信息"或"硬信息"）就决定了企业是否或者能否在某一市场领域进行专业化经营（Petersen，2004）。如果"软信息"不容易搜集、在组织内部也不容易传递，那么，采取分散化的经营方式对小企业更有吸引力，而且在企业规模和经营范围既定的条件下，具有"软信息"优势的企业更倾向于采取扁平化的经营管理模式；而在信息容易低成本"硬化"和低成本传递的情况下，采取集权化的经营方式对大企业更有吸引力；相对于集权化的经营模式而言，分散化的经营模式使得各部门业务经理在"软信息"的研究方面具有更强的动力，企业的资本在各经营部门之间的配置水平也更有效率（Stein，2002）。可见，一个企业采用集权或分权的组织结构不是外生的，而是由知识（信息）在企业中的分布状态和企业自身的特性决定的（程德俊、孔继红，2002）。换言之，由于企业中的 CEO 或者业务经理在经营管理中要对大量的项目投资作出选择，其经营决策的效率和正确性，在很大程度上依赖于其对具体的备选项目信息的掌握程度和理解程度；而投资项目所包含的经济信息可能以"硬信息"居多，也可能以"软信息"为主。但在不同的企业组织架构和经营模式下，信息的生产成本和效率、信息的完备性及在传递中的保真度是不同的，这就决定了备选项目信息呈现在决策人面前的准确性和可靠性，也决定了企业对新项目的赢利前景的评估能力和对业务风险的管理能力，进而决定了企业在某一领域是否能够进行专业化的经营。因此，在成本和收益的比较中，企业经营中涉及的项目或生产的产品是由"硬信息"还是由"软信息"主导，信息的类型便对匹配其特点的企业组织结构形式和经营模式定位产生了内在的需求，反过来，不同的企业组织结构和经营模式定位也影响着企业对不同类型信息的生产是否具有比较优势。

从商业银行的业务发展历程及现状看，其经营模式可分为交易型银行业务（Transactional Banking）模式和关系型银行业务（Relationship Banking）模式两种，前者对应的组织结构多为集权化，后者对应的组织结构多为分散化，但这两种经营模式对信息的类型都具有严重的依赖性。从控制论角度讲，金融机构在内部组织结构上的差异，也将导致它们在不同的融资技术上具有不同的比较优势，进而导致它们在业务选择方面作出不同的选择（彭建刚、向实，2007）。因此，如果某银行在搜集处理"软信息"方面具有比较优势，那么该银行会定位于提供关系型银行业务的经营模式，以进行分散化经营；如果某银行在搜集处理"硬信息"方面有比较优势，那么在经营方式的取向上，该银行会定位于提供交易型银行业务的经营模式，以进行集权化经营。

这里所说的关系型银行业务是一种金融中介机构通过在获取特定客户专有信息上进行投资，并对这样的投资从与同一客户长期和/或多产品的多重互动方面进行赢利性评估之后提供的金融服务（Boot，2000）；而且关系型银行业务模式在具体经营中具有更多地依赖于掌握客户"软信息"的人员作出是否提供金融服务的决策，注重经营决策的当地化，委托—代理环节很少的经营特点（Hein et al.，2005）。

而交易型银行业务的经营模式[①]，就是主要提供高度标准化的金融产

---

① 从国内外的研究文献看，很少有文献对交易型银行业务进行明确的界定，往往是通过与关系型银行业务的对比来说明。这也许是由于交易型银行业务是当今主流的银行业务模式的缘故。此外，国内外的研究文献也没有对交易型/关系型借贷、交易型/关系型融资和交易型/关系型银行业务作太多的区分，而经常交替使用。但我们的研究表明，对于银行业而言，交易型/关系型融资是交易型/关系型银行业务的一个核心内容。

品，如金融中介服务、吸收存款和发放贷款，其经营活动依赖于可靠的和容易获得的"硬信息"，在信息管理方面对人力投入要求也很低的一种经营模式（Hein et al.，2005）。从交易型借贷的种类看，主要包括财务报表借贷、小企业信用评分借贷、资产支持借贷（如担保、质押和抵押）、保理融资、固定资产借贷（如机器设备和房产）和租赁融资（Berger and Udell，2006）。在这六种融资方式中，财务报表借贷直接依赖于"硬信息"，其余借贷方式中的客户信息虽然不太透明，但是其信息却能够借助其他途径被"硬化"为商业银行可接受的"硬信息"。就交易型银行业务经营模式在实践中的特点来看，Hein 等人（2005）认为，这一经营模式大量使用信用评分模型来对客户的金融需求作出接受或拒绝的决策[①]，而且这种决策往往由上级主管集中作出；在服务对象取向方面，交易型银行业务模式对可带来巨大利润的大客户实行优惠利率，而对小客户则降低服务水平并收取较高的服务费用；此外，交易型银行业务模式注重对规模经济和范围经济的追求，从而使得银行资产规模的膨胀和管理层级不断增加。很显然，由于组织结构过于庞大产生的非经济性（Stein，2002），依赖于"硬信息"经营的管理层级较多的大银行，在依托"软信息"的关系型借贷市场上就不具有效率优势（Petersen，2004）。这是因为，一方面，关系型银行业务的经营模式要求银行长期通过最大化与其客户关系所产生的总体利益来增加其收益，而不是寻求从单一的产品或单笔交易中获取最大利益（Moriarty et al.，1983）；另一方面，即便是开展关系型银行业务并能够从中获利也需要满足三个条件：中介机构获得的是私人信息而不是唾手可得的公众信息；信息通常是通过与借款人多样化的交往，如提供多样的金融服务来搜集；获得信息后保密从而使其仍然是私人的（Berger，1999）。这就需要银行与其客户保持长期稳定的联系，通过以客户为中心的多产品、多渠道、长期的业务往来以获取和垄断客户的专有信息。这对于以提供交易型银行业务的银行来说，不但信息搜集成本高昂，而且获利前景也不明朗。自然地，在目标市场定位和营销方面，实行交易型银行业务模式的银行将把目标客户锁定于能够提供"硬信息"的金融需求主体或者能够低成本获取"硬信息"的地区，并针对他们设计一些标准化的金融产品，而且在经营过程中进一步追求批发式的大额业务，通过规模经济来降低单笔交易的单位成本。就此而言，以提供交易型银行业

---

[①]　当然，该经营模式也大量根据客户的可抵押资产、可质押资产和财务报表进行经营决策。

务为特征的经营模式，对"软信息"丰富而"硬信息"缺乏的金融需求主体产生排斥也就具有经济意义上的逻辑基础或必然性。毕竟，商业银行在开展金融业务时是要进行成本收益上的比较和衡量的。

### 2.3.3 中小企业融资难在何处：商业银行体系由交易型银行业务模式主导

中小企业陷入融资困境的一个重要的甚至是核心的原因，在于中小企业与金融机构之间存在严重的信息不对称，这在理论界已经达成共识。但是，信息不对称产生的根源，不能够简单地归结在中小企业这一金融服务需求方。客观地说，商业银行这一金融服务供给方在经营模式上也导致了信息不对称问题的产生和存续。因为商业银行和中小企业之间出现信息不对称问题的可能性不外两种：一是缺乏信息传递的渠道与机制，二是有信息传递渠道但该渠道对信息有特殊要求而阻碍了信息的有效传递。于是，从金融需求方来看，中小企业的确普遍存在财务报表不规范和信用评分等级不高等问题，而且在企业财产方面，特别是固定资产比较少，固定资产抵押质量不高，其经营中的业务记录和支付记录也不完备，确实很难生产并提供主流商业银行所需要的经济信息，从而导致信息不对称。然而，主流商业银行所需要的这种信息只是信息中的一种，即"硬信息"。这种类型的信息不对称实质上是由于信息不合主流商业银行要求即信息不能够"硬化"所致。其实，中小企业在生产经营活动中也生产了大量的经济信息，只不过由于资产规模小、管理层级少、公司治理结构相对简单，在日常经营活动中获取和传递的信息偏重于"软信息"（彭建刚、向实，2007），而且具有一定的封闭性而已。但是，在中小企业外部，如果缺少相应的有效的信息传递渠道与机制；这类具有重要经济价值的"软信息"也不能传递到商业银行。换句话说，在中小企业将"软信息"进行"硬化"的成本较高而不得不放弃"硬化"的情况下，作为提供金融服务的商业银行如果不能够有效搜集处理中小企业生产经营活动中的这些"软信息"，那么金融供求双方就会出现信息不对称问题。可见，这种类型的信息不对称问题产生的实质，是由于金融供给方即商业银行不能够搜集和处理或者不具有搜集处理这类信息的成本优势所致。

不难看出，在中小企业虽然不能够或者很难提供"硬信息"，却能够提供大量"软信息"的现实背景下，金融机构要向中小企业提供资金支持，无疑需要建立起搜集、传递和处理"软信息"的相应渠道和机制。鉴于中小企业的融资需求往往具有时间紧、数量少、频率高的特点和融资条件，刘曼红（2003）认为，要向中小企业提供资金支持，金融机构显然需具备三个条件①：一要具有降低中小企业融资风险的天然优势，并能主动去承担更大风险，获得更高回报；二要有利于降低中小企业融资的成本，避免这种融资的"零售业务"劣势；三要能够给融资企业带来诸如管理、法律方面的帮助。可以看出，这三个条件隐含着资金供给者与中小企业之间不存在严重的信息不对称问题，即中小企业的"软信息"能够较好地被资金供给者所掌握并加以运用。但这些"软信息"的搜集处理与鉴别，需要资金供给者通过与中小企业长期的多次合作才能完成。这对于实施关系型银行业务经营模式的商业银行而言，不但搜集、传递和处理这样的"软信息"、解决中小企业的信息不对称问题具有很强的比较优势，而且上述三个条件也是关系型银行业务经营模式本来就具有的特征。

从中国金融供给体系看，事实上还缺少这种能够有效支持中小企业发展的金融机构或金融组织形式。虽然在资产规模上也属于中小企业范畴的城市商业银行，其客户群体以中小企业为主，而且国有大型银行和中型的股份制商业银行也建立起了小企业信贷中心或部门，但在经营模式上，这些商业银行基本上还是以"硬信息"作为经营决策依据的交易型银行业务经营模式为主体。而新近成立的一些村镇银行在经营中运用了更多的"软信息"，但资产规模往往很小，客户主要以农户和微型企业为主，也只能够看做是中国未来社区银行的雏形（饶明，2008）。作为直接融资的资本市场，不但要求上市公司提供足够真实可靠的"硬信息"，而且对信息披露的要求更为严格。虽然随着创业板的推出，中小企业可以直接在资本市场融资，但能够上市，在创业板解决融资困难的中小企业毕竟是少数。此外，尽管民间金融组织在资金供给中广泛而充分地运用了资金需求者的"软信息"，并在一定程度上满足了包括中小企业在内的微观经济主体的资金需求，但却一直处于地下金融状态而不被官方所承认。因此，民间金融组织对于解决中小企业发展中融资困难的作用也比较有限。

---

① 刘曼红教授在其著作中，归纳出上述三个条件是为进一步论证天使投资有利于化解中小企业融资的难题。笔者认为，该三个条件同样适用于论证以提供关系型银行业务为主的社区银行对中小企业的融资支持。

从主导中国金融系统的商业银行体系来看，在经营过程中，尽管在向中小企业提供融资中出现了关系型融资的特征端倪（周好文、李辉，2004），如小企业信贷中心和村镇银行，但是"硬信息"的提供程度依然是主流商业银行衡量所有企业能否获得融资支持和获得多大融资支持的一个重要指标。① 而且，随着中国银行业商业化改造的不断深入，以及纷纷排队上市的发展趋势，这种依赖"硬信息"作出经营决策的经营模式还在不断强化，比如，不断引入各种数理模型来评估借款需求者的信用风险，通过测试借款企业对抵押品数量变动的反应敏感程度来甄别贷款项目的风险等级等。这样，首先，在因"硬信息"缺乏导致信息不对称可能造成逆向选择和道德风险的情况下，商业银行便会被迫采用信贷配给的方式，而不是提高利率来平衡信贷供求关系（Stiglitz and Weiss，1981），这就降低了中小企业从商业银行获得融资的可能性；其次，商业银行在"机构设置、产品设计、信用评级、贷款管理等方面都难以适应中小企业对金融服务的特殊需要"（翟建宏、高明华，2005），比如，面对中小企业的融资需求，出于金融资产安全性的考虑，商业银行提出的信贷条件自然要比大企业更为严格，不仅授信额度低，贷款申请的程序和过程极为烦琐，而且走完所有的贷款业务流程也耗时长久；最后，在现有经营模式下，"小企业的贷款规模越小，贷款的交易成本越大"，商业银行从中获利就比较小，银行自然希望每笔授信都能达到一定的规模，加上银行对中小企业实际的经营状况和将来的赢利前景难以作出准确的判断，在这些因素的共同作用下，银行更偏好于向大企业贷款，而不愿意向中小企业提供贷款（李志赟，2002）。于是，在这样的融资技术背景下，中小企业要获得发展所需资金，便要承担较多的信息生产任务，不仅要提供财务报表或财产担保，而且这些信息还需要通过第三方的外部审计才能合格（彭建刚、向实，2007）。这对于中小企业来说，无疑具有相当大的难度或者还要支付很高的成本，而且即便是中小企业以较高成本做到了信息的"硬化"，在向商业银行申请贷款时也未必会成功，中小企业自然缺乏将"软信息"进行"硬化"的激励。更何况，中小企业的经济信息中如企业家精神、企业家在市场竞争压力中的反应行为等就更难"硬化"。

---

① 调查研究表明，各金融机构对中小企业的信贷支持大多是以大量的抵押、担保或增加在金融机构的存款为前提的（辛树人、向珂，2004）。

可见，中国现有的金融服务供给体系的运行，依赖的是一种要求企业提供标准化的"硬信息"的融资方式和融资技术。而从金融需求方看，中国的企业尤其是中小企业在现阶段可能出现的最主要风险是企业家经营能力和道德的风险，而最容易解决这两类风险的金融安排，就是面对面的金融方式，以实现资金的贷方较好地了解当地的企业家（林毅夫，2004），通过"软信息"的搜集处理以管理风险。因此，不具有"软信息"搜集处理比较优势的商业银行，自然不能够有效管理向中小企业提供金融服务时可能出现的风险，也难以与中小企业面对面地就未来的偿还安排达成契约，于是，将大多数中小企业的融资需求排除在其服务范围之外也在所难免。

综上所述，中国中小企业融资困局的形成，在金融需求主体方面固然是由于他们不能够向金融机构提供必要的"硬信息"，但这是很难改变而且会长期存在的事实；从金融供给方面看，则是由于金融机构实行的是交易型银行业务经营模式，而不是能够有效匹配中小企业融资需求特点的关系型银行业务经营模式。换言之，在中国金融体系中，金融机构的种类还不够完善，还严重缺乏能够为中小企业发展提供有效金融服务而且经营成本较低的金融组织形式，这便是制约中小企业融资困难的一系列因素背后共同的外生变量[①]或根本原因。而这是可以通过金融改革来改变的。

### 2.3.4 农村金融供求失衡成因：金融排斥性及其产生的根源

1. 农村金融供求失衡成因：金融排斥性

从前述农村金融服务的几条供给渠道的现状可以看出，除了农村民间金

---

① 由于这一外生变量的存在，便引发出了国内学界通过研究得到的一系列内生变量，即在交易性银行业务经营模式主导的金融体系中，由于缺乏关系型银行业务经营模式的正规金融组织这一现实问题，以下问题便有了存在的共同基础：关系型银行业务经营模式的缺乏，本身就是金融深化不足的表现，也即存在金融压抑；在这种金融体系下，商业银行在提供金融服务时自然会考虑企业的信用问题、规模问题、所有制问题，因为大企业经营相对规范、信用等级较高、信息也多为"硬信息"，国有企业即便是中小企业，由于有政府的隐形担保，因而能够获得金融支持；没有搜集处理"软信息"的金融组织，中小企业的经济信息对现有商业银行而言总是不对称的和不透明的；中小企业融资难在本质上是个金融问题，虽然政府试图支持中小企业的发展，但政府的职责主要是提供公共产品和公共服务，在现有金融体系下，政府能够发挥的作用也是辅助性的，即便由政府出资成立相应的支持中小企业贷款的担保机构，也难以彻底解决中小企业的融资难问题，而且还可能增加担保机构的金融风险。因此，在中国金融体系中引入以关系型银行业务为经营模式的金融组织并发展壮大后，根据上述内生变量提出的政策建议及措施，对于解决中小企业发展中的融资难题才会真正取得显著成效。

融因没有取得合法的生存和发展地位，在满足农村融资需求方面的作用大打折扣外，在正规农村金融组织中，不但商业性金融和合作金融未能向"三农"建设提供足够的资金支持，而且政策性金融也没有效地发挥其支持农业发展的金融功能。对于农村金融供求失衡的原因，我们分析认为，中国农村金融机构在经营过程中之所以没有为农村经济发展配置足够的金融资源，在很大程度上是由于在经营取向上对农户的金融需求造成了较强的金融排斥性。

第一，农村金融机构的风险评估程序限制了农户接近金融资源。农村金融机构在对信贷风险的评估方面，一般都认为农业属典型的弱质产业，生产周期长，对自然条件的依赖性强，抗御灾害能力弱，而且农村信用环境差，贷款发放后没有安全保障。面对农村地区的金融需求，中国的农村金融机构在经营中为防止事前的逆向选择和事后的道德风险，便形成了一套比较完善的制度和方法，如采用专业化、标准化和流水线式的作业方式，使用标准化的合约格式，在内部管理中实行较为严格的信贷管理政策——严厉的贷款责任追究制度等。农村金融机构在贷款发放的评审中，通过审查农民的个人信用档案，或者可以抵押的资产以评估信用风险。在"硬信息"不充分而且问题相当严重的农村地区，农户没有资信档案可向金融机构提供相应的信息，金融机构搜集信息的成本较高，对信息进行甄别也相当困难，从而增加对信贷风险评估的困难，[①] 限制了信贷的发放。此外，农村金融机构在内部管理中实行较为严格的信贷管理政策如严厉的贷款责任追究制度，也造成信贷员不肯轻易向农户和农村企业发放贷款（成思危，2005）。于是，在包括农村农业保险覆盖率低下的多种因素作用下，农村金融机构便很自然地在信贷风险的评估程序中将农户接近和使用金融资源的金融需求排斥在服务范围之外。

第二，农户即便能够接近金融资源，但真要获得一定的金融服务如贷款，也要满足农村金融机构的一定的附加条件，而农户往往难以达到这些附加条件。农村地区正规金融部门的信贷制度要求在发放贷款时，借款人提供一定的抵押，如果以信用方式发放贷款，也要求借款人提供一定的资信档案，而且还要求借款人有一定的偿还能力。贷款的具体用途也是贷款资格审

---

① 张杰（2003）认为，其中的一个重要原因是中国的乡村社会是一个由不同层次圈子组成的圈层结构的社会，许多信息的传递较为封闭，作为商业金融机构根本无法融入农民这一圈层结构，从而也很难搜集农民的有关信息，从而导致信息严重不对称。

查的一个重点。事实上，这样的要求在很大程度上已经将广大农户排斥在金融服务之外。因为，不但农村金融机构没有建立起全面、系统的农民个人信用档案，而且农民也难以提供证明自己信誉和还款能力的有效资信。在农民缺乏可抵押的资产（即便是抵押的房屋，也难以处置变现）的情况下，金融机构即便是向农民发放担保贷款，农村中也很难找到有担保能力并愿意为农民贷款承担保证责任的担保人。根据熊建国（2006）在江西上饶地区的实地调查，在农户的融资过程中，90%以上的农户连融资历史记录、可考察的历史资料都没有，更不用说资信档案。同样据上饶市问卷调查结果，农户的融资需求中，教育、医疗、抵御突发事件等融资需求分别占28%、24%和18%，而购买生产资料和扩大经营规模或经商等融资需求仅分别占23%和7%。可见农户贷款大多是为了满足生存需求，极少谈得上是为了满足经济发展。这些贷款资金的用途，显然很少具有生产性，无疑，在农村金融机构看来，削弱了贷款成功回收的可能性。

第三，在市场营销方面，农村金融机构的经营取向把农村地区的金融需求排除在金融产品营销目标市场之外。除了很少有农村金融机构从事或者代理债券及保险类金融产品业务之外，在贷款业务方面，涉农金融机构的市场定位和营销取向也在偏离农村。近年来，随着商业化改革的提速，中国农业银行加快了由专业性银行向商业性银行的转变，市场定位的重心也从农村转向城市。在服务对象方面也是重点开发城市优良的大客户、行业垄断性客户、城镇高收入群体客户，贷款的主要投放从以农业为主转变为以工商业为主。即便中国农业银行在大多数地区保留了县级分支机构，但由于实行严格的贷款权限控制，他们普遍只存不贷，不再直接面向一般农户和众多乡镇企业开展业务。于是，农业银行在农村金融市场的严重萎缩甚至"空洞化"直接削弱了原有的支持农业发展的金融功能。与之类似，中国农业发展银行本是专门为农村地区配置金融资源的政策性银行，其市场定位也在转移，近年来将资金运用于商业银行领域，基本不涉及农村一般资金需求的满足，也不涉及农业开发和农村基础设施建设等政策性的业务（胡焱、郑江绥，2005）。尤其是随着粮棉油收购市场的逐步放开，以及国家退耕还林和退耕还草计划的逐步实施，农业发展银行在农村的业务更是急剧萎缩（姚耀军，2006）。尽管在2005年，党和国家制定了关于"三农"和金融工作的各项方针政策，中国农业发展银行加大了信贷支农力度，扭转了多年来业务萎缩下滑的局面，但是需要指出的是，这些业务并不是直接与农民发生的信贷业务关系。即便是扎根于农村地区的、基本上垄断了农村信贷市场的农村信用社，出于财务上可持续发展和赢利的考虑，在市场定位上也出现了脱离"三农"的倾向，比如北京和上海的农村信用社就直接改制为农村商业银行，大量资金流向相对收益率较高的城市或非农部门。在金融产品的营销方面，中国的农村金融机构也没有考虑农户的金融需求，贷款品种及其期限（如农村信用社的贷款期限大部分为 10 ~ 12 个月）不能够适应农业生产特点和生产周期（一年或一年以上）（中国农村金融需求与农村信用社改革课题组，2007）；而且为了降低单位交易成本、管理和人工费用，农村信用社也是尽量使小额零售业务转变成适合城市居民需求的批量批发式的大额业务。① 这样，三大农村正规金融机构在市场营销和目标定位方面就将广大农村地区需要金融服务的农民排斥在外。

第四，在价格方面，农村金融机构对农户的金融需求也具有较强的价格排斥性（price exclusion）。以主导农村金融供给的农村信用社为例，其出于自身财务上可持续发展和赢利的考虑，在经营中有日趋脱离"三农"的严重商业化倾向。例如，在央行宣布对农村信用社放宽贷款利率上限后，不少地区农村信用社往往将贷款利率一浮到顶（林羽飞、梁山，2005），大部分地区农村信用社执行上浮利率的贷款比重在 90% 以上（中国人民银行货币政策分析小组，2005）。白莹（2006）的研究表明，在政策允许的情况下，农村信用社贷款利率大部分上浮幅度达到或接近最高限，增加了农户借款的成本。显然，如果农户希望获得急需的贷款也只有支付自己不愿承受的价格。中国农村金融需求与农村信用社改革课题组（2007）的调查结果也表明，大约 34.6% 的农户能够接受的最高借款利率甚至低于人民银行的存款基准利率 2.25%；64.9% 的农户能够接受的最高借款利率低于人民银行的贷款基准利率 5.58%。但是，农村信用社发放贷款的平均利率却高达 6.42%，不仅高于其他银行利率，甚至还高于一些民间贷款的利率，明显高于农户可接受的最高借款利率的平均值 5%。可见，中国农村金融服务的主要供给者——农村信用社，在贷款价格方面已经对大多数农户的金融需求产生了金融排斥性，降低了农户对资金的可获性。

----

① 事实上，农户的贷款需求一般额度较小且非常分散，最小的仅为一两百元，最大的也仅有几万元（宋宏谋，2003）。银监会网站上公布的数据显示，中国县及县以下农村地区的人均贷款额大多数在 5500 元左右。

第五，农村居民在与农村金融机构打交道的过程中在一定程度上对金融需求产生了自我排斥性（self-exclusion）。中国农村社会组织化程度落后于整个社会的发展进程，农户高度分散而且相对封闭，信息化水平也较低，农户自然希望办理贷款时手续能够简便、灵活（宋宏谋，2003）。但正规金融机构在发放贷款时，相关手续往往比较烦琐，某些条款也超出了大多农户的认识和理解能力。于是，农户在面临外来风险的情况下，通常大部分资金借贷都是在农村内部解决的，只有很少的一部分（15.3%）是从银行、信用社等正规金融机构借入的。农户之间这种主要依靠血缘和友情而形成的关系型信用借贷的方式（高帆，2002）表明，农户很可能认为，从正规金融机构申请获得金融产品的可能性很小，被拒绝的可能性很大。中国农村金融需求与农村信用社改革课题组（2007）对全国29个省（市、自治区）农村金融现状的调查结果也证实，大量农户由于对正规贷款的获得不抱乐观预期和缺乏信心，而没有尝试过从正规金融机构申请贷款。究其原因，有17%的农户觉得自己在金融机构没有关系，11.1%的农户不懂正规贷款的申请程序，5.9%的农户觉得自己不能够满足信用社的抵押和担保要求。于是，在这样的预期之下，农户在选择借贷方式时，便主动放弃了从正规金融机构进行贷款申请。从而，也就主动把自己排除在从正规金融机构获得金融服务的范围之外。

第六，从农户到金融机构营业网点的地理距离看，不但保险类金融机构很少或几乎没有在广大农村地区设立经营网点，而且设置在农村的银行网点也在大量撤并，这就进一步强化了对农户金融需求的排斥性。面对农户笔数多、金额小，而且希望较少抵押或者无抵押的贷款需求，以及农民居住地分散和交通不便，涉农金融机构在预期收贷收息的工作量和难度加大和经营成本会提高的情况下，从经济学角度讲，自然不愿意对其提供金融服务，撤并设置农村地区的金融网点也是理性的选择。从近年来的情况看，不但中国农业发展银行撤并了100多个设在县级的分支机构，曾经是农村资金供给重要主体的中国农业银行，更是大幅度缩减了其设在农村地区的经营网点，1996～2011年，中国农业银行共减少了42409个机构网点。① 中国农村地区各类金

---

① 虽然这里的机构总数不仅仅包括农村的营业网点，还包括一些设在城市的其他机构网点，但是，农业银行机构总数的精简主要是对农村经营网点的精简和撤并。因此，这里采用农业银行所有机构的数目总额，并不影响对农业银行机构在农村网点撤并的分析。其中1996年的数据来自《中国金融年鉴》（1999），2011年数据来自2011年农业银行年报。

融机构网点纷纷撤并，到 2010 年末，全国农村地区银行业金融机构网点下降到 105855 个，在全国机构网点总量中的比重下降到 55%，平均每个乡镇分布银行业金融机构网点 3.27 个（尽管全国每个县/市/旗的银行业金融机构网点上升到 95.66 个，但绝大部分网点集中分布在县城城区），每 7.45 个行政村才分布 1 个，平均每万名农民拥有银行业金融机构网点 1.29 个；而且在 2011 年末还有 1696 个乡镇设有任何银行业金融机构营业网点。[①] 可见，即便是从早期的金融排斥性理论来看，在广大农村地区，这样的网点收缩与布局，无疑增加了对农村居民尤其是边远地区农民的金融排斥性，即不但降低了农户获得贷款的可能性，而且也增加了农户进行储蓄的难度。

于是，在上述金融排斥性的作用下，对于中国 2.55 亿户农民中只有 0.87 亿户农民获得了金融机构的贷款支持，也就不足为奇了。马九杰和沈杰（2010）对 987 家农户的调查研究也进一步支持了本章上述分析，他们的研究样本表明，有 28.47% 的农户难以从农村金融机构获得资金支持，而能够从正规金融机构申请到贷款的农户比例只有 16.4%，申请贷款全额获准的农户比率仅有 14.7%；从金融服务的覆盖率看，在农户的 991 笔借款样本中，农村金融机构只有 88 笔，仅仅覆盖了 8.88%。农户面临金融排斥性既有金融机构的原因，如有 12 户提出贷款申请被拒绝，有 17 户贷款申请未获得全额批准，也有农户自身的原因，如有 25.53% 的农户未提出贷款申请，但主要还是金融机构的原因，即金融机构要求农户提供质押品或抵押品。可见，金融排斥性的存在，无疑将在事实上扼杀农村居民进一步享用更广泛金融服务并借以合理安排生计、谋求发展、预防各种居家风险的能力，并会加深贫困，加剧社会分化，妨碍经济增长和社会和谐（汪鑫，2009）。

2. 金融排斥性产生的金融根源：交易型银行业务主导的经营模式

从上述分析可知，中国农村现有的金融机构从 6 个方面对中国农村地区的金融需求产生了金融排斥性，从而导致了农村金融的供给不足。对于本来定位于服务农村经济发展的农村金融机构，为什么会对农村居民产生金融排斥性？或者说，这种金融排斥性的出现是否存在一定的必然性？这无疑值得我们去进一步探讨。对于金融排斥性出现的原因，从金融排斥性的概念界定就知道它是由多种因素引起。Sinclair（2001）认为，金融排斥

---

① 根据中国银监会网站《中国银行业农村金融服务分布图集》及银监会 2011 年报提供的数据测算。

性的产生是不能用某一单一因素或变量来解释的。因为，接近金融服务的困难、获取金融服务的支出费用、申请金融服务的条件和比例，都构成了低收入群体使用主流金融服务的障碍，而金融服务市场的结构变化，尤其是竞争激烈程度的增加和针对高收入客户的服务取向，又进一步加重了金融排斥性的严重程度。可见，沿着这样的思路，通过对引起金融排斥性的多方面因素深入考察，就能够对中国农村出现的金融排斥性，给出一个合理的解释。但是，我们并不打算这样做。因为我们认为，金融排斥性首先是一个金融问题，而且在农村金融机构的经营模式定位上都能或多或少地看到 FSA（2000）所列示的一系列的社会经济因素和金融服务市场因素的影子。结合前面的分析，不难发现，中国农村出现的 6 个方面的金融排斥性，除了农村居民的自我排斥性之外，其余 4 个方面都是农村金融机构在经营过程中的一系列经营行为所导致的直接结果。而且，农村居民金融需求的自我排斥性，也是由于金融机构经营行为所导致的间接结果。因此，探讨金融排斥性产生的原因，我们可以在农村金融机构经营层面上进行深入的分析，或者说可以在农村金融机构经营金融产品的方式方法上去探究它们为什么不能够很好地发挥其服务农村经济发展的金融功能。

在农村地区，尽管农户和小微企业具有巨大的金融需求，但是他们的经济信息主要表现为"软信息"，这种信息现状和中小企业一样，都是中国客观存在的事实，而且这种现状仍将在很长一段时期内继续存在，甚至可能将永远延续。从前面有关信息类型对商业银行经营模式定位的分析可以看出，这对于提供交易型银行业务的银行来说，在人口众多的广大农村地区提供金融服务，不但信息搜集成本高昂，而且获利前景也不明朗。很自然的，在目标市场定位和营销方面，实行交易型银行业务模式的银行把目标客户锁定于能够提供"硬信息"的金融需求主体或者低成本获取"硬信息"的地区，并针对它们设计一些标准化的金融产品，在金融产品和金融服务营销方面也追求规模经济、批发式的大额业务，以降低交易的单位成本。就此而言，以提供交易型银行业务为特征的经营模式对"软信息"丰富而"硬信息"缺乏的农村地区及农户的小额的、频繁的金融需求产生金融排斥性，也就具有经济意义上的逻辑基础或必然性。毕竟，农村金融机构，尤其是商业性金融机构在农村开展金融业务时也要进行成本收益上的比较。在不能够通过"软信息"的搜集来准确地评估农村金融风险的情况下，再加上集权化经营导致的较长委托—代理链条和较大交易成本，涉农金融机构从农村撤并经营网点和偏离服务"三农"目标[①]在所难免。很明显，这样的经营服务模式不适合向农户提供金融支持，即便农村金融机构不从农村撤并网点或者增设营业网点，他们提供的金融服务也不能够有效地覆盖农村的金融需求。中国政府多年来对"三农"进行金融支持的实践效果也能够证明这一点。可见，中国农村地区出现的金融排斥性，在金融需求主体方面是由于他们不能够向金融机构提供必要的"硬信息"，在金融供给方面是由于金融机构实行的是交易型银行业务经营模式，而不是关系型银行业务经营模式。

## 2.4 社区银行与中小企业融资及农村金融供给

从前面的分析可知，无论是中小企业融资困局，还是农村金融市场上金融资源供求的失衡，在金融需求方面，无疑是中小企业和农户难以提供现存银行业金融机构所需要的"硬信息"，从而难以获得相应的金融服务；在金融供给方面，则是现存银行业金融机构以交易型银行业务主导的经营模式，使其提供金融服务时成本高昂，从而不具有向这两大类客户提供金融服务的比较优势。于是，中国金融发展中的这两块短板，便有了其存在的经济学基础和不断延续的逻辑前提。很显然，中国金融在市场化改革的进程中，需要发展以关系型银行业务为主导经营模式的金融机构，以匹配中小企业和农户的金融需求特点，进而在向他们提供金融服务的同时能够实现相应的商业利益并能够实现可持续发展。而发展社区银行，则提供了解决中国金融服务"短板"的可能。

### 2.4.1 社区银行支持中小企业发展的有效性

实践表明，作为地方性小型金融机构的社区银行确实能够有效解决金融供给中的信息不对称问题，无论是在发达国家还是在发展中国家，社区银行都能够有效地增加中小企业的信贷可获性（Berge et al.，2003a，2003b）。其内在根源在于，由于社区银行以发展关系型银行业务作为其核心的经营战略，因此，无论是在信息尤其是"软信息"生产方面，还是在向中小企业提供金融服务方面，与现有的定位于交易型银行业务经营模式的商业银行相

---

① 需要说明的是，虽然农村信用社属于小型金融机构，但由前面的分析我们已经知道，它和国有商业银行的经营方式并没有多大区别。

比，都具有显著的比较优势。

1. 信息生产的有效性基础：社区银行与中小企业存在系统上的同构性

同构性是来自代数学的一个概念。如果两个数学系统的元素之间能建立一一对应的关系，而且两个数学系统各元素之间的关系经过这种对应之后仍能在各自的系统中保持不变，那么这两个数学系统之间便具有了同构性。这样的同构性显然是一种非常严格的对应关系，对于许多复杂系统，无疑是不能按照数学形式进行定量研究的。作为一种拓展，人们常常把具有相同的输入和输出而且对外部激励具有相同的响应的系统称为同构系统，于是两个系统也就具有了功能等价性（彭建刚、向实，2007）。[1] 简言之，两种事务之间具有相同的或者说是相类似的系统结构便具有了同构性。就此而言，除了资产规模可能相当甚至远大于中小企业外，社区银行与中小企业至少在经营范围、公司治理结构、内部管理层级等方面具有一定的同构对应关系。具体来看，第一，在经营地域方面，社区银行与中小企业都局限于一地，都是地方性企业；第二，在公司治理结构方面，社区银行与中小企业类似，都比较简单，在组织结构上通常都是单一建制；第三，在内部管理层级方面，社区银行与当地中小企业类似，都比较精简，不但科层组织一般较为紧凑有效，委托—代理层次少，而且在基层与高层之间具有很强的信息联系。此外，在资产规模方面，尽管社区银行的资产规模可能远大于中小企业，但总的来讲，它们的规模都比较小。

从信息生产、搜集与处理的角度看，社区银行与中小企业在系统上的这种同构性关系，无疑增强了社区银行在处理两者之间信息不对称问题上的有效性。一方面，这种同构性对应关系意味着这两个系统具有功能上的等价性，即两个系统对相同的输入信息会产生相同的响应。对中小企业而言，它们在日常经营活动中获取和传递的信息偏重于"软信息"，而且这些"软信息"能够确保系统外部功能的实现，维持系统的行为目的性和不变性，从而使得中小企业适宜于从事以"软信息"为联系纽带的各种业务（彭建刚、向实，2007）。在这方面，与中小企业具有同构对应关系的社区银行，同样

--------

[1] 控制论认为，系统 $S_1 = \{A_1, R_1\}$ 与系统 $S_2 = \{A_2, R_2\}$ 是同构的，当且仅当：（1）集合 $A_1$ 的各要素能够唯一地一一对应于 $A_2$ 的各要素，即，使得 $A_1$ 的每一个要素唯一地对应于 $A_2$ 的每一个要素，反之亦然。（2）集合 $R_1$ 的各要素能够唯一地一一对应于 $R_2$ 的各要素。对应关系是这样的，若集合 $A_1$ 内的 $a_{1i}$ 与集合 $A_2$ 内的 $a_{2k}$ 对应，集合 $A_1$ 内的 $a_{1j}$ 与集合 $A_2$ 内的 $a_{2h}$ 对应，则集合 $R_1$ 内的 $r_{1ij}$ 与集合 $R_2$ 内的 $r_{2kh}$ 相对应（彭建刚、向实，2007）。

适宜开展以"软信息"为基础的关系型借贷、关系型融资和关系型银行业务。另一方面，同样偏重于"软信息"的获取与传递的社区银行和中小企业，在信息交流与传递方面便减少了因信息失真而带来的干扰，从而弱化了两个系统之间的信息不对称问题。这就使得社区银行在向中小企业提高金融支持方面具有了从事能够以"软信息"为联系纽带的各种银行业务。此外，由于社区银行本身就是中小企业，在其发展过程中会面临很多与其他中小企业相类似的问题，而且社区银行与中小企业的规模匹配，也有利于两者建立长久的合作关系（晏露蓉、林晓甫，2003）。可以说，这样的系统同构性使得社区银行具有了获取中小企业信息的优势，这也是社区银行对中小企业提供金融支持具有比较优势的最重要方面。

2. 社区银行相对于大银行的比较优势：金融供给的有效性

虽然笔者也同意"大银行天生不适合为中小企业服务这个命题并不正确"（袁增霆、蔡真、王旭祥，2010），但是大银行在搜集、生产与运用"软信息"来服务中小企业发展方面，无疑具有比较劣势。而与大型商业银行相比，对于经营范围局限于一地的社区银行而言，其内部管理层级较少，而且实施的关系型金融服务模式更能有效解决"软信息"在系统内部传递时所导致的激励与监督问题。这样的金融服务供给无疑能够与中小企业的金融需求很好匹配，使得社区银行具有了其他商业银行所不具有的比较优势。进而就使得社区银行在向中小企业提供金融支持时具有了从事能够以"软信息"为联系纽带的各种银行业务。

第一，与大银行不同，社区银行是典型的在某地域集中经营的小银行（Emmons et al.，2002），不但总部与其客户的距离较近，而且其经营管理者一般也是当地人士（晏露蓉、林晓甫，2003）。由于经营地域的限制和资产规模的有限性，社区银行不可能像大银行那样投入大量人力、物力建立分支网络。这样，社区银行专注于所在地区中小企业和社区居民客户，就能够克服规模局限，深化产品线的宽度和深度，更细致地满足目标客户群的各种需要。于是，扎根基层、与中小企业共处于一个经济生态圈的社区银行，便和当地社区人文环境具有了天然的契合性。① 基于这种经营环境的契合性开展

---

① 虽然在程惠霞（2004）的研究中，这种人文环境的契合性指的是中小银行与当地社区的关系，但是，这种契合性同样适合于对社区银行的分析，因为社区银行本身就属于中小银行，而且是一个比中小银行更小的概念。

业务，社区银行便拥有了信息便利，即拥有了能够通过正式的或非正式的方式搜集客户及潜在客户的"硬信息"和"软信息"的地缘优势。进一步讲，社区银行不但能够充分利用这些地缘人缘关系、地方资源和信息，去了解本地域内中小企业的资信状况，低成本地获取潜在中小企业客户的信息，而且能够通过长期的业务往来与合作更全面地掌握中小企业的经营情况、业主能力与资信等级。与大银行的总部距离中小企业较远以及更多地依赖信函和电话等通信手段搜集"硬信息"的信息生产方式（Hauswald and Marquez，2003）相比，社区银行通过与当地中小企业较多的私人接触，显然有助于"软信息"的生产和减少在传递中的信息漏损问题（Berger et al.，2002），从而较少受到技术的影响。而且，同一社区内的中小企业，它们在选择银行时也往往以地理条件作为重要参考，一般都从邻近的银行筹措资金，加上受银行选择面的限制，中小企业对银行也有较高的忠诚度（栗书茵，2005）。这样的忠诚度无疑将进一步便利和强化社区银行对其中小企业客户各种"软信息"的搜集。因此，作为地方性中小金融机构的社区银行通过很强的地缘信任优势，以较低成本有效地解决了信息不对称问题，在资金运用方面，便能够将吸收的资金以零售业务的方式运用于当地市场，能够贴近经济、贴近企业，实施就近服务，并能够在地方金融资源的配置中，在追求地方利益的安排下发挥大银行无法取代的积极作用（褚伟，2002）。

第二，社区银行在管理和组织制度等方面也与中小企业类似，科层组织一般较为紧凑有效，委托—代理层次少，这也从制度保障上为信息搜集优势的发挥提供了激励，使社区银行在经营地域内开展负债和资产业务的同时，更有效地防止大银行因分支建制和只办理负债业务而很少办理资产业务出现资金外流现象，从而能够有效地稳定社区资金，为社区内中小企业的发展提供充足的资金支持。从理论上讲，关系型贷款的发放，要求那些掌握着"软信息"的基层客户经理和信贷员拥有更大的贷款决策权限（Berger and Udell，2002），因为决策权的分散化有利于真正满足中小企业的融资需求（张捷，2002）。在这方面，社区银行委托—代理层次的科层组织较少，使得其提供金融服务时审批中间环节少、决策更迅速，从而更适宜开展满足中小企业融资需求的"短、频、快、小"信贷业务；尤其是一些规模较小的并为当地所有的社区银行，紧凑的科层组织使得其银行雇员拥有了更多的信贷决策权利，这又进一步增强了这些银行搜集、利用"软信息"的能力（Hein et al.，2005）。虽然决策权的分散化可能会带来银行内部的委托—代理问题，但在结构简单、管理层次少的紧凑的科层组织中，小型银行的高级管理人员既接近信贷员又接近商业贷款客户的优势，有利于降低对关系型贷款的监管成本（Nakamura，1993）。在这样的科层组织安排下，与规模大和科层组织复杂的大银行相比，社区银行的信贷人员不仅会努力搜集客户的"硬信息"与"软信息"，而且也不容易隐瞒劣质信贷信息，从而提高了信息搜集的数量与质量。① 于是，社区银行在为中小企业提供融资服务时，单位资金的交易成本也就大大低于贷款审批环节多、审批链条长的大银行。

第三，社区银行与当地中小企业具有的长期稳定的合作关系，不但增加了社区银行对"软信息"的可得性，而且在长期中分摊并将信息搜集成本降低到很低的水平，从而降低信息不对称的程度，减少了交易成本，增强了市场的有效性。社区银行在经营区域内"取之于民、用之于民"的经营方式，显然比大银行更容易获得当地政府和居民的支持（如出于发展本地经济的考量）。更重要的是，在社区银行的股权结构中，往往有当地民营中小企业的股份，有的社区银行甚至也主要由民营中小企业控股（晏露蓉、林晓甫，2003）。加之，社区银行的经营管理者一般都是当地人士的人缘、地缘关系，与大型银行相比，社区银行与当地中小企业客户建立和保持业务合作关系就具有了更大的优势。从投融资双方对信息生产与使用的角度看，社区银行与当地中小企业也存在建立长久关系和持续交换信息的激励。一方面，中小企业尤其是处于创业增长期的企业和正在进行研发（R&D）的企业，为了避免因金融市场的"双听众"信号问题将信息外泄给竞争对手而产生"搭便车"问题（Bhattacharya and Chiesa，1995），也倾向于从未来长期的主要关系银行——社区银行获得多种金融服务，将不愿意向外界透露的信息向社区银行提供；另一方面，对于社区银行而言，考虑到未来与借款人长期的利害关系和信息的重复利用，也有更强的激励去进行企业信息的搜集处理方面的投资，并把获得的企业专有信息保存在银行内部而不向外界透露。这样，信息封闭于银企之间，既防止了信贷市场出现的"搭便车"问题，又降低了单位贷款发放的信息成本。此外，社区银行与当地中小企业的

① 就大银行而言，在这方面，即使设有地方分支机构，但其经理人员经常调动，使其对地方中小企业的了解程度相对较低，即使分支机构的经理能够了解地方中小企业的经营情况，但中小企业信息具有非公开性，信息难以观察与检验，也很难向上级传递，而且在传递过程中信息的准确性容易受到质疑，特别是在贷款出现问题时。于是，大银行很难建立起关于中小企业的持续的信息积累（林毅夫、姜烨，2006）。

长期的合作关系和充分的信息交流，也容易增进双方的信任关系，双方都愿意遵守各自在合同中所作的承诺，也减少了监督成本（王爱俭，2006）。因此，社区银行通过与当地中小企业的长期互动，对企业经营状况的了解程度逐渐增加，生产了大量的"软信息"，也就大大缓解了存在于信贷市场中的信息不对称问题，拥有了这种给中小企业提供金融服务的信息优势。

第四，在企业信贷合同条款设计方面，社区银行和大银行相比，也存在很大的不同，不但更具灵活性和弹性，而且能够平滑双方在长期合作中的成本与收益，控制双方潜在的利益冲突，贷款合约的有效性也更高（Boot，2000）。社区银行往往基于"软信息"，如借款人的个人品德及管理能力，以及与借款人的关系强度进行贷款发放，而大银行则倾向于主要根据"硬信息"进行远距离的贷款发放（Berger et al.，2002）。在贷款发放后，社区银行通过与中小企业保持密切和长期的合作关系，也能够做到对贷款用途的全程监控（Hoening，2003）。即便是大银行也试图根据"软信息"向中小企业发放贷款，相对于社区银行而言，组织结构上的不经济性限制了大银行对"软信息"的处理与传递（Stein，2002）。与大银行相比，社区银行在获得非公开的"软信息"方面，具有比较优势，能够对中小企业的资信进行有效的分析和处理，对小企业的违约概率作出正确的估计，从而能够向其提供资金支持。

第五，在资产规模方面，尽管社区银行的资产规模可能远大于中小企业，但总的来讲，它们的规模都比较小。社区银行的资产规模一般比较小（在美国，不到 10 亿美元），属于中小银行。[①] 于是，中小银行受自身规模和资金实力的限制，通常难以与大银行在更广泛的领域内展开业务竞争，不可能从事"金融百货公司"式的综合性业务；而且，由于资金少，也无力为大企业提供服务，不能够满足大企业对巨额资金的需求，即便能够为某一大型企业提供资金，也不利于金融风险的分散化管理。国内外大量的实证研究表明，银行对中小企业贷款与银行规模之间存在很强的负相关关系（Strahan and Weston，1996），即银行规模越大，对中小企业提供贷款的积极性越低。纽约联储银行（1995）对美国 20 世纪 90 年代中期的银行

---

① 虽然中小银行是一个相对的和发展的概念，不同国家及不同时期的界定有所不同（程惠霞，2004），但按照西方经济学和银行实业界的观点，一般把净资产在 10 亿美元以下的银行称为中等规模银行，而 1 亿美元以下的银行称为小规模银行（程惠霞，2004）。

业务状况进行了研究，发现银行规模越小，其小额贷款占贷款总额的比重越大，小额贷款占资产总额的比例越高，而且资产低于 1 亿美元的银行的国内小企业贷款占资产总额的 8.9%，而在资产高于 50 亿美元的银行这个比例只有 2.9%。Goldberg 和 White（1997）对银行规模与其向小企业贷款的力度（占银行资产的百分比）进行了研究，也发现了这二者之间存在明显的反向关系。而且，Strahan 和 Weston（1998）的研究进一步表明，中小银行固有的资产规模决定了它是中小企业理想的融资伙伴。在经营策略的选择方面，与大银行有所不同，其基本原则就是适当的产品要卖给适当的客户，服务不必过度，也不可以标准化，最重要的是提供正确服务（程惠霞，2004）。从这一经营原则可以看出，中小银行的资产规模决定了其在经营过程中，无论是在产品设计还是服务对象选择方面，都与大银行存在差异。

第六，也是更重要的，与其他商业银行的经营战略不同，社区银行以开展关系型银行业务为核心战略，这也是与普通中小商业银行的重要区别所在。[①] 因为关系型银行业务的直接战略目标就是解决银行与客户之间的信息不对称问题，而且由于双方建立了彼此尊重与信任的关系，银行与其客户在信息交换中实现了帕累托改进（Boot，2000）。在这种经营模式下，社区银行不但能够获得激励其搜集"软信息"的一系列租金（何韧，2005），而且也能够更容易接近中小企业的经营决策，甚至还可能参与中小企业的重大事务，如参与企业在财务、发展战略、人事等方面的重大决策，充任企业的财务顾问（刘小明，2005），帮助中小企业提高经营业绩。这样，社区银行的决策层与中小企业的决策层越接近，贷款决策时耗费的信息成本也就越小。社区银行在经营中也就更能有效地避免因信息不对称引起的道德风险和逆向选择，强化对信贷风险的控制。

因此，综合而言，在向信息不透明程度较高的中小企业提供资金方面，大银行在理论上不具有比较优势，而作为中小商业银行的社区银行，因其提供关系型银行业务的经营模式而具有了明显的比较优势。实证研究也表明，

---

① 有研究表明，从经济环境和银行业结构的变化、信息技术发展对银行业和企业沟通渠道的影响、银行业自身适应性的变化以及银行制度的演进看，大银行和中小银行对中小企业的融资劣势和优势不是绝对的，而是一个相对优势的平衡（董彦岭，2007）。据此可以推论，如果中小银行的经营模式定位与大银行一致，并倚重"硬信息"开展业务，其在对中小企业融资方面也未必就具有显著的比较优势。

在整个银行业中，社区银行向小企业发放贷款的份额也确实远高于大银行（Hoening，2003）。美国中小企业促进局对银行信贷支持中小企业的调查评比也证实，中小银行（社区银行）不仅是中小企业稳定的资金提供者，而且在中小企业信贷与银行总资产之比和中小企业信贷与商业信贷之比方面，社区银行与大银行相比，都占有绝对优势（孙换民、颜世廉，2005）。

### 2.4.2　社区银行对农村金融供求失衡的纠正：金融包容性发展

从目前国外的研究文献来看，很少就金融包容性（Financial Inclusion）这一概念进行直接界定，而是通过对金融排斥性的界定来阐释金融包容性的内涵。总的来讲，金融包容性是一个与金融排斥性含义相反的概念。金融包容性的概念，可以界定为，使所有人都有可能接近并获得一定金融服务的状态，即确保他们能够有效、安全地管理日常的现金流，能够为处理可能出现的财务困难而作出很好的跨期安排，从而能够有效地应对金融困境的一种金融服务状态（HM Treasure，2007）。换句话说，如果说金融排斥性降低了金融系统服务社会的覆盖率，那么金融包容性发展的目标就在于将"无银行服务"人群纳入正规的金融系统，从而使他们能够有机会得到储蓄、支付、信贷和保险等金融服务，进而弥补或增强金融系统的服务功能和社会覆盖率，实现金融资源配置的公平性。

1. 国外经验：发展社区性金融机构

从大的方面讲，缓解金融系统中的金融排斥性，提高其服务的金融包容性，不外乎两条途径：一是力图使现有的金融体系尽可能地向所在社区中的所有居民提供其金融产品和服务，二是发展新的金融机构和替代中介机构向受到金融排斥性的居民提供和传递金融服务（HM Treasure，1999）。从国外的经验看，金融包容性发展的着力点主要集中在以下几个方面：一是增加居民接近金融服务的可能性，二是开发并提高适合居民需求的金融产品，三是将金融服务的价格控制在低收入居民的支付能力之内，四是提高居民的金融认知能力，消除居民对金融供给方的消极心理，五是改进政府主管部门的规章制度（FSA，2000）。但总的来讲，这些目标的实现，都主要依赖于一定的金融组织来完成，而且这些金融组织在经营过程中，都具有明显的社区金融特征。

虽然欧洲是现代银行业的发祥地，金融体系比较完备，金融网络也很发达，但是在一些地区，尤其是偏远地区仍然存在金融服务的真空地带，对当地居民产生了较强的金融排斥性，尤其是 20 世纪 90 年代随着大量商业银行的网点撤并，这一问题变得更加严重，从而引致了欧洲国家，尤其是在英国的苏格兰地区，掀起了一场"社区银行服务运动"（Campaign for Community Banking Services）。① 针对金融系统中业已存在金融排斥性，英国主要采取了三项战略措施来促进金融系统的包容性：一是设立具有金融包容性的政策基金（Financial Inclusion Fund），2004～2007 年该基金的预算金额为 1.2 亿英镑；二是优先向低收入居民提供银行业务、可支付信贷和面对面理财咨询服务；三是成立独立的金融包容性政策特别工作组，为政府提供政策建议并监督政策的实施（HM Treasure，2007）。而在具体实施金融包容性政策的金融机构方面，不但在贫穷落后的社区新设立了信贷联盟（Credit Unions）和非营利的社区发展金融机构（Community Development Finance Institutions，CDFIs）；而且还提出要充分利用已有的邮局网点、非营利组织（如地方政府和住宅协会、地方交易项目），以及发展社区银行来增加居民获得金融服务的可能性（FSA，2000）。

美国缓解落后地区的金融排斥性的政策措施，便是 1977 年通过著名的《社区再投资法》来促进社区金融活动的发展。该法案旨在为中、低收入地区和低收入人群识别和挖掘可用的贷款机会，促进社区经济活动的活跃，进而为社区内的居民创造新的机会。在该法案的支持下，不但美国的社区银行得到了蓬勃的发展，而且一些为在资金实力欠缺的社区进行投资提供了金融支持，同时还为贷款人和投资人管理风险的社区金融机构都得到了蓬勃发展。比如，服务于社区金融需求的金融机构出现了"混合"态势：既有仅仅服务于某一特定社区的单一银行，又有以社区银行（Community Banks）、社区银行投资公司（Community Banks Investments Inc.）、社区保险公司（Community Settlement Company）、社区银行公司（Community Banks Inc.）、金融持股公司（Financial Holding Company）等多种形式出现的"多重"银行（Multi-bank）（贺英，2004）。事实上，美联储的比较研究也表明，美国的一些贫穷社区的复兴过程中出现的重大进步一般都是通过社区性的金

---

① 该运动的核心并不在于建立多少家社区银行，而在于为所有社区提供金融服务，满足社区居民、小企业的基本功能需求，为社区提供与其经济发展水平相适宜的金融服务，尤其是为小的零售商和其他小企业、老年人、残疾人士、无私人交通工具者、低收入人群体提供金融服务，以消除因为银行网点撤并可能给社区带来的大的不利后果，如金融服务可获性的降低，社区的稳定性降低和环境污染等（贺英，2004）。

融机构、社区开发组织以及公共部门之间的互惠协作取得的（巴曙松，2002）。

与英美国家不同，印度是在已有的金融系统中设立一些有利于向社会弱势群体提供金融服务的机构和部门来实现金融的包容性发展。比如印度工业信贷投资银行 ICICI Bank 在合伙人模型的基础上开发出了一个在印度农村地区提供综合金融服务的计划。该计划设计出了在每一地区分支机构的复合营销渠道和产品结构，并通过特许经营权、网络邮亭（Internet Kiosks）和小额信贷机构形成了一个相互依存的向农村各个收入层次居民提供信贷、储蓄、保险和风险管理产品的传输链。而且，为了缓解居民在地理上的金融排斥性，根据无服务空白（No White Spaces，NWS）计划，ICICI Bank 力求使居民到其营业网点的距离控制在 5 公里～10 公里之内。此外，ICICI Bank 还发起并资助了在 Chennai 的金融管理研究局（the Institute for Financial Management and Research）中设立小额信贷中心（Centre for Micro Finance），保险与风险管理中心（Centre for Insurance and Risk Management），小企业融资中心（Small Enterprise Finance Centre）和开发中心（Centre for Development Finance）。而且这些中心的工作人员都是来自世界各地训练有素的研究人员和实业家，并具有丰富的金融产品设计（product design）、行为研究（action-research）、影响评估（impact evaluation），培训课程设计（raining and course design），以及在其领域内的咨询（consulting in each of their areas）经验。于是，在这些中心的帮助下，ICICI Bank 便力图在印度的落后地区实现其金融包容性目标，如为穷人提供健康保险（health insurance for the poor），畜牧保险（livestock insurance），生计互助（livelihood partnerships），个人及小企业借贷（individual and small enterprise lending），以及农村基础设施融资（financing of rural infrastructure）等（Morl，2006）。从实际效果看，印度的金融包容性措施不但缓解了金融系统以前的金融排斥性，而且在事实上促进了印度农村地区的经济发展。

2. 社区金融服务何以具有金融包容性：关系型银行业务解析

按照金融地理学的观点，社区性金融机构在网点布局方面的特点能够使金融服务向城乡多延伸一公里，缩短大多数社区居民在地理上到达金融网点的距离。比如，在城市，社区银行的网点位于居民的聚居社区之内；在乡村，社区银行的网点延伸到主要的乡镇及村落之中。因此，在机构网点的设置方面，社区金融机构的存在本身就能够很好地弥补主流商业银行从经济欠发达地区撤并服务网点之后留下的金融服务真空，平衡他们对落后地区企业和居民等弱势经济主体产生的金融排斥性。

社区性金融机构在服务社区居民，尤其是低收入居民方面所具有的金融包容性的实质在于，与其他商业银行的经营模式不同，其经营模式是以提供关系型银行业务为核心的业务模式。这种经营模式能够将以前（常常是很久以前）发生的，现在（通常也是很长的一段时间）正在发生的和预期（在很大程度上只是一种极含糊的方式）未来发生的事件连接起来，构成一种具有重要经济价值的关系①（Macneil，1974），以实现自身可持续发展，而且还依托这种关系为客户（经济社会中的弱势主体）的金融需求设计个性化的金融产品。

从国外社区金融机构尤其是社区银行的经营实践来看，无论是在与客户关系的维系与强化中，还是在向客户提供各种金融服务的过程中，客户及潜在客户的"软信息"都被大量而且广泛地搜集和使用。

从专注于关系型银行业务的社区银行经营实践看，其人格化的金融服务，有利于其以低成本搜集所在社区经济主体的"软信息"，并依据这些有价值的"软信息"建立其信用档案，形成一套依赖于"软信息"的风险评估程序，从而能够客观地评估农户的违约风险，能够将主流商业金融机构所排斥的、难以提供"硬信息"的客户群体包容于其金融服务对象之中。事实上，在以血缘、地缘和亲缘为核心的自然关系仍占很大比重的广大农村地区，虽然农户的经济信息基本上以"软信息"的形式存在（如个人道德信誉、公众口碑等），但是农村地区所形成的社会规范和社会秩序②却使得交易双方的彼此信任能够减少信息搜寻、信号显示、信息甄别、契约订立从而建立交易关系的信息处理费用与谈判费用。对社区银行而言，

---

① 这种关系很大程度上能够自我执行，希望维护他们声誉的合同各方都会尊重协议的精神（即使没有书面合同），以使未来能在相同的框架下继续保持稳定的商业关系。

② 一方面村庄里人与人之间的关系比较确定，另一方面村庄里的各种信息基本上是透明的，尽管表面上看不是这样。在这样的环境中，村民们不仅共享他们之间的各种信息，而且基本上能够根据自己的判断实施自我监督与管理，从而道德风险降低。因为在村庄共同体中，村庄无穷多期博弈，对不合作者的惩罚不仅意味着短期经济利益的损失，更是意味着其长期的经济政治社会等的全面损失。于是，村庄里的每一个个体便通过一定的与当地文化紧密相连的社会规范与社区规则嵌入村庄系统，并因此相互之间产生对于彼此的积极预期的一种社区秩序。在这样的社会秩序中，村民们都很清楚自己在这块土地上的地位与分量，在参与各种经济社会活动时，都能够遵从地方性习俗、地方性的习惯、地方性传统和社会规则（胡必亮，2006）。

这不但为其进行人格化交易①搜集其客户或潜在客户的"硬信息"和"软信息"提供了环境基础，而且也有利于社区银行在具体的业务开展中控制金融风险。

从具体的市场营销实践看，社区银行专注于为社区内的居民和小企业提供相应的金融产品，不但在产品设计上适合他们的需要，而且在价格制定方面也充分考虑到了他们的经济承受能力并着眼于未来多次合作带来的长期价值而有所优惠。此外，社区银行的工作人员通过向其客户提供的人格化的和多样化的金融服务，如信用证、存款、支票结算和现金管理服务等，还向这些弱势经济主体普及了必要的金融常识，提高了他们的金融认知能力。从而在实际效果上，降低了他们对于参与金融活动的自我排斥性，增强了他们向金融机构寻求金融支持的信心和金融参与意识，同时，从长期发展的角度看，也培养壮大了金融需求的客户群体，为社区银行和其他金融机构的发展拓展了市场空间。

从资金流向看，社区银行在当地吸收存款并在当地发放贷款的经营模式，不但不会导致大量农村资金流向城市，而且通过资金在农村地区的合理配置也将进一步促进农村经济的发展。从国外社区银行的经营实践来看，社区银行在经济落后地区的经营业绩也表现良好。虽然设在经济落后的农村地区的社区银行的非利息收入和资产质量稍差于设在经济发达地区的社区银行，而且融资成本和人工成本支出也略高，但从总体上讲，其经营业绩仍然处于比较满意的水平，而且往往高于其他商业银行的经营业绩。因为社区银行在落后地区不但在进入新的业务领域、组织工作人员和董事会，以及服务于当地社区和发展新客户方面拥有一定的专长，而且其经理人员善于在各种环境下采取恰当的经营策略、利用一切有利机会应对所面临的经营条件从事经营活动（Myers and Spong，2003）。

### 2.4.3 中国社区银行雏形——村镇银行案例分析

村镇银行是拥有商业银行执照、注册经营地在农村社区、具有独立法人

---

① 所谓人格化交易，就是"建立在个人之间相互了解基础上的交换"。人格化交易是对中国长期以来的文化习俗与市场习惯的恰如其分的抽象表述。在以血缘、地缘关系建立起来的社会信任结构中，市场交换更多的是建立在个人之间相互了解基础上的交换，人与人之间的交往，没有普遍的行为标准，"一定要问清楚对象是谁，和自己什么关系后，才能决定拿出什么标准来"（费孝通，1948），在处理经济问题时，人们彼此认定的都是具体的人，而不是什么抽象的原则和法律条文（霍夫亨兹、柯德尔，1982）。参见李义奇（2005）。

资格的金融机构。无论是从注册设立的要求、还是从资产规模和网点布局来看，村镇银行都是比较典型的扎根农村社区的地方性小银行，在经营管理中与社区银行具有相同的特征。在经营网点布局方面，它们都是位于国定贫困县和省定贫困县及县以下的农村地区，尤其是一些金融机构网点少甚至是存在金融服务真空的贫困地区，而且按规定也只能够在所在社区范围内从事经营活动。从试点村镇银行的实际经营情况来看，它们的市场定位局限于服务当地的小企业和农户的金融需求。因此，从社区银行的外在特征即资产规模和经营范围来看，中国村镇银行无疑具有了发展为社区银行的重要基础。

1. 经营模式具有关系型银行业务的部分特征

从村镇银行目前开展金融业务的经营行为来看，它们在一定程度上利用了农村地区的"软信息"来开展业务，而且针对农户金融需求特点设计了一些个性化的金融产品，这就在经营模式上具有一定的关系型银行业务的特征。第一，村镇银行在经营过程中力图与小额借款者和储蓄者建立起人员交流机制来搜集"软信息"。比如，四川仪陇县的惠民村镇银行在具体的贷款发放过程中，对农户信用评级中就引进了家庭财产、个人品德、社会反映与评价这样的不可量化的个性化信息因素。而具有信贷决策权的行长也亲自到农户家中进行调查，并主动寻求与当地政府合作搜集当地农民的一些信息。吉林东丰诚信村镇银行在业务开展中，开着一辆小面包车，5个信贷人员每天跑一个村，调查农民的贷款需求，搜集农民的有关信息，而且还在开展业务的村子里招聘大量比较有威望、受村民信任的书记、村长担任协管员，并通过他们熟悉村里农户方方面面的信息优势来搜集处理有利于信贷决策和风险控制的"软信息"。其他地方的村镇银行也大致如此。第二，在对社区内"软信息"的搜集、处理和使用的基础上，村镇银行在经营过程中，进行了无须抵押就进行贷款发放的探索。比如，从惠民村镇银行进行了无担保评级，吉林磐石融丰村镇银行实行了5户联保和上下游企业担保方式进行贷款发放。第三，在金融产品方面，能够根据农民的需求进行设计。比如，甘肃陇南市武都金桥村镇银行就根据陇南市武都区信贷市场实际，研究开发了10类适合农村经济发展需求的贷款业务新品种。例如，春耕生产扶持贷款，外出务工人员贷款，农村贫困家庭助学贷款，农村种植、养殖业专项贷款，农村土畜产品产供销贷款，中药材种植、加工、销售专项贷款，农田水利设施配套贷款，农业生产机具专项贷款，农村个体经营户流动资金贷款，农村复转军人创业贷款。而且在开办上述贷款业务的同时，该行还结合城镇信贷需求实际，开办城镇下岗职工、复转军人创业贷款和城镇个体工商户流动资金贷款。这就使得客户能够根据自己的习惯和个性化需求选择相应的金融产品。可见，村镇银行提供的是一种人格化的金融服务，而这种人格化的金融服务方式正是社区银行的经营特点之一。

2. 市场定位于服务当地的小企业和农户

从中国银监会《村镇银行管理暂行规定》来看，村镇银行不得发放异地贷款，而且在缴足存款准备金后，发放贷款应首先充分满足县域内农户、农业和农村经济发展的需要。确已满足当地农村资金需求的，其富余资金可投放当地其他产业、购买涉农债券或向其他金融机构融资。《关于加强村镇银行监管的意见》也禁止村镇银行跨县（市）发放贷款和吸收存款，而且不得对异地股东及其设在注册地的关联企业授信。村镇银行在有限的地域内从事经营活动，向社区内居民和商业客户提供了借以完成当地经济活动的金融交易的资源，这与社区银行在当地吸收存款和发放贷款的经营特征基本相同，即都是从当地家庭和企业中接受储蓄，并为当地家庭和企业提供交易服务和信用服务。比如，仪陇惠民村镇银行的贷款就是专门为小额农户、微小企业和专业农户设计的，而且也是局限于首先满足县域内农户、农业和农村经济发展。甘肃瑞信村镇银行推出的"瑞信农家乐"农户小额信用贷款、"瑞信富民创业"个体工商户贷款和"瑞信企业之星"微小企业贷款，虽然这三个产品主要是帮助进城务工农民以及经商的农民，真正的用于农户生产贷款很少，但其服务对象仍然是当地的农户、个体工商户和小企业。再如，陇南武都金桥村镇银行推出的 10 类贷款品种更是全部针对当地农户的金融需求而设计的，而西部某村镇银行自成立到 2007 年底发放的 639.15 万元贷款，1/3 贷给了当地农户，2/3 贷给了当地的小企业。由此可见，中国试点村镇银行在资金运用和市场定位上，针对的客户群体确实是当地社区的中低收入者和小规模金融服务需求者，即以中小企业和农户作为主要服务对象，也在一定程度上引导了农村地区的资金流向，防止了资金的外流，发挥了社区银行的部分金融功能。

3. 金融服务对弱势群体具有包容性

从缓解金融系统对农村金融需求产生的金融排斥性来看，村镇银行发挥了其应有的金融功能。第一，村镇银行在网点布局上深入农村社区，尤其是在金融服务呈现空白的地区开展业务，这就从地理上增加了农村社区居民接近金融机构的机会，在一定程度上降低了当地的金融排斥性。比如，此前仪陇惠民村镇银行所在的四川仪陇县，在村镇一级，全县58个镇没有金融服务网点，农村居民不但贷款困难，而且连存款都很困难。再如，内蒙古固阳包商惠农村镇银行在成立之前，当地农户连存款都要坐车1小时到县城才能够实现。第二，与农信社等传统农村金融机构相比，村镇银行发放贷款时，放贷审批时间短（比如农民申请贷款的审批时间只需一周，甚至在一两天之内就能拿到贷款），相关手续比较简单，而且无须抵押，利率也比较低。这就从贷款的风险评估程序方面、贷款的条件方面、贷款的价格方面减少了农户接近金融资源的排斥性。第三，村镇银行针对农户的金融需求进行金融产品设计，贷款额度也从几百元到几万元不等，并且深入农户家中调查、了解他们的存款贷款需求，开展贷款预约和现场办理贷款业务。这样的经营服务方式，不仅从金融服务营销的角度降低了对农户的金融排斥性，而且还向农户普及了一些金融知识，化解了银行高柜台给客户心理上带来的隔阂，降低了他们在心理上对获取金融服务的自我排斥性。从村镇银行在上述几个方面的实际作用，可以看出，它已经在一定程度上具有了社区银行服务于社区居民的金融包容性。

综上所述，我们认为，村镇银行在一定程度上发挥了社区银行的一些金融功能，提供一些社区性的金融服务。村镇银行的成立无疑使得金融服务供给严重缺乏的农村地区有了可以获取金融服务的金融网点，在有一定金融服务网点的农村地区形成投资多元、种类多样、覆盖全面、治理灵活、服务高效的银行业金融服务体系，更好地改进和加强农村金融服务，支持社会主义新农村建设。

不过，从严格意义上讲，村镇银行还不是真正的社区银行，其具有的服务于当地社区的金融功能也不全面。首先，村镇银行没有被直接纳入中国人民银行的清算系统和征信系统，也难以印制转账支票和现金支票，而且加入银联的费用高昂。其次，在经营模式上，关系型银行业务的供给还处于起步阶段，主要表现在：缺乏熟悉本地情况的本土化的工作人员，在搜集、处理当地农户和小企业的"软信息"方面还不具有相应的优势，协管员掌握的"软信息"中所包含的经济价值没有得到充分利用；而且在信贷业务管理方面，村镇银行目前还没有真正掌握关系型银行业务这种融资技术，短期内单笔数额过小肯定会影响收益，其金融服务还缺乏核心竞争力；对于如何设计适合农村金融市场的金融产品，如何建立适应农村金融市场需求的信贷业务流程，如何建立有效防控风险的制度体系，村镇银行都处于探索和学习阶段，信贷操作流程、实施细则等一些重要决策性的制度也还没有完全形成。此外，目前村镇银行还缺乏社区银行的竞争优势。比如，资产规模很小、抗风险能力相对较弱、社会公信度还不高、在老百姓的心目中尚无品牌价值可言，吸收存款也面临着一定的困难。

## 2.5 结论与启示

金融体系的基本功能就是配置金融资源，服务于国民经济的发展。然而，尽管中小企业在中国国民经济发展中发挥着举足轻重的作用，其融资需求却一直难以得到有效的满足。而且在广大农村地区，尽管"三农"的发展一直关系着中国城乡社会的统筹发展，但是，在金融支持"三农"发展方面，也一直存在供求失衡。这无疑是中国金融发展中的两大"短板"。究其原因，尽管中小企业融资困难和农户贷款难有其自身的原因，但是从信息类型与商业银行经营模式定位的角度深究，中国现有商业银行体系的不完善，即经营模式以依赖于"硬信息"的交易型银行业务经营模式为主导，还缺乏以关系型银行业务为经营模式的金融组织，是导致中国中小企业融资困局形成与农村金融供求失衡的根本原因。而且由于这一根本原因的存在，在现有商业银行体系下，其他的制约中小企业融资困难和农村金融供求失衡的种种原因（内生变量），便有了同时存在的共同基础（外生变量），而且这一外生变量也是制约由内生变量推导出的政策建议实施成效不显著的真正因素。

中小企业和农户不是不能够向商业银行提供其经营管理方面的经济信息，而是这些信息主要是"软信息"。因此，发展以能够有效搜集、生产和使用"软信息"的，以提供关系型银行业务为核心经营模式的社区银行是解决中小企业融资困局和纠正农村金融供求失衡的有效出路。因为，一方面，社区银行不但与中小企业具有系统上的同构性，而且与大银行相比还具有一系列比较优势，能够有效地解决银企之间的信息不对称问题，进而能够有效地向中小企业提供金融服务并获得较高的回报。从美国的实践看，其经济繁荣的一个重要原因便是中小企业因能够得到有效的金融支持而不断涌现，而支持这些中小企业发展壮大的金融机构不是大银行，而是为数众多的社区银行。另一方面，以关系型银行业务经营模式为主导的社区银行在配置金融资源方面，主要依据"软信息"开展各项金融业务的经营机制与流程，使弱势经济主体也能够参与金融交易获得自身的发展，从而对农村的金融需求主体具有强的金融包容性。

当前中国虽无严格意义上的社区银行，但是要实现金融体系的包容性发展，促进中小企业对国民经济发展做出更大的贡献，以及缩小社会收入差距，推进社会公平，维持社会秩序稳定，降低政府管理社会的成本费用，促进投资环境的改善和国民素质的提高等目标，发展社区银行无疑将是一个明智的选择，也是中国深化金融改革的必然趋势。从大的角度讲，结合中国的实际，在强化金融监管和降低金融市场准入门槛的前提下，可以考虑通过以下三种途径发展社区银行：一是在农村社区将关系型银行业务引入农村信用社，将其改造为社区银行；二是在城市社区将城市商业银行改造为社区银行；三是将本来就擅长使用"软信息"开展金融活动的民间金融组织"阳光化"，将其转变为社区银行。但是，由于社区银行资产规模普遍较小，在政策上需要从风险管理、清算服务、人员培训，以及建立存款保险制度等多方面支持其发展。而且不管采取哪种或哪几种方式来发展社区银行，其信贷人员都需要尽最大可能地实现本地化（比如聘请当地有名望的人当信贷员）和专业化，信贷技术也要实现本地化并充分利用村庄信任来开展各项金融业务。

# 3

## 信贷技术创新破中小企业融资困局

在正式制度安排下，中国中小企业的外源融资主要来自商业银行金融中介，因此，中小企业融资难问题已在很大程度上转变为中小企业贷款难问题。这一问题随着中小企业在中国经济发展中地位的提升而日益成为人们关注的热点。然而，目前的研究大多专注于讨论中小企业贷款难问题的某一方面，加之并没有结合中国国情系统地探寻中小企业贷款难的形成机制，由此提出的政策建议就容易出现偏差。鉴于此，本章拟在梳理已有文献、勾勒中小企业信贷可获性因果链的基础上，分析中国中小企业贷款难的成因，并据以提出提高中国中小企业信贷可获性的系统解决方案。

### 3.1 政策环境、金融结构与信贷技术：中小企业信贷可获性因果链的一般分析

#### 3.1.1 信贷技术与中小企业信贷可获性

金融机构是否提供贷款，以何种方式提供贷款，取决于能否成功地解决信息不对称问题，以降低逆向选择和道德风险发生的概率。而中小企业融资最大的特点恰恰在于中小企业的财务状况缺乏透明度（Berger and Udell，1998），因而解决信息不对称问题，便成为提高中小企业信贷可获性的关键。近期的研究表明，信贷技术的创新使得大银行可通过频繁的事中监督和

及时干预来取代过去严格的事前甄别和高成本的事后监督，进而弥补其在搜集和传递中小企业"软信息"方面的劣势，有助于解决银企之间的信息不对称问题，在缓解国内中小企业融资难方面具有不可替代的重要作用（Petersen and Rajan，2002；梁迪、张捷，2007）。

具体而言，信贷技术主要包含信息来源、甄别（screening）与承做（underwriting）政策/程序、贷款合约结构以及监控策略/机制的独特组合，可分为财务报表借贷、小企业信用评分、资产保证借贷（asset-based lending）、固定资产借贷（fixed-asset lending）、保理、租赁和关系型借贷等（Berger and Udell，2006）。上述信贷技术一般可归为交易型借贷（transactions lending）和关系型借贷（relationship lending）两大类。其中，交易型借贷（即上述除关系型借贷外的所有信贷技术）主要依赖企业的"硬信息"（如企业的财务状况和抵押资产的价值等）来制定贷款决策，这些信息便于编码和在银行内部传递，故此类技术常瞄准信息较充分、透明的借款人；关系型借贷的发放则不完全依赖中小企业提供合格的财务信息及抵押资产，而是以难于编码和以书面文字传递的"软信息"，例如企业主的个人品德、员工及顾客的满意度以及企业与供应商、顾客、竞争者等利益相关者的互动等为依据，故在信息不透明的中小企业贷款中被大量使用。

不同的信贷技术，其解决信息不透明问题的路径存在差异。

（1）财务报表借贷。主要基于借款人的财务报表，取决于"硬信息"是否达到两项要求：第一，借款人财务报表信息的可靠性，如是否经过审计；第二，财务指标是否反映了借款人具有还贷的实力。尽管贷款合同的设计会涉及诸如抵押或个人担保等问题，但这种交易技术下，金融机构所期望的主要还款来源是中小企业的现金流。相对而言，这种借贷方式适用于信息透明的企业。

（2）小企业信用评分。这是一项以中小企业及其所有者的"硬信息"，运用现代数理统计模型和信息技术对客户的信用记录进行计量分析从而作出决策的新技术。由于对企业所有者的信息掌握较充分，这种技术可应用于非常不透明的企业。实证研究结果表明，企业所有者的个人财富在企业融资中起着中小融资补充作用，其个人抵押担保可以视为权益再投资的替代方式（Avery et al.，1998）。小企业信用评分技术从增加信贷总额、对信息相对不透明及风险较高借款人放贷数量增长、增加低收入地区及偏远地区信贷等诸方面提高了中小企业信贷的可获性（Berger and Frame，2007）。

（3）资产保证借贷。这种交易型借贷技术通过将企业应收账款或存货等资产设计为抵押品，作为主要还款来源来解决不透明问题。相对于企业的整体信誉而言，金融机构更看重抵押品的价值，而抵押品的价值通常超过信贷敞口（Udell，2004）。这类贷款的决策主要取决于借款者所能提供的抵押品的数量和质量，而非其财务信息，即抵押和担保成为贷款企业的信息甄别机制和风险类型的分类机制（sorting device）（Beste，1985，1987）。

（4）固定资产借贷。此项信贷技术锁定诸如设备、机动车、房地产等固定资产，通过监控借款人的现金流和抵押的固定资产来解决不透明问题。理论研究表明，当信息不透明时，固定资产抵押有助于解决逆向选择并能避免银行的信贷配给（Stigliz and Weiss，1981；Bester，1985；Besando and Thakor，1998）。此项信贷技术有很强的事后监控机能，可降低道德风险的发生概率。

（5）保理。所谓保理，是指供应商以赊销（O/A）、承兑交单（D/A）等方式，向买方销售货物或者提供服务而产生应收账款，保理商对这些应收账款进行核准和购买，并向供应商提供资信调查、资金融通、销售分类账管理、账款催收、坏账担保等一系列服务的综合金融业务。作为一项交易信贷技术，保理的承做流程以"借款人"应收账款价值这一"硬信息"为基础，主要通过锁定债务人质量（而非借款人质量）来解决不透明问题。

（6）租赁。租赁是一项基于所涉资产价值"硬信息"的交易技术，与资产保证借贷、固定资产借贷和保理类似。与其他技术不同的是，租赁可向不透明企业提供融资的原因在于承做决定主要基于被租赁资产的价值，可缓解逆向选择问题（Chemmanur and Yan，2000；Hendel and Lizzeri，2002；Gilligan，2004）。

（7）关系型借贷。金融机构关系型借贷决策是基于和企业长期的接触过程中所积累的"软信息"（Petersen and Rajan，1994；Berger and Udell，1995；Degryse and Cayseele，2000）。"软信息"不易观察、辨认或传递给他人，在一定程度上就是Polanyi（1966）所谓的"意会知识"（tacit knowledge）（青木昌彦，2001）。Berger和Udell（2002）、陈键等（2008）研究表明，中小金融机构可能通过关系型借贷降低中小企业因担保抵押所产生的机会成本，提高中小企业贷款的效率并提高贷款的可获性。

上述信贷技术之间存在一定的互补性（Uchida et al.，2006），不存在孰优孰劣之分。应用何种或哪些信贷技术，取决于中小企业的特征。综合运用多种信贷技术，可有效减少信贷配给，缓解中小企业融资难的矛盾（胡红星、张亚维，2005）。

### 3.1.2　政策环境与信贷技术的可行性及赢利性

政策环境是指影响金融机构提供中小企业信贷能力的规则和条件，主要包括信息环境、法律环境、社会环境和规制环境。研究表明，政府环境决定了中小企业信贷技术的应用空间，继而影响其可行性及赢利性。以关系信贷为例，良好的银企关系对信贷可获性的影响较为显著（Peterson and Rajan，1994），而银企关系又受到宏观经济环境因素，如银行体系的集中度、金融体系的脆弱性、破产规则以及其他影响银行搜集和使用有关信息等因素的影响（Berger and Udell，1998）。

（1）信息环境。通常考察会计信息的可靠性以及信息共享程度。会计准则、可信赖的独立会计师事务所对于企业财务报表的信息含量至为关键，是财务报表信贷技术的关键。而信息共享则可有效降低信贷时间、成本以及坏账率（Miller，2003）。实证研究表明，第三方信息交易商与信贷可获性存在统计意义的相关关系（Pagano and Jappelli，1993；Padilla and Pagano，1999；Love and Mylenko，2003）；信息共享程度与一国信贷风险水平负相关（Jappelli and Pagano，2002）。

（2）法律环境。金融发展及产权保护滞后国家的企业，往往更多地依赖来自开发银行、政府或非正规来源等效率较低的融资形式（Beck et al.，2004）。而法律环境影响信贷技术的可行性及赢利性，商法是否健全、执行力度如何直接影响到缓解逆向选择和道德风险的契约要素，如契约、到期、抵押物及个人承诺方面的约定（Chan and Kanatas，1985；Berlin and Loeys，1988；Sharpe，1990；Berkowitz and White，2004）。例如，在法律和信用环境不完善的国家，由于缺乏对债权人的保护，执法力度较弱，企业破产制度也不完善，对中小企业贷款的信用风险较高，在这种外部环境下，租赁和保理融资被视为较好的选择（Klapper，2006；World Bank，2000，2002）。

（3）社会环境。较高的社会资本及信任水平可有效减弱信息不透明程度，促进金融合约的签订与执行（Woolcock，1998）。实际上，金融就是以现值对未来收益承诺的交换，这种交换既有合同的法律效力保证，也取决于债权人对债务人的信任，而社会资本又决定了信任水平（Guiso et al.，2004）。作为教育灌输的道德规范，高社会资本社区的人们更信赖相互承诺（Banfield，1958）。Impavido（1998）就指出，借款人遭受的"社会惩罚"可起到抵押品的作用。近年来盛行于德国、法国、西班牙和意大利等欧洲国家的互助信贷担保团体（Mutual Loan Guarantee Consortia，MLGC）就是一种基于社会资本的制度设计（Columba et al.，2008）。社会环境影响最大的信贷技术是关系型借贷，因为社会规范、信仰和文化作用于"软信息"的生成以及银行运用软信息打造关系的能力。社会环境同样影响交易技术中"硬信息"的生产和运用，但相对而言影响较小。

（4）规制环境。规制环境对中小企业信贷可获性有直接而显著的影响。例如，Altman和Sabato（2005）通过计量对比意大利、美国、澳大利亚三国银行业数据，发现巴塞尔资本协议 II 意味着对中小企业信贷课征隐形税，银行需要更多地应用交易型信贷技术而非关系型信贷技术对中小企业贷款进行管理。管制政策还影响着不同类型金融机构的进入，不同类型金融机构的市场份额、竞争能力、治理结构，继而影响中小企业信贷的可获性。

### 3.1.3　金融结构与中小企业信贷可获性

金融结构是指不同类型金融机构的占比及竞争，主要涉及一国金融市场上大型金融机构与小型金融机构占比、外资金融机构与内资金融机构占比、国有金融机构与民营金融机构占比以及各类金融机构间的竞争状况等问题，以下分而述之。

1. 大型金融机构与小型金融机构

一般认为，大型金融机构凭借其较低的资金成本和发达的网络体系，在"硬信息"的搜集和处理上具有规模经济效应（Stein，2002）。而提供关系型借贷则会导致威廉姆森型组织不经济[①]及代理问题（Berger and Udell，2006），因而在交易型借贷方面具比较优势。基于 Banerjee 等人（1994）提

---

[①]　大型银行随着贷款管理的规范化逐渐倾向于采取标准化的信贷政策，贷款的决策依据逐渐依靠可传递、可证实、可观测的数据信息，而这一点倾向正好与处理关系型贷款的要求相反。因此，大型金融机构主要为大型企业提供交易型贷款是经济的，而大量为中小企业提供关系型贷款是不经济的，必然导致威廉姆森型组织不经济（Williamson-type Organizational Diseconomies）。

出的"长期互动"假说（long term interaction hypothesis）和"共同监督"假说（peer monitoring hypothesis）[①]，中小银行由于其地域性和社区性特征，可以通过长期与中小企业保持密切联系获得各种"软信息"，因"软信息"难以量化和传输，管理层级较少的小型金融机构在关系型借贷方面可获得比较优势（Berger and Udell，2002）。因而传统的信贷市场的格局是：大银行的贷款对象是大企业，而中小银行的贷款对象是信息不透明的中小企业。实证研究也表明，新设小银行往往会增加当地市场的中小企业信贷总额（Berger et al.，2004），大机构通常向财务指标较好、规模较大、成立时间较长的中小企业贷款，小机构更多地向关系更好的中小企业放款（Haynes et al.，1999；Cole et al.，2004；Scott，2004；Berger et al.，2005）。由此引发的政策含义是，小型金融机构在市场中应占据足够大的市场份额，以满足信息不透明的中小企业的需要。

但近期的实证研究对这一观点提出了质疑。以美国为背景的研究发现，中小企业从大银行获得授信额度的可能性相对于从小银行获得授信额度的可能性大致与存款市场上大小型银行的占比成比例（Jayaratne and Wolken，1999；Berger et al.，2007）。换言之，小型金融机构的增加并不一定会增加中小企业信贷的可获性。

2. 外资金融机构与内资金融机构

一般认为，外资金融机构增加可增加中小企业信贷的可获性（Beck et al.，2004；Berger et al.，2004；Clarke et al.，2005）。尽管相较于向大企业放贷而言，外资金融机构向中小企业贷款存在更多困难（Berger et al.，2001；Mian，2006）。以发展中国家为背景的实证研究表明，由于拥有较先进的"硬信息"处理及评估技术，而"软信息"的处理面临地理距离更远、管理层级更多、多元经济、文化、语言和规制环境的影响，故外资金融机构在交易型借贷方面具比较优势（Buch，2003；Berger et al.，2004）。

---

① Banerjee 等人（1994）提出了两种假说。其一是"长期互动"假说（long term interaction hypothesis）。这种假说认为，中小金融机构一般是地方性金融机构，专门为地方中小企业服务。通过长期的合作关系，中小金融机构对地方中小企业经营状况的了解程度逐渐增加。这就有助于解决存在于中小金融机构与中小企业之间的信息不对称问题。其二是"共同监督"假说（peer monitoring hypothesis）。这种假说尤其适合于合作型中小金融机构。该假说认为，即使中小金融机构不能真正了解地方中小企业的经营状况，因而不能对中小企业实施有效的监督，但为了大家的共同利益，合作组织中的中小企业之间会实施自我监督。一般来说，这种监督要比金融机构的监督更加有效。

### 3. 国有金融机构与民营金融机构

国有金融机构通常规模较大，在交易型借贷方面具比较优势。但国有金融机构往往肩负政治任务，有时可能有悖市场原则，而向特定行业、地区中小企业倾斜（Cole，2004；Sapienza，2004）。一些实证研究表明，国有金融机构所占市场份额越高，越有可能会对民营或外资金融机构产生挤出（crowding out）效应，中小企业信贷可获性越小（La Porta et al.，2002；Barth et al.，2004；Berger et al.，2004）。

### 4. 市场竞争

市场竞争对中小企业信贷可获性的影响尚存争议。关系型借贷的假设认为，由于中小企业不太可能在将来找到替代的信贷资源，机构将致力于关系型借贷投资，市场势力使金融机构与借款人之间形成长期的隐式合同，尽管短期内利率较低，但远期高于竞争水平的利率将会对金融机构形成补偿，因而市场集中度与中小企业信贷可获性正相关（Cetorelli and Gambera，2001；Bonaccorsi di Patti and Dell' Ariccia，2004；Cetorelli，2004）。近期的一些实证研究则支持信贷市场竞争对中小企业贷款可获性的有利影响，因为垄断型的银行信贷市场结构往往与大企业的信贷支持政策相联系，而对中小企业产生歧视效应。Gelos 和 Werner（2002）对 20 世纪 90 年代墨西哥金融自由化引起的不同企业融资效应进行了深入分析，发现金融自由化及其带来的金融市场竞争，在使国有大企业面临的信贷约束增加的同时，在一定程度上改善了中小企业的融资条件，缓解了中小企业的信贷约束压力。从中小企业信贷合约理论的角度来看，竞争性市场中对抵押担保依赖性较小，更不容易出现市场失效。因而，中小企业信贷市场竞争程度的提高，将有助于改善中小企业的融资状况。对于这一研究分歧，DeYoung 等人（1999）、Beck 等人（2004）认为，高集中度效应随着贷款技术和经济环境的不同也有所不同，故市场竞争对中小企业信贷可获性的影响应结合环境要素及贷款技术加以考察。

综上所述，宏观层面的政策环境影响到信贷技术的可行性、赢利性与金融市场竞争结构，而后两者又决定了中小企业信贷的可获性。透过这一因果链（如图 3-1 所示），我们可以看到，中小企业信贷可获性是多方面因素叠加作用的结果。尽管中小企业信贷可获性因果链的理论及实证支持大多基于国外的研究结论，但他们对于一个改革中的经济体如何完善自己的金融体系、促进经济发展可以提供有用的参考。

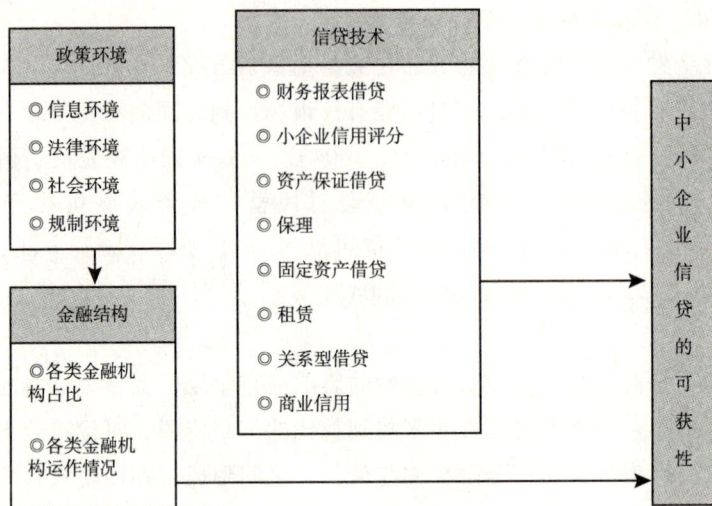

图 3 - 1　中小企业信贷可获性的因果链

## 3.2　中国中小企业贷款难的成因：基于信贷可获性因果链的分析

作为中国经济发展中的"强位弱势"群体（白钦先、薛誉华，2001），中小企业融资难问题由来已久。目前，中国80%以上的中小企业面临贷款难问题，这对于在全国注册企业中 GDP 和就业表现突出的中小企业来说，其所获得的金融资源是极不相称的。中小企业融资渠道不畅，形成了事实上的金融结构与经济结构严重不对称，造成了资源配置的严重扭曲，制约了经济发展。以下将根据前文所构建的中小企业信贷可获性因果链，从政策环境、金融结构与信贷技术三方面探讨中国中小企业贷款难的成因。

### 3.2.1　尚待健全的政策环境限制了中小企业信贷技术的应用与赢利空间

自1998年6月20日中国人民银行颁布《关于进一步改善对中小企业金融服务的意见》以来，国家和各省市政府以及金融监管部门陆续出台了一系列旨在改善中小企业融资环境、扶持中小企业发展的措施，中小企业融资的信息环境、法律环境、社会环境及规制环境均得到了不同程度的改善。但从总体上看，还缺乏一套完整的、稳定的中小企业融资支持体系和运作机制，一个有助于全面推动中小企业融资的环境尚未完全形成。

1. 信息环境

尽管《小企业会计制度》已于 2005 年 1 月 1 日起在小企业范围内执行，但中小企业财务信息不规范仍然是一个普遍现象。中小企业因缺乏人才和制度手段而影响费用核算、成本分析等管理机制，为了规避税费或争取优惠政策而有意不真实反映其经营和财务状况，以至请人代账、一个企业两套以上账本的现象相当普遍，所形成的财务报表也就未能反映企业的真实情况，从而形成强烈的信息不对称，使得银行无法进行科学、准确的信用调查，这就使得经济发达国家最主要的中小企业信贷技术——财务报表信贷（Uchida et al.，2006）在中国的施行举步维艰。

在信息共享方面，由央行牵头建设的全国统一的个人和企业征信系统于 2006 年相继开通，截至 2008 年 5 月 31 日，已为全国 1300 多万户企业和近 6 亿自然人建立了信用档案①，主要记录了这些企业和个人在金融领域的信贷信息，以及在环保等方面遵纪守法的信息。但由于中国目前尚处于市场经济的初级阶段，市场竞争不充分，各种社会公证机构和信用体系尚待健全，这些都不利于一个完善的信息生产和传递系统的建立。这不仅限制了财务报表信贷、小企业信用评分等交易信贷技术的应用，而且在一定程度上束缚了关系型信贷的风险定价并加大了道德风险的诱发概率，从而阻碍了信贷技术的应用。

2. 法律环境

在立法方面，近年来，国务院、中国人民银行、国家经济贸易委员会、财政部相继颁发了《中华人民共和国中小企业促进法》、《关于进一步改善中小企业金融服务体系》、《关于加强和改进对中小企业金融服务的指导意见》、《关于进一步加强对有市场、有效益、有信用中小企业信贷支持的指导意见》、《关于建立中小企业信用担保体系试点指导意见》、《中小企业融资担保风险管理暂行办法》、《关于加强中小企业信用担保体系建设的意见》等一系列法律规定，各地政府也就中小企业及其信用担保体系建设制定了若

---

① 新华社：《中国人民银行征信系统已为近六亿人建立信用档案》，2008 年 5 月 31 日。资料来源：中央政府门户网站，http：//www1.www.gov.cn/jrzg/2008 - 05/31/content_ 1000995. htm。

干政策、指导意见和规定，由以上各项构成的法律政策体系，改变了中小企业长期以来无法可依、无章可循的状况，但由于配套法律、政策的缺失，法律条文规范性多、操作性不强，整个政策法律体系显得原则而又单薄，执行时遇到了许多障碍和空白点。

在产权保护方面，中国近期实现了重大突破，新的破产法和 2007 年 10 月 1 日正式生效的《中华人民共和国物权法》① 允许应收账款等动产质押融资，使银行开展中小企业贷款业务变得更加有利可图，继而有助于缓解企业特别是中小企业融资难的问题。以应收账款为抵押的贷款为例，过去以这类物权作担保在法律上很难得到认可，即便银行据以发放贷款，一旦出现风险时，要通过法律途径获得保障非常困难。另外，物权法对借款人名下所属的物权以及相关权利的法定登记程序有了更加清晰的界定，这使得银行遭受抵押资产隐匿和转移的风险减少，从而使中小企业贷款业务的风险更为可控。

在司法方面，法律手段保护债权效果不佳、金融债权每每悬空在一定程度上打击了金融机构采用资产保证借贷、固定资产借贷等交易型信贷技术的积极性。金融机构一般运用追偿、行使抵押权和诉诸法律等手段保护债权，但受制于现行法律、制度和市场环境的约束，上述手段的运用效果不佳。比如，抵押权的行使涉及很多部门，即使取得了抵押权，往往也不易变现或变现成本很高，加之现有的地方保护的司法系统，金融机构的实际损失依然无法避免。中国中小企业金融制度调查涉及的 75 家样本金融机构的破产案件中，90% 依法进行了诉讼。虽然法律保全了债权，但往往也只是账面债权，债务企业的财产已被转移，金融债权实际上被悬空。②

3. 社会环境

当前中国社会环境中的问题突出地表现为社会资本浅薄和自组织功能低下。社会资本的积累需要有社区和产业社会的中间组织来充当载体或网络节点，后者将自发与分散的社会资本转化为制度化的社会资本，使产业社会的

---

① 以物权法打开了动产担保融资之门，允许应收账款等动产质押融资，中国人民银行也于同年 10 月建立了应收账款质押登记公示系统，未来有望激活 5.5 万亿元应收账款，有利于改善信贷结构、增强银行的竞争能力，有利于整个金融市场的繁荣。资料来源：崔玉清《财经视线：应收账款质押启动促创新》，中国经济网，http：//finance. ce. cn/macro/main/sys/chinaeconomy/sx/xg/200712/11/t20071211_ 12745636. shtml。

② 《中国中小企业金融制度调查》，2005 年 5 月 9 日《金融时报》。

秩序由"私序"转化为"公序",为中小企业的发展提供适宜的社区环境。中国高度集权的经济、政治、文化体制使中国民众的纵向联系、等级服从、行政指令多,横向联系、横向交流、横向合作甚少,凡事依赖政府、听命于政府成为民众的思维惯性和行为惯性。个人被禁锢在等级制度的框架中,有着较多的上下级纵向关系,缺少互相合作的横向关系,而社会资本又必须在民众的横向交往的关系中产生,加之社会结构剧烈变化,中国中小企业的中间组织发育不良,自组织功能孱弱,社会经济生活中缺乏合作性企业和自愿性社团组织、畅通和谐的横向交往网络、互相信任的心理认同与互学共进的竞争合作心态,继而提高了贷款契约的信息搜寻成本,从而进一步加剧了中小企业贷款难的困境。

4. 规制环境

中国最初促进中小企业融资的政策主要体现在中小企业信用担保体系的构建上。[①] 但由于最初的制度设计本身存在缺陷,加之中国长期计划经济思维导致的"政府主导"与"行政干预"理念以及利率市场化的缺位,这一带有浓厚政策性色彩的融资促进政策并没有实现制定政策的初衷(应展宇,2004)。

与此同时,鉴于缺乏利率风险甄别机制是中小企业难以融入资金的原因之一,央行先后五次调整中小企业贷款利率上浮的幅度[②],以增强银行贷款风险管理能力,鼓励银行开展中小企业信贷工作。浮动利率政策本应达到甄别中小企业风险的目的,但是,由于中国资金的主要供给者(国有银行)与主要吸纳者(国有企业)并不是真正意义上的微观经济主体,在资金供求双方均处于垄断地位的情况下,利率市场化反而将中小企业推向困境,在

---

① 如 1998 年 6 月 20 日中国人民银行下发《关于加强和发送对中小企业金融服务的指导意见》,对商业银行配合建立中小企业信用担保体系提出了要求。2000 年 8 月 24 日国务院办公厅印发《关于鼓励和促进中小企业发展的若干政策意见》及同年 12 月经济贸易委员会发布《建立全国中小企业信用担保体系有关问题的通知》,就中国中小企业信用担保体系构建的一些具体问题作出了规定。为了加强担保机构业务管理,防止出现严重损失,2001年 3 月,财政部颁发了《中小企业融资担保机构风险管理暂行办法》。

② 1998 年,央行将金融机构对小企业的贷款利率浮动幅度由 10% 扩大到 20%。1999 年允许县以下金融机构贷款利率最高可上浮 30%。2003 年 8 月,央行允许试点地区的农信社贷款利率上浮不超过贷款基准利率的 2 倍。2004 年 1 月 1 日,央行把商业银行、城市信用社贷款利率浮动区间上限扩大到贷款基准利率的 1.7 倍。2004 年 9 月,央行规定,金融机构(不含城乡信用社)的贷款利率原则上不再设定上限,贷款利率下限仍为基准利率的 0.9 倍。

原有利率水平上能融取资金的中小企业，在高成本的刚性约束下，不得不退出。① 与此同时，利率的不断攀升会进一步加剧逆向选择风险。在缺乏竞争的情况下，政府赋予金融机构对中小企业的选择权与定价权还可能诱发腐败寻租行为，从而进一步加重了中小企业融资的负担。

随着金融改革的进一步深化以及开放程度的不断提高，金融监管当局逐步将政策重点转移至拓展中小企业融资渠道、降低市场进入壁垒等方面，例如，2007 年 3 月颁布实施了《金融租赁公司管理办法》，允许中国商业银行投资设立金融租赁公司；2008 年 5 月 4 日，银监会发布《关于小额贷款公司试点的指导意见》。上述措施无疑起到了拾漏补缺的作用，有助于中小企业信贷可获性的提高。但这些措施尚处于实施的初级阶段，且覆盖面有限②，其成效如何尚有待时间的检验。事实上，由于金融稳定事关经济和社会发展的全局，中国政府对金融改革没有采取在旧体制外并行发展新体制的双轨过渡策略，而是采取在严格控制风险的前提下小步推进的策略。在现有金融机构的改革尚未完成、金融安全网尚未建立、潜在金融风险仍不容忽视的情况下，为了防止发生新的冲击，政府对放开金融市场准入始终保持十分审慎的态度。

### 3.2.2 经济改革路径依赖下垄断竞争的金融结构加剧了中小企业贷款难的困局

与经济的多层次相对应，金融机构体系也应是多层次的。然而，这种对应在中国处于一种断层和错位。中小金融机构在市场上仍处于较弱的地位，相当部分的机构面临亏损和支付风险的压力。从市场结构来看，中国金融业目前处于垄断竞争状态（金雪军、欧朝敏，2006）。根据银监会披露的数据，截至 2007 年 12 月 31 日，中国共有政策性银行 3 家，国有商业银行 5 家，股份制商业银行 12 家，城市商业银行 124 家，城市信用社 42 家，农村信用社 8348 家，农村商业银行 17 家，农村合作银行 113 家，村镇银行 19

---

① 参看姚燦坤《银行大幅上浮贷款利率将伤及中小企业》，2008 年 1 月 16 日《上海证券报》。

② 以小额贷款公司为例，其一，小额贷款公司的客户定位是"面向农户和微型企业［国际会计师联合会（IFAC）将微型企业（Micro-Entity）界定为员工不足十人的企业，微型企业通常被归入中小企业的范畴，http：//www.ifac.org/Members/DownLoads/SMP_ IFAC_ Micro-entity.pdf］提供信贷服务，着力扩大客户数量和服务覆盖面。同一借款人的贷款余额不得超过小额贷款公司资本净额的 5%"。其二，在资金来源方面，"小额贷款公司的主要资金来源为股东缴纳的资本金、捐赠资金，以及来自不超过两个银行业金融机构的融入资金"，且"从银行业金融机构获得融入资金的余额，不得超过资本净额的 50%"。

家，贷款公司 4 家，农村资金互助社 8 家，信托公司 54 家，企业集团财务公司 73 家，金融租赁公司 10 家，货币经纪公司 2 家，汽车金融公司 9 家，邮政储蓄银行 1 家，资产管理公司 4 家以及外资法人金融机构 29 家。其中，国有商业银行、股份制商业银行、农村合作金融机构三类机构资产占银行业金融机构资产的份额分别为 53%、14% 和 11%。[①]

从产业组织的角度来看，这种以国有商业银行占据绝对主导地位的垄断竞争格局将损害经济效率，对经济增长造成负面影响（姜波克、蒋冠，2002）。在垄断性的信贷市场中，由于银行的期望收益率（平均利润率）较高，银行将收紧其决策约束，提高单笔贷款额度和抵押品的规模，从而可能导致更多的中小企业无法进入市场（王霄、张捷，2003）。在渐进性改革中，政府作为一种拥有自身效用函数的利益主体，只会在金融效率与金融控制权之间作有限度的替代，可以为了控制权而牺牲效率，而不会为了效率而放弃控制权（罗得志，2001）。这种总是希望把金融资源的配置过程体系置于自己可控制链条上的有限理性限制了民营银行的发展。出于风险上升的考察，即使完全理性的政府也会首先健全基础信用制度，健全银行治理体系中的风险配置机制，才可能放开民营银行的禁令。而当民营经济对改革的贡献度上升时，政府又试图在纵向信用联系的框架中兼顾对民营经济的金融支持，这就使政府又陷入一种两难困境，对国有金融支持刚性依赖的低效运行的国有经济使金融风险增加，而在现行的金融框架下又不能建立有效的中小企业融资体系。于是，金融结构与经济结构不匹配的矛盾不断发展，表现为：金融资源配置的逆经济结构倾斜，金融组织的单一性与经济结构多元化的反差，非国有金融的制度性供给不足与市场巨大需求的矛盾等（江其务，2002）。为了支持国有企业对金融支持的刚性依赖，国有银行便不得不持续处于追求信贷的"事后效益"状态（平新乔，1998），结果造成占据 GDP 和工业增加值绝大多数份额的中小企业，只取得少量的信贷资产，形成经济结构与金融结构的严重不对称。另一方面，从商业经营的目标出发，国有商业银行自 21 世纪初始纷纷从县域撤退或者合并一些在基层的分支机构和营业网点，上收一定额度的贷款审批权限。这种基于防范道德风险为目的的集权是以失去地方低成本信息搜集能力、削弱基层行长积极性为代价的，从而进一步加剧了县及县以下中小企业的融资困境。

---

① 资料来源：银监会官方网站，http：//zhuanti. cbrc. gov. cn/subject/subject/nianbao2007/1. pdf。

### 3.2.3 信贷技术过于倚重基于实物抵押的交易信贷技术

在国家所有和冗繁的管理层级下，中国银行的贷款权力几经反复，一直难以兼顾控制风险和信贷支持的双重目标，银行普遍缺乏适用性的中小企业贷款技术。康立（2007）运用中国人民银行武汉分行2005年9～11月对湖北、湖南、江西三省中小企业融资问卷调查的数据进行分析，发现贷款形式和中小企业融资约束之间呈现明显的正相关性，表明中国专门针对中小企业的贷款技术的缺乏已经严重影响到中小企业贷款的可得性和融资成本。从实践来看，财务信息环境的不完善限制了财务报表信贷技术的应用空间。而中国商业银行虽然针对信息不透明的中小企业的贷款技术进行了一些理论和实践的探索，然而由于中国20世纪90年代后期以来的金融业整合导致的银行贷款决策层次普遍上移，现有的小银行又缺乏对中小企业的"软信息"积累，抵押贷款仍然是商业银行最重要的贷款方式①（中国人民银行研究局，2005）。而中国的要素禀赋特点又决定了中国的中小企业主要集中在一些技术和市场都比较成熟的劳动力密集型行业（林毅夫、李永军，2001），在中国中小企业总资产中，大约60%是应收账款和存货等动产，不动产很有限，加之抵押手续烦琐、成本高、抵押物变现难，一旦企业还不上贷款，银行若变卖企业资产又缺乏中介机构的帮助，其结果必然是资产规模小于银行所要求临界抵押品价值量的中小企业在信贷配给中被剔除（王霄、张捷，2003）。

在抵押贷款受阻的情况下，发展信用担保机构成为另一个选择。从1998年起，各地政府即开始积极探索通过设立信用担保机构的方式，帮助中小企业解决贷款难的问题。但这些担保机构在结构、经营和功能上存在三重缺陷②（应展宇，2004），并没有足够的能力和动力对使用担保的中小企业进行甄别和监督，信息不对称问题并未因此而得到明显改观，加之中国信用担保机构

---

① 从信号传递理论的观点出发，中小企业往往倾向于选择非抵押、非担保形式的贷款（Alder，1993）。究其原因，Rajan和Wintorl（1995）认为主要是此类贷款要求金融机构提供更多的监管，因此可以将贷款金融机构对企业质量的正面评价作为一种好的信号向外界发布，从而降低企业从事其他权益融资和债务融资的成本。

② 其中，"结构性缺陷"指的是虽然非政府出资在其出资总额比例上超过了50%，但财政资本型政府担保仍处于绝对主导地位。"经营性缺陷"主要体现为资金补偿机制、风险分散机制、担保品种和担保人才四个方面的缺乏。"功能性缺陷"有宏、微观两个层面的含义：宏观指政府承担了过多本来可由市场管理和分散的风险，从而导致市场管理和分散风险的功能被弱化；微观则指的是过多的政府担保将会诱发中小企业的机会主义行为，增加道德风险。

分布高度分散且很不平衡，不能满足不同地区中小企业的担保需求；且地方政府财力有限，设立的担保机构普遍规模较小，很难满足中小企业的融资需要①，其应有功能的发挥受到了严重制约（中国人民银行研究局，2005）。

　　除基于资产及固定资产抵押担保之外，其他交易型信贷技术在中国应用十分有限。其中，信用评分法因技术较复杂，对信息系统和数据积累的要求较高，在中国尚未得到应用；目前国内虽有约 20 家商业银行开展保理业务，但多限于以大企业为中心的产业链上的中小企业；而租赁与商业信用在中小企业融资中的占比极小，根据国家发展和改革委员会中小企业司 2006 年公布的数据，抽样调查结果分别仅为 0.79% 和 3.17%。关系型借贷技术在一定程度上陷入误区，中国式"关系借贷"与国外的理解有很大的区别，国内的关系更多的基于"个人"层面的关系，没有认真考虑"企业"层面，如：产品竞争、财务资源、发展趋势等企业"软"因素。因此，关系型融资常常同社会文化中严重的"拉关系"、"走后门"、"行贿受贿"等现象联系在一起，这就和法律相违背，与西方发达市场国家中小企业为获得更好的信贷条件和更多信贷的目的有天壤之别。

　　综上所述，尽管近年来，中国在支持中小企业融资的宏观经济政策环境、优化金融市场结构、推进银行信贷技术创新方面采取了许多措施，成效不可谓不显著。但总体而言，由于多方面因素作用叠加，当前中国中小企业贷款依旧欲振乏力。这同时也揭示了中小企业贷款难问题的解决非一朝一夕之功，非一己之力所能达成，它需要中小企业、金融业以及国家政策机构多方参与，共同考虑，寻求更加有效、系统的解决方案，以促进中小企业的发展及金融业的发展。

## 3.3　提高中国中小企业信贷可获性的系统解决方案

### 3.3.1　加大金融基础设施建设力度，优化中小企业信贷政策环境

　　第一，为中小企业贷款提供良好的信息环境，包括完善会计制度，提高会计信息披露质量，继续推进征信系统建设，考虑扶植第三方征信信息机构

---

①　例如，从担保放大倍数来看，日本放大倍数为 50～60 倍，东南亚各国平均为 10～20 倍，而中国担保机构平均放大倍数只有 4.1 倍，对解决中小企业融资难问题的作用并不大。

等。中小企业信贷市场面临的一个重要问题就是信息不对称，除了银行自身对贷款对象的审查和监督外，其中最重要的一个机制就是由专门的中介机构从事中小企业信用信息的搜集、管理和出售，信息共享可以使银行更方便和低成本地获取企业信息，更易于克服信息不对称和由此引起的违约风险。应支持民间出资建立独立的、按市场化或企业化方式运作的资信评估和项目评估机构，建立地方性信息库，对央行全国性征信系统构成有益补充。此外，应强调会计信息披露制度的统一和规范，方便中小企业从不同性质的金融机构获得融资。

第二，构建一个相对完善的法律框架与司法环境。首先，中国可借鉴美国《社区再投资法》，制定有效支持中小企业发展的金融法律制度。《社区再投资法》的主要措施是：①监管机构定期将各金融机构满足其所在社会信贷需求的记录公之于众；②监管机构在评估各金融机构申请联邦特许，向存款保险公司申请存款保险，申请总行迁移或建立和迁移分支机构，申请收购其他机构时，都要首先考虑该机构执行本法的业绩，决定批准与否。该法自实施以来最突出的作用是，社区银行将其在本地区吸收的存款资金继续投入其较为了解的当地市场，这对于繁荣欠发达地区的经济，缓解资金从欠发达地区流向发达地区等发挥了积极作用。其次，鉴于中国中小企业担保法律的缺失，应尽快制定中小企业担保法或修改完善现有的担保法，建议根据中小企业贷款担保物的特点，在担保物范围、担保手续办理、抵质押权行使等方面指定配套的法律法规，将动产抵押、浮动抵押引入信贷实践。最后，严格执法，加强债权人权利保护。

第三，在社会环境构建方面，以类似湖北襄樊"行业协会加联保基金加银行信贷"① 的创新模式，大力鼓励和扶持发展民营企业的社区信用担保

---

① "在当地的人民银行、银监局的指导下，信用社以行业协会为平台来进行银行和协会的一个连接。贷款对象就是粮油行业协会的会员，由会员自愿交纳贷款担保金，共同承担联保责任，形成风险共担的联合担保体，然后农村信用社以贷款担保金为基数，按照1∶4的放大比例向会员授信。贷款的期限是一年，农村信用社每年对会员进行一次集中审查和授信，行业协会在此之前也进行内部的评议，因为它比较了解协会会员的经营状态，会员的申请经过一定的评议交给信用社，信用社再进行一次集中的审查和授信，然后在授信额度内随时为会员办理贷款和还款手续，贷款的利率比照农村信用社社员贷款利率标准，比一般的客户贷款利率低2.4～2.7个千分点。当贷款无法正常归还时，农信社从贷款担保金中直接扣收贷款本息，会员按交纳贷款担保金的相应比例承担担保责任。粮油协会向违约会员无限期追偿合法权益。这样就搭建了一个很好的信用平台。"资料来源：中国人民银行副行长吴晓灵在全国地方金融论坛的演讲《借助社会组织平台，创新信用模式》，http：//www.rmloho.com/ userl/109/archives/2007/294250. html。

互助组织，鼓励社区信用融资合作组织嵌入社区关系网络，使社会资本能够在融资交易中替代实物资产抵押，形成独特的社会资本抵押机制。社区信用互助组织与商业银行等金融机构建立起长期合作关系，通过将成员的个体社会资本上升为社区的集体社会资本，通过社会资本的抵押机制，使其成员获得低成本的贷款。进一步的，如果能在现代信息技术的辅助下，通过合作担保组织的全国联网，形成一个多层次、全国统一的信用合作担保组织，则对解决中小企业融资问题更有助益。

第四，在规制环境方面，建立有利于中小企业贷款的监管框架，包括促进银行调整战略定位，建立扶助性的银行监管框架，加强银行监管当局的能力建设，设置专门的监管部门，配备熟悉中小企业贷款的监管官员。鉴于中小企业融资难是世界范围内长期、共同存在的"麦克米伦缺口"现象，其实质是一种市场失灵。而市场失灵往往要由政府调节来解决，故政府应设立类似于美国中小企业署（SBA）的中小企业管理机构，负责统一制定中小企业发展的方针政策，进行产业信息指导，推进技术进步，组织职业培训。同时，积极制定中小企业融资指导性计划，帮助中小企业解决发展中的资金短缺问题（齐绍洲、顾本方，2004）。

### 3.3.2　在确保金融安全的前提下提高金融业竞争程度，优化市场结构

放松对信贷市场的准入管制是解决中国金融结构与中小企业融资冲突的必要措施之一（易纲、赵先信，2001；林毅夫、李永军，2001；焦瑾璞，2001）。正如张杰（1998）所指出的，中国金融制度变迁的要害在于激励足够多并具有谈判能力的新金融产权形式的产生——金融产权形式大量产生并开展交易，就会产生知识积累并逐渐被制度化，最后形成金融市场结构、产权结构和法律结构等共同构成金融制度的中间结构。具体而言，中国金融结构优化的关键在于通过准市场组织的发展，促进合作竞争对古典竞争的替代。同时，改革国有商业银行制度，建立起多种金融机构并存、功能互补、协调运转的机制，打破国有商业银行的行政性垄断格局，真正形成基于竞争效率的市场性寡头主导的金融业组织结构。为与新经济的小型化、个性化特色接轨，应该注重发展低交易成本、具有产权结构优势、市场效率优势、信息优势和灵活经营的民营中小商业银行（江其务，2002）。应当指出的是，从体制外竞争性促进的作用理解中小金融机构存在的必要性是有益的，但从

中小企业融资的角度来看待中小金融机构存在的必要性却有可能把中国的金融改革引向误区。此外，鉴于民间金融较强的地缘性和人缘性能较好地解决信息不透明问题，且其借贷手续高效简便，中小企业资金可获性强，应采取"堵"、"疏"结合的办法对待民间金融。

但要注意的是，在当前的开放经济条件和制度条件下，新入式改革很可能导致严重的金融风险。由于金融风险在短期内难以被识别，当正面的竞争加剧时，则可能导致严重的后果。在确保金融安全的前提下，允许更多民间资本进入金融业，不仅可以完善和发展中国金融组织体系，而且可以改善银行业现有垄断竞争状态，扩大融资渠道，有力地促进金融业有效竞争市场的形成和发展。但要注意的是，必须有效防范民营金融机构的风险，设计出一整套可行的民营金融机构监管法规与措施，避免出现类似台湾民营银行的前车之鉴。①

### 3.3.3 鼓励金融机构进行信贷技术创新，开发适合于中小企业的贷款品种

鉴于贷款技术在解决信息不透明方面不可或缺的作用，应鼓励金融机构在新型的交易型贷款技术上进行大胆探索，通过中小企业贷款技术的引进与创新，缓解信息不对称问题。例如，随着个人和企业征信系统的不断完善，可以逐步探讨推出中小企业信用评分技术，可以发挥信用担保机构在风险处置上的特殊优势促进抵押担保型贷款的发放等。结合当前中国金融机构信贷技术应用现状，可供选择的措施包括如下三点。

第一，考虑把以保理、动产融资、信用评分贷款为代表的中小企业贷款技术作为大中型银行向中小企业发放市场交易型贷款的重要手段。这些贷款方式在国内中小企业信贷市场的运用至少有以下三方面的优势：一是有助于避免中小企业的"软信息"在大型层级组织内传递所产生的代理成本；二是有利于降低中小企业缺少实物抵押而受到的融资约束；三是有利于控制银行在较差的信用和法律环境下发放中小企业贷款的风险。

第二，以多样性信贷合约设计为改革方向，综合运用多种信贷技术，满足中小企业贷款需求。实践中常使用两种或两种以上的信贷技术，例如，在确保风险调整后的资本收益为正值，并综合考虑资产证券化等因素

---

① 详细内容可参阅李纪珠《台湾开放民营银行设立之经验与展望》（2002）。

的前提下，在某一既定的信用额度内，以资产保证借贷技术提供流动资金贷款，以租赁形式提供设备融资，在确定借贷合同条款时考虑关系的作用。从而以多重甄别机制缓解信息不透明的效率损失，更好地满足中小企业的贷款需求。

第三，针对中国中小企业信用担保机制运作不规范、制度不健全等不足，应在其发展思路、组织结构和运作形式上科学定位及合理安排，以更好地重塑其支持中小企业信贷融资的经济功能。具体措施包括：改变目前中小企业担保制度"遍地开花"式的发展思路，发挥其产业导向作用，如对在增加就业和促进各地区经济平衡发展方面具有明显外部效应的中小企业实施重点担保，向符合国家产业政策的特定领域，如高新技术领域的中小企业倾斜；立足中国中小企业信贷担保机构发育不充分的现实，中小企业信用担保机构的资金运作逐步由直接征信转向授权保证，由现行的全额担保转为比例担保，以体现担保是对市场机制的补充而不是对市场机制的替代；完善反担保机制，加强反担保措施研究；建立担保机构和被担保企业的资信评级制度。此外，还应鼓励并促进保理、租赁、风险投资、股权投资、商业信用、典当等非银行融资工具和市场的发展，为中小企业融资开辟更多的渠道。在时机成熟时，建立中小企业再担保制度，特别要鼓励市场化程度高的地区采用定向募集再担保基金的方式，建立市场化的再担保体系，以提升担保机构信用，补偿担保机构代偿损失，从而有效防范金融风险。

综上所述，政策环境的不断完善，金融结构的优化与竞争效率的提高，金融机构信贷技术的创新与发展，将可以缓解困扰中小企业贷款难的信息不透明引致的逆向选择与道德风险问题，继而提高中小企业信贷的可获性。由此可知，中小企业贷款难问题的解决只能建立在长期而渐进的环境、制度与技术因素积累演化过程中，不可能寄希望毕其功于一役。而基于当前中国中小企业贷款难成因剖析所提出的若干对策，也只是针对特定时期特定情况的建言，未来应随着时势的动态演进而作出相应调整。调整的基点，也必然涉及本章所提出的中小企业信贷因果链的三个关键维度，即政策环境、金融结构、信贷技术。应当指出的是，本章是从贷方视角对中小企业贷款难问题进行的探讨，而事实上，中小企业贷款难的纾解牵涉到借方和贷方两个方面。中国中小企业群体信用的短缺，逃废银行债务严重，大大挫伤了商业银行对中小企业金融支持的积极性。如何改变中小企业资本规模低、积累能力弱、生存能力较差、理财能力差、管理不规范、管理人员素质低的现状将是走出中小企业贷款难这一困境所不可回避的问题。此外，本章在文献评述基础上建立的中小企业信贷可获性因果链只是一个解释性概念框架，各概念维度之间的关系及强度尚有待于通过实证研究加以检验。

# 4

# 以社会责任为诉求的金融创新
# 及其品牌资产

如何通过金融创新善尽社会责任、推动一国经济社会的可持续发展，是实现经济增长方式转型的关键之一。近年来，响应科学发展观及"两型社会"的要求，一些金融机构相继推出了以社会责任为诉求的金融创新产品。然而，从实践来看，社会公众对此类金融创新往往表现出不同程度的不信任。例如，银行监察组织（Bank-Track）2005 年曾将赤道原则金融机构（EPFIs）斥责为"漂绿"（greenwash）；地球之友（FOE）则在 2009 年质疑碳排放权交易，认为大多数的碳交易并没有在高污染行业和碳交易体制内的工厂间进行，而是由银行和投资者所把持，他们将"碳信用额度"打包成日益复杂的金融产品，来赚取碳市场上的投机利润；一些消费者则质疑金融机构"用'低碳'忽悠消费者，降低服务标准"。① 总之，一个较为普遍的看法是，"一份好看的 CSR 报告并不能粉饰他们的全部经营行为，社会当然也无法赋予其全然的信任"。② Forehand 和 Grier（2003）将这种消费者对企业营销行为的不信任界定为怀疑。那么，消费者对金融创新嵌入社会责任诉求动机的怀疑是否会使金融机构的努力付诸东流甚至适得其反呢？

从已有的学术研究成果来看，以社会责任为诉求的金融创新，其市场绩

---

① 资料来源：邓新建《国内部分商家用"低碳"忽悠消费者 降低服务标准》，2010 年 4 月 15 日《法制日报》。

② 资料来源：邱珈、赵蓉《更好的环保秀 2009 年大公司企业社会责任调查》，2010 年 4 月 22 日《第一财经周刊》。

效如何并不明朗。消费者质疑对其品牌价值的影响，目前仍付之阙如。尽管有相当多的文献验证社会责任与许多行业与企业绩效之间的关系，但结论却莫衷一是。正如 Barnett（2007）所言，穷尽 30 年的研究，"我们依然无法得知投到社会责任的一块钱究竟是为股东创造了多于一块钱还是少于一块钱的收益"。① 这一研究差距正是本章研究的动机之一。其二，品牌的实质是创造并向目标顾客传递承诺，而承诺关乎功能满意和情感体验（Keller，2008），且"基于无形、情感特征的品牌更持久，更能抵御竞争的侵袭"（Lynch and De Chernatony，2004），但金融服务品牌恰恰处于高介入、高理性的区间。② 因而已有的研究结论究竟在多大程度上适用于以无形性、生产和消费的不可分离性、受委托责任等为特征的高介入高理性金融服务行业③，消费者对金融创新以社会责任为诉求的动机的质疑是否会影响其行为并最终影响金融机构的品牌价值，目前尚未得到明确的解答。鉴于此，本章拟以基于社会责任诉求的金融创新与其品牌资产的关系为分析主线，考察消费者对金融创新以社会责任为诉求的动机的质疑对特定金融创新的市场绩效的影响，以期为引导金融机构善尽社会责任、提升品牌价值提供管理启示。

## 4.1　文献综述与研究假设

金融创新以社会责任，即将履行社会责任的价值观与理念作为诉求（First and Khetriwal，2010），可视为目前一种增量式的产品创新策略，即在原有产品的基础上加入诸如生态效率等要素（Hellström，2007），其目的是更好地向社会、消费者及内外部环境敏感利益相关者表达他们对环境的关注（Rivera，2007）。品牌则是代表企业或产品的一种视觉的感性和文化的形象，它是存在于消费者心目之中代表全部企业的东西；品牌资产则是与品牌、品牌名称和标志相联系，能够增加或减少企业所销售产品或服务的价值

---

① 参见 Lemke（1987）、Konar 和 Cohen（2001）、Luo 和 Bhattacharya（2006）、Aupperle 等人（1985）、McWillam 和 Siegel（2000）、Filbeck 和 Gorman（2004）、Lorraine 等人（2004）、Galema 等人（2008）。

② 参见 FCB 介入方格（Foote, Cone and Belding Involvement Grid），转引自 nVision, 2006，"Branding Financial Services in Europe"，http：//www.thefsforum.co.uk/Documents/whitepapersreports/ Public/BrandinginFS.pdf。

③ 例如，金融服务的特征，如无形性、生产和消费的不可分离性等会影响消费者对产品质量的评价（Lewis and Soureli，2006；Bejou et al.，1998）。

的一系列资产与负债（Aaker，1991）。鉴于目前对以社会责任为诉求的金融创新及其品牌资产的研究文献尚处于匮缺状态，本章拟在探讨企业社会责任的履行对消费者行为影响的基础上，梳理现有文献中与消费者对金融创新嵌入社会责任的归因、以社会责任为诉求的品牌资产相关的研究结论，分析二者之间可能存在的作用路径及影响因素，借以建立研究假设。

### 4.1.1 企业社会责任及其履行对消费者行为的影响

广义的社会责任，是指与企业感知的社会或利益相关者义务相关联的活动和状态（Sen and Bhattacharya，2001）。企业履行社会责任，有利于提升品牌知名度和企业形象、传达社区意识，获得其所营运的社区支持，继而有助于其建立品牌资产，企业社会责任政策的战略性运用可帮助企业建立声誉（Fombrun and Shanley，1990；Hoeffler and Keller，2002）。具体而言，企业社会责任对消费者的作用主要体现在三个方面：其一，企业履行社会责任有助于企业与其主要利益相关者建立互信、降低交易成本和风险，从而降低消费者对价格的敏感度，企业可借此收取溢价（Barnett，2007；Trudel and Cotte，2009）。其二，企业社会责任通过晕轮效应（halo effect），即在人际知觉中所形成的以点概面或以偏赅全的主观印象来影响消费者对品牌的评估（Klein and Dawar，2004）。当产品信息不明确时，消费者可能试图通过企业的社会责任信息来评价新产品。哪怕是并不熟悉的产品或产品线，消费者依然会倾向于选择履行社会责任的企业的产品。其三，企业社会责任在企业发生产品危机时是有效的"缓和剂"，能很好地影响责任源（内部责任或外部责任）、持续性和可控性这三个因子，从而减轻消费者对企业谴责的程度，进一步影响消费者对品牌的评价以及他们的购买意愿（Yoon et al.，2006）。此外，研究表明，不同心理及地理人口特征、不同文化背景的消费者对企业履行社会责任的反应不同（Basil and Weber，2006；Youn and Kim，2008）。

### 4.1.2 消费者对金融创新以社会责任为诉求的归因与金融创新品牌资产

消费者对金融机构社会责任行为动机的质疑实质上是一个归因的过程，研究表明，消费者对企业社会责任的正面感知与善因—品牌联盟及品牌的成功显著相关（Basil and Herr，2006；Lafferty et al.，2004；Gürhan-Canli and Fries，2009）。消费者对企业履行社会责任的归因可分为四种类型：①自利驱动（egoistic-driven），即利用善因而不是推动善因。②战略驱动（strategic driven），即在推动善因的同时，也借之实现企业的目标，如市场份额增长、树立积极形象等。这类动因被广泛接受，可从社会交换理论中的互惠加强（reciprocal reinforcement）原则中得到支持（Zafirovsky，2003）。③利益相关者驱动，即对社会公益的支持源于利益相关者的压力。④价值观驱动：即企业履行社会责任是善意驱动的给予（benevolence-motivated giving）。一般而言，消费者通常会对自利驱动归因、利益相关者驱动归因持负面态度，而对战略驱动归因、价值观驱动归因给予支持（Ellen et al.，2006）。

在疑虑渐生的背景下，消费者归因的作用就会被触发（Fein，1996）。从实践来看，次贷危机爆发之后，消费者对金融创新产品的怀疑明显增加①，消费者会更关注企业为什么这么做，胜于关注企业做了什么（Gilbert and Malon，1995）。由于公众对"伪善"的厌恶（Yoon et al.，2006；Wagner et al.，2009）以及企业参与公益事业的自由裁量特征，企业社会责任的评价者不太可能接受来自经济、法律或道德义务的动因（Goodfrey，2005）。根据"对应理论"（correspondence theory）②，真实相信的东西一定要对应于外在于信仰体系的某些东西，不论这个信仰体系被构造得如何"自我圆满"（Lehrer，1990）。觉得金融机构履行社会责任是由价值观驱动的消费者通常会认为金融活动中嵌入企业社会责任是一种基于道义的行为，从而会对其对服务质量的感知以及对金融机构的信任产生正面影响；而利益相关者驱动感知的消费者则会认为企业的动机与行为不相对应，一旦来自利益相关者的压力减轻，银行可能放弃或弱化其对社会责任的履行（Franklin，2008），故此种感知可能会诱发消费者的负面反应（Smith and Hunt，1978）。

研究表明，消费者对金融创新以社会责任为诉求的归因可能会通过感知服务质量影响嵌入社会责任金融创新的品牌价值。这是因为企业社会责任及企业声望可使消费者形成对企业产品的正面感知（Jones，2005；Smith and

---

① 如《渣打银行理财产品涉嫌欺诈　客户遭巨大损失》（2010 年 6 月 1 日《北京晨报》）、《获奖名单躲猫猫　中国银行被指虚假宣传》（http：//www.wowa.cn/Article/100892.html）、《"银行理财产品欺诈"的声音为何源源不绝？》（http：//www.iujia.com/html/65/n - 2065.html）。

② 这个理论主张，当人们进行个人归因时，就要从行为及其结果推导出行为的意图和动机。推导出的行为意图和动机与所观察到的行为及其结果相对应，即对应推论。一个人关于行为和行为原因所拥有的信息越多，他对该行为所作出的推论的对应性就越高。一个行为越是异乎寻常，则观察者对其原因推论的对应性就越大。

Higgins，2002），通过产品投射企业履行社会责任的形象，有助于建立积极、公正的公众形象，并可强化消费者对产品质量的感知（Lozada，1999）。对此，可能的解释是员工认同理论，即企业在履行社会责任方面的表现直接与其对人力资源的吸引力关联（Turban and Greening，1997），满意的员工是高服务质量的前提，而企业社会责任有助于吸引和保留优质员工。据此，我们提出研究假设一。

研究假设一（H1）：消费者对金融创新以社会责任为诉求①的归因影响其对服务质量的感知。

H1a：消费者的自利驱动归因与其感知服务质量负相关。

H1b：消费者的战略驱动归因与其感知服务质量正相关。

H1c：消费者的利益相关者驱动归因与其感知服务质量负相关。

H1d：消费者的价值观驱动归因与其感知服务质量正相关。

另外，消费者对金融创新以社会责任为诉求的归因也可能会通过对金融机构履行社会责任行为的信任而影响金融创新的品牌资产。Du 等人（2007）提出，主动的企业社会责任举措表明企业十分关注社会福利的增加（信任的善意构面），且有能力对社会变迁产生正面影响（信任的可信构面）。Ganesan（1994）主张信任是基于期望而相信另一方能力、可靠性和善行的意愿，因此顾客信任可影响其购买决策。在现实生活中，我们常常看到，一些公司借助于误导性及含混的绿色主张来促销其新产品，夸大其产品的环境价值，使得消费者不再愿意相信其产品（Kalafatis et al.，1999）。参照 Chen（2010）的界定，我们将消费者对金融机构履行社会责任行为的信任定义为"基于顾客信任或期望，相信某产品、服务或品牌社会责任绩效的可信度、善行及能力的意愿"，并提出研究假设二。

研究假设二（H2）：消费者归因影响其对金融机构履行社会责任的信任。

H2a：消费者的自利驱动归因与其对金融机构履行社会责任的信任负相关。

H2b：消费者的战略驱动归因与其对金融机构履行社会责任的信任正相关。

H2c：消费者的利益相关者驱动归因与其对金融机构履行社会责任的信

---

① 为表述简洁，假设中与归因相关的表述均省略"对金融创新以社会责任为诉求"字样。

任负相关。

H2d：消费者的价值观驱动归因与其对金融机构履行社会责任的信任正相关。

不仅如此，有研究表明，作为消费者用以评价、选择和转换服务供应商的重要标准以及激发消费者行为的最重要营销工具之一，感知服务质量与消费者的信任和行为产出（如保留意愿、支持意愿）存在正相关关系（Keaveney，1995；Brady et al.，2005）。在高度介入的行业（如金融服务），消费感知服务质量是信任的一个函数（Chiou and Droge，2006；Lewis and Soureli，2006）。据此，我们提出研究假设三。

研究假设三（H3）：消费者感知服务质量与其对金融机构履行社会责任行为的信任正相关。

与有形产品不同，服务质量是在服务提供者与服务接受者的互动过程中形成的，它建立在顾客的需求、向往和期望的基础之上，具有极强的主观性和差异性。因此，服务质量的好坏，直接影响到顾客的感知，影响到顾客的评价及其购后行为。感知服务质量为顾客购买服务并将之与其他竞争性品牌区别开来提供了价值评估参考，因而顾客对服务质量的感知与品牌忠诚相关，认为品牌意味着优质的顾客更可能成为品牌忠诚者（Bolton and Drew，1991）。Bloemer 等人（1998）和 Jones 等人（2002）也认为，感知服务质量与再次购买意愿、推荐意愿以及拒绝更好的备选方案的概率相关，换言之，感知服务质量与品牌资产相关。白朋飞（2006）、乔梁（2009）分别对中国商业银行顾客及寿险顾客所作的调查证实了服务质量对品牌资产的正向影响。参照 Chen（2010）对"绿色品牌资产"（green brand equity）的界定，我们将以社会责任为诉求的金融创新的品牌资产界定为"与为某一产品或服务增/减值的某一品牌、名字和标志相关的社会责任承诺的一套品牌资产和负债"，并提出研究假设四。

研究假设四（H4）：消费者感知服务质量与以社会责任为诉求的金融创新的品牌资产正相关。

信任基于"对道义上得当的行为的期望"（Hosmer，1995），与金融机构建立可信赖形象不可或缺（Bejou et al，1998）。在金融服务业，由于金融服务的受委托责任义务、功利主义本质及某些金融服务组合的复杂性，对服务提供商可靠性和诚实性的信任被证明为至关重要且与顾客忠诚的情感本质相关（Chiou and Droge，2006）。社会交换理论表明，顾客信任能够强化顾客与供应商关系的社会嵌入，继而增进顾客对关系的承诺（Singh and Sirdeshmukh，2000）。而品牌资产可视为一种基于市场的关系资产，镶嵌于品牌与顾客的关系之中（Srivastava et al.，1998）。有相当多的研究证实了信任的中介作用（Bejou et al.，1998；Chiou and Droge，2006；Ganesan，1994；Sirdeshmukh et al.，2002），认为品牌信任于增加品牌资产至关重要，品牌信任与品牌资产正相关（Delgado-Ballester and Munuera-Alema'n，2005；Ganesan，1994），且对企业的信任及其对消费者负责的归因可提高其利社会（pro-social）定位策略（如环保）的实施成效（Osterhus，1997；Du et al.，2007）。据此，我们提出研究假设五。

研究假设五（H5）：消费者对金融机构履行社会责任行为的信任与嵌入社会责任金融创新的品牌资产正相关。

## 4.2　研究方法

### 4.2.1　量表设计与数据来源

目前，国内以社会责任为诉求的零售金融服务创新主要有中国农业银行金穗环保卡、深圳发展银行靓绿卡、中国光大银行绿色零碳信用卡等。本章选择某一银行卡的使用者作为调查对象。为了确保测量工具的效度与信度，我们尽可能地采用国内外文献已有的量表，采用双向翻译的方法，先将这些量表翻译成中文，再由精通外语的企业管理专业博士翻译成英文，经过翻译与反翻译程序之后，再请有关的专家逐项加以比对并反复讨论，再根据本章的研究目的稍加修改而成初步问卷。其中，消费者对金融机构履行社会责任的归因，量表源自 Ellen 等人（2006）的研究成果，并参考 Vlachos 等人（2009）的方法，分自利驱动、战略驱动、利益相关者驱动、价值观驱动 4种类型加以考察；对金融机构履行社会责任的信任及以社会责任为诉求的品牌资产，量表均源于 Chen（2010）、Yoo 和 Donthu（2001）、Delgado-Ballester 和 Munuera-Alema'n（2005）提出的界定，并根据信用卡服务的特征，对量表语句加以修改；消费者感知服务质量则基于 Parasuraman 等人（1988）提出的 SERVQUAL 量表，参照 Gournaris 等人（2003）对希腊零售银行的研究，结合银行业特征，从员工能力、服务可靠性、有形展示、便利程度、产品创新、性价比等方面加以衡量。

在问卷正式定稿之前，先进行问卷的预试，以评估问卷设计及用词上的适当性，再根据预试者提供的意见修订成最后定稿的问卷。为确保质量，选择了60名银行客户作为预试的对象。问卷均采用Likert七点量表形式。问卷采取现场发放并于当天回收的方式，不要求被访者在问卷上留下他们的名字，以减少因为社会规范压力所产生的回答偏差，确保问卷的质量和回收率。问卷的结果为本研究资料的主要来源。此次问卷调查历经一个多月的发放和催收，共发放问卷600份，总计共收回362份。经过初步检查，剔除漏项过多及填答一致的无效问卷158份，有效问卷共204份。样本数量满足使用最大似然估计法（MLE）进行结构方程模型估计的要求（Ding et al.，1995）以及Boomsma（1982）提出的矩阵稳定性要求。问卷回收后，运用SPSS 17.0和Lisrel 8.70进行资料分析和假设检验。

### 4.2.2　样本特征

在本研究所搜集的样本中，有效填答"性别"者191份，其中女性85人，占总样本量的41.7%；男性106人，占总样本量的52.0%。从年龄分布来看，18~30岁76人，31~40岁103人，41~55岁20人，55岁以上2人，分别占样本总量的37.3%、50.5%、9.8%和1.0%。从受教育程度来看，高中或以下11人，中专中技44人，大专94人，大学45人，硕士或以上6人，分别为样本总量的5.4%、21.6%、46.1%、22.1%、2.9%。从婚姻状况来看，未婚57人，已婚135人，离婚4人，丧偶2人，其他3人，分别为样本总量的27.9%、66.2%、2.0%、1.0%、1.5%。

### 4.2.3　量表信度及效度

量表信度分析结果（见表4-1）表明，各量表的Cronbach's α信度值依次为0.862、0.818、0.821、0.847、0.885、0.902、0.839，均超过Nunnally（1978）所建议的0.7的可接受水平，处于Wortzel（1979）提出的高信度α系数区间（0.7~0.98），表明本研究问卷使用之量表具有较高的内部一致性。在量表效度方面，由于我们使用的量表均系利用过去学者所开发的问卷题项进行访谈后发展而得，根据Anderson和Gerbing（1984）的建议，收敛效度可以用验证性因素分析检验衡量模型，以确定每个题项是否收敛到所要衡量的变量。采用最大似然估计法（MLE），对有关量表收敛效度的检验结果表明，各题项的因素负荷量均超过Jöreskog和Sörbom（1999）

所提出的 0.4 的标准以及 Hair 等人（1998）提出的建议值 0.5，表明各题项均具有相当的解释能力，加上衡量指标的误差协方差均为正值，各衡量题项的因素负荷量之 t 值均已达显著水平，说明有关量表的收敛效度处于可接受的范围。

表 4 – 1　量表信度与效度

| 量表名称 | Cronbach's α | 基于标准化项的 Cronbach's α | 因素负荷量 | 误差协方差 | $R^2$ | t 值 |
|---|---|---|---|---|---|---|
| 自利驱动归因 | 0.862 | 0.872 | 0.9690 | 0.1939 | 0.8288 | 15.7131 |
| 价值观驱动归因 | 0.818 | 0.820 | 0.8456 | 0.5350 | 0.5720 | 12.1763 |
| 战略驱动归因 | 0.821 | 0.821 | 0.8675 | 0.4777 | 0.6117 | 12.8412 |
| 利益相关者驱动归因 | 0.847 | 0.847 | 0.8399 | 0.3320 | 0.6800 | 14.0049 |
| 对金融机构履行社会责任的信任 | 0.885 | 0.887 | 0.9344 | 0.4421 | 0.6639 | 11.0654 |
| 顾客感知服务质量 | 0.902 | 0.905 | 0.7696 | 0.3791 | 0.6097 | 9.2171 |
| 以社会责任为诉求的品牌资产 | 0.839 | 0.841 | 0.8661 | 0.5187 | 0.5912 | 10.5009 |

## 4.3　研究结论与管理启示

### 4.3.1　样本特征对样本态度及行为的影响

独立样本 t 检验的结果显示，女性组别相关态度均值均略高于男性组别，但两组样本的平均数差异并不是十分显著。从方差方程同质性的 Levene 检验结果来看，大多数检验未达显著（$p > 0.05$），表明两组样本的离散情形无明显差别，说明女性和男性在对银行社会责任归因、服务质量感知、对金融机构履行社会责任的信任以及以社会责任为诉求的品牌资产方面并无明显差异。经事后比较 Turkey HSD 检验发现，"18 ~ 30 岁"组与"31 ~ 40 岁"组在态度方面存在较大的差异，表现为"31 ~ 40 岁"组的均值显著高于"18 ~ 30 岁"组，说明"80 后"对金融创新嵌入社会责任、对金融机构履行社会责任的信任以及服务质量的感知更为敏感，要求更高，体现了明显的代际差异；而教育水平为"硕士或以上"的受访者，对嵌入社会责任金融创新的归因及感知服务质量之"××银行员工诚实可信"构面及对金融机构履行社会责任的信任之"'××卡'的环保承诺是可信的"构面与教育水平为中专中技、大专者之间存在明显的差异，其均值明显高于后者，在一定程度上说明了学历越高者对金融机构履行社会责任的动机和行为越宽容。

### 4.3.2 总体模型估计

Lisrel 模式分析结果如图 4 - 1 所示，模型卡方统计值 $\chi^2$（Chi-square）为 595.16，自由度（df）为 333，$\chi^2/df = 1.787 < 2$，p = 0.0000；近似误差均方根 RMSEA 为 0.062 < 0.08，NFI = 0.9598，NNFI = 0.9783，CFI = 0.9809，IFI = 0.9810，RFI = 0.9544。整体而言，模型整体适合度可被接受（McDonald and Ho，2002）。

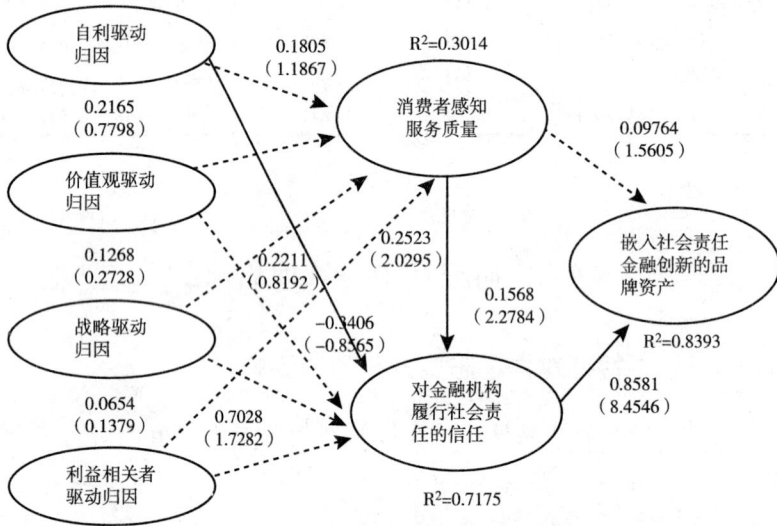

**图 4 - 1　假设模型的检验结果**

注：各路径上的数字为标准化的路径系数，括号内为对应的 t 值；实线表示路径系数在 95% 的置信水平上显著，虚线表示路径系数在 95% 的置信水平上不显著。

由图 4 - 1 可知，消费者对以社会责任为诉求的金融创新的自利驱动归因通过影响其对金融机构履行社会责任的信任程度，而影响嵌入社会责任金融创新的品牌资产，三者之间存在显著的正向因果关系；且消费者感知服务质量与其对金融机构履行社会责任的信任正相关。因此，研究假设 H3、H5 都得到了支持，而消费者对金融创新以社会责任为诉求的归因对感知服务质量，消费者感知服务质量对相应金融创新的品牌资产的影响均不显著，也即，H1、H2b、H2c、H2d、H4 均不成立。假设模型的总效应如表 4 - 2 所示。

表 4 - 2　假设模型的总效应

| | 系数 | 误差协方差 | 决定系数 $R^2$ | t 值 |
|---|---|---|---|---|
| 自利驱动归因→对金融机构履行社会责任的信任 | 0. 2806 | 0. 2997 | 0. 7003 | 2. 2222 |
| 消费者感知服务质量→对金融机构履行社会责任的信任 | 0. 1568 | 0. 2825 | 0. 7175 | 2. 2784 |
| 对金融机构履行社会责任的信任→嵌入社会责任金融创新的品牌资产 | 0. 8581 | 0. 1607 | 0. 8393 | 8. 4546 |

### 4.3.3　讨论及管理启示

上述研究结果表明：

第一，不同类型的消费者对金融机构在创新产品中嵌入社会责任的感知存在差异。这一研究结论与 Auger 等人（2003）的研究发现相符。如前所述，"80 后"对金融机构是否履行社会责任更为敏感，而受教育水平较高者则对金融机构社会责任行为表现出更为大度的宽容。其中，对"80 后"较敏感的可能解释是，"80 后"成长所处的环境是近代中国社会发生巨大转型的时期，这种转型表现在经济、政治、文化教育等各个制度层面，而正是这些转型导致了"80 后"所处环境的特殊性，造就了一代人其本身的特殊性。在社会行动和生活方式层面上，由于个体自我意识的觉醒和利益意识的强化，尤其是价值观念的多样化和社会心态的丰富化特征，使得他们在行为模式、生活方式等方面都表现出尽可能地个性化和多样化，表现出以下几个主要特征：从几乎没有自主性向自主程度越来越大的方向发展，从样式单一状态向样式越来越多样的方向发展，从群体化取向向越来越具有个性化取向的方向发展。

第二，消费者对金融创新以社会责任为诉求的自利驱动归因通过影响其对金融机构履行社会责任的信任而影响该项金融创新的品牌资产。其中，消费者金融创新以社会责任为诉求的自利驱动归因与其对金融机构履行社会责任的信任程度正相关，这一研究结论恰与 Vlachos 等人（2009）、Ellen 等人（2006）方向相反。那么，为什么自利与消费者对金融机构履行社会责任的信任程度正相关呢？Tasoluk 和 Batra（2009）对 30 个国家的调查研究表明，企业社会责任与评估之间的相关关系受到一国文化的影响。因而本章的研究结果可能印证了中国传统文化对伦理观念的影响——"衣食足而知荣辱，仓廪实而知礼节"以及当今社会道德观念的沉沦与绝望。另一方面，正如英国学者约翰·埃尔金顿提出的"三重底线"理论所指出的，企业行为要满足经济底线、社会底线与环境底线，即企业不仅要对股东负责，追求利润目标，而且要对社会负责，追求经济、社会和环境的综合价值。人们普遍认为，企业唯有满足经济底线的要求，才会有动力去满足环境底线的要求。一项国内关于公众对企业伦理行为评价的调查（罗鑫，2004）及 Ramasamy 和 Yeung（2009）的研究均发现，中国消费者最重视经济责任，最不重视自发责任。

第三，感知服务质量影响消费者对金融机构履行社会责任的信任。相较于企业社会责任，服务质量与消费者个人更密切相关，因为服务质量与满意的低阶需求（生理需求）相关，而企业社会责任则关乎满意的高阶需求（自我实现需求）。在充满经济不确定性和猜忌的时代，消费者可能会将满意需求置于需求金字塔的较低层次（Herzberg，1966）。消费者对服务提供商进行评估时，可能会将经济考量与企业社会责任置于同等重要的地位，但对经济表现（如服务质量）不佳的服务的反应更甚于对企业社会责任不佳表现的反应。如果不道德企业所提供的服务经济实惠，那么消费者依旧会选择购买其产品，而不会特别重视其社会责任履行情况（Carrigan and Attala，2001）。并且，为顾客提供高质量的服务相当于很好地满足了个人的相关需求，因而会使顾客忽视企业履行社会责任的动因。消费者使用社会责任和经济导向标准评估企业时，往往倾向于采用补偿的观点，认为高品质的服务可以补偿企业在履行社会责任方面的不足（Barone et al.，2000）。这一观点与 Luo 和 Bhattacharya（2006）及 Berens 等人（2007）的研究发现一致。

据此，金融机构如欲提升基于社会责任诉求的金融创新的市场绩效，至少应注意以下几个方面的问题：其一，消费者对金融创新以社会责任为诉求的归因，不一定能影响嵌入社会责任金融创新的市场绩效。这表明，金融机构在开展产品创新活动时，应意识到金融服务的高理性高介入特征，以及由此决定的感性诉求作用的局限性，创新金融产品设计不仅融入环境及社会责任理念，而且要吸取传统金融产品的成功经验，如弹性、友好度、捆绑或低风险等，惟其如此，才能最大限度地吸引顾客。相对而言，信任于金融创新的市场绩效举足轻重，因而金融机构应致力于加深顾客对其履行社会责任行为的信任。其二，不同年龄、受教育水平的顾客，其对金融机构履行社会责任的感知存在差异，故应将不同细分市场社会责任感知的特征纳入嵌入社会责任的金融创新决策。换言之，金融机构可将年龄和学历作为市场细分变量，在充分调研细分市场需求的基础上，针对不同细分市场的企业社会责任敏感度，结合不同细分市场对特定金融创新的风险容忍度、收益期望值等指标，设计创新金融产品。其三，重视服务质量对顾客信任的影响。金融机构在积极开展金融创新的同时，也应重视加强服务质量管理，培育服务文化，改善服务环境，优化服务流程，提高服务效率，通过服务质量全面提升形成市场口碑，进一步夯实顾客对金融机构的信任。

# 附录：金融服务创新的营销学

金融服务创新对一国经济发展的重要性不言而喻。从宏观层面来看，金融服务创新有助于促进一国经济增长、金融稳定及社会可持续发展（Levine，1997；Kim and Lee，2007；Chou，2007）。从微观层面来看，面对金融管制放松、产业边界模糊、竞争日趋激烈、信息技术快速发展、顾客日益精明的经营环境，金融服务创新已成为金融服务企业应对顾客需求和竞争者的威胁以求得生存与发展的必由之路（Kelly and Storey，2000；Menor，2002；Alam，2003）。创新金融服务的成功推出，不仅对金融服务企业的赢利有直接的贡献，对企业的声誉提升、现有顾客忠诚度的改善、现有产品销售（或使用量）的提升、新市场的开拓等也有相当的影响（Cooper and Edgett，1999；Storey and Easingwood，1998），而且还是金融服务企业超越竞争对手、创造进入障碍、建立（或保持）市场领先地位的重要竞争策略（Kessler and Bierly，2002）。

然而，创新金融服务收益的实现，必须以顾客或市场接受为前提（Hauser et al.，2006）。换言之，必须实现马克思所说的"惊险跳跃"[①]，而营销已经被证明为实现这一"惊险跳跃"的关键助力，营销能力与创新能力的联结更是创造竞争优势的利器（Gort，1962；Lemelin，1982；Montgomery and Hariharan，1991）。过去30多年来，有关产品创新的议题多局限于有形产品，有关金融服务创新的研究散落于经济学、金融学、管理学、营销学文献之中（如 Van Horne，1985；Miller，1986，1992；Mayer，1986；Cooper，1986；Faulhaber and Baumol，1988；Campbell，1988；Siegel，1990；Finnerty，1992；Merton，1992；Kopcke，1995；Tufano，1995；Lea，1996；Finnerty and Emery，2002），从营销学角度研究金融服务创新的文献仍处于匮缺状态（Lievens and Moenart，2001；Athanassopoulo and Johne，2004；Akamavi，2005）。特别值得注意的是，实证研究表明，金融服务企业的新金融商品推出成功率不超过50%（Kelly and Storey，2000；Edgett，1996；Alam，2003）。虽然金融服务企业新商品失败所造成的直接

---

[①] "商品价值从商品体跳到金体上，像我在别处说过的，是商品的惊险的跳跃。这个跳跃如果不成功，摔坏的不是商品，但一定是商品所有者。"［马克思《资本论》（第一卷）］

财务损失可能不高（Davison et al.，1989），但其隐含成本却不可忽视，如拙劣产品对企业形象的负面影响、错失开发其他有成功潜能产品的机会、影响顾客对企业其他产品的信心等（Easingwood and Storey，1991）。鉴于此，我们拟从营销学的视角，对金融服务创新相关文献进行梳理，力图集合学术界对金融服务创新的洞见，就顾客对金融服务创新的反应、金融服务创新的驱动因素、金融服务开发流程及金融服务创新产出管理等问题作出评述，以期为中国金融服务创新的推进和金融服务业竞争力的提升提供参考和借鉴。

## 一 金融服务创新的营销学分析框架

金融服务创新意味着某种能够降低成本、减少风险或提供更能满足金融市场参与者需求的更好的产品/服务/工具（Frame and White，2004）。金融服务创新可分为新产品（如可调整利率抵押贷款、交易所交易基金 ETFs）、新服务渠道（如在线证券交易、网上银行）、新"生产"流程（如证券电子交易记录、信用评级）、新的组织形式（如新型的电子证券交易、互联网银行）。[1] 金融服务创新涵盖了营销、质量管理、营运管理、技术管理、组织行为、产品开发、战略管理以及经济学等诸多领域。各学科关注焦点不同，虽互有交叉，但却各据一隅，各有千秋。[2] 例如，营销学文献一般并不涉及金融学领域广为讨论的金融创新扩散模型和金融产品设计。

从营销学视角对金融服务创新所作的文献综述，应以理解市场营销的含义为起点。根据美国市场营销学会（AMA）最新的界定，"市场营销既是一种组织职能，也是为了组织自身及利益相关者的利益而创造、传播、传递顾客价值，管理顾客关系的一系列过程"。根据这一定义，营销活动渗透在全

---

① 从服务创新的角度也可作如下划分：第一，供应商主导型，基于科技平台（如短信提示、新移动设备）的新分销渠道，后台自动化；第二，示范创新，新订制化金融服务，多重渠道管理；第三，经由服务创新，绿色银行服务，覆盖生命周期不同阶段的产品，如住房按揭（starters mortgage）或房屋计划（estate planning）；第四，客户主导型创新，金融构筑（financial constructions），如销售然后回租（sale and lease back）；第五，服务中的创新，多功能智能卡（包含非金融功能）（参见 Van Ark，B.，Broersma，L. and den Hertog，P.，"Service Innovation，Performance and Policy：A Review"，2003）。

② 例如，有关经济学与产业经济学对金融创新的研究综述，可参见莫利纽克斯、沙姆洛克斯著《金融创新》，冯健译，中国人民大学出版社，2003。

部组织职能之中，营销活动要围绕"顾客"而展开，尤其要重视"管理客户关系"，因为顾客构成市场，顾客价值驱动市场，而市场决定企业的兴衰。营销不仅要以本组织的利益为目标，而且要兼顾到利益相关者，惟其如此，才能保证组织市场营销活动的可持续发展。

综观现有文献，不难发现，金融服务创新与营销之间存在如下联系。

第一，金融服务与创新均以更好地满足顾客需求为依归。市场营销的定义无疑与金融机构存在的根本理由——为顾客提供满足其金融需求的一系列解决方案①不谋而合，更贯穿了金融服务创新的始终——例如，Anderson 和 Harris（1986）在其提出的金融创新模型中指出，创新的领先者首先发现了新产品需求，并因此而产生外部性；Frame 和 White（2004）则归纳认为，金融服务创新的成功取决于能否比竞争对手更好地满足顾客需求。

第二，营销与金融服务创新的联合有助于创造金融服务企业的竞争优势。研究表明，营销与创新的联合有助于创造竞争优势，并对企业的市场价值产生系统性的正面影响（Hirschey and Weygandt，1985；Mizik and Jacobson，2003）。在资源基础理论的著述中，新产品研发能力及广告（营销策略之一）能力分别被描述为"上游能力"（upstream capabilities）和"下游能力"（downstream capabilities）（Caves，1996）。Cooper（1979）发现新产品的成功与企业的营销资源（包括广告、分销和销售队伍等）水平之间存在显著的正相关关系。企业的成功取决于能否迅速而高效地响应消费者需求和偏好，及时开发出满足消费者需求的产品并使之商业化。不仅如此，产品生命周期的缩短迫使企业必须以更快的速度使创新商业化，而强大的营销能力将有助于创新在市场上的扩散。提高营销能力，更好地了解市场、顾客和竞争者，将有助于企业实现恰当的产品创新并使创新得以持续。无独有偶，Robertson（1993）也主张，加快新产品的渗透速度与率先推出新产品同等重要。Papastathopoulou 等人（2005）对瑞典零售银行服务的研究表明，营销的介入对创新金融服务的绩效有正面影响。

---

① 管理学大师德鲁克认为，"企业的目的只有一个有效的定义，那就是创造顾客。"后来德鲁克又把企业的目的精确定义为"创新和营销"，前者是通过创造出新的产品来"创造市场"，后者是为新的产品"找到市场"。

第三，营销本身就是金融服务创新的动因之一。在 Pesendorfer（1995）提出的一般均衡框架下的两时期金融创新模型中，中介机构通过购买证券来创造并销售新的金融产品①，而营销行为是有成本的。中介机构在两个方向上优化其行为：首先它们在创新既定的情况下选择最优的产品和销售计划；其次它们选择创新的最优组合。由于存在营销成本，金融中介将竭力创造新的工具，使得交易的证券数量以及每种证券交易的规模实现优化。

总而言之，营销被界定为理解并管理金融服务企业内部创新及市场创新的一部分，因为创新的首要目标是赢利（Tufano，2002）。正如 Ross（1988）指出的，投资银行推出一系列证券的创新捆绑以降低营销成本，其根本在于利益最大化。而利润源于收入，收入取决于比竞争对手更好或更高效地满足了顾客需求。营销内在地以顾客和竞争者为中心，并以此为切入点考察金融服务企业如何更好地通过创新来成功地实现其赢利目标。基于此，我们拟参照 Hauser 等人（2006）所列的框架，从以下四个方面（见附表－1）对金融服务创新的文献作一番梳理。

**附表－1　金融服务创新文献领域与主题**

| 序号 | 研究领域 | 研究主题 |
|---|---|---|
| 1 | 消费者对金融服务创新的反应 | ①消费者对新金融服务的采用——消费者创新性（consumer innovativeness）<br>②新金融服务的扩散<br>③网络外部性（network externalities） |
| 2 | 金融服务创新的影响因素 | ①金融服务创新的外部驱动因素<br>②金融服务创新的内部影响因素 |
| 3 | 金融服务创新活动的组织与管理 | ①金融服务创新的组织<br>②金融服务开发流程<br>③金融服务创新的新工具、新方法<br>④金融服务创新的市场防御 |
| 4 | 金融服务创新的产出 | ①金融服务企业创新性的衡量<br>②金融服务创新绩效：宏观层面、微观层面<br>③金融服务创新绩效的影响因素 |

资料来源：笔者整理。

---

① 此类金融服务创新的例子包括作为抵押的抵押债券（CMO）、本息分离不动产抵押和分离式政府债券。

归纳言之，由于成功的金融服务创新取决于第一位洞察顾客的需求，并开发出满足其需求的产品，故文献综述应当以理解顾客对金融服务创新的反应为起点。鉴于创新的首要目的是赢利，因而文献综述还应关注金融服务企业如何高效地组织并施行金融服务创新，包括金融服务创新的组织形式、开发流程、新工具、新方法，以及为保护创新收益而采取的必要防御措施，而理解金融服务创新的内、外部影响因素是解决这些问题的基础。与此相关的议题还包括金融机构创新性和金融服务创新产出的衡量，以及影响金融服务创新绩效的因素等。我们将遵循上述分析脉络，整合相关著述，力图描绘出基于营销学视角的金融服务创新研究图景。

## 二 消费者对金融服务创新的反应

包括营销在内的诸多学科长期以来试图描述、解释并预测消费者和市场对创新的反应，并由此积累了一些从行为及决策视角解释创新扩散的研究资料。消费者对金融服务创新的反应往往着重于两个相近且相关的程序：扩散的过程（diffusion process）和采用的过程（adoption process）。其中，"扩散"是一种宏观的、集体层次的看法，其前提是在一定的时期内持续有消费者购买某一新产品（Sultan et al.，1990），而"采用"则是一种微观的、个体层次的看法，说明的是个别消费者决定接受或拒绝一项新产品的过程（Schiffman and Kanuk，2000）。"采用"过程对"扩散"过程的影响，即消费者采纳某一金融产品及其对产品价值的正面（负面）判断对新金融服务推广的影响，也就是网络外部性，有助于理解消费者个体的反应与消费者"集合"反应之间的关系。

### （一） 微观层面：消费者创新性

消费者创新性是指消费者采纳新金融服务的意愿和行为，此类研究力图描述与消费者采纳金融服务创新意愿相关的心理、行为和人口统计特征，属于对消费者个体层次的研究。根据 Holak（1988）提出的新产品采用模型，认知产品属性和消费者特征影响购买意愿，继而影响产品采用。参照这一分类，消费者金融服务创新性影响因素的文献及结论主要有如下几种。

### 1. 消费者对新金融服务属性的感知

Rogers（1995）认为新产品本身的特征是消费者是否愿意采用新产品的关键因素。由于相当一部分金融服务创新，如网上银行、网上证券交易均以信息技术为载体，因而研究者多应用 Davis（1989）提出的科技接受模型（Technology Acceptance Model，TAM）[①]，即使用感知有用性（perceived usefulness）和感知易用性（perceived ease of use）两个变量对消费者新金融服务采纳意愿进行研究。[②] 此外，由于金融服务涉及顾客私密信息及资产安全，一些研究也引入感知风险和信任等变量来解释消费者对新金融服务的采纳行为。

（1）感知有用性。感知有用性可定义为个体认为采用某项新金融服务可提升其收益的程度，源于个体与其他个体或社会系统的交互（Venkatesh and Davis，2000）。感知有用性意味着该项新金融服务为消费者提供了一个手段——目的桥梁，它为消费者为什么使用新金融服务奠定了理论基础（Barczak et al.，1997）。Eriksson 等人（2005）对爱沙尼亚消费者对网络银行的接受度所作的调查表明，感知有用性决定了消费者是否使用网络银行，并据此提出，银行应将有用性作为网络银行的促销诉求，并将感知有用性嵌入技术开发中。

（2）感知易用性。感知易用性是指潜在使用者认为使用某一特性系统的容易程度（Dollet al.，1998）。感知易用性越高，意味着消费者认为采纳该项创新无须付出额外的努力，则感知的不确定性越低（Eriksson and Sharma，2003）。与感知易用性相对的是感知复杂性，即新服务被认为难以了解或使用的程度，当个人感觉创新的复杂性越高，则采用创新的可能性就越低。例如，Zeithaml 和 Gilly（1987）研究发现，使用 ATM

---

① 科技接受模型是 Davis 将理性行为理论（Theory of Reasoned Action，TRA）应用于计算机技术接受领域而首次提出的。理性行为理论认为个体采取某种行为的意愿是由个体对采取该行动的态度和主观规范（Subjective Norm）共同决定的。TAM 模型认为个体对于某一技术的接受是由他对这个技术的使用意向决定的，而他的使用意向又是由他对系统的态度决定的。

② 也有学者采用计划行为理论（Ajzen，1985，1991）进行研究。计划行为理论（Theory of Planned Behavior，TPB）是由 Ajzen（1985）所提出，以理性行为理论为基础，加入另一个额外的概念："知觉行为控制。"根据计划行为理论，一个人的行为，可以经由他的"行为意图"来解释，"行为意图"受到三个因素的影响，即"态度"、"主观规范"及"知觉行为控制"。例如，Liao 等人（1999）曾运用计划行为理论来探讨电子银行的采用。

机和电子资金转账（EFT）的消费者以方便为首选考量。

（3）感知风险。Bauer（1960）首次正式提出了消费者行为可被视为一种风险承担行为，并将其引入市场营销领域。所谓感知风险是指在特定的购买环境下，消费者所感知的全部不确定性（Cox and Rich，1964）。感知风险作为消费者行为的决定性因素之一，可能是影响浏览者向实际购买者转化的重要因素。邵兵家和杨霖华（2006）研究发现，感知风险对网上银行的使用意向没有直接影响，但可以通过对电子渠道的信任这一因子产生间接影响。在这里风险不一定是客观存在的，而是客户的一种主观认识。Chan 和 Lu. （2004）等人的研究也表明，感知风险对网上银行客户使用意向没有直接影响，但对潜在使用者而言感知风险会通过感知有用性对使用意向产生间接影响。而 Polatoglu 和 Ekin（2001）、Jih 等人（2005）分别基于土耳其和台湾地区的研究表明，感知风险是影响客户采用网上银行的主要因素之一。

（4）信任。Gefen 和 Keil（1998）在社会交换理论的基础上，提出信任应当作为感知有用性和易用性的前置变量。所谓信任，是指"基于对另一方将完成一项对己方重要的特定行动的期望，己方愿意接受对方行动可能导致的伤害，而不考虑己方是否有能力监督控制另一方"，这个定义的关键是信任者使自己处于易受伤害的地位，信任关系的结果是某种重要的东西有失去的潜在危险（Mayer et al.，1995）。在研究信任的前因中，研究者多从社会学的角度考虑基于制度的信任（institution-based trust），它反映了个体在某一情境中感知到的保障，这种感知的保障源于保证、安全网络、法律等其他的结构（Zucker，1986）。结构保证（structural assurance）作为基于制度的信任中的研究变量，包含了强制性的法律契约、承诺/保证、独立审计和规章制度等客观结构给消费者带来的成功信念。传统金融业务中，客户可以从银行富丽堂皇的营业网点、专业的工作人员等处感受到银行的可信任性。而在网上银行中，客户在一个虚拟世界里进行交易，需要通过规章制度、契约等结构保证才能加强客户对网上银行电子渠道的信任。Kim 等人（2004）对美国网上银行的研究表明结构保证与客户对电子渠道的信任正相关。信任被经验研究证明为影响顾客采用网上银行及其对网上银行风险感知的关键因素（Bradley and Stewart，2002；Page and Luding，2003；Mukherjee and Nath，2003）。

2. 消费者特征

（1）人口统计特征。尽管长期以来，学术界一直假设并验证人口统计特征与消费者新金融服务采纳行为之间的关系，但并未能就此达成共识。例如，Mills 和 Gardner（1986）对美国伊利诺伊州和威斯康星州的消费者进行了邮寄问卷调查，以了解他们对可调整利率抵押贷款（Adjustable Rate Mortgage，ARM）[①] 的反应。结果发现人口统计特征对消费者创新性并无显著影响，年轻的消费者并不见得更能接受新金融产品，而无房者对 ARM 的反应也并不见得比有房者积极。另一些学者则得出了人口统计特征与新金融服务采用相关的结论，如 ATM 机的使用者通常更年轻、收入高于平均水平、一般受过高中以上教育（Marshall and Heslop，1988；Stanley et al.，1988；Taube，1988）。再如，Mantel（2000）、Mantel 和 McHugh（2001）对 1300人的消费者调查表明，电子账单的使用概率与消费者的年龄、收入和性别（女性）正相关，借记卡的使用概率也与消费者的年龄和收入相关。Sulaiman 等人（2007）则采用 Rogers（1995）的创新扩散模型，探讨消费者采用手机银行（mobile banking）的行为和动因，却发现使用者个人特征是影响其决策的重要决定因素。

（2）个性特征。Midgley 和 Dowling（1978）、Rogers（1995）研究发现，创新接受程度较高者，热衷新的想法与观念，较容易采用创新产品。Midgley 和 Dowling（1978）认为早期采用者较有意愿去承担风险，愿意采用社会系统中所获得信息较少的产品。Geanuraws 和 Millar（1991）在其著作《金融创新的力量》（The Power of Financial Innovation）中，对全球75 家企业进行了考察，发现 20 世纪 70～80 年代的创新投资者明显地比后来的投资者承受更多的风险（以后续持有期回报的变动性来衡量），这从另一面支持了 Midgley 等人的观点。Sulaiman 等人（2007）应用 Rogers（1995）的创新扩散模型，研究消费者对手机银行在城市社区的扩散行为。研究结果发现，消费者个人特征是消费者采纳手机银行服务的重要决定因素。

---

[①] 可调整利率抵押贷款，又称指数型房贷指的是一种定期调整借贷利率的抵押贷款。这类贷款的利率每隔一段期间会依据某个基准利率（如国库券利率或抵押贷款平均利率）来调整，调整期间则固定，如每 1 年、每 2 年、每 3 年调整一次，当预期市场利率长期走低时，借款人会较偏好这种计息方式。这类贷款利率浮动的主要目的就是让利率能反映市场实际情况。

### （二） 宏观层面：新金融服务的扩散

大多数金融服务创新扩散研究均以金融机构为研究主体，[①] 例如 Molyneux 和 Shamroukh（1996）对产业经济学领域的金融创新扩散研究所作的综述。相关的实证研究还包括 ATM（Hannan and McDowell，1984，1987；Saloner and Shepherd，1995）、小企业信用评分（Akhavein，Frame and White，2001，2005）、专利（Lerner，2002）、银行表外业务（Molyneux and Shamroukh，1996；Obay，2000）、垃圾债券发行（Molyneux and Shamroukh，1999）和公司证券创新（Tufano，1989）等。由于大多数的金融服务创新都是渐进式的，因而差异极微的产品形式成为新金融服务扩散的主要形式（Vermeulen，2005）。

然而，金融创新的扩散需要得到消费者的认同。例如，新证券的发行必然是证券发行者与投资者的自愿合作。因而，从消费者的角度考察金融创新的扩散是十分必要的。Feaster（1968）认为创新接受程度是一种对创新或是态度改变的需求认知，故创新接受程度可比拟为对创新需求认知的程度。消费者对创新金融服务需求的认知在很大程度上受外界信息的影响。事实上，创新的扩散过程大多以时间作为衡量其改变程度的标准。若要缩短创新观念的适应与接受的时间，就必须通过有效的大众媒介等信息来源来进行。换言之，消费者集体层面的金融创新扩散速度及效果取决于金融服务创新的整合营销传播。营销学界从 Bass（1969）开始，对此所作的研究已有 38 年历

---

[①] 从金融机构角度考察创新扩散的影响因素主要包括规制、需求、竞争以及来自成本—收益方面的考虑等。例如，Hannan 和 McDowell（1984）发现大型银行及在人口密集地区运营的银行采用 ATM 的概率较高，该项研究还发现银行产品组合、银行控股公司附属机构、城区网点位置、地区工资水平等均与采用 ATM 的行为正相关。在随后的一项研究中，Hannan 和 McDowell（1987）采用 ATM 的条件概率与竞争对手是否采用相关，在不太集中市场中的金融服务企业反应更为强烈。Saloner 和 Shepherd（1995）运用同样的数据，发现在那些限制银行拓展分支机构的州，市场集中度与 ATM 采用速度正相关，而与存款增长负相关。而在未作分支机构限制的州，当地银行工资水平与 ATM 采纳速度正相关。Molyneux 和 Shamroukh（1996）调查了 1978～1988 年垃圾债券承销与 1983～1986 年票据发行便利（NIFs）承销的扩散，发现诸如规制或需求变化等外生变量在垃圾债券承销的扩散过程中起到了重要的作用。与之相反，票据发行便利的承销则更多地表现为从众效应（bandwagon effect）。Molyneux 和 Shamroukh 辩称，银行（包括商业银行和投资银行）常常是在面对业务威胁而不是发现新的业务机遇时采纳创新服务，因为必须回应竞争者和机构的压力。然而，对于两类金融创新的承销，作者均发现一家银行的采纳使得其他银行相继跟随，从而增加了创新金融服务的采纳者。

史。Bass（1969）模型认为，创新速率、模仿速率和市场潜力决定了销售曲线的形态和扩散的速度，大多数耐用消费品的销售曲线呈"S"状。但目前在金融服务创新领域尚无相关的论述，其他行业相关研究可资借鉴的有社会传染（Social Contagion）模型（Bass，2004；Van den Bulte and Stremersch，2004）。由于人们的态度形成深受周遭人际关系特别是权威人物以及角色同型影响力①的影响，Marsden 和 Friedkin（1994）发展出测量社会影响力的两种方法：结构内聚性（structural cohesion）及结构同型性（structural equivalence），并因此而推演出传染模型（Contagion Model）作为社会影响力研究的模型：$Y = \alpha W_i Y + \beta X + \varepsilon$ 其中，$Y$ 是态度向量，显示一群人对某一事物的态度，$W_i$ 的测量则是指这一群人之间两两关系所形成的社会矩阵（social matrix），$X$ 所代表的是控制变量。$W_i Y$ 则是与某人有关系的其他人的态度总值，$\alpha$、$\beta$ 为回归系数。简而言之，就是个人的行为态度会受到网络中其他成员的行为态度影响，他人影响值可以经由网络中的其他成员态度获得推算。

## （三）　宏观层面与微观层面的联结：网络外部性

消费者对新产品的接受以及新金融服务的增长在很大程度上受网络外部性的影响。网络外部性试图解释消费者采纳某一金融产品及其对产品价值的正面（负面）判断对新金融服务推行的影响，也即，网络外部性要解释的是消费者个体层次的反应与消费者集体层次反应之间的关系。在当某一消费者的需求随着该产品的其他顾客数增加而增大时，网络外部性表现为正，称为"从众效应"（Bandwagon Effect）②；相反，当某一消费者的需求随着产品的其他顾客数增加而缩小时，网络外部性表现为负，称为"势利效应"（Snob Effect）。

对金融服务创新网络外部性的效果，现有的研究大部分集中在 ATM 与分支机构两个方面。例如，Saloner 和 Shepard（1995）发现银行分行家数或客户人数越多，与 McAndrew 和 Kaufman（1993）得到网络外部性利益越大，则银行越早采用 ATM 相同的结论。此外，Osterberg 和 Thomson（1998）指出随着信用卡使用的增长，接受信用卡商店家数增加，会创造消费者网络相

---

① Cartwright（1965）提出一种生态学的影响机制，也即角色同型的影响力，不同社会结构中扮演相同角色者会相互模仿。

② 又译"乐队花车效应"、"攀比效应"。

依（Network-Dependent）价值，同时也会增加金融机构的收益，这种情况使得信用卡市场存在着显著的网络外部性效果。Ishii（2005）认为由于 ATM 的不兼容性导致额外的收费对银行存款业务的需求有显著的影响，因此其实证结果也指出网络效果对银行产业是重要的。Nickerson 和 Sullivan（2006）实证研究则指出金融机构利润的分配受到未来互联网通路的影响。银行核心的电子支付系统（Electronic Payment Systems，EPS）也有 Osterberg 和 Thomson（1998）的类似情况；Kezar（1995, 1996）、Stavins（1997）也支持网络效果的存在性：网络参与者越多，对每一个参与者的效益越多。此外，Molyneux 和 Shamroukh（1996）对美国 1983～1986 年票据发行便利（NIFs）的考察也表明，从众效应对 NIFs 承销的扩散举足轻重。

## 三 金融服务创新的影响因素

### （一） 金融服务创新的外部驱动要素

金融服务创新的外部驱动要素主要来自管制、生产者—消费者关系、信息及通信技术（ICT）发展、竞争四个方面，如附表 -2 所示。

1. 管制

管制于金融服务创新而言是一把"双刃剑"。Ben-Horim 和 Silber（1977）对管制引致金融创新这一假设进行了测试。他们构建了一个线性规划模型，测算 1952～1972 年大型银行存款、债券和资本的机会成本（影子价格），结果发现上述项目的影子价格因诸如 Q 条例等管制而不断提高，由此引发了 20 世纪 60 年代的若干重大金融创新（如大额可转让定期存单）。Lerner（2002）则对 1971～2000 年的金融专利活动进行了考察，发现尽管金融专利长期以来处于适度水平，但在 1998 年州街银行（the State Street Bank）判例①之后却有了大幅的增长。

---

① 美国最高法院在 1999 年 1 月 11 日对 State Street Bank and Trust Co.（以下简称 State Street 公司）不服联邦巡回上诉法院（CAFC）于 State Street Bank and Trust Co. v. Signature Financial Group 案之判决所提出之申请，所作出的不受理判决。该案被告 Signature Financial Group Inc.（以下简称 Signature 公司）所拥有之美国专利第 5,193,056 号（以下简称 056 号专利），是一个数据处理系统，用以处理该公司共同基金之财务管理及会计计算。而原告 State Street 公司是一家提供多层次合作基金财务管理服务的公司，该公司曾多次向被告寻求 056 号专利的授权，于谈判失败后，原告便向马萨诸塞州地方法院提请诉讼。

**附表－2　金融服务创新的外部驱动要素**

| 驱动要素 | 结果 |
|---|---|
| 管制 | ● 购并<br>● 传统银行业务和保险业务的淡出<br>● 全能金融、银行保险、金融超市的出现<br>● 私有化/民间资本的进入<br>● 现有竞争者及新进入者之间竞争加剧<br>● 更多新产品（如银行与保险产品的结合），产品种类更加丰富 |
| 生产者—消费者关系的变化 | ● 顾客力量不断增强，要求更高<br>● 顾客市场的细分<br>● 一对一关系，顾客关系管理日益重要<br>● 产消合一<br>● 产品组合的顾客适配性<br>● 直效营销<br>● 多渠道管理<br>● 顾客忠诚度降低，转换频繁 |
| ICT（信息及通信技术）发展 | ● 新分销渠道技术引致创新以及渠道组合的变化<br>● 在线消费的增长<br>● 迅捷通路，24/7 消费<br>● 客户信息系统（客户关系管理）的发展<br>● 市场透明度<br>● 降低了金融服务行业的进入壁垒 |
| 竞争 | ● 新的、非传统的竞争者<br>● 产能过剩<br>● 水平整合<br>● 战略联盟 |

资料来源：根据 Mulders M. and Hertog, P. D. , "Measuring Innovation Behavior in Detuch Financial Services：A Meso Perspective", SIID Project, Phase 4, 2003, 14 和 Dobni, C. B. , "Developing an Innovation Orientation in Financial Services Organizations", *Journal of Financial Services Marketing* 11 (2006), 166－179 整理而成。

## 2. 生产者—消费者关系的变化

金融服务可理解为金融机构与顾客之间的互动行为（Munch et al. , 2001），金融服务的无形性要求顾客必须参与其中。研究表明，顾客参与是提高服务创新成功率的关键（Laaksonen，1994；Gupta and Souder, 1998；Ritter and Walter，2003）。在企业创新过程中，顾客不再是居于传统的被动角色，已转变成价值的共同创造者或"产消合一者"（prosumer）（Prahalad and Ramaswamy, 2004；Toffler et al. , 2006）。由顾客提供的知识、市场信息和额外的资源，都代表着竞争优势的潜在来源，因而越来越多的企业将顾客纳入他们的新产品开发流程，希望借此降低不确定性，分担财务风险。例如，电子现金（electronic cash）作为一种金融服务创新，其完善及发展均得益于"领先使用者"（lead user）的参与（Srivastava et al.，1998）。而美洲银行开设的服务创新实验室，更是把顾客体验作为金融服务创新的重要考量（Thomke，2003；Ginzburg，2006）。除了顾客之外，金融机构的技术提供商和公共部门也是金融服务创意及创新的来源。例如，银行与（半）官方机构合作研发可持续金融创新服务，与技术提供商结盟开发新金融服务（Mulders and Hertog，2003）。

### 3. 信息及通信技术

金融服务业是一个信息高度密集型的行业，信息与通信技术的发展提高了信息搜集、处理及分析的效率，使得金融市场参与者能够更高效地测量和管理风险敞口。例如，信息技术促成了信用及行为评分（credit and behavior scoring）这一金融服务创新，减少了借贷行为中由于信息不对称造成的逆向选择和道德风险。与此类似，在市场风险管理方面，风险价值（VaR）和投资组合压力测试的应用，使得市场参与者能够在内部设置风险容忍水平或配置资本，同时向投资者描述全部的风险敞口。不仅如此，信息技术还促进了诸如电子证券交易等组织创新。还有，智能技术，如 Black-Scholes 期权定价模型、资本资产定价模型（CAPM）也促成了一系列的金融服务创新，市场参与者通过计算机程序即可容易地计算出期权价值。另外，信息技术的发展使得精确的顾客关系管理成为可能，在这一背景下，多渠道管理（Multi Channel Management）就成为所有金融机构必须面对的难题。

### 4. 竞争

在全球经济一体化条件下，金融机构面临着来自非传统的竞争者、产能过剩、水平整合、战略联盟带来的日益巨大的竞争压力，创新成为金融机构谋求生存与发展的必由之路。Haaroff（1983）对英国米德兰银行所作的案例分析表明，金融机构的新产品开发决策可能是市场夺魁意识的结果。大量的研究也表明，金融机构进行金融服务创新的首要目的是为了应对日益激烈的竞争（Tufano，1989；Shostack，1984；Macmillan et al.，1984）。

此外，宏观经济的波动——如价格、利率、汇率、经济周期的波动在增加市场的不确定性和风险的同时，也激发了一系列旨在防范化解上述风险的金融创新。

## （二） 金融服务创新的内部影响因素

### 1. 规模

规模对金融服务创新的影响可能是最具争议的。一些理论模型认为，最受限制的企业，其创新的可能性最大，在 Silber（1975，1983）对基于限制的创新所作的论述中，最小最弱的企业最有可能创新。然而，这一臆测在金融服务领域并未获得实证支持，经验研究恰恰证明了创新与规模间的马太效应——正如 Schumpeter（1950）的假设，金融机构的规模与其经营范围之间存在一定的正相关关系，这意味着规模越大，金融机构可能的服务创新选择越多。Matthews（1994）应用产业组织模型，分析为什么创新与市场份额之间存在一个自我强化的循环，即大型企业创新继而侵吞其竞争对手的市场份额以实现规模增长。Bhattacharyya 和 Nanda（2000）对投资银行业创新的研究就表明，投资银行市场份额越大，其创新的趋向越大。Sullivan（2000）则比较了美国第 10 联邦储备区（包括科罗拉多、堪萨斯、密苏里、纳贝斯克、新墨西哥、奥克拉荷马和怀俄明）拥有互联网交易网站与没有相关网站的银行，发现前者规模显著偏大且营业地人群受教育程度较高。Akhavein 等人（2001）调查了 20 世纪 90 年代大型银行对中期小企业信用评分（SBCS）这一流程创新的采纳。根据风险模型所作的预测显示，组织规模较大的银行及位于纽约联邦储备区的银行更快地采用了这项技术。Tufano（2002）对此作出了解释，他认为，由于弱小企业面临诸多限制，他们关注的焦点更多的是如何直接解决面临的限制（如与潜在投资者进行沟通），而不是优化资本形式。而大型金融机构可能已经解决了这些限制，继而更多地关注微妙的资本结构化与创新。Bofondi 和 Lotti（2006）对意大利银行业采用信用评级技术这一创新的调查也表明，规模大的银行由于能够获得规模经济，因而更愿意采用新金融服务。

### 2. 组织架构

Boot 和 Thankor（1997）对不同组织架构可能引致不同水平的创新进行了建模，认为全能银行架构中的创新水平低于商业银行与投资银行相分离的架构，其原因在于竞争对创新的推动。Frame 等人（2001）于 1997 年开展了一项小企业评分系统对大型银行商业贷款组合影响的调查，发现银行采用这一流程创新的概率与子银行的数量负相关，而与银行分支机构的数量正相关。这表明金融机构的组织结构与其采纳金融服务创新之间存在相关关系。

Akhavein 等人（2001，2005）也发现集中化程度更高的银行，即拥有少数分散授权、但分支机构较多的银行引入创新的速度更快，从而进一步强调了银行组织架构的重要性。Furst 等人（2002）运用 Logit 模型对 1999 年第 3 季度的调查数据所作的调查表明，银行是否提供网上银行服务与控股公司结构、在城区的网点等因素相关。另外，由于金融机构组织体系中新业务开发、新产品开发、新技术开发职能的分离，诸如新产品开发团队合作、管理层支持、承诺以及新产品开发队伍的技能、服务规范化等组织结构要素对金融服务创新成功的影响举足轻重（Ennew and Wright，1990；Thwaites，1992；Vermeulen，2004；Edgett and Parkinson，1994；Armistead et al.，1993；Edgett and Jones，1991；Johne and Harbourne，1985）。

## 四　金融服务创新活动的组织与管理

### （一）　金融服务创新的组织

#### 1. 组织形式

目前尚未检索到专门就金融服务创新活动组织形式孰优孰劣作出论述的文献，但这一问题是创新研究中的一个重要问题。Larson 和 Gobeli（1988）请管理人员对五类创新项目管理结构，根据成本、进度表和技术绩效目标进行了评估，发现项目—矩阵型（project-matrix）与项目—团队型（project-team）运作效果较好。近年来，研究人员开始提倡并重视由职业经理、项目经理领导的团队。Clark 和 Fuijmoto（1991）、Wheelwright 和 Clark（1992）认为，重量级的项目经理是成熟的金融机构开发复杂产品的最好形式。然而，创新也发生在小公司、地域发散的团队、快速变化的行业以及不太复杂的产品，不同的情况可能需要不同的组织形式以支撑创新。另外，关于创新组织形式的研究大多是在电子通信时代到来之前完成的，故以往的研究结论对现在是否适用依旧是一个有待探讨的问题。

#### 2. 团队

跨职能团队与快速产品开发及创新绩效密切相关（Griffin，1997）。然而，跨职能团队的组建要求他们必须与企业内部的利益相关者打交道。Ancona（1990）提出，成功的团队应包括至少 5 个方面的角色：大使（代表团队与关键的利益相关者打交道）、童子军（扫描外部环境以获取新的信息)、卫兵（有效过滤进入的信息）、岗哨（有效过滤发布的信息）和协调人。近年来，由于基于网络的通信技术的发展，以及企业经营涉及的地理范围的扩大，Sarin 和 Shepherd（2004）认为时下界域管理的影响与之前的研究已经大相径庭。金融产品创新依托的常常是通过互联网进行沟通的跨地域、跨时区、跨文化虚拟团队。因而，特定的岗哨及卫兵角色作用相对弱化，而大使和协调角色更加重要。概括起来，影响团队成功的要素主要是：①团队组成：即团队成员在思维方式、技能、经历和观点等方面的异质性（De Dreu and West，2001；Dundon，2002；Katz，2003；Lovelace et al.，2001；Nijstad and De Dreu，2002；Van der Vegt and Janssen，2003；West，2002）；②团队迷思（groupthink），指团队在决策过程中，由于成员倾向让自己的观点与团队一致，因而令整个团体缺乏不同的思考角度，不能进行客观分析（De Dreu and West，2001；Dundon，2002；Katz，2003；Nijstad and De Dreu，2002；Shalley，2002；West，2002）；③团队冲突的有效管理（De Dreu and West，2001；Dundon，2002；Katz，2003；Lewis，2000；Lovelace et al.，2001；Nijstad and De Dreu，2002；Shalley，2002；Sutton，2002）。

3. 跨域管理（cross-boundary management）

越来越多的金融服务创新（如银行保险服务、理财服务）通过跨域管理——如联合开发（co-development）、研发联盟（development alliances）、研发网络（development networks）——得以实现，或与竞争对手、或与供应商、或与顾客、或与本企业并无业务关系但却具备某项能力的企业共同进行研发。这是一个时下非常热门的话题，尽管早期的战略管理文献已有所论述。Rindfleish 和 Moorman（2001）对介入新产品研发联盟的106家企业作了一个实证调查，发现伙伴间关系质量的提高、知识基础的重叠与更高的产品创新性及更快的市场投放速度相关。横向联盟（竞争者间）知识基础重叠度较高，而与供应商或顾客结成的纵向联盟关系质量更高。

4. 承诺

研发活动的组织需要平衡风险与收益。在某些情况下，为金融服务创新而投入的时间、精力和金钱可能会被视为沉没成本，继而影响研发团队的职业生涯和升迁。Staw（1976）的研究表明，对负面 R&D 决策的承诺升级可增加行动的责任感。Simonson 和 Staw（1992）、Boulding 等人（1997）则进一步提出了承诺降级的策略。

### （二） 金融服务创新流程

与有形产品相比，金融服务因其无形性、生产与消费同步性、异质性、易逝性等特征而使其创新流程更为复杂，呈现出顾客导向、交互性强、创新维度多样化等特征（John and Storey，1998；Froehle et al.，2003；Akamavi，2005）。例如，经验研究表明，金融机构多认为金融服务无形性使得试销活动对新金融服务创新绩效帮助不大，甚至可能造成负面影响，因而较少执行试销（Alam and Perry，2002；Edgett，1996；陈嵩，2004）。

早期的服务创新流程研究（如 Johnson et al.，1986；Cowell，1988；Bowers，1989；Mohammed-Salleh and Easingwood，1993）一般参照 Booz 等人（1982）提出的制造业新产品开发七步骤流程，即产生创意、观念发展及消费者筛选、业务分析、产品发展、消费者测试、试销和商品化。Edgett（1996）及 Scheuing 和 Johnson（1989）考虑了服务业与制造业的差异，以金融业为背景，提出包含 15 个步骤的服务创新流程：形成新服务目标及战略、产生创意、检查创意、发展概念、测试概念、商业分析、项目审议、服务设计及测试、流程系统设计及测试、营销方案设计与测试、员工培训、服务测试与试运行、营销测试、全面推广、推广后评估。陈嵩（2001）则综合 Edgett（1996）及 Scheuing 和 Johnson（1989）的模式，提出 4 个阶段、12 个步骤的新金融商品开发流程：①新金融商品开发早期阶段，包括构想筛选、概念发展、概念测试、技术评估及商业分析；②发展阶段，包括服务发展、服务程序/服务系统之设计与测试、人员训练及内部营销；③测试阶段，包括服务测试及实验作业、试销；④市场导入阶段，包括全面推出及推出后检讨，其中，市场研究及商业分析尤为关键。魏江等（2006）以基于中国银行业、保险业的 10 个典型案例分析为基础，提出了三阶段（概念、发展、引入）九步骤（新服务创意产生、概念构造与开发、概念检验、商业分析、服务运作设计、人员培训、小规模测试、市场投放、跟踪改进）创新流程与创新参与者（后台、前台、顾客）相结合的二维金融服务创新过程模型。

### （三） 金融服务创新的新工具和新方法的采用

一部分学者讨论了诸如业务流程再造（BPR）（Drew，1994；Maull and Childe，1994；Akamavi et al.，2001）、全面质量管理（TQM）（Fisscher and De Weerd-Nederhof，2000）、定点超越（Whymark，1998）、知识和网络

（Kandampully，2002；Storey and Kelly，2002；Syson and Perks，2004）、服务质量流程图式（service quality process mapping）（Akamavi，2005）等创新工具对金融服务新产品开发流程的贡献，这些工具使得新产品开发流程得以持续改进，并通过删除不增值的流程，进一步界定了金融服务新产品开发活动。

1. 基准化分析法（Benchmarking）

基准化分析法就是将本企业各项活动与从事该项活动最佳者进行比较，从而提出行动方法，以弥补自身的不足。实施基准化分析法的金融机构必须不断对竞争对手或一流金融机构的产品、服务、经营业绩等进行评价来发现优势和不足。Memmott（1991）、Lee-Mortimer（1992）、Digan（1995）、Wilkinson等人（1995）以及Knights和McCabe（1996）等学者的研究描述了基准化分析法在英国银行业质量管理项目中的作用。Hines（1995）和Leonard（1996）则分别就美国信用卡市场和加拿大信用评分服务中基准化分析法如何发挥作用进行了探讨。Leeman（1996）分析了英国房屋抵押市场上基准协会采用的定性基准化分析方法及其在促进市场分散化中的作用。Whyman（1998）则从信用风险管理的角度，比较了制造业与金融服务业的基准管理实践。近年来，Hess和Francis（2004）则讨论了新西兰储蓄机构因应对国际银行挑战而强化基准分析法的情形，认为基准分析可激发监管当局的潜在介入。Bátiz-Lazo（2004）通过对30位金融机构经理人的尝试访谈，以在线创新为例，分析了基准化分析方法在金融服务中的渗透。

2. 实践社团（Community of Practice）

由于产品研发技术和工具的知识常常内嵌于组织的社会群体中（Lave and Wenger，1990；Wenger，1998），为了推动新方法的采用，金融机构需要开发旨在分享和推动流程及部门知识深化的实践社团利用这些分散而隐含的知识。实践社团是有着共同的关注点、同样的问题或者对同一个话题感兴趣的一群人，通过在不断发展的基础上相互影响，从而加深在这一领域的知识和专业技术的特殊人群组织形态。金融机构可以有意识地组织各职能部门员工，特别是与顾客直接接触的员工及新员工，发展实践社团（Christensen and Raynor，2003；Dunton，2002；Lievens and Mornaert，2002）。

3. 动态规划（Dynamic Planning）

Repenning和Sterman（2001，2002）认为，新方法的采用是一种投资，因而必须作好动态规划，即在衡量其功效前后应管理好期望，配置足够的学

习时间，并对其实行给予持续的支持。美洲银行金融服务创新实验室的成功
证明了动态规划的重要性（Ginzburg，2006）。

### （四） 金融服务创新的市场防御

金融产业和一般产业最大的不同，在于金融服务专利不易形成。由于金
融服务创新多为渐进式创新，在多数情况下表现为金融契约某项或若干项条
款的变更，产品/服务型的创新私密常因投资者和监管者要求信息披露而无
法保守。相对而言，流程型的创新，如新奇衍生品（Exotic Derivatives）[1] 的
定价方法或控制新集合证券的信息处理系统，其安全性可能更有保证。但
是，此类经营流程是难以申请专利的。直至 1998 年，州街银行（the State
Street Bank）判例开启了金融产品申请专利的大门，从此金融专利成为保卫金
融服务创新的一项武器。Lerner（2002）对投资银行的专利活动进行了研究，
发现专利活动与投资银行的规模及其间接学术关系之间呈正相关关系。

## 五　金融服务创新的产出

### （一） 金融服务企业创新性的衡量

Mulders 和 Hertog（2003）在对 CIS[2] 2（1994～1996 年）和 CIS 2.5
（1996～1998 年）数据进行分析的基础上，认为可从四个方面衡量金融服务
企业的创新性。

第一，新服务概念。即引入新服务要领的速度以及成功度。例如，每年
新产品的数量；过去三年中推出的创新产品实现的营业额；投入新服务产品
的营业收入占比；向每位顾客提供的平均服务数量；与非金融企业联合提供
产品的份额；个性化金融服务的份额；新产品门类（如绿色金融服务，网
上银行服务）的份额；银行/保险混合型产品的比例；与客户或用户小组共

---

[1] 指衍生性金融商品之再衍生。所谓衍生性金融商品之再衍生是指远期契约等四种基本形态衍
生性商品，因应客户与市场需求重新组成的新型金融商品，包括远期互换（Forward Swaps）、
互换期货（Swap Futures）、期货选择权（Futures Options）、互换选择权（Swaptions）及互换
期货选择权（Swap Futures Options），而选择权的变形称为新奇选择权（Exotic Options）。

[2] CIS，即 Community Innovation Survey，是由欧盟统计局（Eurostat）自 1991 年起组织的共同
体创新调查。

同概念化新服务的程度；市场调研预算在总创新预算中的比重。

第二，新客户界面。例如，向最终用户提供 24/7 服务的比重；客户数据库的数量（越少越好）；客户使用恰当渠道（分支机构、邮寄、电话、互联网、ATM 机等）的程度；顾客关系的平均保持期限；通过移动设备应用服务的可获性；客户使用网上银行的比例；客制化产品的比例；页面浏览式网站的数量；电子交易的比例；每一客户特定时期平均使用的渠道数量；可在线订制的标准化服务的比重；通过 ATM 机提取现金的比例；每年客户流失的比例。

第三，新服务传递体系。例如，后台交易/员工的数量；前台和后台员工的占比；与顾客接触的员工份额；营业额/分支机构；前台员工的平均受教育程度；客户关系管理软件的运用；员工创新所作贡献在其个人绩效评价中所占的比重；员工参与产品开发的比例；特定工作培训的参与比例等。

第四，技术选择。例如，与创新相关的信息与通信技术（ICT）预算比重（包括追踪竞争者提供的新服务）；客户关系管理系统的投资；每笔交易的 ICT 成本；技术引领创新项目的数量；预约比例及打包软件。

## （二） 金融服务创新绩效

### 1. 宏观层面：金融服务创新的福利效应

研究表明，金融服务创新的福利效应取决于金融服务创新本身。Garbade 和 Silber（1978）发现，19 世纪金融业的一项重大创新，即电报系统的建立快速地缩小了美国证券市场和外汇市场的价格差异。而同时他们又发现纽约证券交易所 1975 年建立的"证券买卖汇总记录带"（The Consolidated Tape）并未引起纽约证券交易所与中西部股票交易所（Midwest Stock Exchange，MSE）之间的价格差距变化。对此，作者的解释是由于此前就已存在电信系统并且能够满足需要，记录带提供的附加价值并不高。另外，还有两篇论文检验了特定证券创新的福利效应：其一，Varma 和 Chambers（1990）考察了原发行面值折扣（Original Issue Discount，OID）债券的福利效应，发现 1981 年 3 月至 1982 年 6 月 OID 发行与正面的股价反应相联系，而其后的发行因不具税收优势而无福利效应；其二，Grinblatt 和 Longstaff（2000）运用 1990～1994 年的数据，发现投资者持有美国财政部发行的证券本息分开交易（Separate Trading of Registered Interest and Principal of Securities，STRIPS），使市场更完全并利用税收和会计的不对称性。

对流程型金融服务创新福利效应进行检验的文献屈指可数。Frame、

Srinivasan 和 Woosley（2001）发现，1997 年大型银行组织运用小企业信用评分（SBCS），其 10 万美元以下的小企业贷款市场与总资产之比，较未采用 SBCS 的机构高出 8.4 个百分点。Frame、Padhi 和 Woosley（2001）运用 1997 年美国东南部的普查信息，发现 SBCS 的使用促进了 10 万美元以下商业贷款的增长，这一效应在中低收入地区 2 倍于高收入地区。Berger、Frame 和 Miller（2001）在确认 SBCS 增加了小企业贷款可获性的同时，发现特定银行和产业范围 SBCS 的学习曲线对 SBCS 的福利效应有重要影响，且大型银行采用 SBCS 的方式（将 SBCS 作为成本节约型的贷款承做方式还是获得更精确的信用评估的方式）也影响其福利效应。

2. 微观层面：金融服务创新的直接绩效与间接绩效

从微观层面来看，金融服务创新的绩效主要体现在两个方面：①与财务指标相关的直接绩效，包括销售收入、市场占有率、获利能力等；②与其他服务销售及长期竞争力相关的间接绩效，包括交叉销售（外溢效果）、关系提升、市场开发、增进服务传递能力、竞争定位、商誉、提高顾客忠诚度、引入新的工作流程、提升市场价值等（De Brentani，1991；Cooper et al.，1994；Atuahene-Gima，1996；Storey and Easingwood，1996，1999；Lievens and Moenaert，2001；Gounaris et al.，2003）。

附表－3　金融服务创新绩效的衡量

| 研究者 | 金融服务创新绩效 | |
|---|---|---|
| | 直接绩效 | 间接绩效 |
| De Brentani（1989，1991） | ● 销售及市场占有率绩效<br>● 竞争绩效 | ● 外溢效果（即交叉销售）<br>● 成本绩效 |
| Cooper 等人（1994） | ● 财务绩效（包括获利绩效及销售绩效） | ● 关系提升（包括交叉销售）<br>● 市场开发 |
| Atuahene-Gima（1996） | ● 市场成功绩效（包括获利绩效及销售绩效） | ● 项目冲击绩效（如交叉销售、关系提升、市场开发） |
| Story 和 Easingwood（1996，1999） | ● 销售绩效<br>● 获利绩效 | ● 提升机会（类似市场开发） |
| Lievens 和 Moenaert（2001） | ● 财务绩效（包括获利绩效及销售绩效） | ● 交叉销售<br>● 成本定位<br>● 公司评价<br>● 增进服务传递能力<br>● 竞争定位 |
| Gounaris 等人（2003） | ● 财务绩效 | ● 非财务绩效 |

资料来源：根据相关文献整理。

例如，Tufano（1989）对跨部门的新证券进行研究，以确定金融产品创新者是否拥有先行者优势。他运用58项创新（代表1944宗公开交易案例）测试创建了新证券的投资银行是否通过比模仿者更高的价格（承销价差）获得了更多的收益，结果发现，1974~1986年，创新的投资银行在模仿产品出现之前并未收取高价，且从长期来看价格比竞争对手要低，但其创新产品的承销量的确高于竞争对手。总体而言，Tufano的研究结论表明，创新者收益的来源并非垄断定价，而是由于市场份额增长带来的成本优势。Schroth（2006）运用证券数据公司（Securities Data Company，SDC）权益相关及衍生证券数据对投资银行创新的考察也表明，发行人对创新者的业务需求大于模仿者。Slattery和Nellis（2005）对英国零售银行业的研究表明，金融服务创新确实提升了银行的品牌价值与声誉。

## （三） 金融服务创新绩效的影响因素

### 1. 市场导向

市场导向是一种组织文化（organizational culture），在这种文化氛围下，组织所有的雇员均承诺持续为顾客创造优异的价值，以此来保证经营活动的良好绩效。市场导向包括三个文化构件：顾客导向（customer orientation）、竞争者导向（competitor orientation）和内部职能间协调（interfunctional coordination）（Naver and Slater，1990）。市场导向意味着金融机构有能力抗击竞争者，获得竞争优势（Kim and Mauborgne，1997）。例如，Han等人（1998）对美国中西部134家银行的数据分析表明，市场导向与创新之间存在正相关关系。Langerak等人（2004）的研究则表明，新产品研发的市场导向决定了产品优势及推广效率，继而影响到创新产品绩效。

### 2. 沟通

Kapadia和Purl（1995）的金融创新模型集中分析了在金融市场上获取成本高昂的信息的最优战略，指出，为降低与潜在产品创新的收益性有关的不确定性，金融机构可以获取新的信息并按贝叶斯方程式更新其先验概率。而在营销学的经验研究中，学者们均不约而同地发现沟通是影响新金融产品成败的关键要素。例如，Lievens等人（1999）、Lievens和Moenart（2000，2001）、Athanassopoulou和Johne（2004）提出，金融服务创新过程中的沟通影响新产品开发的成功。Cooper等人（1994）、Avlonitis和Papastathopoulou

（2000）发现，营销沟通决定了顾客对新产品的关注，并且解释了顾客何以注意到新产品可提供的收益，因而对于新产品开发而言，营销沟通是一个重要的成功要素。

### 3. 开发速度

Drew（1995）在案例研究、面谈以及对北美银行的新产品开发经理的邮件调查的基础之上，考察了影响金融企业新产品开发时期的决策因素，发现"快速进入市场"至为关键。对开发速度的递增要求的压力来自于计算机技术的创新基础、行业管制的快速变迁和消费者需求的快速变化。加速新产品开发可以（或潜在地）从多种途径对组织绩效的提高做出贡献，包括利润的增加、扩大市场份额、减少收支平衡所需的时间、竞争优势的增加、形象和声誉的提高等。Costanzo 和 Ashton（2005）对英国 51 位金融机构高级管理人员进行半结构化访谈的结果也惊讶地发现，对于创新，金融机构对"推向市场的速度"、"迅速适应"的关注程度远胜于"新产品"。研究表明，大多数的金融机构在新产品开发上并未付出很多时间，也未着力于原创，而是简单地完善竞争对手的产品（Blazzard and Haesenaur，1997；Akamavi，2005）。但是，在金融产品加速的开发时期，存在成本和障碍，如附表 -4 所示。

附表 -4　新产品开发（NPD）时期的关键影响因素

| 领域 | 加快 NPD 的重要程度 | 快速开发的原因 | ①障碍/②加速方式 |
|------|------|------|------|
| 1. 公司银行 | 非常高 | 顾客关系和忠诚度<br>变化的需求<br>收入 | ①慢的内部开发系统<br>②对外部资源的使用 |
| 2. 公司银行 | 非常高<br>来自高层的支持 | 竞争性力量 | ①文化、慢的开发系统、官僚主义<br>②外部采购 |
| 3. 公司银行 | 非常高 | 维持收入流<br>产品差异 | ①内部主机系统<br>②使用外部人员、重组 |
| 4. 公司银行 | 必需的 | 必须交付新产品<br>顾客需求 | ①文化<br>②流水线和快速的产品开发 |
| 5. 零售银行 | 非常高 | 竞争压力<br>做创新中的领先者 | ②使用先进技术、IT 新技术 |
| 6. 零售银行 | 高 | 竞争压力<br>顾客需求 | ①大的分支网络中变革的困难、冗长的批准程序<br>②团队工作 |

| 领域 | 加快 NPD 的重要程度 | 快速开发的原因 | ①障碍/②加速方式 |
|------|------|------|------|
| 7. 中小商业银行 | 非常高 | 留住现有老顾客<br>顾客的老道程度上升 | ①机构规模、慢的官僚主义<br>②过程重组 |
| 8. 一般保险 | 非常高 | 为支持市场细分战略而进行的产品差异化 | ①行业文化<br>②使用先进技术 |
| 9. 人寿保险 | 非常高<br>总裁非常关心 | 快速变化的顾客需求<br>对竞争者作出反应 | ①内部系统<br>②激进的业务重组 |
| 10. 信用卡服务 | 非常重要 | 需要提供有差异的产品 | ①官僚主义、系统、慢的决策<br>②交叉的职能小组 |

资料来源：莫利纽克斯、沙姆洛克著《金融创新》，冯健译，中国人民大学出版社，2003，第187 页。

### 4. 高层关注

诚如 Chandy（2003）所言，"一份 6 页纸的学术调查远不如 CEO 的日常计划表来得有效"，CEO 的选择决定了金融机构的资源配置。Yadav 等人（2007）运用心理语言学分析方法（Psycholinguistic Analysis），对 1990 ~ 2004 年美国零售银行业进行纵向数据分析的结果表明，首席执行官（CEO）是创新的关键驱动要素，特别是当①关注目标并非创新本身而仅仅是共识中的将来事件；②创新收益在远期才能实现；③创新收益在概念上、经验上及现时上均与众不同；④在实证上并非属于传统的"高科技"创新范畴时，CEO 的关注尤为重要。

### 5. 组织学习

Blazevica 和 Lievens（2004）对比利时银行业金融服务创新的实证研究表明，管理层支持、职能部门间的和谐、组织多元化和决策参与度对项目学习水平举足轻重，而项目创新过程中的学习水平又可以强化创新银行的成本优势和定位，有助于提高金融机构的声誉。Stevens 和 Dimitriadis（2005）的研究也得出了相近的结论。

## 六　未来研究方向

目前，对金融服务创新的研究正在经济学、金融学、管理学等不同学科展开，可谓方兴未艾。特别是，从营销学的视角探析金融服务创新尚有极大的研究空间。例如，对于金融服务创新的分类，Christensen 和 Raynor（2003）按照创新与细分市场的关联性进行分类。事实上，在金融服务实践中，诸如微型信贷（microfinance）、对非银行客户提供哪些金融服务已积累了一定的经验，但如何针对不同细分市场的特征开发既能满足细分市场需求又可以保证金融机构赢利的创新金融服务，目前尚无系统的研究和论述。具体而言，我们所梳理的四部分内容所涵盖的研究领域至少还有以下问题或挑战值得进一步探讨。

（1）在消费者对金融服务创新反应的研究方面，尽管积累的文献较少，无论是从深度还是广度上都有待于进一步挖掘，但前述消费者创新性、新金融服务的扩散及网络外部性三个议题的结合无疑会为金融服务创新的研究提供诸多新的启迪。例如，单项创新服务的销售量可能会因网络外部性而发生变化，金融机构如能识别消费者在社会网络中的角色，就有可能影响消费者行为；更为重要的是，顾客反应模型通常先简化消费者创新性的假设，以推导消费者集体层次的行为，若能纳入网络外部性因素，就可以为提高金融服务创新绩效提供有益的借鉴。

（2）从金融服务创新的影响因素来看，金融机构若要实现组织目标和创新目标的匹配，就必须了解影响金融服务创新的内外部驱动或影响因素。迄今为止，以下问题仍有待于从理论上和实证上作出进一步的阐释：①金融机构内部文化对金融服务创新的影响；②不同类型的金融服务创新（如产品创新、流程创新等），其影响因素有无差异，影响因素之间的交互作用如何；③产业集群、研究基地对金融服务创新有何影响；④文化和民族特征对金融服务创新能力的影响。

（3）在金融服务创新活动的组织与管理方面，特别是在金融机构既有文化、结构及运营流程下，如何高效组织研发、如何整合各方面力量进行跨域开发，仍然存在诸多需要进一步探讨的问题。比如：①如何融合联合跨界目标、实践社区和动态规划；②影响金融服务新工具和新方法应用的组织和文化要素；③开发有助于采用新技术开发工程和方法的规范流程。在金融服务创新的组织方面，研究视角还有待扩展至：①团队、跨职能团队、虚拟团队或其他组织形式何时最有益于创新；②不同的产品市场和背景下什么变量影响了团队的选择和团队结构；③虚拟团队及跨地域、跨时区、跨变化团队的研究；④联合开发项目的最佳组织形式；⑤联合研发对营销策略、战术及绩效的影响；⑥激励经理人否决徒劳项目的最佳组织形式和诱因结构。

事实上，现有的金融服务创新流程研究还存在诸多尚待改进之处：①尚未摆脱制造业产品创新的窠臼，没能体现金融服务的本质特征，且与实践脱节（Akamavi，2005）。例如，金融服务创新与风险管理密不可分，而现有的研究并没有将风险管理融入创新流程；再如，由于金融服务创新很难以专利的形式加以保护，为了避免贻误时机而给竞争对手抢先进入市场的机会，大多数金融服务企业均略过试销阶段，直接将创新金融服务推向市场（Edgett，1996；陈嵩，2001）；特别的，没有将顾客的角色整合入流程显然是现有研究的一大硬伤，顾客投入往往未被纳入金融服务新产品开发流程，继而导致新产品开发支离破碎（Vermeulen，2005）。②适用性有待商榷。现有的金融服务创新流程脱胎于服务业的一般创新流程，然而，Tether（2004）对西欧13个国家包括金融服务业在内的五个服务行业进行的调查研究表明，服务业并不适用"通用型"的创新理论，不同服务部门之间，其创新行为存在显著的差异，因而金融服务创新作为产业层面的服务创新研究亟待加强（Fähnrich，2007）。③现有的金融服务创新流程均为线性流程，其实，金融服务创新流程是否呈线性形态还有待分析。Menor等人（2002）指出，服务的特性决定了我们在设计和开发新服务时，采用的是互动式的流程而不是有形产品开发的线性流程；Edgett和Parkinson（1994）对金融服务行业新产品开发的探索性研究表明，金融服务创新流程并不是诸如市场调研、设计测试等要素构成的闭路环。这显然在某种程度上否定了现有的线性的金融新服务开发模型。

（4）在金融服务创新的产出方面，既然金融服务创新的相关投入应视为投资，那么不同类型金融服务创新的投资回收期有多长？财务绩效和非财务绩效的时间价值如何计算？可接受的金融服务创新投资回报水平应当如何确定？这些问题都有待于作进一步的、更深入的探讨。

总之，我们尝试性从营销学视角探析了金融服务创新，文献涉及经济学、金融学、管理学、营销学等学科领域，涵盖了消费者对创新金融服务的反应、金融服务创新的影响因素、金融服务创新活动的组织与管理、金融服务创新的产出等问题。虽然力争全面，但也由于跨越的领域较多和涉及的问题十分复杂，难免挂一漏万。特别是，各学科成果如何融汇到营销学视角的金融服务创新研究之中，如何保证其一致性和相容性，仍有待进一步求证。但正如德鲁克所言，"关于企业的目的，只有一个正确而有效的定义，那就是'创造顾客'"，企业的两项基本职能是创新和营销。故而笔者深信，金融服务创新理论研究必将因营销学的介入而焕发新的生机与活力。

附表 - 5　部分金融服务创新文献资料

| 序号 | 作者 | 研究问题 | 数据来源 | 相关变量/主要研究结论 |
|---|---|---|---|---|
| 1 | Akhavein, Frame and White(2001) | 早期采用小企业信用评级的金融机构具有什么特征 | 1998 年对 200 家大型银行的调查，包括财务报告及首席执行官特征的信息 | 地处纽约联储区的大型银行组织较早采用小企业信用评级。一些证据表明拥有少数分散银行但较多分支机构的金融组织倾向于较早采用小企业信用评级 |
| 2 | Akamavi(2005) | 银行创新流程 | 案例分析：观察及访谈 | ①服务质量；②新服务开发流程创新；③e-banking 流程再造；④e 流程或虚拟流程的效果：标杆指标、改进评估 |
| 3 | Avlonitis and Papastathopoulou (2000) | 引入新金融产品的营销沟通工具 | 对 100 家企业的调查，预先信函及电话通知，预测试（3 位学者 +7 名专家），面递问卷、电话及传真跟进，响应率为 71.4% | ①与推广新产品相关的关键成功要素；②对不同营销促进工具的运用；③产品创新程度；④营销沟通工具对产品绩效的影响 |
| 4 | Alvonitis et al. (2001) | 调查金融产品创新和绩效的关系 | 对 110 家希腊金融机构的调查 | ①服务创新；②新服务传递：操作流程、服务改进、服务对于市场的新颖性、服务对于公司的新颖性、服务线延伸、服务重新定位；③新服务开发过程：创意产生与筛选、商业分析及市场战略、技术开发、测试、推广；④跨职能介入：系统性行为、备案、责任分配；⑤新服务整体绩效：财务绩效、非财务绩效 |
| 5 | Athanassopoulou and Johne(2004) | 对与顾客有效沟通引致的金融服务开发的调查 | 对 9 家英国金融服务企业的访谈、案例分析及问卷调查 | ①沟通技巧的类型：运用所获信息；管理沟通过程；选择和运用行动者；②新服务开发绩效 |
| 6 | Ben-Horim and Silber(1977) | 管制是否促进了金融创新 | 美联储及其他数据 | 广义上讲，管制的确促进了金融创新 |
| 7 | Berger, Frame and Miller(2002) | SBCS 影响了小企业信贷的可获性、贷款定价以及贷款风险吗 | 1998 年 1 月对 200 家大型银行的调查，同时调查了贷款合同条款及感知风险 | SBCS 显著地促进了小企业信贷，提高了贷款平均价格和风险 |
| 8 | Bhargava and Fraser(1998) | Sec. 20 subs 的形成使银行控股公司受益了吗 | 1987 ~ 1996 年对大型银行控股公司的事件调查 | 仅早期宣布进入的声明与超过正常回报水平的股票收益正相关 |

续表

| 序号 | 作者 | 研究问题 | 数据来源 | 相关变量/主要研究结论 |
|---|---|---|---|---|
| 9 | Birch and Young (1997) | 技术与服务传递的改变—互联网 | 理论框架 | 服务差异化；ATM 的生命周期；需求；创新；渠道比较 |
| 10 | Black et al. (2002) | 新渠道的采用 | 访谈及 6 个焦点小组 | ①消费者特征；②产品渠道；③组织因素 |
| 11 | Blazevic and Lievens(2004) | 分析金融服务创新前置变量与绩效之间的关系 | 对 154 家银行的问卷调查 | ①沟通的本质；②组织设计；③项目学习；④绩效 |
| 12 | Bowers(1986) | 根据 Booz, Allen 和 Hamilton 模型及改进建议，识别金融服务开发模型 | 对 300 家银行的调查研究（包括本地银行和国际银行控股公司） | 新银行产品推出前未能识别市场风险 |
| 13 | Cooper and De Brentani(1991) | 产业金融服务成败特征研究 | 对 25 家商业金融服务公司高级管理人员的探索性访谈，以及对 56 宗成功案例及 50 宗失败案例的调查 | ①产品/市场适配性；②营销活动及其执行质量；③产品优越；④市场成长和规模；⑤服务专长 |
| 14 | Cornett, Ors and Tehranian (2002) | BHC 建立 Sec. 20 subs 的财务结果是什么 | 1987~1997 年对大型银行控股公司的调查 | 加入 Sec. 20 subs 的银行控股公司收入增长，风险不变 |
| 15 | Cowell(1988) | 探讨新产品开发与新服务开发的异同 | 通过分析问题做出了理论/概念贡献 | 问题包括：①引出服务的特征；②搜索新服务；③服务设计；④使用新服务的人群 |
| 16 | Davison et al. (1989) | 分析新服务开发流程的本质和角色，重点关注市场研究的运用 | 对 375 家金融机构的调查，以及对 20 名金融机构营销及市场调研执行官的个人访谈 | 市场调研受限的原因：①竞争者模仿；②服务、成本及承诺的复杂性；③金融产品的个人本质 |
| 17 | De Brentani (1989) | 公司如何衡量新服务绩效，以及影响新服务开发流程的关键成功要素和相关服务特征 | 对 184 家服务创新活跃的公司进行调查，包括 150 宗成功案例和 126 宗失败案例 | 新服务绩效衡量指标包括：①销售量及市场份额；②竞争优势；③其他服务销量和利润的提升；④成本绩效 |
| 18 | De Brentani (1993) | 调查金融企业的新服务开发流程 | 向介入 56 宗成功案例和 50 宗失败案例的营销经理寄发问卷 | 营销主导的新产品开发流程，顾客驱动的新产品开发流程和专家驱动的新产品开发流程 |

续表

| 序号 | 作者 | 研究问题 | 数据来源 | 相关变量/主要研究结论 |
|---|---|---|---|---|
| 19 | DeYoung (2001a) | 新创(de novo)网络银行与新创传统银行区别何在 | 20世纪90年代晚期的银行数据 | 新创网络银行赢利能力相对较差，业务量也较小，人工成本更高 |
| 20 | DeYoung (2001b) | 新创网络银行的财务绩效改进速度是否快于新创传统银行 | 20世纪90年代晚期的银行数据 | 新创网络银行改进财务绩效的速度快于新创传统银行 |
| 21 | Donnelly (1991) | 描述银行产品的成功要素 | 理论/概念贡献 | 银行产品成功"6S"要素：①优越性 superiortiy；②社会性(sociability)；③满意(satisfaction)；④简明(simipilicity)；⑤可分性(separability)；⑥速度(speed) |
| 22 | Dover(1987) | 通过识别和引入新金融产品来探讨金融产品创新 | 对诺丁汉建筑社团的案例分析 | ①运用信息技术；②产品冠军的角色；③团队及领导人的热情与动力 |
| 23 | Easingwood (1986) | 将服务组织特征融入新服务开发要求 | 对新服务开发领先公司的20位职员进行访谈 | ①顾客与一线人员的接触将新服务开发的责任延展至运营部门；②新服务的无形性导致顾客的混淆扩散 |
| 24 | Easingwood and Percival(1990) | 所谓非直接收益(并非因引入新服务而形成的标准)对新金融服务成功的贡献 | 对20项成功金融产品的营销经理的访谈 | 非直接收益包括：①公司声誉；②市场渗透；③新服务开发的改进；④现有顾客忠诚度的提高；⑤创造机会 |
| 25 | Easingwood and Storey(1991) | 对新金融产品成功要素的调查 | 对125名介入新产品的营销经理的问卷调查 | 成功要素包括：①整体质量；②差异化产品；③产品适配度及内部营销；④技术的运用 |
| 26 | Edgett and Jones (1991) | 跟踪一家大型金融机构新服务开发、提炼新金融服务成功的关键决定因素 | 对某一金融机构的案例分析 | 关键要素包括：①市场研究；②管理层的承诺和热情；③组织完备的开发流程；④产品冠军 |
| 27 | Edgett(1993) | 调查早期的研究活动：筛选流程的形成，市场预评估，市场研究 | 文献综述，对104名介入新产品开发的管理人员进行问卷调查 | ①新产品导向；②技术驱动；③市场驱动；④竞争驱动；⑤市场预评估技巧；⑥市场研究类型 |
| 28 | Edgett and Parkinson (1994) | 识别新金融服务的成败决定因素 | 对介入新产品开发的67名经理人邮寄问卷 | 建立了纳入服务独特特征的预测模型 |

续表

| 序号 | 作者 | 研究问题 | 数据来源 | 相关变量/主要研究结论 |
|---|---|---|---|---|
| 29 | Edgett(1996) | 调查新金融产品研发 | 对涉及新产品开发的80位高级管理人员寄发问卷 | ①新产品活动的频率；②新产品过程的完整性；③各活动环节的执行质量；④绩效与流程的联结 |
| 30 | Edgett and Snow (1996) | 新产品成功测量问题研究 | 对涉及新产品开发的高级管理人员的问卷调查 | ①新产品的顾客满意衡量指标；使用频度；②产品质量指标；③新产品绩效指标 |
| 31 | Ennew and Wright(1990) | 通过分析公司战略、信息技术的使用策略及公司对上述发展的反应，调查金融机构如何应对变化 | 对9家银行和34家建筑社团的调查研究 | ①对弹性组织架构的需求；②企业文化；③接受创新的文化融合 |
| 32 | Fields and Fraser (1999) | 促成 Sec. 20 subs 的大型银行控股公司 CEO 付出了什么绩效代价 | 1992 年对大型银行控股公司的调查 | 与其他银行控股公司的相对敏感度提高，但与投行的敏感度降低 |
| 33 | Frame, Padhi and Woosley (2001) | SBCS 影响了中低收入地区小企业信贷的可获性吗 | 1998 年 1 月对 200 家大型银行的调查，同时使用了与小企业信贷相关的 1997 年美国东南人口的统计特征 | SBCS 显著地促进了小企业信贷，在中低收入地区效果尤为明显 |
| 34 | Frame, Srinivasan and Woosley (2001) | 采用小企业信用评级的大银行具有哪些特征，SBCS（即指定银行向中小企业发放贷款）影响了小企业信贷的可获性吗 | 1998 年 1 月对 200 家大型银行及对 1997 年 6 月银行财务报告的调查 | 小企业信用评分的运用与子银行数量负相关，与分支机构数量正相关；SBCS 显著推动了小企业信贷 |
| 35 | Furst, Lang and Nolle(2002) | 提供互联网服务的银行有什么特征 | 1999 第 3 季度的调查 | 控股公司分支机构、规模、城市位置、固定支出及非利息收入均与提供互联网服务正相关 |
| 36 | Gande, Puri and Saunders (1999) | 银行控股公司进入证券承销领域的竞争效应如何 | 1985 ~ 1966 年发行的债券样本 | 银行控股公司的进入降低了市场集中度，收窄了承销的利差，减少了事前收益 |

续表

| 序号 | 作者 | 研究问题 | 数据来源 | 相关变量/主要研究结论 |
|---|---|---|---|---|
| 37 | Garbade and Silber(1978) | 电报对证券跨市场价格差异的影响 | 美国1840年电报系统建立前后及1866年跨大西洋电报系统建立前后的证券价格差异 | 电报的引入显著地降低了证券价格差异 |
| 38 | Gerrard and Cunningham (2003) | 检视网络银行的扩散 | 与16位消费者(8位使用者+8位未使用者)的访谈,以及240位消费者的调查(111名使用者+129名未使用者) | ①方便;②可接近性;③可信度;④兼容性;⑤个人计算机胜任;⑥经济收益;⑦社会欲望;⑧复杂性;⑨创新性 |
| 39 | Gounaris et al. (2003) | 服务创新程度与绩效 | 对希腊110家金融机构的调查 | ①服务创新的类型;②服务开发活动;③服务绩效 |
| 40 | Grinblatt and Longstaff(2000) | 财政分割债券(Separate Trading of Registered Interest and Principal Securities,STRIPS,美国财政部在1985年引入的一项本息剥离交易计划)的推出是为了满足市场完全性还是投机 | 1990年7月至1994年12月58支债券 | STRIPS计划的市场参与者首要的目的是使市场更加完全 |
| 41 | Haaroff(1983) | 新金融服务开发 | 英国米德兰银行(Midland Bank)案例分析(该银行于1999年并入HSBC) | ①缺乏市场调研;②新产品开发决策是市场夺魁欲望的结果 |
| 42 | Hannan and McDowell(1984) | 哪类银行较早使用ATM机 | 1971~1979年对使用ATM机银行的调查 | 大型银行及处于集中度较高市场中的银行较早采用ATM机 |
| 43 | Hannan and McDowell (1984) | 竞争者对采用ATM机过程的影响如何 | 1971~1979年对使用ATM机银行的调查 | 较早采用ATM机与竞争对手采用ATM机的行为相关,集中度较低的市场中的银行对竞争对手采用ATM机的行为反应更为强烈 |
| 44 | Johne and Harbourne (1985) | 调查产品创新活跃银行的组织架构 | 对3家创新活跃的大银行及6家创新不太活跃银行的相关部门的新金融服务参与者进行半结构化访谈 | 使用如下结构变量:①专门化;②形式化;③标准化;④集中化;⑤层级化 |

续表

| 序号 | 作者 | 研究问题 | 数据来源 | 相关变量/主要研究结论 |
|---|---|---|---|---|
| 45 | Johne and Davies(2000) | 创新的类型 | 对保险公司管理人员的面对面半结构化访谈 | ①市场创新；②产品创新；③流程创新；④创新能力的构面 |
| 46 | Kandampully (2002) | 探讨服务创新 | 理论/概念研究 | ①核心竞争力；②知识；③资源 |
| 47 | Kelly and Storey (2000) | 对新产品创意产生及过滤的系统程序的调查 | 对包括金融服务企业在内的156家公司的调查，响应率28% | ①新服务开发的处理：展望者、分析者、防御者、反应者；②对新服务开发的满意度；③创意的产生 |
| 48 | Lerner(2002) | 20世纪晚期有多少金融专利，学术关注如何 | 1971～2000年445项金融专利 | 金融专利和拨款适度，但在1998年一项判决之后迅速增加。投行的专利化活动与其与学术界的间接关联相关；但学术界的直接参与及对专利的学术研究并未与金融相关研究关联 |
| 49 | Lievens et al. (1999) | 金融服务创新中信息流的调查 | 案例研究 | ①内部及外部沟通；②信息流程容量及要求；③创新的不确定性 |
| 50 | Lievens and Moenart(2001) | 对新服务开发中沟通的角色和本质的调查 | 三角方法：案例分析和邮寄问卷 | ①信息流：项目内部沟通，信息保密和组织联络；②与顾客、竞争、技术和资源相关的减少不确定性的议题；③新金融服务绩效 |
| 51 | Lockett and Littler(1997) | 探索新金融服务 | 对1500家金融机构的调查 | ①渠道策略；②竞争性技术；③感知创新特征；④顾客学习的要求 |
| 52 | Mantel(2000) | 什么类型的顾客使用电子账单支付服务 | 1999年对1300名顾客的调查 | 收入、年龄、受教育程度和性别（女性）与顾客使用电子账单支付服务正相关 |
| 53 | Mantel and McHugh(2001) | 什么顾客使用借记卡 | 1999年对1300名顾客的调查 | 收入、年龄和当地人口对消费者使用借记卡有正面影响 |
| 54 | Mohanmmed-Salleh and Easingwood (1993) | 对金融机构新消费者产品市场测试的有限使用进行调查 | 对145家欧洲金融机构的新产品开发经理的调查 | 原因：①成本过高；②竞争对手复制的可能；③在研究时已确定产品的价值；④难以测试；⑤延缓推出，给竞争对手可乘之机 |
| 55 | Molyneux and Shamroukh (1996) | 是什么影响了大额债券承销及短期债券发行服务的（NIFs） | 1977～1986年，大额债券发行；1983～1986年，NIFs | 外生因素在解释大额债券承销的扩散中扮演了重要角色；攀比效应对NIFs承销的扩散举足轻重 |
| 56 | Morone and Berg(1993) | 探讨服务行业的技术管理及制造业的差异 | 对9家美国十大银行的访谈 | 对研究组织、新产品研发、确定应用工程化的相关活动 |

| 序号 | 作者 | 研究问题 | 数据来源 | 相关变量/主要研究结论 |
|---|---|---|---|---|
| 57 | Morrison and Roberts（1998） | 调查银行服务的新传递工具 | 实验/理论研究 | ①金融服务的不同传递工具：网上购物、数据沟通；音像系统；②对金融不同传递工具的感知；③对某一特定金融产品使用不同传递工具的讨论 |
| 58 | Morton and Tarrant（1994） | 探讨金融服务创新的新构面 | 对英国 Eagle Star 保险公司的案例研究 | ①使用了 SIMALTO 分析技术；②产品特征矩阵及支付意愿产生过程的优化；③不同的产品概念；④克服障碍 |
| 59 | Oldenboom and Abratt（2000） | 调查金融服务创新的成败因素 | 对 292 家金融服务企业的调查，响应率43% | ①足够的技巧和资源；②产品优势；③服务新的程度；④跨职能整合 |
| 60 | Reidenbach and Moak（1986） | 新产品开发实践与不同层次的零售银行绩效相关 | 采用标准六阶段开发流程对 500 家银行的调查研究。使用邻聚类算法评估不同的绩效水平 | 银行绩效水平存在差异：①正式的评估流程；②新产品经理的态度；③用于服务开发的运营预算占比 |
| 61 | Roberts and Amit（2003） | 对采用新金融服务及其流程的调查 | 对历史数据的分析 | ①创新；②财务绩效 |
| 62 | Saloner and Shepherd（1995） | 用户环境对 ATM 的早期使用影响如何 | 1971～1979 年对使用 ATM 机银行的调查 | 较早采用与用户数量及地点较多相关 |
| 63 | Scarbrough and Lannon（1988） | 通过比较创新理论模型与实证研究，分析战略创新开发的条件 | 苏格兰银行信息技术案例研究 | 积极的领导和结构变化是识别和执行由 IT 引发的战略机会的前提 |
| 64 | Scheuing and Johnson（1989） | 提出新服务开发的系统模型 | 对现有文献中关于产品和服务开发的模型作比较分析 | 新服务开发的标准化模型及其管理含义 |
| 65 | Shin and Jemella（2002） | 调查金融机构的业务流程再造（BPR）方法 | 大通曼哈顿银行的案例研究 | ①业务流程再造的概念；②业务流程再造的阶段；③组织评估；④业务改进；⑤新产品引进 |
| 66 | Shostack（1984）Macmillan and McCaffery（1984） | 研究服务传递设计；识别关键成功要素——快速反应的壁垒 | 探索性案例研究；对负责新产品开发的产品经理进行访谈 | ①新服务开发蓝图；②防御竞争对手响应新产品的反应壁垒：优先投资和营运系统的承诺；战略议题；运营议题；内部政治；产品特征 |

续表

| 序号 | 作者 | 研究问题 | 数据来源 | 相关变量/主要研究结论 |
|---|---|---|---|---|
| 67 | Storey and Easingwood (1993) | 探讨新产品开发对新金融服务成功的影响 | 对介入 14 宗不成功、32 宗成功、32 宗非常成功金融服务创新案例的管理人员邮寄问卷 | 内部营销与协同,技术优势,市场研究,响应性,中介支持,直邮支持 |
| 68 | Storey and Kelly (2002) | 调节知识管理对新服务开发绩效的影响 | 对包括金融服务企业在内的 385 家服务企业的调查,响应率为 30% | ①知识管理:知识创造、知识转移、知识储存;②新服务开发绩效:知识管理与新服务开发绩效之间的关系 |
| 69 | Sullivan(2000) | 第 10 联储区提供互联网服务的银行具有什么特征 | 2000 年第 1 季度的调查 | 银行规模,人口受教育程度,18 ~ 64 岁人口,非利息支出及非利息收入均与提供网络银行服务正相关 |
| 70 | Syson and Perks (2004) | 新服务开发流程的网络视角 | 对 Yorkshire Building Society 的案例分析 | ①创新水平:服务改进、服务线延伸;②网络视角的价值:内部网络、外部网络;③服务特征 |
| 71 | Thwaites and Edgett(1991) | 对建筑社团创新金融服务特征的调查 | 对来自银行、建筑社团和管理咨询公司的高级管理人员,以及金融分析师和学术界专家的观点作面板分析,并向建筑社团联合会的 109 名成员发放调查问卷 | 创新特征优先体现在:①愿景及领导;②管理风格;③市场知识;④资源;⑤组织架构;⑥创意的产生;⑦支持的积极性;⑧营销职能 |
| 72 | Thwaites(1992) | 影响新金融服务开发效果的组织特征 | 对来自银行、建筑社团和管理咨询公司的高级管理人员,以及金融分析师和学术界专家的观点作面板分析,并向建筑社团联合会的 109 名成员发放调查问卷 | 通过因子分析提取了三个组织构面:①使命;②人员;③沟通 |
| 73 | Tufano(1989) | 新证券的创新者如何获益:高价还是高量 | 1974 ~ 1986 年 58 家证券公司共 1944 宗公开交易案例 | 创新者并未垄断价格,而是夺得了比竞争对手更多的市场份额 |

续表

| 序号 | 作者 | 研究问题 | 数据来源 | 相关变量/主要研究结论 |
|---|---|---|---|---|
| 74 | Varma and Chambers (1990) | 股票市场对低于原发行面值折扣（OID）债券的反应如何 | 1981～1987年的OID案例 | 根据美国国内税务局（Internal Revenue Service）的规定，对于折扣债券投资收益的税收处理是以OID为应税基础计征的。1981～1982年有税收收益的OID对证券价格有正面影响，但税法更改之后的效果不明显 |
| 75 | Vermeulen (2004) | 金融产品创新及创新障碍的管理 | 访谈及对1997～2001年的案例分析 | ①产品创新流程的组织；②产品创新障碍；③产品创新障碍的持续性 |
| 76 | Wathen and Anderson (1995) | 新服务设计 | 对142家银行的问卷调查 | ①服务传递系统中的顾客信息；②任务技术；③沟通；④服务工作设计：集中化 |
| 77 | Whymark (1998) | 定点超越 | 探索性研究 | ①定点超越的类型：内部、职能、一般、竞争者；②信用风险管理：市场变化、角色与责任、关键成功因素、定点超越的改进 |
| 78 | Yadav et al. (2007) | CEO关注与创新产出 | 1990～2004年美国零售银行业数据，来源于美国联邦存款保险公司、在线银行业报告、银行网站和Factiva数据库 | CEO关注对金融机构创新有正面的积极影响 |

中　篇

◀◀◀ 中国金融发展中的风险及其防范

# 5

# 中国货币安全的隐患与风险

20 世纪 80 年代以来，世界各国的经济周期出现了新的变化，需求管理政策熨平了周期波动，使经济周期加长并相对不显著。相反，金融市场的变化更为明显，资产价格经常超离基本面大幅波动，国际资本大规模跨境流动诱发债务危机、货币危机；在金融体系的运行中，结构、行为、监管等因素表现出顺周期特征，微小冲击被放大和加速，造成经济的剧烈波动。金融因素对真实经济的影响力度越来越强且更具持续性，生产的不稳定性转向了金融方面，金融经济周期特征逐步凸显[①]，任何影响金融稳定与安全的因素都可能造成对经济安全的威胁，金融安全成为经济安全的核心。

金融安全是一国在金融发展中具备抵御国内外各种威胁、侵袭的能力，确保金融体系、金融主权不受侵害，使金融体系保持正常运行与发展的一种态势（王元龙，2004）。金融不稳定、金融风险或金融危机是金融非安全的主要表现。20 世纪初，Veblen（1904）的"金融体系不稳定"假说指出，经济发展内在地存在周期性动荡力量，这些力量主要集中在银行体系中。Fisher（1933）提出"债务—通货膨胀理论"，认为银行体系的脆弱性与宏观经济周期密切相关，尤其是与债务的清偿紧密相关，金融危机是由引发债务—通货紧缩的金融事件形成的。随后，Minsky（1964）提出"金融脆弱

---

① 金融经济周期是一个较新的概念，它主要是指金融经济活动在内、外部冲击下，通过金融体系传导而形成的持续性波动和周期性变化。

性"假说，认为银行脆弱性、银行危机和经济周期变化的关系是内生的，金融不稳定性主要由非对称信息所产生的逆向选择和道德风险引起，在外部冲击下产生货币危机，再由货币危机引起银行和其他金融机构财务状况恶化，最终导致金融危机的发生（Mishkin，1999）。Bernanke 等人（1983、1986、1996、1999）在总结如上思想的基础上创新性地提出了"金融加速器"（Financial Accelerator）理论。金融加速器理论主要研究外部冲击如何经由金融系统在经济体系中被延续和放大的问题，并以此说明金融因素对宏观经济波动和经济周期的影响。就其内涵而言，金融加速器是指经济体内外部的实际和名义冲击经由金融系统的作用对投资、消费、产出等真实经济变量的影响被放大和加速，从而引起经济大规模和持续性的波动。从微观作用机制上看，金融加速器理论强调具有顺周期性特点的企业资产负债表的内生性变化与外部融资约束的负向关系。Bernanke 等人（1996）还具体阐述了金融加速器的机制：信用市场的内生变化或发展将扩展和放大宏观经济波动或冲击。金融加速器机制的关键渠道是"外部融资溢价"与"借款者资产净值"之间的关系。假设信贷市场存在摩擦或成本、总的融资需求不变、存在不对称信息，那么标准的贷款行为分析模型证明：外部融资溢价与借款者资产净值负相关。一般而言，如果借款者的资产净值随经济周期正向变动（如企业之利润和资产价格），那么外部融资额外成本将随经济周期反向变动，由此触发企业融资的波动，随之而来的是企业投资、支出和生产波动，投资支出和生产水平的下降会进一步加剧不利冲击造成的经济衰退，这种由金融市场不完美导致的对经济初始冲击的放大效应就被称为"金融加速器"。

在经济货币化的今天，一国货币的稳定与金融系统安全、国民经济持续发展息息相关。本章基于金融加速器理论对中国金融安全中非常重要的部分——货币安全作一全面的审视。从范畴上来讲，金融安全就是货币资金融通的安全，凡是与货币流通以及信用直接相关的经济活动都属于金融安全的范畴（王元龙，1998）。因此，货币安全是金融安全不可或缺甚至非常重要的内容。货币安全从概念和层次上来讲，可以分为对内、对外两个方面。这里，货币对内安全，是指货币购买力保持稳定，主要表现形态是国内物价的相对平稳；货币对外安全，是指本国货币与国际主要货币的汇率维持在合理的范围内，本国能够实行独立、自主、有效的货币政策。货币的对内安全与对外安全紧密联系，不可分割。

# 5.1　货币对内安全：经济超货币化、通货膨胀与房地产泡沫

## 5.1.1　经济"超货币化"下的通货膨胀与房地产泡沫

目前，中国货币对内安全的主要问题是经济超货币化导致的通货膨胀与资产泡沫，而中长期的通货膨胀压力使得短期资产"去泡沫化"的政策抉择艰难而痛苦。

中国经济的"超货币化"实际上是复杂的被动与主动的过程。短周期波动中的需求管理政策使货币经常处于超发状态，而经济发展阶段、人口结构与经济增长模式决定了中国经济的被动"超货币化"。从经济增长模式上看，在公共投资驱动的经济增长方式下，为配合投资增长，货币、财政同时扩张，总供给的增加反过来导致外汇占款推动的基础货币过度投放，超货币化成为过去经济高速增长的"助推力"和"副产品"。

2008 年金融危机之前，中国经济增长存在着如下内在循环：大规模公共投资直接增加 GDP，同时，资本/劳动力的上升提高全要素生产率，双重因素带来总供给的持续扩张。此阶段，欧美经济体的举债消费模式为中国产出缺口提供外部需求支撑，"高投资"与"高出口"并行，经济在内外失衡中达到动态平衡。产出扩张增加政府财政收入、企业利润，推高国内储蓄，为进一步投资提供资金支撑，推动下一轮的产能增加和总供给增长。在自我维持和强化的经济循环背后是特有的"货币循环"。货币供应量的增加可以用公式 $\triangle M2 = \triangle 外汇占款 + \triangle 信贷 - \triangle 财政存款$ 表示。忽略财政存款，货币供给主要通过两个渠道：外汇占款增加和信贷投放。前者是中央银行以基础货币向商业银行大量购汇，这是近年来货币供给增加的重要渠道。[1] 这可以从 1993 年以来中央银行主要资产项目发生的显著变化清晰地看出。中央银行以基础货币向商业银行换汇始于高投资导致的高出口。

---

[1]　1993 年以来中央银行主要资产项目发生显著变化，"国外净资产"项目占总资产的比重由 1993 年的 11.3% 上升为 2010 年的 83.1%，"对其他存款性公司债权"项目则由 70.3% 下降至 3.7%。

货币供给增加的另外一种重要方式是信贷投放的持续扩张，这背后是储蓄的高增长。储蓄的高增长则是"二元经济"发展所伴随的劳动力结构变迁所致。中国的工业化和城市化过程同时又是劳动力转移过程，剩余劳动力从低效率的农业部门转移到效率更高的部门，必然会产生高储蓄（李扬、殷剑峰，2005）。这是因为，农村剩余劳动力向城镇大量转移会导致边际劳动生产率提高，实际有效生产者对消费者比率上升。产出减去消费即储蓄，生产者的增加导致储蓄的增长。国内储蓄的高增长，一方面源于企业、政府部门储蓄的增加，由于企业、政府等的储蓄倾向超过居民部门，这种收入再分配提高了整体储蓄率（Aziz and Cui，2007；He and Cao，2007）；另一方面源于家庭等消费部门的贡献，居民储蓄选择是在当前与未来消费之间的替代，跨际的消费替代率是资金的时间成本（即利率）。实际上，中国居民储蓄选择与利率相关性较低，居民的储蓄行为更大程度上是不同消费之间的配置结果，具体来说是挤压其他消费，储蓄资金进行住房等消费。中央银行以基础货币向商业银行大量购汇构成货币之水的源泉，信贷扩张放大注入金融体系的货币流量，二者共同导致经济"超货币化"。2003～2010 年，货币进入新一轮快速增长期，M2 的平均增速达到 18.8%。同期的金融机构全部资金来源平均增速则更快，达到 20.5%，M2 与 GDP 的比率从 2002 年的 154%上升到 2010 年的 181%。货币超发直接带来通货膨胀和以房地产为代表的资产泡沫。2003 年下半年中国物价进入一个高增长周期。2004 年，通货膨胀水平上升，经过 2005～2006 年的短暂下降，2007 年 8 月以后通胀预期再次出现。2008～2009 年为应对金融危机，信贷天量投放，主动货币供给超常增长，通胀水平随之快速升高，国内 CPI 最高超过 6%。与通货膨胀相伴的是资产价格泡沫，这一时期大中城市房地产价格都出现猛烈上涨。

### 5.1.2 信贷扩张、资产泡沫与通货膨胀的螺旋式循环

经济"超货币化"是资产泡沫和通货膨胀产生的根本原因，但从微观机制来看，金融加速器效应加重了信贷扩张、资产泡沫与通货膨胀的螺旋式循环。金融加速器产生的关键渠道是"外部融资溢价"与"借贷者资产净值"之间的负向关系。也就是说，受融资约束的微观主体资产净值越高，外部融资溢价越低，所获得的信贷就越多，随之而来是投资、消费和产出的扩张。这样，在经济的复苏与逐步繁荣阶段，就促成了如下循环：乐观的资本回报预期使企业投资支出增加，资本需求增长推高资产价格，抵押品价值

上涨带来资产净值增加，降低外部融资溢价，推动信贷扩张。同时，基于乐观预期的银行风险承担能力增强，信贷标准放松、信贷持续扩张。房地产是最重要的抵押品，宽松的信贷政策以及资产价格的上涨使以房地产为代表的抵押品价值提高，家庭融资约束放松，刺激以住房需求为主的消费增长，推动住房需求和价格的进一步增长。因此，金融加速器效应在经济繁荣阶段表现为信贷、资产价格、产出的螺旋式扩张，特别是"房地产价格上升—融资约束放松—信贷扩张—房地产价格上升"的循环。金融加速器效应使得房地产价格、银行信贷以及宏观经济具有非常紧密的联系。大量的实证研究表明，大多数国家的房价与银行信贷有关联，房价上涨通常会导致银行信贷扩张（Hofmann，2001；Davis and Zhu，2004）。同时，信贷推动是 20 世纪80 年代许多国家房价出现剧烈波动现象背后诸多因素中最重要的影响因素（Drees and Pazarbasio，1998；Allen and Gale，1999；BIS，2003）。信贷数量的上升以及随之引发的资产价格上涨也都会通过金融加速器及其他的供给机制①带来实体经济的扩张，房地产价格、银行信贷以及宏观经济具有非常紧密的联系以及长期稳定关系（如图 5 – 1）（Gerlach and Peng，2005）。

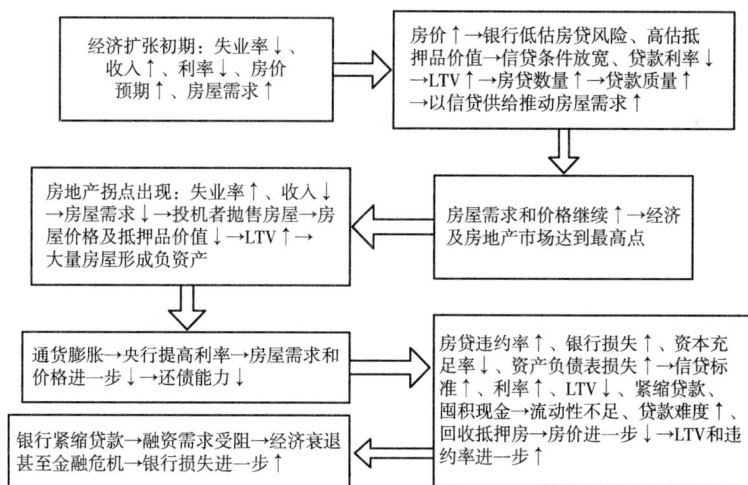

**图 5 – 1　房价波动与金融加速器效应**

---

① 房价波动还以多种方式影响经济活动，例如通过实现的财富效应、未实现的财富效应、成本效应、流动性约束效应与储蓄效应等影响消费；通过信贷渠道与托宾的 Q 效应两种方式影响投资。

在金融加速器效应的螺旋式循环中，地方政府的土地财政及供地融资机制起了推波助澜的作用。土地是地方财政收入的命脉，在地方政府的可支配收入中，土地使用权出让金接近三分之一。① 因此，政府主导的公共投资中土地出让是重要的融资机制。房地产泡沫拉高土地出让价值，放松地方政府融资约束，成为银行新增信贷大量涌向地方融资平台、地方债务快速增长背后的推动机制。这从大规模的基础设施投资扩张下货币供给具有明显的内生性可以清晰地看出。2003年以后，广义货币M2减去基础货币的差额的增速与投资实际增速表现出高度同步性，这说明政府大规模公共投资伴随信贷扩张和货币供给的整体增长。②

从趋势来看，中国将面临经济下行周期中的金融加速器效应所带来的隐患和风险。在金融加速器效应作用下，信贷、资产价格、产出的螺旋式扩张一直持续到资产价格畸形上涨、银行信贷过度扩张、整体经济杠杆率高企甚至"过度负债"为止。此时，经济变得更为脆弱，金融系统的不稳定也在累积。一旦发生外生冲击（哪怕很小），也会被资产价格敏感、过度地反应，资产价格波动在金融系统内部，在结构、行为等诸多顺周期因素作用下自我循环和放大，极易出现持续、大幅的下跌。例如，经济繁荣扩张的顶点，货币当局为对抗通胀大幅提高基准利率水平，极易刺破房地产市场的泡沫，导致房地产价格下跌。房地产价格的下降必然降低抵押品价值，商业银行所要求的外部融资溢价上升，信贷供给收缩、企业及家庭融资约束收紧，投资、消费及总需求持续收缩将带来经济衰退。这里，资产价格的下降有两个效应产生两种金融加速器：其一，资产价格的下降导致抵押品价值降低，企业、家庭的资产负债表恶化，外部融资溢价上升，银行放贷增量减少，投资和消费在信贷约束下减少，经济随之收缩；其二，资产价格下降导致银行资产质量恶化，以资本充足率为核心的资本监管约束收紧。银行为满足最低资本要求，紧缩信贷、出售风险资产，对过度负债企业进行清算，这将推动资产价格继续下跌，被动的信贷收缩对投资、消费、总产出产生更为强烈的收缩作用。这样，金融市场动荡溢出到实体经济，并且与实体经济波动形成循环作用，经济收缩导致资产价格的更大不确定性，加剧金融市场的动荡，

---

① 例如，2010年，土地出让金占地方可支配收入的27.0%，在地方政府负有偿还责任的债务中，承诺用土地出让收入作为偿债来源的债务占23.8%，达到2.55万亿元。

② 货币供给的内生性在2009~2010年表现更为明显。2009年、2010年基础货币增速是11.4%、28.7%，广义货币增速却分别达到28.7%、19.0%。

导致宏观经济的进一步恶化。如此循环往复并不断交织、强化，小的外生冲击极易被无限放大为经济的剧烈波动乃至收缩和衰退。

在这轮经济增长周期中，内在地形成了互相强化的经济、货币层面的"双循环"：经济增长模式导致"超货币化"，经济超货币化带来通货膨胀与资产价格泡沫，后者又被金融加速器作用强化，家庭等私人部门被房地产泡沫和通货膨胀隐形抽税，通过低实际利率下的高储蓄为投资持续增长提供补贴，维持投资驱动的增长模式。因此，本轮经济周期经过增长与繁荣阶段后，地方政府、企业的高杠杆化、金融体系的贷款质量等问题逐步凸显。值得关注的是，中国地方政府债务规模激增、潜在风险较大。根据审计署的数据，2010年底，全国地方政府性 10.7 万亿元的债务余额中，政府负有偿还和担保责任的或有债务总计 9.05 万亿元，占可支配收入的比率为 86%。[1] 同时，部分县级政府负债率高企，2010年底，有 78 个市级（占比 19.9%）和 99 个县级（占比 3.56%）政府负有偿还责任债务的债务率超过 100% 的警戒线。地方债务中将近 80% 是银行贷款，根据平台公司自身现金覆盖贷款本息比率，地方政府中半覆盖和无覆盖的贷款总计 1.77 万亿元，对银行业的新增风险资产是 3.15 万亿元左右，这通过资本消耗、拨备计提等对银行资产质量产生影响。[2]

当前，中国地方政府、企业处于较高的杠杆状态，在经济的下行周期将会去杠杆，这也给资产泡沫、经济下行增加进一步的压力。中国经济增长从供给面来讲将面临劳动参与率、人口红利的下降，导致经济增长率的下降。未来中国劳动力人口将进入长期低增长区域，劳动力供给的零增长甚至负增长将降低就业增长率。而且，资本/劳动力的提高源于国内高储蓄支撑下的信贷扩张带来的大规模投资。伴随劳动力供给的相对短缺，实际工资上涨导致资本回报下降，引起资本积累及其贡献率的下降。此外，改革带来的制度红利的衰减将使得全要素生产率增速放缓，这两者成为降低劳动生产率的主要影响因素。因此，中国将面临劳动力增长率以及劳动生产率增长率的"双放缓"，潜在经济增速也势必面临下降态势。伴随经济潜在增长率的下降，货币增长也将进入一个减速周期。其中，一个重要因素是劳动力结构的变化。由于中国劳动力的部门转移放缓，生产者与消费者比率的变化乃至拐

---

① 2010 年末，全国地方本级财政收入 4 万亿元，加上中央对地方税收返还和转移支付 3.2 万亿元，地方财政收入总量达 7.3 万亿元，此外还有 3.3 万亿元的地方政府基金收入。

② 根据银监会 2010 年 11 月的数据计算。

点的出现将导致储蓄率下降，经济驱动力从投资向消费的转换也将带来储蓄率的下降，货币供给持续高增长的中长期结构基础改变，由此带来的货币减速与流动性大环境的趋紧将进一步增大资产价格泡沫破裂的风险。鉴于此，就货币的对内安全而言，从经济下行阶段的金融加速器效应来看，有关资产泡沫的调控政策与调控手段的选择一定要非常审慎。

## 5.2　货币对外安全：货币错配、资本外逃与汇率贬值预期

目前，中国货币对外安全面临的主要问题是资本外逃与人民币阶段性贬值趋势。新兴市场货币贬值、大规模资本撤离曾在 2008 年次贷危机风暴中上演。2011 年下半年，欧债危机恶化使得全球资金避险情绪上升、欧洲资本回流母国，导致新兴市场货币贬值、国际资本大量撤逃。短期国际资本外流引发人民币阶段性贬值预期。2011 年 11 月，人民币兑美元出现连续下滑甚至跌停，与此同时，外汇占款增速明显放缓，甚至出现 2008 年以来首次负增长。可以说，中国的资本外逃与汇率贬值预期主要是由欧债危机等外部冲击导致，并不存在汇率贬值基础。但值得警惕的是，如果在中国未来经济再平衡、经济运行中枢下行的过程中，再伴随大规模的资产价格破裂，将会导致人民币币值趋势的根本扭转，汇率大幅贬值将诱发开放经济下的金融加速器效应，对中国货币、金融乃至经济安全产生更大的冲击。

历史地看，亚洲金融危机时期，泰国、菲律宾、马来西亚、新加坡、韩国和印度尼西亚等贬值国经济急剧崩溃，充分表明货币贬值并不必然通过传统的蒙代尔—弗莱明模型中"支出—转换效应"带来产出扩张或者此种效应之外还存在着其他更强大的收缩力量。这种效应就是典型的由贬值导致资产负债表恶化所带来的金融加速器效应。开放经济状态下，金融加速器效应对新兴市场尤为明显，这是因为新兴市场国家普遍存在货币错配现象。大规模的货币错配下，主权国的资产和负债币种结构不同，公共或私人部门的资产负债表就会对汇率变化非常敏感。

这里，我们以风险升水增加来描述负向外部冲击。① 在风险升水增加的

---

① 用风险升水的增加刻画不利的外部冲击，而以下的情况也适用于由于消费者的偏好变化等真实冲击或外国利率提高等名义冲击导致的货币贬值。

情况下，如果维持现有的利率、汇率水平，那么外国资本将流出，从而导致汇率贬值（预期）。在存在货币错配的新兴发展中国家，部分或全部外债以外币计价，收入则主要由本币计算。汇率贬值将增加债务的实际价值，减少资产负债表的资产净值，提高负债—资产比率。一国整体的资产负债表状况是其经济实力与偿付能力的重要标志，资产净值的减少进一步增加外国资本所要求的风险升水，导致外国资本的借贷收缩，对投资、产出等形成收缩作用。随着经济的持续恶化，汇率贬值预期的"自我实现"加速本币下跌，推动最初负向冲击的扩散和蔓延。在货币错配与本币贬值的相互作用下，私人和公共部门的净值降低，国内信贷和外国借贷资本的收缩导致投资和产出下降。同时，货币贬值大幅增加私人和公共部门债务的实际价值，借贷国极易由于偿付能力不足而出现债务危机。另外，货币错配也会引起期限错配并使之恶化，使偿付约束更紧进而造成投资收缩和产出波动加剧。当然，发展中国家的货币错配还导致货币政策丧失独立性，产生被动的金融加速器效应。例如，在国际经济衰退导致国外需求减少时，货币政策的正常反应是降低利率，刺激国内需求，并让本币适度贬值，以确保隔断国际经济衰退的影响。然而，在存在货币错配的情况下，如果调低国内利率，会引起本币贬值，而贬值将导致上述的金融加速器效应；如果通过提高利率来维持本币汇率，那么企业的财务负担会加重，将导致封闭经济中的金融加速器效应，经济衰退可能会更严重。因此，对于存在货币错配的新兴发展中国家，将产生双重的金融加速器效应，这增加了金融危机爆发的可能性。20世纪六七十年代以来，在新兴发展中国家发生了多次货币危机、金融危机。学者们的研究表明，金融加速器机制在发展中国家的危机时期确实存在。Elekdag、Justinian 和 Tchakarov（2006）指出，亚洲金融危机时期，外国资本所要求的外部融资溢价与资本净值的比率是密切相关的，与资产负债表相关的外部融资溢价的存在表明金融加速器机制确实存在，金融加速器效应解释了危机时期韩国大概一半的总体经济行为的下降。

目前，虽然中国积累了超过3万亿美元的外汇储备，但对外资产负债结构也存在较为严重的货币错配。中国的资产端大部分是主权债，负债端却是常年的 FDI 以及购买人民币资产的资本流入，因此，虽然公共部门是对外净债权，而私人部门却积累了将近1.5万亿美元的对外债务，这些负债对应的是人民币资产，且在过去资产泡沫的积累盈余巨大。一旦资产泡沫发生破裂或资本预期发生扭转，私人部门由人民币资产向外汇资产进行转移将导致资本流出扩大、汇率贬值等，进而通过金融加速器效应对整体经济产生冲击。还有，金融加速器效应与债务/净资产比率正相关，而中国正处于此轮经济周期累积的高杠杆阶段，经济、金融系统都相对脆弱，一旦内外冲击叠加，影响程度将更为深重。因此，从中长期来看，经济再平衡、需求结构调整以及债务危机导致的外部需求弱化将会使经常项目顺差减少、平抑甚至出现逆差。这是货币及流动性大环境趋紧的外部因素，近期外汇占款的常态低速增长甚至负增长也说明了这一点。如果在经济增速下降过程中再伴随资产泡沫破裂将彻底改变资本预期，货币错配带来的金融加速器效应将放大资本流出、汇率贬值对金融和经济的冲击，这是未来中国货币对外安全中非常值得关注和重视的问题。

## 5.3 维护中国货币安全的对策建议

第一，始终注重保持货币币值的稳定。中国货币安全面临的最大的挑战还是经济与货币减速过程中的资产泡沫问题，而货币政策在去资产泡沫化的过程中，还要权衡货币稳定、金融稳定与经济稳定三个方面。而长期以来，中国的货币政策被赋予了太多的目标，在治理通货膨胀时，要顾及经济增长；在提振经济时，又要顾忌房地产反弹，这样就很容易陷入调控的尴尬之中。事实上，中国的中央银行还无法像美联储、欧洲央行那样将货币政策的主要目标集中在通货膨胀上，这也是由中国调控手段的单一性与经济市场化的不彻底性决定的。因此，货币政策短期内要兼顾经济增长、资产泡沫等目标，但从发展方向上看，要给予中央银行更多的独立性与单目标属性，房地产等资产泡沫的调控应该更多地回到市场化的轨道上。

第二，建立灵活的应对资产价格的货币政策规则。资产价格上升通过金融加速器效应刺激总需求，资产价格下降则压缩总需求，所以，中央银行应该密切关注资产价格上涨（下跌）对经济的扩张（紧缩）作用，实施致力于稳定总需求的"逆风而动"的调控政策，自动应对的货币政策不仅稳定总体经济，而且可以稳定金融市场本身。除此之外，中央银行还要密切关注由资产价格变化所带来的总需求膨胀效应，密切关注与资产价格变化、总需求和物价水平变动相关的信贷增长：当资产价格的波动没有脱离基本面引起信贷的大幅扩张、总需求的增长进而带来通货膨胀压力时，中央银行不应当对资产价格变化作出反应；而当资产价格变动形成了通货膨胀压力时，中央银行就应该积极调整货币政策，以便压力在形成初期予以抵消。反之，如果货币政策对扩张或紧缩压力没有反应，甚至反而加强这种反应的时候，政策调控会对经济产生持续的破坏作用。

第三，保持货币政策的灵活性和前瞻性。金融加速器效应的存在导致货币更多地被内生化，增加了货币政策调控的复杂性，同时，金融加速器还导致了货币政策的非对称性和非线性，影响了货币政策的有效性，因此，在货币政策实施过程中，必须提高灵活性和前瞻性，以对冲金融加速器机制对经济波动的放大作用。货币政策要平抑金融加速器的作用，首先要通过"通货膨胀目标制"有效控制通胀。这是因为通胀水平稳定，微观主体预期稳定，名义变量黏性对金融加速器的推动力量就小。其次，货币政策在制定和执行过程中必须充分考虑金融加速器效应的客观存在，并通过判断和预测信贷市场对于政策操作的反应选择合理的政策工具、调节规模和时机，以消除金融加速器效应可能带来的不确定性问题，切实增强宏观调控的合理性、稳健性和可预见性。再次，货币政策在实施过程中还要充分考虑金融加速器的非对称和非线性影响，在紧缩货币政策的实施中，要注重解决中小企业的融资难题；在经济衰退中，要实施力度更为强劲的扩张政策并伴之以其他政策。最后，为更好地实现价格稳定的调控目标，中央银行需要关注资本充足监管对经济周期的影响，对一个资本不足的银行体系，调控和监管部门要对扰动作出更强的反应，这样，货币政策才能够平抑资本充足监管下的金融加速器效应。

第四，将经济增长、货币稳定、金融稳定纳入统一的目标框架。金融加速器效应表明，货币稳定、金融稳定和经济稳定存在内在的逻辑统一性，因此，单纯追求反通货膨胀是非常危险的，必须把经济增长、货币稳定、金融稳定协调考虑。例如，在经济扩张阶段，整个经济体通货膨胀水平不断提高，但同时在金融加速器效应推动下不断濒临过度负债状态，提高利率等强力去通货膨胀过程会产生较大的负面影响。因为，利率提高会恶化企业、家庭的现金流，降低金融机构的预期回报率，刺破资产价格泡沫引起金融市场动荡，通过金融加速器效应对经济产生回波效应，导致经济的剧烈波动甚至衰退。因此，在启动反通货膨胀程序之前，中央银行要密切关注金融状况和经济体的财务状况。金融加速器效应表明，货币稳定和金融稳定是相互交织和相互强化的政策目标取向，追求货币稳定必须兼顾金融稳定，反之亦然，否则，后果将是灾难性的。这也意味着，中央银行反通货膨胀的调控政策必须十分审慎。具体来说，应对资产价格波动和通货膨胀的货币政策应该充分考虑债务积累因素和杠杆化程度，因为资产价格波动造成的信贷扩张和紧缩将会对经济周期波动产生影响。短期内追求货币稳定的中央银行，应该充分考虑资产价格波动在长期内可能对信贷变动、金融和经济稳定的不利影响。

# 6

## 金融中心建设中的风险解析

作为一国或地区参与全球资源分配的控制中心，金融中心逐渐成为经济发展的核心和抓手，其影响力也成为国家或地区综合竞争力的重要体现。"金融中心"是指各种金融活动（包括银行、证券、保险以及金融业的辅助活动）、各种金融资源集中于其中的城市，为超出其自身范围的区域提供服务（Johnson，1976）。金融中心不仅可以迅速平衡个人储蓄和投资的时空关系，将金融资本从储蓄者传递给投资者，而且还会降低不同地区间的交易成本（Kindleberger，1974）。因此，大力发展金融中心就成为各国或地区经济发展战略的重要环节。

鉴于此，近年来，金融中心建设日益成为经济生活的热点，各国政府大力支持金融中心建设，逐渐形成了国际金融中心、区域金融中心、地方金融中心等各个层次的金融中心。在中国，已有超过 20 个大中型城市确立了发展成为国际、国家或区域金融中心的目标，有 200 个左右的城市有金融中心功能规划或设想（向东明，2011）。很显然，各国或地区金融中心建设步伐的逐渐加快，对于满足国家或区域经济发展对金融服务的需求，进而拉动经济发展将发挥更加重要的作用。然而，不可忽略的是，金融中心在聚集金融机构、金融市场、金融信息、金融资产和金融服务等金融资源的同时，也成为金融风险的聚焦地。因此，必须将金融中心建设中的金融安全问题放在更加重要和更加突出的位置。

### 6.1 相关文献

人们最初在研究金融中心与金融风险的关系时，多认为金融中心的建立有助于降低金融风险。例如，Porteous（1995）从金融地理学角度，指出物理距离越近，信息不对称性所造成的空间效应就越小，风险也就越小；相反，物理距离越远，信息不对称性就越大，风险就越大。这意味着，金融中心将有助于降低信息的不对称程度，从而降低金融风险。黄解宇和杨再斌（2006）也认为，金融集聚能够降低信息成本和交易成本，存在风险管理功能，能够有效降低金融风险。

随着实践的发展和研究的深入，研究人员发现金融中心在降低金融风险的同时，也产生了特有的风险，使金融风险呈现出一些新的形态。根据伦敦金融城（2008）发布的"全球金融中心指数"（The Global Financial Centers Index，GFCI）的相关结论，风险管理和监管环境的变化已经成为危机后决定国际金融中心竞争力的重要因素，目前正受到广泛关注。在这个意义上，金融中心既是风险的管理中心，又是风险的集聚地（王旭祥，2011）。也有观点认为，金融中心产生的金融集聚导致金融机构竞争加剧，这会促进金融创新行为。一般而言，起初金融监管机构并不掌握金融创新所产生的信息，容易导致金融机构产生道德风险行为，从而增加风险。陆岷峰和葛虎（2011）则尖锐地指出，历来危机的发生都是由金融中心内部的各金融机构和金融市场的金融风险引起的。金融中心的聚集和辐射功能加快了这种风险传播速度，并最终给其他金融市场的稳定带来冲击。他们认为，金融中心是金融风险的聚集区，对金融风险具有放大效应和辐射效应。

为了降低金融中心的风险，一些学者提出了解决方案。这些方案主要集中于监管方面。其中，张望（2009）提出，应使监管协调机制成为上海国际金融中心建设过程中保持金融安全、稳定的重要手段，树立大监管协调的概念，扩大协调机制参与主体范围，扩大协调广度，有效节约监管资源和协调成本，发挥各监管资源的使用效率。此外，将监管重点转到金融创新的内控机制上，建立创新业务评估分析制度，跟踪监测新业务风险状况，及时对银行业金融机构创新能力及其风险管控能力进行评价。陆岷峰和葛虎（2011）在分析了金融中心建设中的风险后，提出应重视金融中心的金融监管，还应重视金融中心的管理基础制度建设，采取各种措施积极化解引起金融中心危机的潜在风险。

金融中心风险不仅阻碍金融中心的集聚效应，对经济体系产生破坏性影响，还会对公众的心理产生重大影响。目前关于金融中心的研究成果数量很多，但是研究其中的风险的成果尚不多见，研究金融中心安全问题的成果更是鲜有。本章从分析金融中心风险入手，探讨了金融中心建设中的金融安全方案。

## 6.2　金融中心风险的新形态

金融中心将改变金融体系的结构，将对经济要素、经济行为方式产生重要影响，从而也会影响金融风险的形成和表现，或者使原有的金融风险发生变形，或者使原来表现不突出的风险凸显。其中，以下四种风险的形成和表现将最为明显和突出。

### 6.2.1　基于信息编码的认知能力风险

在 Stiglitz 和 Weiss（1981）发表了信息不对称是道德风险和逆向选择产生的原因的观点之后，Barry、Chai 和 Schulmacher（2000）研究发现，信息不对称还会产生委托—代理、搭便车以及金融传染等问题，造成金融体系内在的脆弱性，进而引发金融风险。因此，信息不对称最终将导致金融风险的发生。为了避免信息的时空分布不均匀所造成的社会个体对信息掌握和认知的不同，人们将信息加工为能够为社会共同认知的形式，即将某些信息限定在特定分类中。这个过程和结果就是信息编码。信息编码将信息抽象化，降低了信息的复杂性，有助于信息的传播。然而，这种抽象化的信息能否被受众所接受以及接受的程度如何直接依赖于受众对它的认知能力，即经过编码的信息传播效率与受众的个人接受能力密切相关。如图 6-1，受众的认知能力为 $OE$，受众对信息编码复杂程度的认知达到 $EC$，信息不对称程度表现为曲线 $AC$，信息不对称现象不明显；信息编码复杂程度为 $CF$ 时，受众无法认知信息编码，信息不对称程度表现为曲线 $CB$，信息不对称现象显著。当受众的认知程度提高到 $OE'$ 时，受众对信息编码复杂程度的认知达到 $E'G$，信息不对称表现不明显的曲线延长为 $AG$。

金融中心的信息高度集中，为了管理好这些信息，增强其传播效率，必然会扩大信息编码的范围，提高信息编码的复杂程度，这就对受众接受能力提出了更高要求（例如，高于图 6-1 中 $OE$ 的水平）。当受众的认知水平达不到要求时，必将受制于他人或者产生信息误解，道德风险和逆向选择等问题也就不可避免，甚至有可能更加严重，从而发生金融风险。信息编码复杂程度的提高还对金融监管机构的监管能力与水平提出了挑战。如果金融监管

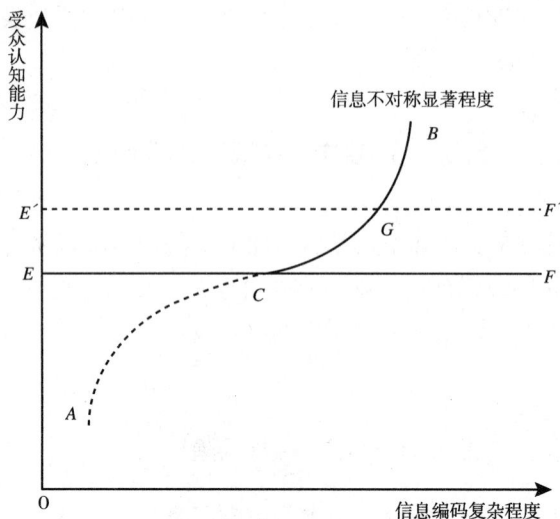

**图 6-1　认知能力风险机理**

注：曲线的虚实表示信息不对称显著程度，虚线表示不明显，实线表示显著。

机构无法认知信息编码，将很难实施有效监管，同样也会增加金融机构采用过度风险行为的可能性，从而增加金融风险发生的概率。

### 6.2.2　基于市场竞争的创新风险

金融机构聚集在金融中心，使得信息交流充分，金融中心成为信息中心，极大地降低了金融机构搜集信息的成本。合作伙伴、对手和客户的信息逐渐为各方所共知①，信息成为一种低成本的资源，靠信息获得收益的比率也逐渐降低。这时，对于信息的争夺不再是金融机构的首要目标，金融机构只有在管理水平、服务能力、产品差异化、风险控制、资产运作水平等方面得到全面、综合提升，才能在金融中心立足，也才能在激烈的市场竞争中立于不败之地。此外，为了获取超额利润，金融机构必须不断创新其产品和技术，细化客户需求，创新服务种类，获得竞争优势。而在金融中心，地域优势使得某金融机构向其他金融机构学习的时间缩短，创新优势在很短的时间内就有可能消失。在这个意义上，金融中心

---

①　这里指普通信息，对于特殊信息的争夺始终存在，但占信息总量的比率较小，因而此处忽略。

使得金融机构之间的竞争更为激烈。为了赢得竞争，金融机构就必须不断地进行综合性创新。

金融机构的创新行为必然产生新的技术、新的产品和新的服务范式。金融机构在创新这些技术、产品和服务范式时，对其自身和经济社会都会产生影响，从而也就产生了新的信息。这些信息在最初是不被金融监管机构和公众所掌握的，这就产生了新的信息不对称，增加了金融机构进行风险行为的空间和动力，进而容易引发新的金融风险。

### 6.2.3 基于虚拟经济的系统性风险

金融体系的发展使得虚拟经济的发展速度和发展规模远远大于实体经济。金融中心一般都是金融交易的集中发生地，为金融机构的交易便利提供了更大的平台，可以显著增加金融机构的规模效益，因而提高了金融机构创造信用的能力。信用规模的扩大进一步促进了虚拟经济的发展，也就是，金融中心促进了虚拟经济的发展。虚拟经济的发展极大地提高了社会的购买力，从而推动了经济体系的跨期发展。虚拟经济的高度流动性、不稳定性、高风险性和高投机性使其更容易发生风险。虚拟经济对实体经济的渗透力，使得虚拟经济的风险溢出和传染效应更加明显，并且很容易传递给实体经济，从而加剧系统性风险。

金融中心形成之后，其所在国或地区的金融市场与其他金融市场乃至实体经济的联动效应必然不断加强，任何一个经济体的不稳定因素都有可能波及其他地区。因此，金融中心在一定程度上促进了虚拟经济的高流动性、不稳定性、高风险性和高投机性，为系统性风险的加剧提供了可能性。如果参与者不具备足够的风险识别能力，金融监管机构不能及时监测到可能发生的风险并实施有效的监管，那么系统性风险将更为严重。

### 6.2.4 基于对外开放的跨国风险

金融对外开放涉及对外债务、证券市场、保险市场、直接投资、短期资本与商业银行等多个方面；金融风险一旦发生，将会波及一国金融体系的各个方面，并通过金融体系渗透到宏观经济的各个领域。因此，资本与金融账户开放程度高的国家将面临更大的跨国风险，其发生危机的概率也更高（Edwards，2005）。其中所涉及的风险类型主要有通货膨胀风险、汇率风险、利率风险、信用风险、流动性风险等。

在金融对外开放条件下，为了降低交易成本，国外资本会首先选择在金融中心完成交易，从而使金融中心与国外金融市场和经济体系联系更加紧密，国外的任何风险也将首先传递到金融中心。作为金融体系的核心区域，金融中心很快将风险传递给整个金融系统，使金融体系面临更多、更迅速的跨区金融风险。而且，通过金融中心的传播与放大，跨区金融风险较通常情况更为严重。

## 6.3　金融中心风险的传染特征

由上面的分析可见，金融中心模式下的金融风险出现了一些新的变化和新的表现形式，特别是，金融风险的传递范围、传递速度和传递效果都较普通情况提升到一个更高的水平，表现出扩散范围广、传染速度快和杠杆效应大等特征。

### 6.3.1　扩散范围广

作为现代经济活动的基础和中心，金融体系是社会资源配置的主要途径。金融中心的建立为资源配置提供了更为高效、便捷的手段，其中多元化的金融机构、全方位的金融市场、高效率的金融服务为市场主体提供了更多的融资方式、融资渠道和融资选择。金融中心产生于商业银行和高度专业化的金融中介的集聚，具有显著的聚集效应，极大地促进了跨区支付和金融资源的跨区配置（Kindleberger，1974）。相对于普通地区，金融中心触及的范围更加广泛。金融中心的存在，不仅使金融中心内部的金融机构之间联系错综复杂，也使金融中心与其他地区（包括其他金融中心）的联系更加紧密。

在这一背景下，当金融风险发生时，其在金融中心内部和向外的传播就更加迅速。由于金融中心的金融机构是多元化的，所以，金融风险首先会在单一类型的金融机构之间传递，并通过金融系统向金融中心外部扩散。同时，金融风险还会在不同类型金融机构之间传递，并通过其向金融中心外部扩散。这样，金融中心也就成为金融风险扩散的中心，并通过其复杂的网络迅速向外扩散，进一步扩大了金融风险扩散的范围（如图 6 - 2）。

图 6 - 2 中，金融中心中任何一家金融机构发生风险，都将使金融中心成为风险扩散源。由于其内部错综复杂的联系，不论是哪种类型的金融机构

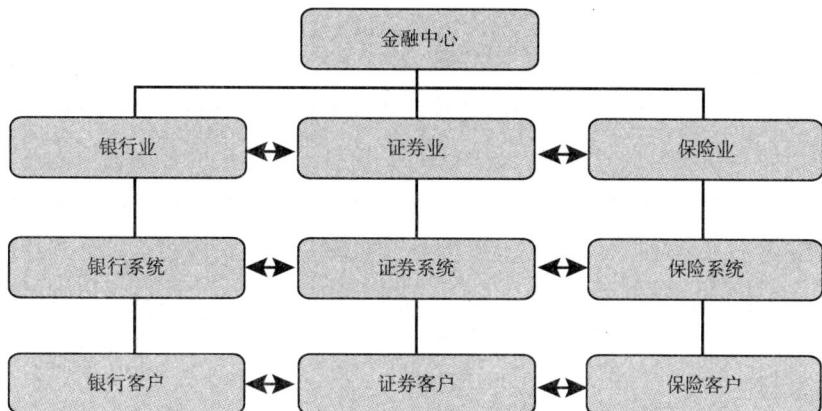

图 6 - 2　金融中心风险的扩散网络

发生风险，都会传递给银行业、证券业和保险业等金融机构。金融风险分别在银行系统、证券系统和保险系统传递，并最终传递给各个金融系统的客户。传递过程中各个系统也发生不同程度地交流，金融中心使金融风险扩散范围更广。

## 6.3.2　传染速度快

一个国家或地区的金融危机传递给另一个国家或地区，并导致其发生金融危机，这一传递过程即为金融传染。当金融市场的联系不高时，地区间缺乏危机传输的渠道，则金融危机的传染就很难发生（范恒森、李连三，2001）。而由于各类金融机构云集金融中心，地缘优势使其更容易进行业务往来，他们的资产运动具有高度的联动性和相关性，从而使金融危机通过金融机构的业务行为迅速传染。

当一家金融机构发生危机时，金融机构会通过减少其在其他金融机构的拆借头寸来解决流动性问题，这种行为必然导致其他金融机构的流动性危机，并将危机传递给这些金融机构。当危机发生时，由于所用的交易成本较小，金融机构会首先减少其在金融中心的合作伙伴的拆借头寸。由于地缘优势，金融机构的这种行为可以迅速完成，从而也使金融危机向其他金融机构迅速传递。金融危机在金融中心孕育发酵后，通过金融中心的功能迅速向整个金融体系传递。特别是，当市场存在效率低下、监管乏力等缺陷时，金融风险传染将更快。

### 6.3.3　杠杆效应大

金融中心的市场主体之间的债权、债务关系错综复杂，不仅金融机构与客户之间存在着大量的债权、债务关系，而且同种类型的金融机构之间、不同种类的金融机构之间也存在着各种各样的债权、债务关系。在这种情况下，如果一家金融机构发生风险，出现债务清偿危机，他将难以全额偿还其债权人的资产，而该债权人又将难以全额偿还他的债权人的资产。这样传递下去，发生连锁反应，使得债务量扩大了许多倍，从而产生金融风险传染的杠杆效应。

例如，金融机构 $A$ 的债务人出现清偿困难，其难以偿还的债务为 $M$。假设 $A$ 的 $M$ 债务中有 $R$（$0 < R < 1$）是从金融机构 $B$ 借来的，则 $A$ 难以偿还 $B$ 的债务量为 $MR$。而 $B$ 的 $MR$ 债务中有 $R$ 是从金融机构 $C$ 借来的，则 $B$ 难以偿还 $C$ 的债务量为 $MR^2$。依次类推，后续债务量分别为 $MR^3$、$MR^4$、$MR^5$ 等。如果涉及债务危机的金融机构家数足够多，则产生的难以清偿的债务量共计 $\left(\dfrac{1}{1-R}\right)M$，较最初的债务量 M 扩大了 $\left(\dfrac{1}{1-R}\right)$ 倍。$R$ 越小，该倍数越小，金融风险传递的杠杆效应也越小；反之，$R$ 越大，该倍数越大，金融风险传递的杠杆效应也就越大。在金融中心，这种金融风险传递的杠杆效应特别明显。

## 6.4　构建防范金融中心风险的金融安全框架

与普通地区不同，金融中心的风险积蓄力量大、市场传播性强、影响范围广，一旦其风险爆发，就会很快传染给其他地区、金融中心以及相关金融市场，因此，保障金融中心的安全至关重要。这个问题处理不好，不仅影响金融中心自身的建设，而且还将影响整个金融体系的稳定、制约经济的可持续发展。金融中心必须在风险的管理中心与风险的集聚地之间寻求平衡，避免成为金融危机的传染源。这就需要采取切实可行的安全措施来防范金融中心风险。在中国金融中心建设方兴未艾之时，金融资源和金融交易不断集中，金融活动复杂程度不断提高，对防范和化解金融风险提出了更高的要求，构建防范金融中心风险的金融安全框架意义十分重大。

### 6.4.1 完善信息传播机制

前已述及，信息编码和为竞争而产生的新信息不被受众所认知，在金融中心发展过程中同样存在信息不对称问题。表现在，由于认知能力缺陷，公众与金融机构之间存在信息不对称；或者由于反应滞后，金融监管机构无法掌握金融机构实时的一手信息。为此，有必要健全和完善金融中心的信息传播机制，主要包括如下三点。

（1）信息编码披露共享机制。对于信息更多地表现为信息编码的金融体系，特别是在信息编码集聚的金融中心，加大信息编码的披露与共享十分必要。可以通过制定相关规则，要求金融机构定期向包括公众、金融中心其他金融机构和监管机构在内的受众披露信息编码程序和技术；对于可以标准化的信息进行统一编码；定期更新编码库；对受众进行信息编码方法培训等。

（2）信息监督扩散机制。为了保证信息的及时、准确披露，促进信息的有效扩散，还需要建立完善的信息监督扩散机制。一是完善针对金融中心信息监督的法律保障，即健全相关法律法规，强制金融机构进行信息披露；二是提高金融中心监管人员的素质，增强其识别信息真伪的能力，提升监管水平；三是推进金融机构信息共享，实现同业监督；四是加快培育会计、律师、资产评估、信用评估、信息咨询等中介机构，形成信息的社会监督和扩散体系。

（3）信息认知能力教育培训机制。由于受众的认知能力影响信息不对称的程度，如图 6-1 中 *EF* 曲线上移后，可明显改善信息不对称状况，所以，提高受众的信息认知能力就可以作为防范金融风险、保障金融安全的一个重要举措。这就需要对受众进行信息认知能力的教育和培训，可以考虑由金融监管机构创建或授予资质合格的教育机构来实施培训，也可以规定由金融机构对受众进行信息教育。当然，这一教育培训机制应长期化、规范化。

### 6.4.2 打造金融安全网

众所周知，虚拟经济的高度流动性、不稳定性、高风险性和高投机性加剧了金融中心模式下的系统性风险。从实践来看，金融安全网是各国为积极应对金融危机而设定的制度体系，有助于减轻系统性风险的影响。在金融安全网的基本要素中，审慎监管由监管当局实施，通过市场准入、资本充足率、内部控制、风险评估和预警、现场及非现场监管等风险监管措施来维护金融体系安全，是一种事前防范、事中监管措施；最后贷款人由中央银行实施，主要通过贴现窗口和公开市场操作等手段提供流动性援助来维护金融体系安全，是一种事前防范、事中干预、事后减震措施；存款保险由存款保险机构实施，主要通过监管和提供保险支付等手段保护存款人利益、稳定公众信心，进而维护金融体系安全，是一种事前防范、事中干预、事后减震手段（何德旭、史晓琳，2010）。金融安全网各个要素有其基本的运作范式，相关机构在实践中根据具体情况作出适时调整。在金融中心模式下，可以针对其金融风险的特殊性打造金融安全网。

（1）多角度、有侧重的审慎监管。金融中心风险的新形态无一不与监管相关，同时，一旦金融风险发生，无论是从传染速度还是从影响范围和影响程度来看，危害都是巨大的。因此，作为事前防范和事中监管措施，审慎监管应该作为金融中心安全网建设的重点。与普通的审慎监管相比较，金融中心模式下的审慎监管应在以下几个方面重点布局：第一，鉴于金融中心的战略地位和影响效果，应设置更为严格的市场准入条件，从资本金规模、内部管理、关联客户等方面设定全面的准入门槛，并采取根据实际情况进行动态调整的准入条件修正机制。第二，内部控制措施对于防范金融中心风险意义重大，因为再严密的监管措施也无法完全规避信息不对称问题，而促使金融机构建立完善的内部控制机制将有助于减轻其风险倾向。因此，金融机构应建立完善的内部控制（包括内部风险控制）政策和程序，并形成较高的职业道德与专业标准。第三，监管机构的风险评估和预警是进行风险控制的直接措施。在金融中心更应对金融机构的审慎经营行为作出评估，并发出风险预警，阻止风险的传递，有效控制风险。第四，由于金融中心加快了跨国风险的传染速度，所以有必要对跨国金融机构实行全球性并表监管，对其在世界各地的业务进行全面监测并要求其按东道国标准从事业务。第五，由于在金融中心进行现场监管相对成本较低，所以较普通模式而言，可更多地采用这种方法，并辅之以非现场监管方法。

（2）注重掌握平衡的最后贷款人。最后贷款人通过提供流动性来控制金融风险，对于发放对象、发放额度和发放期限都有严格的规定。对于金融中心的金融机构，最后贷款人既要避免其流动性匮乏而产生的连锁效应，又不能被金融中心由于重要而"不能倒"绑架，要注重避免严重的道德风险的发生。因此，最后贷款人制度可针对金融中心设定专门规则，对发放的额度和期限、发放的程序、发放贷款的使用范围等实施严格的标准和操作规程；对借款人实施更为严格的监管以及发现违规行为后更为严厉的惩罚措施，增加借款人的违规成本。

（3）具备综合职能的存款保险制度。作为防范金融风险的市场化解决方案，存款保险制度在维护存款类金融机构稳定方面卓有成效。在以存款类金融机构为主的金融体系中，存款类金融机构在金融中心一般占有多数席位。因此，存款保险制度也成为保障金融中心安全的必不可少的措施。考虑到其全局性影响，存款保险制度显然应发挥综合职能。这些职能包括保护存款人、监督检查会员银行、处理问题银行、维护金融稳定等。这种综合职能以风险最小化为目标，在减少存款人损失、维护金融稳定的同时，增强了金融监管的力度（何德旭、史晓琳、赵静怡，2010）。

### 6.4.3　构筑风险隔离墙

由于金融中心风险传染特征明显，所以，通过构筑风险隔离墙（也称"防火墙"）可以在一定程度上隔离风险，减轻其传染力度。从世界各国既有的经验来看，"防火墙"制度的关键在于消除银行业与证券业、保险业融合可能引发的利益冲突，主要措施包括：①法人分离；②业务限制；③清算控制。各个金融机构的法人相互独立，减少相同法人主体的不同资产之间风险传递事件发生的概率；限制金融机构进行混业经营，降低不同类别金融资产风险的传染性；设立专门机构进行本外币清算、结算、交割、保证金管理、抵押品管理等业务，集中管理交易对手方风险，使交易、清算、结算三个核心环节相互独立、分工合作，从清算环节隔离可能出现的风险。

总之，金融中心建设必然导致其所在国或地区的金融市场与全球金融市场之间的联动不断加强，相互融合、相互影响的趋势更加明显，尤其是加快加剧金融风险的相互传染。基于此，建设和发展金融中心，就必须注重平衡与国际金融市场的互动，有效地抵御国际金融市场的冲击，防范金融风险的传递，确保金融中心的稳定与安全。

# 7

## 环境金融发展中的风险及其治理

近10年来，为应对全球气候变迁的严峻后果，由包括环境问题关注者和私人金融机构在内的公民力量发起、世界银行和联合国环境规划署（UNEP）等国际机构推动的环境金融运动在全球逐步扩散开来，并极大地推动了传统金融工具的转型。[①] 作为应对环境变迁、促进可持续发展的重要手段，环境金融旨在通过最优金融工程解决全球环境污染和温室效应的问题，发挥金融对企业经营政策及实践的强有力规制作用，促进经济、社会、环境的和谐统一发展（Scholtens，2006）。诸如碳金融、绿色保险、生态贷款、环保基金、绿色债券、社会责任投资、环境证券化等环境金融工具通过储蓄投资方式、资本边际生产力、储蓄率以及金融的定价与监控、资产转化（融资）、风险管理、支付服务功能作用于经济增长，其对可持续发展的促进作用在环境库兹涅茨曲线（Gylfason，2001）、社会责任投资（Sparkes and Cowton，2004）、利益相关者（SIF，2005）文献中均得到了理论和经验支持。

然而，由于环境金融的兴起是一个由分离的契约工具及未经协调的组织程序所构成的、高度零碎的社会过程向市场力量与行政力量并重的规制转变过程（Nielson and Tierney，2003），加之环境金融所追求的公共物品所具有的不可分割性、环境资源的弥散性和流动性以及利益冲突等

---

① 例如，"环境/社会影响评估"（environmental social impact）成为项目融资的规范，社会责任投资正改变传统的投资实践，绿色会计要求企业必须计算环境成本、改善环境绩效等。

种种原因，环境金融在全球的发展十分迟缓，面临诸多风险，从而使其难以为绿色经济和可持续发展提供强有力的支撑。由耶鲁大学环境法律与政策中心、哥伦比亚大学国际地球科学信息网络中心（CIESIN）与世界经济论坛、欧盟委员会联合研究中心合作推出的《2006 环境绩效指数（EPI）报告》就指出，"好的环境结果与其治理水平高度相关。因此，我们完全有理由监督各国及国际社会将政策重点放在依法治理、打击腐败、推行有力的政策对话、成立有效的管理机构等方面"。[①] 有鉴于此，我们有必要在分析环境金融发展所面临的风险表现及其成因的基础上，有针对性地提出治理对策。

## 7.1　环境金融：内涵与外延

应对环境变化的金融工具，即环境金融又称绿色金融（Green Finance）、可持续金融（Sustainable Finance），是环境经济与金融的交叉学科（Cowan，1999），其产生源于旨在通过最优金融工程解决全球环境污染和温室效应的问题，强调金融部门应通过自身行动引导社会主体注重减少环境污染、保护生态平衡、节约自然资源，最终实现经济、社会、环境的和谐统一发展。时至今日，关注可持续发展、提供环境金融服务已成为金融机构义不容辞的责任，更是金融机构应对环境变化、变革求存的必要之举。[②] 以联合国环境规划署金融项目提出的《金融业环境暨永

---

① 耶鲁大学环境法律与政策中心、哥伦比亚大学国际地球科学信息网络中心（CIESIN）、世界经济论坛、欧盟委员会联合研究中心：《2006 环境绩效指数（EPI）报告》，高秀平、郭沛源译，《世界环境》2007 年第 1 期。

② 环境带来的风险和机会现在已成为金融机构制定政策所考虑的必要因素。联合国环境规划署（UNEP）1995 年对银行环境活动的实证研究显示，80% 的受试者均不同程度地对环境风险进行评估。Ganzi 和 Tanner（1997）调查显示，许多银行均设立环境部门，并开发环境友好产品。受诸如世界银行、国际金融公司 IFC、Andean 开发公司 ADC、欧洲复兴开发银行等多边发展银行实施环境标准的影响，亚洲、南美和东欧也发生着同样的变化。可持续发展进入主流金融社会的强有力证据是 1999 年"道琼斯可持续集团指数"（Dow Jones Sustainability Group Index，DJSGI）的推出，这是有史以来，主流全球指数首次关注全世界领先的可持续驱动企业的业绩。高盛证券（Goldman Sach）在 2005 年 11 月成为第一家实行全面性环境政策的投资银行，同时是继摩根大通（JPMorgan Chase）、美国银行（Bank of America）及花旗集团（Citigroup）后，第四家实行全面性环境政策的主要美国金融机构。

续发展宣言》①和《保险业环境宣言》② 以及由世界银行集团的国际金融公司所倡导的赤道原则（Equator Principles）③ 为主体的全球性环境金融规范框架业已初步形成。环境金融服务涵括以下金融服务领域。

（1）环境保险④，亦称环境责任保险，是指以被保险人因污染环境而应当承担的环境赔偿或治理责任为标的的保险。

（2）环境银行服务，例如，①小额信贷（Microcredit），即提供小额贷款给穷人，帮助他们开始做小生意。⑤ ②生态贷款（Eco-loan），又称环境信贷，对有利于发展循环经济、保护自然环境和维护生态平衡的客户给予降低利息率、延长信贷年限、加大贷款额度，放宽还贷条件等优惠政策，一般包括住房抵押贷款、商业建筑贷款、房屋净值贷款、车贷、

---

① 《金融业环境暨永续发展宣言》揭示以下原则：第一，永续发展是健全商业经营的基础。第二，支持预防原则的环境管理，防止潜在的环境破坏。第三，在各种营运决策及资产管理上必须考虑到环境因素。第四，在风险评估与管理的过程必须确认环境风险，并将之量化。遵守环境法规是企业有效管理的必要条件。第五，与顾客分享信息以加强其降低环境风险与永续发展的能力。

② 《保险业环境宣言》揭示以下原则：第一，忽略经济与环境健全发展会增加社会、环境与财务的风险成本，而保险业在管理与降低环境风险上扮演重要角色。第二，永续发展不损及未来人们满足其需要的要求，是健全商业经营的基础。第三，加强风险管理、损失预防、资产管理来因应环境风险。第四，定期检讨管理准则，并于计划、营销、员工训练沟通中，融入环境管理的精神。

③ 该原则在汲取 IFC 和世界银行实践经验的基础上，提供了一个详细的环境—社会影响评估手册。原则包括不同类型项目的风险分类，列示了与环境评估流程、监控和后续指导相关的议题。目前，已有包括花旗、渣打、汇丰在内的 56 家金融机构成为赤道原则金融机构（Equator Principles Financial Institutions，EPFIs），这些金融机构遍布全球五大洲，占全球项目融资市场的 90% 以上。

④ 20 世纪 60 年代以前，环境风险还不突出，环境责任案件较少，因此 CGL 保单并未将环境责任损害赔偿列为除外责任，直到 1973 年，由于巨额的赔偿费用和迅速增加的环境污染诉讼，几乎所有的 CGL 保单都将故意造成的环境污染和逐渐性的污染引起的环境责任排除在保险责任范围之外。另外，随着工业化进程的加快，为遏制日益严重的工业污染，各国纷纷采取了污染者付费和严格的责任制度，巨额的赔偿金、消除污染需要的大笔费用，促使很多排污企业开始寻找转嫁此类风险的可行途径。环境责任保险制度应运而生，并得到空前发展。环境保险的典型例子如 2006 年 3 月气候安全旅游保险公司推出的"环境旅游保险"项目，在不增加旅客保险费用的情况下，旅游公司将一部分保险费投入公司在世界各地从事的环保项目。

⑤ 微额金融全球商业共同体（Global Commercial Microfinance Consortium）于 2005 年 11 月创立，目前提供 7500 万美元的基金，资助给全球的微额金融机构（Microfinance Institutions，MFIs）。除了德意志银行（Deutsche Bank）之外，Calvert Social Investment Foundation、美林证券（Merrill Lynch）及幕尼黑再保险公司（Munich Re）等知名金融机构，都是这个共同体的发起单位与成员。

运输贷款、项目融资①（UNEP FI，2007）。③环境信用卡。如荷兰合作银行（Rabobank）推出的气候信用卡（Climate Credit Card），该银行每年按信用卡购买能源密集型产品或服务的金额捐献一定的比例给世界野生动物基金会（WWF）。④"外债—自然互换"（Debt-for-Nature Swaps，DNS）②，即要求发展中国家承担保护其自然环境的义务来交换外债。⑤环境账户。如汇丰银行的"环境选择"账户③，该行许诺在每一"环境选择"账户开通后，将在一定时间内，向世界自然基金会、地球观察组织以及气候集团捐款 5 英镑。

（3）环境基金，也称为环保基金（Eco-fund）、环境价值基金（Environmental Value Fund），是以社会效益、财务与环保表现绩优企业为对象，并在这三方面等权重评级以作为筛选投资标的准则的投资基金，又可分为股权基金、伦理基金、环境技术基金、生态效率基金、可持续领导者基金、

---

① 第一，住房抵押贷款如花旗集团旗下的房利美于 2004 年针对中低收入顾客推出的结构化节能抵押产品（Energy Efficient Mortgage），将省电等节能指标纳入贷款申请人的信用评分体系。在房屋抵押贷款领域，长颈鹿货币公司 2007 年 5 月推出了"二氧化碳抵押贷款"项目。在该项目中，长颈鹿公司以贷款房屋前 3 年所排放的二氧化碳总量为基数，从市场上购进等量的二氧化碳排放"配额"，进而减少了市场上可买卖的"配额"总量，迫使企业设法减少排放。而参加该项目的贷款者则可在一定时间内享受约 2% 的贷款利率折扣。该项目的负责人称，这一贷款项目自推出之后非常受欢迎，既为房屋贷款者省钱，又利于整个地球的气候环境，因此是一个"双赢"的金融项目。第二，商业建筑贷款如美国新资源银行向环境项目中商业或多用居住单元提供 0.125% 的贷款折扣优惠。美国富国银行（Wells Fargo）为 LEED 认证的节能商业建筑物提供第一抵押贷款和再融资，开发商不必为"环境"商业建筑物支付初始的保险费。第三，房屋净值贷款如花旗集团与夏普电气公司签订联合营销协议，向购置民用太阳能技术的客户提供便捷的融资。美洲银行则是根据环保房屋净值贷款申请人使用 VISA 卡消费金额，按一定比例捐献给环保非政府组织。第四，车贷如加拿大 VanCity 银行的清洁空气汽车贷款（Clean Air Auto Loan），向所有低排放的车型提供优惠利率。再如澳大利亚 MECU 银行的 goGreen 汽车贷款，是世界公认的成功的环境金融产品，也是澳大利亚第一个要求贷款者种树以吸收私家汽车排放的贷款。第五，运输贷款如美洲银行的小企业管理快速贷款（Small Business Administration Express Loans），以快速审批流程，向货车公司提供无抵押兼优惠条款，支持其投资节油技术，帮助其购买节油率达 15% 的 SmartWay 升级套装（SmartWay Upgrade Kits）。第六，项目融资即对环境项目给予贷款优惠，如爱尔兰银行对"转废为能项目"（Energy-from-waste Project）的融资，给予长达 25 年的贷款支持，只须与当地政府签订废物处理合同并承诺支持合同范围外废物的处理。

② 这种方法有政治和经济上的阻碍，发展中国家可能会害怕外国控制其国内资源。

③ 汇丰银行在客户日常服务中设置了"环境选择"账户。拥有"环境选择"账户的顾客，其账单将不再通过纸张邮寄，而是通过网络银行以电子邮件的形式直接寄出。在必要时，银行与顾客联系的方式为电话和网络，从而取代了信件邮寄。顾客也不会再收到用于营销目的的邮寄品，以及支票本和账单支付本。

生态领先/风险基金、环境资源基金、可持续债券基金、可持续指数基金、基金的基金（Schaltegger and Figge，2001）。

（4）巨灾债券与气候衍生品（Weather Derivates）。巨灾①债券又称为保险联结型债券（Insurance-linked Bond）、巨灾风险证券化（Catastrophe Risk Securitization），是将承保的巨灾风险通过证券化的方式，分散至资本市场。气候衍生品兴起的最主要原动力是资本市场与保险市场的结合，目前较热门的气候衍生商品主要为日热度 HDD（Heating Degree Days）及日冷度 CDD（Cooling Degree Days）相关选择权及期货交易。

（5）环境会计②，通过计算环境成本（寻找、辨认及量化与环境相关之直接或间接成本），以了解国家经济发展与企业经营对环境的冲击程度，是减轻环境伤害、改善环境绩效的重要信息工具。美国环保署于 1992 年开始环境会计计划，认为环境会计将会带给企业三个正面效应：显著减少环境成本、改善环境绩效及获得竞争优势。目前这一领域规范的主导力量是 GRI（全球报告组织）。

（6）社会责任投资（Social Responsible Investment），又称伦理投资（Ethical Investment），是指在严苛的财务分析背景下，考虑投资对社会和环境造成的正面和负面结果，识别和投资于满足某种基本标准或社会责任标准的企业的投资过程（Social-Investment-Forum，2006）③。过去几年来，社会责任

---

① 巨灾（catastrophe）所指为地震、台风、飓风、冰雹及洪灾等可能造成重大财产损失的巨大天然灾害。巨灾不只是"天灾"，而是必须发生"重大"财产损失的天然灾害。例如，依美国财产理赔服务公司（Property Claim Service，PCS）所定义的"巨灾"，是指财产损失超过 50 亿美金的天然灾害。而巨灾风险具有三点特性：第一，其发生频率极低且几乎完全无法预测；第二，其所造成的巨大损失带来极大的风险，同时也带来市场机会；第三，低频率所造成的高变异，使得其历史数据参考价值降低。

② 美国会计师协会（AAA）于 1973 年在报告中定义环境会计为："环境会计是企业组织行为对自然环境（空气、水和土地）影响的衡量与报告。"Gray（1993）提出环境会计应该能够包括下列功能：认识及寻找对环境造成负面影响的部分；从传统会计制度中找出与环境相关的成本与收益；采取相关行动以改善对环境造成的负面影响；设计新的财务与非财务会计制度、信息系统与控制制度，激励管理决策开始重视环境问题；发展新的绩效评估模式，以供企业内部及外部报告与评估使用；确认及寻找传统标准与环境标准相冲突的部分；找出可以评估永续性，并与传统企业组织结合的方法。

③ 社会责任投资的三个策略是：第一，投资标的过滤，根据社会和环境标准来增删投资公司的投资组合；第二，投资人主张行动，以公司股东的立场，投资人就所关心的议题与公司对话、提案和投票表决；第三，社会投资，将投资流向传统金融体系忽略的社区部门，协助弱势地区的社会营造，如提供信贷、资产和基本银行服务等多元化产品。

投资市场稳步增长①、日渐成熟②，对社会责任投资的规制来源也逐步扩展为不同利益相关者的跨国网络、责任投资的新规则、可持续指数（Sustainable Indexes）和政府专案。其中，可持续指数领域的主要力量是道琼斯可持续指数③

---

① 以美国为例，社会责任共同基金从 1995 年的 120 亿美元增长至 2005 年的 1790 亿美元，2005 年有将近 10% 的专业管理资产（MYM 24.4 万亿美元）与社会责任投资相关（Social-Investment-Forum，2006）。这一趋势在其他市场同样明显。例如，2001 年英国处于道德管理下的全部资产达 33 亿英镑（Friedman and Miles，2001）。截至 2004 年 6 月 30 日，加拿大社会责任投资已增长至 654.6 亿加元，两年增长 27%（部分源于公共养老基金计划的强力支持）。欧洲、澳大利亚和日本的 SRI 产业均经历了类似的增长（UNEP，World Bank and Institute，2003；Social-Investment-Forum，2006）。

② 采用越来越复杂的投资策略，是社会责任型投资迈向成熟阶段的许多征象之一，而其中一个策略就是交易所买卖基金（Exchange Traded Funds，ETFs）。ETFs 是一种锁定特定指数的基金，其成分股完全复制所锁定指数的成分股，且在交易所挂牌买卖，与一般共同基金每天有一净资产值（Net Asset Value，NAV）来显示基金价值不同。一个象征 ETFs 爆炸性成长的现象，就是 ETF 提供者 PowerShares Capital Management 公司所管理的资产，从 2004 年底的 2.8 亿美元，快速成长到 2005 年底超过 30 亿美元。2005 年初，Barclays Global Investors 创立了 iShares KLD 精选社会指数基金（iShare KLD Select Social Index Fund），并在纽约证券交易所挂牌交易。KLD Research & Analytics 加重具备良好社会与环境绩效的公司的权重，同时减低社会与环境绩效不好的公司的权重，制定出上述所谓的 KLD 精选社会指数，主流机构投资人相当认同这个策略，此 EFT 的主要机构持有人为摩根大通、美林证券、高盛证券与瑞士银行。紧接着，美国证券交易所（American Stock Exchange）也将 PowerShares WilderHill Clean Energy Portfolio 挂牌上市，此基金的成分股为推动再生与替代性能源的公司。此基金也吸引社会型投资人，主要的机构持有人为 Trillium Asset Management，主要的共同基金持有人为 Winslow Green Growth Fund，而主流金融机构，如美林证券与富国银行也都认为此基金相当具有吸引力。

③ 道琼斯指数根据一个高度结构化的选择流程构成，流程的核心是用以测量和比较企业的 Corporate Sustainability Assessment Criteria，分为三个维度：经济、环境和社会，每一维度均包含了一系列标准和权重。例如，环境维度包含了以下议题的标准。

| 维度 | 标准 | 权重(%) | 子标准 |
|---|---|---|---|
| 环境 | 环境绩效（生态效率） | 7.0 | • 关键绩效指标(KPI)_能源<br>• 关键绩效指标(KPI)_温室气体(GHG)<br>• 关键绩效指标(KPI)_废弃物<br>• 关键绩效指标(KPI)_水域面积(water coverage) |
| | 环境报告 | 3.0 | • 内容—环境报告覆盖面 |
| | 行业具体标准 | 因行业而异 | • 环境管理体系<br>• 气候战略,生物多样化影响,产品环境责任等 |

为根据公司可持续评估标准选择和评估企业，道琼斯公司采用了咨询机构提供的服务。该咨询机构使用该标准作为评估企业可持续绩效的框架，根据企业的表现最终给出一个得分，用以识别每个行业在可持续发展领域的领军企业。SAM 分析师则搜集这些数据以确定指数的构成。

和富时社会责任指数系列（The FTSE4Good Index Series）。[①]

## 7.2 环境金融发展所面临的风险

环境金融发展历程中面临的风险主要表现在如下几个方面。

### 7.2.1 环境金融机构阳奉阴违

银行监察组织（BankTrack）2005 年对环境金融重要规范——"赤道原则"的执行情况进行了调查，认为赤道原则金融机构（EPFI）只是"漂绿"（greenwash）而已：它们口头上接受环境标准，但实际行动少有改变，具体表现如下。

第一，项目融资背离赤道原则。调查指出，"采纳赤道原则并未对金融机构在许多争议较大的项目上所作的决策产生实质性影响"。赤道原则金融机构仅仅是同意不直接向不符合要求的项目贷款，这意味着金融机构可以通过银团贷款等间接渠道参与非环保项目的贷款。一个具有讽刺意味的实例是巴库—第比利斯—杰伊汉（Baku-Tblisi-Ceyhan）输油线路项目，一家非赤道原则金融机构意大利联合商业银行（Banca Intesa）由于认识到公民社会对该项目环境负面影响的关注，撤出了该项目；而一些颇有影响的赤道原则金融机构却对该项目趋之若鹜。此类典型事例还有萨哈林 2 号油气项目[②]、老

---

① 1999 年提出的"道琼斯可持续指数"（Dow Jones Sustainability Indexes），用以反映世界范围内受可持续发展驱动的企业的财务绩效。这一指数家族的第一个指数 Dow Jones Sustainability World Index（DJSI World）根据一定的经济、环境和社会指标，涵盖了道琼斯世界指数中最大的 2500 家企业的 10%，于 1999 年 9 月 8 日首度公布。The FTSE4Good Index Series 则于 2001 年 7 月份提出，用以测量满足全球公认的企业责任标准的公司绩效，促进这些公司的投资。两者的区别在于，道琼斯可持续指数和 FTSE4Good 从不同的思考角度进行分析，道琼斯可持续指数采取同业中最好（best-in-class）的方式来奖励所有产业中的最佳可持续发展实践，而 FTSE4Good 则将特定的产业放在一起筛选。两种指数以下两个方面规范了道德投资市场：其一，两大指数家族对企业进行选择和排序的方法构成了整个道德投资市场的规范性标杆；其二，道琼斯可持续指数和 FTSE4Good Index Series 的最终选择本身就构成了一个排序机制。

② 萨哈林 2 号油气项目位于俄罗斯远东的萨哈林岛，主要平台位于仅有的、濒于灭绝的灰鲸的捕食海域附近，长达 800 公里的项目管线计划穿越 24 个地震多发带、200 条河流及其支流（这些河流是野生大麻哈鱼的产卵地）。属于赤道原则 A 类项目，即"项目对社会或环境可能造成严重的负面影响，并且这种影响是多样的、不可逆转的或前所未有的"。欧洲复兴开发银行、瑞士信贷银行、摩根大通银行、瑞穗银行和荷兰银行等 6 家赤道银行和 2 家出口信用保险机构为该项目提供了融资。

挝南屯 2 号（Nam Theun 2，NT2）水电项目①、D6 石油项目②、麦洛维大坝③等。不仅如此，一些赤道原则金融机构还通过非项目融资途径为环境及社会影响恶劣的项目提供融资，以避开赤道原则的要求，从而对赤道原则构成了事实上的削弱和弃置。

第二，环境金融政策普遍滞后。赤道原则金融机构在环境评估方案中提到了形形色色的环境和社会标准，但这些标准事实上均依金融机构心意而定（Lawrence and Thomas，2004）。2006 年，世界自然基金会（WWF）与银行监察组织合作，对 39 家赤道原则金融机构的环境金融政策进行调查，并按一定标准进行评级④。结果发现金融机构在环境金融政策方面普遍严重滞后，仅荷兰合作银行参考了联合国人权草案、汇丰银行采纳了《世界大坝委员会指南》（World Commission on Dams Guidelines）。即使是得分最高的荷兰银行（ABN AMRO）和汇丰银行，分值也仅有 1.31（满分为 4 分）。"即使是那些正在采取行动的银行，通常也是以一种临时应付的方式来做这些事：处理自己的碳排放问题，或者以机会主义方式偶尔利用一些融资、投资或咨询的机会。而且，即便在为数寥寥的这些已经草拟了某种气候变化战略议程的银行中，其推动力通常也是来自银行内部的企业社会责任小组或设备管理职能部门——而这些部门都远离企业的核心决策层"（Hoffman and

---

① 位于老挝南屯河和湄公河支流——邦非河，该项目毁坏了南屯河的水生生态系统，并增加了邦非河后雨季发生洪灾的可能性，使邦非河流域 10 万人生计受到不同程度影响。2004 年 3 月底，世界银行向南屯 2 号项目提供了 2.7 亿美元的信贷和风险担保，包括赤道原则金融机构在内的数家国际大银行为该项目提供了融资，推动了整个工程在全球完成融资 14.5 亿美元。

② D6 油田毗邻世界著名的国家公园库罗尼安海峡（Curonian Spit）——该公园跨越俄罗斯和立陶宛，2000 年被联合国教科文组织指名为世界遗产。该项目遭到了波罗的海保护联盟（Coalition Clean Baltic）及俄罗斯非政府组织的强烈反对，瑞典、丹麦、爱沙尼亚、拉脱维亚和立陶宛等国的首脑也为此向欧盟提出了官方抗议。2003 年 10 月，荷兰银行与花旗集团为俄罗斯卢克（Lukoi）公司发行 7.65 亿美元的长期债提供支持。德意志银行、德累斯顿银行等赤道原则金融机构也参与其中。

③ 麦洛维大坝（Merowe Dam）工程是继埃及阿斯旺大坝后在尼罗河干流上兴建的第二座大型水电站，也是苏丹乃至非洲目前在建的最大水电项目。该项目迫使 50000 人从富饶的尼罗河谷迁徙至不毛之地努比亚沙漠（Nubian Desert）。2006 年 3 月，瑞士联邦水生生物科技研究所（EAWAG）对麦洛维大坝的环境影响进行独立审查。该研究所的审查预言，水位的剧烈波动和淤泥将对水域生态、水质和公众生活质量产生严重影响。中国进出口银行为该项目提供融资，并继而向包括赤道原则金融机构在内的数家国际性大银行融资。

④ 评级标准、评级细则及评级结果请参见 http://www.wwf.org.uk/filelibrary/pdf/sustainablefinancereport.pdf。

Twining，2009）。

第三，缺乏政策实施的透明度。根据银行监察组织的调查，有80%以上的赤道原则金融机构只发布少量甚至不发布相关信息。大多数银行对赤道原则只是寥寥几笔勾勒，并未披露其如何将赤道原则纳入日常运营，甚至根本不揭露其已采纳赤道原则。

### 7.2.2 以环保为名的资本逐利

世界著名的环保非政府组织地球之友（FOE）在2009年的一份报告中指出，今时今日，大部分的碳交易已为投机者所占据（Seager，2009）。据统计，大约有三分之二的碳投资基金并不是为了帮助企业满足碳管制要求而建立，而是为了获得更多的资本回报（Carbon Funds，2007）。投机需求的增长必然促生新的衍生品和结构化产品。例如，2008年12月，瑞士信贷宣布了一项捆绑了经联合国批准的25个不同阶段的项目、来自3个国家及5个项目发展商的证券化碳交易（Szabo，2008）。而这些结构化产品，正如美国金融危机中的次级债券一样，难以进行资产价值评估。尽管碳投机者的加入有助于增加碳交易的流动性、有助于配置风险并增加流动性，但由于更多投资者特别是对冲基金的加入，他们同样也加大了市场波动性，并有可能由此滋生出碳泡沫（Trexler，2006），而金融机构与投资者利益冲突的存在又将进一步加剧碳泡沫。[①] 一旦出现碳泡沫，中介就会肆无忌惮地销售并不存在的期货信用，过度承诺补偿项目。这不仅会影响金融市场的稳定，而且会带来环境后果，因为经济体无法满足温室气体减排的目标。

### 7.2.3 环境金融缺乏执行的微观基础

对资源型经济增长模式的依赖，使得许多发展中国家环境金融很难推行。联合国环境规划署技术工业经济司（UNEP DTIE）对危地马拉、尼加

---

① 例如，介入碳抵消项目的银行也有可能同时是碳经纪商或行业分析师，2008年10月，高盛购买了碳交易企业蓝源公司（Blue Source LLC）10%的股份，而摩根大通则购买了碳抵消专业公司"气候关注"（Climate-Care），因而金融机构会有抬高碳价以促进其碳资产增值的动机。而华尔街的掮客为了获取更多碳中介费，也必将不遗余力地推进碳金融，从而使得市场波动性进一步增大。资料来源：Larkin，N. and Efstathiou，J.，"How's the Carbon Offset Business?" Goldman Sachs Buys In, Oct. 27，2008（Bloomberg News）。

拉瓜、坦桑尼亚、越南、津巴布韦等国清洁生产投资情况所作的调查表明，投资的重要障碍在于融资的匮乏和极难获得。这不仅是由于上述五国政治不稳定、金融体系不发达，更多的是因为银行对清洁生产投资"高风险、低回报"的担忧，复杂的清洁生产技术令银行望而却步。对企业来讲，由于有大量证据表明环境规制会导致生产率下降（Barbera and McConnell，1990），因而企业并没有强烈的动机去接受环境金融框架下的特别融资要求。这就使得许多发展中国家环境金融的发展就好比"没有新娘的婚礼"，尽管银行对环境友好投资许以很高的信贷额度，但由于可贷项目的缺乏，这些额度殊难使用。加之发展中国家地方政府官员往往认为，政府加强环境管制会导致企业生产成本的增加，增加企业的负担，使企业在激烈的市场竞争中失去优势，继而影响地区的经济增长。于是，这些地方政府和企业通常会抵制环境管制，形成一味追求短期经济增长而不惜牺牲环境的错误倾向，从而进一步阻碍了环境金融的微观运行。

## 7.3 环境金融风险的肇因

诚如 Soppe（2004）所言，环境金融的推行在一定程度上意味着金融范式的变革，这一变革是一个社会制度、经济、政治、文化等多要素交织的过程，上述要素的盘根错节，使得环境金融面临着一系列推行障碍。而环境金融标的的国际化使得国家公共政策嵌套在全球政策框架之中，更增加了环境金融的推行难度。具体而言，前述环境金融发展中所面临的风险主要来源于以下几个方面。

### 7.3.1 金融机构与投资者激励不足

金融机构愿意承担社会责任、保护环境的原因，从外部来看，主要是为了提高声望、满足利益相关者日益提高的要求；对内而言，则是为了更好地进行风险管理和战略决策（Chami，Cosimano and Fullenkamp，2002）。但最终也是最重要的，必须要落实到绩效上来。然而，正如 Barnett（2007）所言，穷尽 30 年的研究，"我们依然无法得知投到社会责任的一块钱究竟是为股东创造了多于一块钱还是少于一块钱的收益"。以社会责任投资为例，以英国（Gregory，1997）、美国（Statman，2000）、德国、英国（Bauer，Koedijk and Otten，2005）等国家为背景的研究均表明，社会责任投资共同基金与非社会责任投资共同基金的风险调整后收益并没有实质性的差异。在项目融资领域，由于发展中国家经济增长对资源有着严重的依赖，金融机构推行环境金融就意味着放弃市场份额、放弃一部分赢利基础。[①] 例如，由于"支持低碳经济的信贷在现实中很难赢利"，导致中国商业银行"冷对绿色信贷"（黄兆隆，2009）。

从金融机构微观经营主体的角度来看，由于不完全信息、投资者偏好或外部性的内部化导致不同类型金融工具需求差异，承担社会责任与否对金融机构风险调整收益并无太大影响；但采纳赤道原则或社会投资原则等环境金融规范却意味着金融机构目标、风险分布、资产负债组合及赢利模式的重塑，而改革现行的制度与流程往往需要付出高额的转换成本（Galema，2008）：①改变运营流程需支付高额的即期费用；②放弃现有流程和产品，形成机会成本；③重塑金融机构目标、时间框、风险分布、供应链、资产负债组合、投入和产出，导致经营成本增加（IFC，2007）。

另外，环境金融内含的不确定性也使得金融机构和投资者踯躅不前。由于环境风险及细分市场的复杂性，环境金融产品的收益、风险、期限结构究竟如何设计，目前尚未形成成熟的观点。2005年欧洲碳交易市场的碳价跌至近零，其原因就在于是欧盟对各国及国内排放数据判断失误，导致过多发放排放额，扼杀了需求。更令人忧虑的是，环境金融的核心产品之一——碳金融严重依赖于多边政治协议，从而构成了环境金融产品设计中的最不稳定因素。这是由于"碳排放权市场与其他商品市场的主要区别在于，它是一个因政治而生并且受管理的市场，交易工具是不同于有形商品的、非物质化的许可权。并且，市场必须考虑合规要求"（UK Financial Services Authority Commodities Group，2008）。《京都议定书》第一承诺期到2012年为止，下一阶段碳市场从框架到全球减排目标尚未确定。相对于一般的投资周期，5年一轮的谈判有悖于商业规律，这无疑会让投资者在碳市场面前却步。而一些发展中国家在低碳价面前坚持的底价政策，让投资者夹在中间，投资收益变得渺茫。不同政治集团对于碳市场的立场分歧，更使得有关谈判处于胶着状态，尚没有明确的走向。

---

① 以中国为例，工商银行自2001年起对某省钢铁行业实行信贷收缩战略，其结果是，到2006年，工商银行在该省的贷款户由207户降到20户，贷款余额由100亿元降到68亿元。然而，该省钢铁行业在这五年里保持全国钢铁产业第一，平均年增长36%，同期该省钢铁贷款从150亿元增至625亿元。

### 7.3.2 环境金融监管缺失

从历史沿革来看，对环境金融活动的规制最初发轫于对金融活动参与者自律的要求。例如，"总量控制与交易"（Cap-and-Trade）大力提倡将自律作为监管市场的方式，大多数的总量控制与交易草案也确实明确地反映了这一监管理念。但自律于环境金融而言，还远远不够。在非政府组织地球之友（FOE）于2009年出具的一份报告中，就表达了对碳信用演化为次级碳（Subprime Carbon）的担忧。主要原因，正是实质上的衍生品交易——碳排放及碳信用缺乏有效的金融监管。

然而，由于以下几个方面的原因，如何行之有效地监管环境金融活动，目前仍然是各国监管当局寻求解决的问题。

第一，环境金融产品的特殊性。环境金融涵括碳金融、社会责任投资、绿色保险、能效贷款等一系列金融工具，其中最为特殊的是碳金融。由于碳金融需要国家行动，碳金融市场必须结构化地嵌入当地法律及参与国的协议。碳金融监管的目的是：①确保各参与国及受影响国的利益要求得到满足，包括通过资本杠杆的作用实现环境保护与绿色发展；②确定监管的中长期目标及执行框架，以确保能以有利的条款吸引投资资本。上述目的的竞争性凸显了碳金融监管的举足轻重，也造成了碳金融监管的严重缺位。由于在不同制度背景下被反复讨论，清洁发展机制（CDM）的监管问题很晚才获得广泛认同便是明证。随着新的基于市场的气候融资机制的建立，构建与之相配套的监管机制——包括关于透明度、参与、说明理由、评估的全球行政法律程序，以提高碳金融市场的负责任性及来自投资者、环境/社会非政府组织等各方的响应性——已迫在眉睫。

第二，金融监管本国化与资本流动全球化在立法上的矛盾。在社会责任投资、环保基金日趋全球化的背景下，金融监管仍然保持国家法律产品的形态。在正式的国际法缺席的情况下，涌现了许多自愿性的规则及其他软性法律机制，为金融机构在融资决策中履行社会责任提供了若干标准，鼓励金融机构进行道德及可持续的融资，这些机制包括责任投资原则和赤道原则等。在环境金融监管缺失的情况下，环境金融规范承担着规制金融机构及投资者行为的职能。然而，环境金融规范的不完善却使得环境金融的可执行性大打折扣。赤道原则及2008年相继推出的碳原则与气候原则尽管致力于建立程序性规范，均强调金融机构在促进低碳经济发展、应对气候危机中面临大量的机遇，但均未认识到发展低碳经济同时也意味着逐渐终止直至放弃基于化石燃料的经济增长模式。其结果是，这些规范均不能为金融机构或是客户提供任何绩效标杆，引导其改善经营管理、优化投资组合以减少对气候的影响（BankTrack，2009）。

第三，环境金融的集体行动本质。以生态贷款为例，根据赤道原则，参与者除金融机构和借款人外，至少还包括环保机构、受贷款标的影响的社区以及独立的社会和环境评审专家。联合国环境规划署技术工业经济司在其发布的一份题为"促进发展中国家清洁生产投资的战略及机制"的报告中也指出，发展中国家生态效率导向的投资需要金融机构、政府、半官方机构、非政府组织、咨询机构的共同努力（Ciccozzi, Checkenya and Rodriguez, 2003）。据此，环境金融监管必须是金融监管、环保、财政、能源、建设等部门的共同参与，而众所周知的是，集体行动困境是一种客观存在的社会现象。

### 7.3.3 环境金融基础设施不健全

环境金融基础设施的不健全对环境金融赖以运行的微观基础构成了极大的削弱，主要表现在如下三个方面。

第一，信息沟通机制的有效性不足。环境金融的推行必须依赖于高度集中的信息和数据库，缺乏信息透明度是新兴市场推进环境金融的最重要影响因素。在环保意识相对落后的发展中国家，征信业尚不发达，相关信息零散、亟待整合，因而缺乏统一的信息平台和信息管理机制，从而制约了环境金融的推行。信息沟通机制的低效率往往与政府管制与环境/社会要求的不兼容以及金融监管的不到位相关。不仅如此，在实践中，新兴市场投资的环境与公共健康风险又往往被普遍低估。高盛在2006年发布的一份名为"为什么金砖四国梦不会是绿色"的报告中指出，在持续高涨的城市化浪潮中，新兴市场国家普遍低估投资所蕴涵的环境及公共健康风险（Sachs，2006）。发达国家也存在类似的倾向，例如，Saraiva 和 Serrasqueiro（2007）对葡萄牙投资市场96家金融机构的调查发现，金融产品的社会/环境信息事实上并不存在于金融机构的决策之中。

第二，法制不健全。法制体系的质量（特别是信贷人权利、执行机制和透明度）在金融与经济增长的联结中发挥着关键作用。法制体系质量低下使得环境金融的执行陷于停顿和无奈，从而打击金融机构的积极性。特别在法律尚待健全的发展中国家，由于环保成本高、违法成本小，企业更是不愿投资环保，更遑论接受环境金融产品（Eskeland and Harrison, 2003）。Perez（2007）就将赤道原则金融机构的"漂绿"阐释为：法律沦为经济力量的殖民地。

第三，环境成本衡量规范不完善。环境成本计量规范的不完善导致金融机构严重低估企业环境冲击的效果，从而高估企业信用评级，致使企业享受较优惠的利息及保证费率，最终提供金融服务所获收益却无法弥补环境治理的支出。一个典型的案例，便是美国蒙大拿（Montana-Butte）银行放款（27.5 万美元）给当地一家从事五氯苯酚（PCP）及其他化学材料生产的公司，该公司于1984 年关厂之后被发现严重污染土地，结果法院判决银行承担的清除费用为 1000 万~1500 万美元，远高于该银行总资本价值（约 240万美元）。

## 7.4　环境金融风险的治理

为有效应对环境金融发展面临的不确定性，充分发挥环境金融对经济社会可持续发展的推动作用，我们认为，有必要借鉴国际经验，采取如下治理措施。

### 7.4.1　实施环境金融激励政策

联合国环境规划署金融行动机构（UNEP FI, 2007）在总结北美环境金融服务现状及趋势的基础上，指出政府管制，特别是政府加诸环保市场的价格/市场确定性及其对非可持续性实践的限制，可有效地激发各类利益相关者对环境金融产品的需求。政府通过基于市场的政策设计和引导，量化环境污染成本，以一系列利益驱动机制，将环境问题的外部性内部化，以正确反映环境问题的净成本效益，可有效促使集体和个人遵守环境规范，在市场均衡条件下使环境质量达到最优，为大幅度地减少污染提供激励，从而使任意合意污染治理以最低的社会成本水平得以实现。不仅如此，随着时间的推移，基于市场的政策工具还可因激励企业采取更为廉宜及更优的污染控制技术而降低减量成本（Jaffe and Stavins, 1995），从而为环境金融的运行奠定微观基础。

在夯实环境金融微观基础的同时，运用公共财政政策激励环境金融活动成为许多国家政府不约而同的选择。其重点在于对污染及能源消费课以环境税费，将环境成本内部化，以正确反映环境问题的净成本收益，通过提高污染排放成本达到节能减排的目的，并在租税中立的前提下，将环境税税收用于有益社会经济的活动（如就业、脱贫投资），借以增加就业机会，或改善所得分配，促进租税负担重新分配，实现所谓的环境租税移转效果（Environmental Tax Shift）（Walls and Hanson，1996；Hoerner and Bosquet，2001）。事实上，从国际经验来看，商业化融资机制唯有与公共财政机制相配合，才能有效推动环境金融的发展。以可再生能源的融资链为例，新技术从开发、应用到商业化需经历五个阶段：研发、演示、展开、扩散、商业化（Haites et al.，2008）。从研发到应用的早期，由于新技术应用的不确定性隐含的高风险，私人资本往往会望而却步。此时，亟须公共财政发挥弥补缺口的桥梁作用，消除市场壁垒，通过风险承担吸引私人投资于新技术，加快节能环保创新与发展。在扩散及商业成熟阶段，公共财政通过贷款便利、碳定价等多种形式消除商业资本流动的障碍。如图 7-1 所示，五个阶段的顺畅过渡进程中，公共财政机制与商业化融资机制均不可或缺。

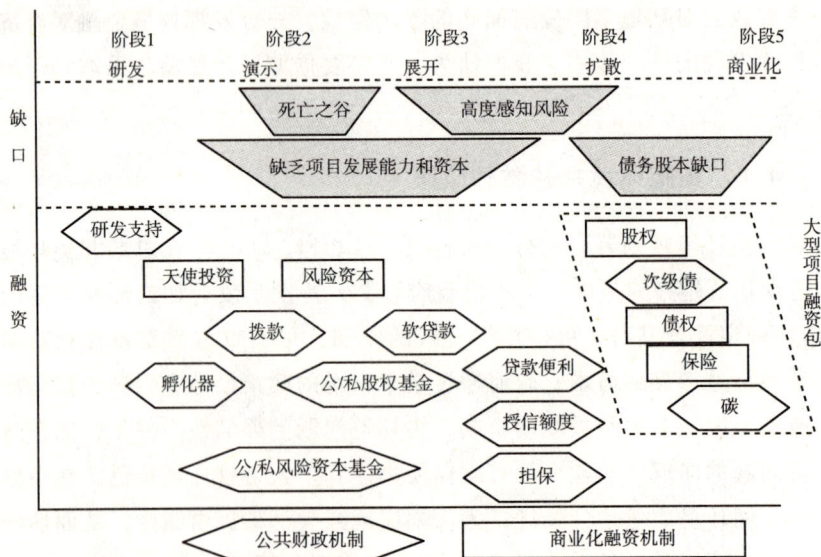

**图 7-1 弥补气候变化投资缺口的公共财政及商业化融资机制**

资料来源：UNEP, SEFI, SEF Alliance, "Public Finance Mechanisms to Mobilize Investment in Climate Change Mitigation", 2008。

具体而言，主要做法包括以下几个方面。

（1）对环境金融活动给予税收优惠。例如，1991 年，德国发布《可再生能源法》，对投资于风能的封闭式基金给予税收优惠，并对绿色基金的红利实行税赋减免（Aslaksen and Synnestvedt，2003）。荷兰则于 1995 年由房屋、空间规划及环境部，财政部，农业、自然及食品质量部共同发起，并最终由税务局提出"绿色基金方案"（Green Funds Scheme），对投资于特定"绿色"项目（如风能、太阳能、有机农业）给予减税优惠，并不再对环境友好型金融投资的利息及红利课税。实践表明，税收优惠政策有效地推动了环境金融的开展，1995～2001 年，荷兰有半数以上的社会责任储蓄及投资源于政府特殊税收管制的推动（Scholtens，2005）。

（2）建立低碳投融资财政支持机制。主要形式包括：①信贷补贴。例如，英国政府规定对节能设备投资和技术开发项目给予贴息贷款或免（低）息贷款；泰国则设立能效循环基金（TEERF），自 2003 年开始每年投入石油税收约 5000 万美元，向参与贷款的 6 家主要泰国银行提供全额追索及零息率的信贷额度，要求参与银行不能以高于 4% 的利率发放能效项目贷款，并支持能源审计及项目可行性研究等技术援助项目。②授信额度。例如，立陶宛政府始于 1998 年的"NEFCO - APINI 授信额度"成功地促进了清洁生产（CP）项目融资；智利经济发展署则自 2005 年起，通过商业银行向可再生能源项目提供 30 个月宽限期、还款期长达 12 年、单个项目额度最高为 1300 万比索的授信额度，并为项目可行性和环境研究、清洁生产机制报备提供配套资金支持。③债务融资。印度可再生能源署自 1987 年起，向可再生能源项目及能效项目提供 2 年宽限期、还款期最长达 10 年、借款额为项目投资成本 80% 的债务融资支持，其三分之一的资金来自国内银行借款及免税债券发行，同时接受来自世界银行、亚洲开发银行等国际金融机构的国际授信额度及全球环境基金（GEF）的捐助；哥斯达黎加政府则发行碳债券以及贸易抵消证明给外国投资厂商，有效保证期为 20 年，投资者可利用此凭证抵免其在本国需要减少的二氧化碳量。④担保。例如，瑞典国家开发署（SIDA）为环保项目提供信用升级担保及绩效担保，在提升项目融资链中最薄弱环节的信用等级的同时，降低与法律、法规缺陷相关的风险；再如，法国环境与能源控制署的能源管理投资担保基金；美国 2009 年的联邦经济刺激方案中，也有数十亿资金用于支持对可再生能源技术和电力传输技术的贷款担保。此外，为解决污染损害超过保险赔偿上限，且投保人无力赔付额外的损失的问题，一些国家还建立了环境救济基金，作为对环境污染责任保险的补充。

（3）公共财政与环境金融的协同。为提高环境金融激励政策执行效率，西方国家在促进低碳经济转型的过程中，非常重视政策性金融与商业性金融的融合。例如，德国政府通过国家政策性银行德国复兴银行，利用资本市场和商业银行来实施对环境项目的金融补贴政策，最大效率地发挥政府补贴资金的作用。其主要做法是：通过复兴银行进行资本市场融资，国家负责对复兴银行的融资补贴利息；复兴银行再负责将从资本市场融来的资金开发成长期和低息的金融产品销售给各商业银行；商业银行在对利息进行调整后再同样以十分优惠的利息和贷款期为终端客户提供支持节能和温室气体减排的环境金融产品和服务。比利时政府于 2003 年 5 月设立的社会及可持续基金（KF‑FESD）也激励银行开发道德投资产品，重视与 2009 年 "可持续银行奖" 总冠军获得者 Triodos 银行等金融机构开展密切合作。荷兰政府则于1999 年 4 月建立了 "银行与政府间环境对话机制"，试图通过开发新的金融产品和服务、匹配政府的环境与财政政策来推动环境保护，进一步探讨银行业促进可持续发展的可行路径、银行间标杆比较，以及为实现上述目标所应采取的财政和金融工具。

### 7.4.2　建立并完善环境金融监管体系

环境金融监管的目标是监督，促使金融部门通过自身行动引导社会主体注重减少环境污染、保护生态平衡、节约自然资源，使金融活动与环境保护、生态平衡相协调，最终实现经济、社会、环境的和谐统一发展。

第一，针对环境金融活动的特点，在现有监管架构的基础上建立环境金融监管组织体系。从美国的情况来看，环境金融监管的参与者包括美国国家环境保护局（EPA）、财政部、联邦能源监管委员会（FERC）、美国商品期货交易委员会（CFTC）、美国证券交易委员会（SEC）、碳市场效率委员会（Carbon Market Efficiency Board）等机构，且不同的机构在环境金融监管中的分工各有不同、略有交叉，通过合作机制的建立来履行环境金融监管职能。例如，根据《2007 气候安全法案》（Climate Security Act of 2007，S. 2191），成立了高层 "碳市场工作小组"（Carbon Market Working Group），其成员包括国家环境保护局局长、财政部部长、联邦能源监管委员会主席、美国商品期货交易委员会主席、美国证券交易委员会主席，小组的任务是设计监管碳市场的细节问题，其中的关键任务之一是预防欺诈与操纵。

值得注意的是，美国环境金融的监管结构是由不断完善的法案所确立的。例如，《气候行动与投资保护法案》（Investing in Climate Action and Protection Act, iCAP, H. R. 6186）确立联邦能源监管委员会为监管碳市场的主要负责机构。根据该法案，联邦能源监管委员会内设碳市场监视办公室，对美国证券交易委员会未覆盖的领域拥有裁判权（并不妨碍国家环境保护局根据清洁空气法获得的权力。iCAP 还就碳交易设施、交易商、清算组织设定了相关的标准，对禁止市场操纵、欺诈和虚假报告作出规定；禁止交易商人为做大交易量，并通过设置席位限制和大交易商报告制度防止过度投机。根据该法案，违反者将被处以最高达 100 万美元的罚款，联邦能源监管委员会则负责监管市场（包括潜在的欺诈）。而"气候市场拍卖信托与减排交易系统"（Climate Market Auction Trust and Trade Emissions Reduction System, H. R. 6316）则提出了创建碳市场效率委员会的要求。

第二，加大环境金融信息披露力度，要求金融机构以书面形式公开阐明投资决策对环境、社会、道德因素的考量，借助市场力量加强对金融机构的社会监督。以社会责任投资为例，各国对有关信息披露的要求可参见表 7 - 1。

**表 7 - 1　各国对社会责任投资信息披露的要求（例举）**

| 国　　家 | 对社会责任投资信息披露的要求 |
| --- | --- |
| 澳大利亚 | 在 2001 年发布的一项法案中，要求所有投资公司的产品信息披露必须包含对满足劳工标准或环境、社会、道德考量的描述。自 2001 年开始，所有上市公司须出具年度社会责任报告 |
| 比 利 时 | 2001 年，通过凡德布鲁克（Vandebroucke）法，要求养老基金报告其投资对社会、道德及环境因素的考量 |
| 法 　 国 | 2001 年 5 月，要求上市公司在年报中发布社会及环境信息。自 2001 年 2 月始，要求员工储蓄计划（Employee Savings Plans）的经理人在买卖股票时考虑社会、环境或道德因素 |
| 德 　 国 | 自 2002 年 1 月开始，经许可的私人年金和职业养老金计划必须以书面形式通报是否及以何种形式将道德、社会或生态因素纳入投资考量 |
| 意 大 利 | 自 2004 年 9 月始，养老基金须披露影响投资决策的非财务信息（包括社会、环境和道德因素） |
| 瑞 　 典 | 自 2002 年 1 月起，瑞典国家养老基金有义务将环境和道德层面纳入投资政策 |

续表

| 国　　家 | 对社会责任投资信息披露的要求 |
|---|---|
| 英　国 | 自 2000 年 6 月起,英国境内职业养老金计划的托管人须在投资原则声明中披露在多大程度上将社会、环境和道德因素纳入投资选择、保留和变现决策。自 2002 年 1 月起,慈善信托人必须确保其投资符合慈善宗旨,包括将道德考量应用于投资。2002 年,英内阁办公室发布慈善法回顾,提出所有年收入超过 100 万英镑的慈善机构应就其投资政策考量社会、环境和道德问题的程度进行报告。内政部(Home Office)2003 年接受了上述建议。英国保险商协会 2001 年发布披露指南,要求上市公司报告与其经营活动相关的社会、环境和道德风险 |
| 美　国 | 2002 年 6 月开始正式施行的《萨班斯—奥克斯利法案》*(Sarbanes-Oxley Act)条款 406 要求公司披露其首席执行官、首席财务官和首席会计师采纳的书面道德规范 |

　　*《萨班斯—奥克斯利法案》是美国立法机构根据安然有限公司、世界通信公司等财务欺诈事件破产暴露出来的公司和证券监管问题所立的监管法规。该法案对美国《1933 年证券法》、《1934 年证券交易法》作出大幅修订,在公司治理、会计职业监管、证券市场监管等方面作出了许多新的规定。

　　资料来源：摘编自 Renneboog et al.，"Socially Responsible Investments: Institutional Aspects, Performance, and Investor Behavior"，*Journal of Banking & Finance* 32 (2008)，1727。

　　在各种社会监督力量中，诸如银行监察组织、地球之友、世界自然基金会等非政府组织的力量不可轻忽。他们致力于推动富于道德及社会责任感的商业活动，定期或不定期地审视环境金融服务，并就时弊提出批评及建议（如银行监察组织对赤道原则范围的批评，世界自然基金会对赤道原则金融机构缺乏可信性的问责[①]），在促使金融机构和投资者行为以及金融机构公司治理发生重大变革方面发挥着越来越重要的作用（Doh and Teegen，2003）。

　　第三，设立环境金融数据中心，形成环保审核信息交流平台。环保审核是推进环境金融的重要保障。由于环境问题的复杂性和行业工艺的多样性，仅靠金融机构的环境审核部门很难确切界定项目的环境效益和风险，还必须依靠环保部门的资源才能对项目作出准确的环境评估。日本、德国等的经验表明，环保审核既有利于金融机构识别环境金融产品服务对象，也有利于奖优惩劣。考虑到环境评估的专业性及环境金融产品风险管理，以及降低信息搜集、沟通、交流成本的需要，设立一个环境金融数据中心，并建立相应的

---

　　① 参见 WWF Shaping the Future of Sustainable Finance see supra at note 116，p. 77，Collevechio Declaration，Commitment no. 4，and Equator Principles II - NGO Comments see supra at note 33，p. 11。

国际化数据处理设施，搜集环境金融所需相关数据（如环保审核、社会责任投资流动数据、环境金融对社会环境绩效的影响等），供金融监管当局、金融机构及投资者参考。条件成熟时，该中心也可集成环境金融体系的认证及比较评估功能。

### 7.4.3 推进环境金融基础设施建设

一是将环境责任贯彻于立法之中，以克服道德约束的不确定性和环境责任履行中的"搭便车"行为，既可有效制裁环境违法行为，又可对各种主体产生警示和教育作用，从而把事后补救与事前预防结合起来，促使环境金融落到实处。例如，美国政府 1980 年提出的《全面环境响应、补偿和负债法案》（CERCLA）规定银行必须对客户造成的环境污染负责，并支付修复成本，从而使得美国的银行成为最早考虑环境政策，特别是与信贷风险相关的环境政策的银行。事实证明，CERCLA 在很大程度上改变了银行贷款行为：①为了避免产生环境债务，约有 88.1% 的银行研究改变信用放款程序；②担心潜在环境债务，约有 62.5% 的银行放款被拒绝；③45.8% 的银行拒绝特定公司的持续性贷款申请；④16.7% 的银行提高担保品；⑤13.5% 的银行因持有该环境债务公司资产而遭受承担洁净成本（费用）的损失。此外，CERCLA 也冲击保险产业，促使保险公司开始注意被保公司的环境风险，并要求其顾客提交环境绩效报告，包括污染逸散、意外事件及整治计划等，依据评定的环境风险等级，决定保险费率及风险贴水，并及早进行环境风险管理与保险措施。

二是建立健全环境会计制度。所谓环境会计，是通过计算环境成本（寻找、辨认及量化与环境相关之直接或间接成本），以了解国家经济发展与企业经营对环境的冲击程度，是减轻环境伤害、改善环境绩效的重要信息工具。目前，德国、美国、加拿大、日本等国均建立了较为完备的环境会计制度。其中，德国环境部早在 1996 年就编辑出版了《环境成本核算手册》，提出了将环境成本从原来的传统成本核算体系中分离出来，采用环境成本和通常成本并行核算的模式，分别编制环境报表和财务报表，极大地推动了德国环境会计的发展。美国证券交易委员会则发布了《石棉清理成本的会计处理》（89 - 13）、《处理环境污染成本的资本化》（90 - 8）、《环境负债会计》（93 - 5）等一系列公告，要求上市公司揭示其所有的有关环境的负债。美国注册会计师协会（AICPA）1989 年发布的《环境修复负债》为特定环境负债的确认、计量、披露提供了可参考的相关方针。1995 年，美国环境保护局发布了《作为经营管理手段的环境会计：基本概念及术语》，阐述了环境会计的基本概念，并对其他相关术语进行了定义。加拿大特许会计师协会（CICA）在 1993 年发布了《环境会计、环境成本与环境负债》，在财务会计的框架下，讨论了环境成本的辨别、期间归属、资本化条件等问题，还提出以建立环境负债准备金的方式对未来支出的环境成本予以考虑；对偶发的环境债务应当予以披露。1997 年又发表了《基于环境视野的完全成本会计》，讨论了环境会计成本的概念和全部成本核算的差异，同时还介绍了信息使用者根据不同企业处理的环境完全成本的案例。日本在 2000 年 5 月由日本环境厅发布了《面向环境会计（2000 年）报告》，确定了分辨环境成本、环境效益的有关方法。同年 7 月日本环境厅委托日本公认会计师协会编写了《环境会计指南》，通过案例研究和问答的方式回答了有关环境会计处理中的问题，并对相关问题处理提出了可供参考的样板。

三是强制环境信息披露。环境信息披露于突破环境金融困境的作用机理根植于信息不对称程度降低对环境金融参与主体合作的促进。如，欧盟 1986 年通过《紧急规划与社区有权知道法案》（Emergency Planning and Community Right to Know Act，EPCRA）及其后的《污染防治法》，要求 10 人以上规模的企业必须向环保署提报有害化学物品释出清单；美国证券交易委员会规定，公开发行股票的公司要揭示其所有的有关环境负债的信息，除非公司可以证明，这些环境负债对公司未来的投资者没有重要影响；法国、加拿大证券交易委员会也规定上市、上柜公司必须填报类似的资料。

### 7.4.4 利益相关者参与金融机构公司治理

意大利（Zappi，2007）、尼日利亚（Achua，2008）等国银行业的实践表明，外部管理与内部管制于强化金融机构社会责任而言均很重要，多元利益相关者参与可改进公司治理，促使银行业善尽其社会责任。所谓利益相关者，是指"所有那些向企业贡献了专用性资产，以及作为既成结果已经处于风险投资状况的人或集团"（Blair，1995）。以社会责任投资为例，其利益相关者包括国际金融机构、保险公司、评级机构、分析师、SRI 投资者。金融机构利益相关者治理的内容主要包括良好的公司治理（保护股东利益），坚实的利益相关者关系（保护员工和当地社区等其他利益相关者利益），以及环境效率（保护环境利益相关者的利益）。利益相关者对话（stakeholder dialogue）机制，即通过双向交流在公司与利益相关者之间建立互信和理解是利益相关者参与公司治理的重要渠道（Johnson-Cramer, Berman and Post，2003）。例如，荷兰银行与全球范围内超过 10 家综合能源客户进行深度讨论，以确定相关的政策草案。荷兰合作银行则设立了成员行员工委员会，代表成员行的员工与管理层讨论地方成员行在合作中的相关问题；客户还组成了一个委员会，参与该银行在各分支银行的决策，包括并购等重大事项的决策。此外，荷兰合作银行还与绿色和平（Green Peace）、世界自然基金会等非政府组织通过会话、咨询、会议、研讨会、网站、书面沟通等多种形式保持紧密接触。如此，既可摆脱利益相关者共同治理导致的企业公共化困境，又可避免关键利益相关者治理可能出现的忽视次要利益相关者利益继而无法平衡各方利益所导致的混乱。

# 8

## 商业银行信贷市场羊群行为：
## 成因、隐患及对策

当前中国商业银行信贷羊群行为特征日益凸显，不仅恶化信贷资产质量，降低信贷资源配置效率，而且加剧了中国区域经济发展不平衡，并阻碍了货币传导机制的运行。鉴于中国银行信贷羊群行为是信息不对称、银行经营者声誉及报酬考量、行政干预及政策导向、银行风险观及市场定位趋同等多重因素交织的结果，要弱化商业银行信贷羊群行为，应完善银行信贷监管、促进信贷信息资源共享、健全社会信用监督与担保体系，并引导商业银行推进管理变革。

## 8.1 信贷羊群行为：表现及隐患

### 8.1.1 羊群行为及其在中国信贷市场的表现

羊群行为（Herd Behavior）也称从众行为，是指因个人行为模式互有关联，而导致整体人群作出次优决策（Devenow and Welch，1996）。学术界对于羊群行为的研究，多集中于对资本市场的探讨，鲜有文献探讨银行信贷的羊群行为。然而，进入 21 世纪以来，渐有文献揭示商业银行信贷羊群行为的存在（Shen and Chen，2008）。Rötheli（2001）使用时间序列分析调查 1987～1996 年 3 家大型瑞士银行放款的动态相关关系，结果证明：3 家银行均对其竞争者放款行为的改变作出响应，且竞争行为中追随者的反应程度较领导者的放款冲击对整体信用循环的影响更大。近年来，随着市场竞争的加剧，中国商业银行不择手段地争夺优质客户、贷款向大企业集中等羊群效应日益凸显，主要表现为以下几个方面。

（1）地域集中。从贷款的地域分布来看，贷款有向东部发达地区和大中城市集中的趋势。这种趋势在 1998 年取消贷款规模控制后表现得尤为明显。由于效益好的重点企业、大中型企业和上市公司大多集中在中心城市、经济发达的东部沿海地区，伴随贷款机构集中和贷款管理权限上收，贷款开始向大城市、中心城市和东部沿海地区转移。2009 年末，东部、中部、西部和东北地区本外币各项贷款（不包括各商业银行总行直贷数据）分别新增 5.31 万亿元、1.46 万亿元、1.94 万亿元和 0.66 万亿元，新增占比分别为 56.7%、15.6%、20.7%、7%；东部、中部、西部和东北地区本外币各项贷款（不包括各商业银行总行直贷数据）余额分别为 34.59 万亿元、8.8 万亿元、10.24 万亿元、4.21 万亿元，存量占比分别为 59.8%、15.2%、17.7%、7.3%。无论是从新增还是余额来看，中西部及东北地区与东部地区的差距十分明显。

（2）行业集中。从贷款的行业分布看，贷款有向基础设施建设、房地产业和部分垄断性行业集中的趋势。2009 年，金融机构贷款主要投向基础设施行业、租赁和商务服务业、房地产业，占新增中长期贷款的比重分别为 36.31%、9.48% 和 8.9%。国有大型银行的新增贷款投向与其他中小银行的信贷投放趋同，呈现出典型的群体性多贷特征。

（3）期限集中。从期限结构看，银行业金融机构贷款有向中长期贷款集中的趋势。2003～2009 年，中长期贷款增长率均超过人民币短期贷款的增长率，相应的占比也由 2003 年的 39.61% 上升至 2009 年的 55.35%（如图 8-1 所示）。2009 年金融机构新增中长期贷款 7.14 万亿元，占全部新增贷款的 67.66%，金融机构对中长期贷款表现出明显的偏好。个别地方中长期贷款增幅更是惊人，以济南为例，2009 年 1～9 月份新增贷款中，中长期贷款占全部贷款增量的 91.9%。

（4）客户集中。在贷款投向上，商业银行"盯住政府背景的项目和大型国有企业等投向不放"，"垒大户"的积习非但未改，更有愈演愈烈之势。从 2009 年上半年的情况来看，在 14 家上市银行中，有 8 家银行的"单一最大客户贷款比例"较上年末出现上扬、12 家"最大十家客户贷款比例"上涨。其中，兴业银行、民生银行的上述两项指标均即将触及监管

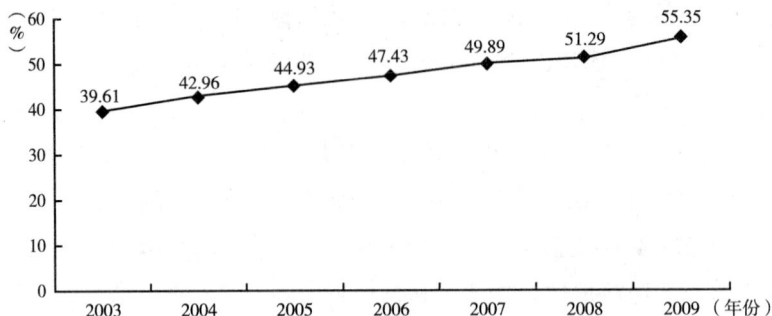

图 8 - 1　2003～2009 年中长期贷款占比情况

资料来源：中国银行业监督管理委员会 2008 年报，中国人民银行金融机构本外币信贷收支表。

红线。工商银行辽宁省分行行长朱立飞直言，"有的政府融资平台和大企业的钱多得用不了"。[①] 与此形成鲜明对比的是，2009 年全年人民币各项贷款增加 9.59 万亿元，而中小企业贷款增加 3.4 万亿元，只占新增贷款的 35%。

### 8.1.2　信贷羊群行为的隐患

对一家银行来讲，跟随其他银行，服务于相同的顾客并不一定意味着不理性和无效率。区域性的信贷集中在合理的区间内也有利于提高有限信贷资源的配置效率（中国人民银行合肥中心支行课题组，2005）。然而，对整个银行业来讲，信贷羊群行为将使银行业在整体上产生信贷投向的盲从，继之银行的信贷资产质量下降，过度的信贷对象趋同和行业集中势必导致银行潜在的系统性风险上升。具体而言，银行信贷羊群行为的隐患主要表现为以下几个方面。

（1）信贷资产质量恶化。贷款集中势必增加整个银行业的风险积聚，一旦贷款集中的企业清偿能力出现问题，甚至会引发金融危机。Shen 和 Chen（2008）对台湾 1993～2005 年 51 家银行所作的调查表明，信贷羊群行为与不良贷款率之间存在相关关系，表现为不良贷款率在羊群行为发生后 2～3 期后明显上升；且羊群行为越严重，银行资产质量恶化及利润降低的程度

---

① 资料来源：《银行"垒大户"现象加剧　经营结构仍不适应中小企业》，2009 年 6 月 22 日《经济参考报》。

也就越严重。银联信咨询公司 2009 年调研发现，浙江绍兴的展望集团、江龙控股、华联三鑫等 9 个企业集团，共涉及 31 家银行机构，信贷资金达 190 亿之多。然而，这些企业在外部市场需求下降，企业自身盲目多元化投资导致的现金流不畅等内外部因素的共同作用下，均出现了经营风险，银行贷款至今难以退出（韩婷婷，2009）。信贷资产质量恶化，再加上因盲目竞争大客户导致的银行利润空间压缩，将会加大整个银行体系的脆弱性，继而危害社会经济安全。

（2）信贷资源配置效率降低。信贷羊群行为造成对中小企业的信贷压抑与对国有大中型企业的信贷拥挤并存，加大了信贷资源中被错配的比例，从而降低了贷款的有效利用率。一方面，急需获得信贷支持的中小企业难以获得银行贷款，生存发展受到制约；另一方面，一些企业过度借款，既增加了这些企业的财务成本，也会造成过度投资、产能过剩和信贷资源的闲置浪费，而且还会增加企业从事高风险投资的激励，容易导致资产市场价格的膨胀甚至出现资产泡沫（宋文昌、童士清，2009）。从中国钢铁、水泥等传统过剩行业的盲目扩张、重复建设，以及风电设备、多晶硅等新兴行业"蜂拥而上"问题便可见一斑。关联贷款额度较高的信贷过度集中甚至可能引发银行危机。

（3）区域经济发展失衡。信贷投向的地域集中扩大了信贷资金在地区间配置的差距，进一步加剧资金供求结构的矛盾，不利于区域经济的协调发展。一方面，容易导致部分地区经济过热，大量的重复建设和低效投入不仅造成社会资源的浪费，同时也会损害地方经济的可持续发展。另一方面，落后地区包括县域经济得不到必需的资金支持，导致地区差距进一步扩大，最终影响整体经济的发展。

（4）阻碍货币传导机制的运行。一是削弱了央行货币政策的执行效果。作为货币政策的主要传导中介，商业银行信贷投向过度集中在少数大企业、大项目，必然会影响与阻滞货币政策的信号传导，使得央行货币政策的调节效应大打折扣。二是降低了货币乘数效应。信贷资金集中流向少数优势企业，造成大量资金流入股票市场、房地产市场以寻求高收益，继而引起银行体系中居民储蓄存款的持续分流。如此一来，就会产生货币供应的"漏出"，尽管央行向商业银行注入大量基础货币，但结果却是大量企业资金流入股市而漏出了银行体系，银行体系因资金来源增长减慢而约束了贷款的扩张能力，降低了货币乘数效应。

## 8.2 中国商业银行信贷羊群行为的成因

### 8.2.1 信贷交易的信息不对称

在银企间普遍存在信息不对称的情况下，银行往往无法直接观察到借款人真实风险状况，因此除了在经验数据的基础上加以推断外，还往往借助于其他银行对借款企业的行动来获得关于企业真实风险的进一步信息，然后选择自身的最优化行动。一家银行对借款人无论选择贷款或是拒绝，都将作为其他银行对借款企业贷款风险进一步判断和决策的重要依据。另外，信贷交易的信息不对称使得有限理性的商业银行无法完全了解借款企业的信息。银行为了识别好的借款人，就要付出较多的交易成本（Stiglitz and Weiss，1981）。由于中小企业、新兴行业及欠发达地区企业信息不对称程度高，以及事后监督成本相对较高（Williamson，1987），因而银行更倾向于对其实行信贷配给，而将贷款投向大型企业、强势行业以及区位优势、资源优势更为突出的地区。

在中国，由于历史沿革及银行与地方政府相互依赖关系不断加强等原因，国有大银行倾向于将贷款投向与政府有关的项目如基础设施建设、在当地具有一定垄断地位的企业；小银行在信息不对称条件下无法掌握足够的信息帮助自己作出理性判断，他们往往认为大银行获取的信息应该比自己更多。于是，中小银行就会忽视自己所拥有的有价值的私有信息，而屈从于群体压力跟随大银行的贷款选择。中国多家股份制银行甚至非公有资本占主导的银行对国有银行的贷款行为的模仿正是从众心理支配下的羊群行为的结果，而这种羊群行为导致了贷款过度集中的产生（陈红艳、张桂霞，2007）。在一定程度上，银行信贷的集中能够降低银行的监督成本和审查成本：一方面，多家银行同时对企业进行监督有助防范企业道德风险；另一方面，贷款集中的行业和企业也受到政府的纵向监督，政府能够依托政治力量对企业的经营进行鼓励。多头监督和纵向监督构成了一个监督网络，节约了银行的监督成本，降低了单家银行的风险。

### 8.2.2 银行经营者基于声誉和报酬的考虑

从经济学角度来看，某种行为产生的最直接诱因是获得某种报酬。羊群行为产生的一个直接原因就是获取报酬或提高声誉。由于中国金融监管体制的特殊性，商业银行信贷投资决策者比国外银行经理更关注自己的声誉影响，信贷决策者往往忽略私有信息，更多关注他人信贷决策行为，因为这样至少可以保持平均业绩而不至于损害自己的声誉。即使信贷投资失败，由于罚不责众，在高度竞争与保护的环境下，羊群行为更可使主管机关给予较轻的处罚，并使最差劲的银行也能生存（Acharya，2001；Acharya and Yorulmazer，2002；Uchida and Nakagawa，2004）。中国高校信贷羊群行为便是最好的例证，商业银行信贷投资决策者并未因不能按期收回高校贷款而受到任何惩罚。因而银行贷款决策者具有模仿他人的决策，而忽略自己富含信息量的私人信息的倾向。虽然这种行为从社会角度看是无效率的，但从关心个人职业声誉的决策者的角度来看却是理性的（Scharfstein and Stein，1990）。中国商业银行信贷机制追求"零风险"与"双百"（百分之百按期收回贷款本金、百分之百按期收回贷款）的方针，更加剧了信贷人员对于丧失声誉的恐惧，大多数基层信贷员只考虑两个问题——"要不要放这笔款"和"这笔款是否能收回"[①]，因而往往更倾向于模仿同业。

### 8.2.3　行政干预及政策导向

政府制定的产业发展规划，于银行而言是重要的制度性信息。这种信息在银行的信贷决策中发挥着降低银行和企业所面对的外生不确定的作用，符合中央政府和地方政府政策和意图的项目，能够获得政府项目政策支持。这就导致商业银行竞相将贷款集中投放在基础设施行业、租赁和商务服务业和房地产业。如此一来，长期、稳定、协作的银企关系为政府的政策意图得以传递、政府的影响力得以发挥提供了至关重要的渠道；银行则由于顺应政府的产业政策要求和政策导向定向发放贷款降低了信息搜集和处理的成本，也降低信贷交易的外在的不确定。

另外，金融监管环节的设计在一定程度也促成了银行信贷羊群行为。一是当前金融风险监管强调不良贷款的"抓降"，却弱化了对商业银行贷款投放的监管；二是对信贷市场秩序治理未能给予足够重视，贷款的无序竞争没

---

① 资料来源：《业绩与政策双重重压　基层信贷员变通"垒大户"》，2009 年 7 月 18 日《21世纪经济报道》。

有得到根本性治理，对银行交叉、重叠贷款的监管不足也是造成信贷羊群行为的原因之一。此外，由于中国贷款利率仍实行下限管理，普通贷款（即除个人住房贷款以外的贷款）的最低利率为人民银行公布的基本贷款利率的90％，各银行必然竞相对低风险客户扩大贷款发放，形成对这类客户超额贷款供给。

### 8.2.4 银行风险观及市场定位趋同

当前，中国的一些商业银行在贷款项目的筛选上表现出极度厌恶短期风险。究其原因，主要有以下几点：其一，自亚洲金融危机后，国家强化了不良贷款的责任追究，监管层要求银行每年实现不良贷款额和不良贷款率的"双降"。当银行面临越来越大的不良贷款"双降"压力时，最终必然导致银行高度厌恶短期风险。其二，国家仍然享有对大多数商业银行的人事任命权，基于防范风险的考虑，银行高管通常密集轮换，任期短，流动性大，短期行为难以避免。其三，商业银行上市后，面临较大的利润压力。在极度厌恶短期贷款风险、追求短期利益的情况下，银行必然偏好那些短期风险小、短期收益高的项目，如大型项目、优势企业、长期贷款等。

另外，商业银行市场定位趋同也加剧了信贷羊群行为。当前，中国大型商业银行尚处于"战略迷茫期"（刘永刚，2009），缺乏清晰的定位和明确的发展战略，战略定位往往大同小异——都在强调加快零售业务的发展比重；都在突出中心城市业务的重要性；都在谋求实现综合经营；都在规划国际化经营大计等，同质化竞争严重。前银监会主席刘明康（2009）指出，"在相当长一段时间内，中国银行业在经营行为和风险管理方式上还具有趋同性"。

此外，中国商业银行近年来推行内部管理体制改革也对信贷羊群行为起到了推波助澜的作用。一方面，银行为了控制风险，建立了集权式的信贷管理模式，大规模上收贷款管理权限，总行和省分行的直贷规模不断扩大，省分行以下机构对项目贷款和新开户企业贷款没有审批权，只有短期流动资金贷款审批权，且金额不大。多数基层行特别是县支行没有贷款权。另一方面，伴随着集约化经营改革，银行在机构重组中信贷网点撤并步伐加快，尤其是大量撤并经济欠发达地区的机构，在资金的调度上出现由欠发达地区向发达地区转移的现象。

## 8.3 弱化中国商业银行信贷羊群行为的
## 若干对策建议

### 8.3.1 完善银行信贷监管

首先，将贷款监管重点由单纯强调不良贷款"双降"转为不良贷款占比与贷款结构并重，促使商业银行转变风险观。在严格检查商业银行贷款不规范、降低贷款条件、盲目放贷行为的同时，合理调整银行贷款结构，对商业银行的中小企业贷款规模占比提出指导性要求；建立行业风险预警体系，及时引导金融机构前瞻性地应对产业变化，在防止对盲目投资、低水平扩张、不符合国家产业政策和市场准入条件等项目发放新的贷款的同时，引导商业银行将资金投向有市场、有效益、有利于增加就业的行业和企业；中国人民银行、银监会及其分支机构协同各商业银行统计地方政府下属融资平台公司的整体银行负债情况，对出资不实、治理架构、内部控制、风险管理、资金管理运用制度不健全的融资平台，要严格限制贷款，防止地方政府信用过度扩张，给商业银行带来系统性风险。

其次，完善贷款集中度管理。一是从贷款的本质特征出发，将具有提供一定资金并依约回收资金的金融业务（包括传统意义上的贷款、贴现、透支、贸易融资、回购型保理等）都纳入贷款的范围，并赋予监管机构根据业务创新的实践具体认定贷款扩展范围的自由裁量权，防范商业银行通过其他渠道"贷款"给同一客户。二是综合考察客户股权关联、管理人事关联、合同关联、实际业务关联，制定关联客户集团的具体认定标准，将关联客户集团统一纳入贷款集中限制的范围。可对单一客户、关联集团客户设置同一的贷款集中限制指标，也可对单一客户与关联集团客户设置不同的限制指标。三是加强大户监管管理，建立授信风险提示制度，防止商业银行放贷过程中的过度竞争行为。

再次，在强化对商业银行信贷投向指导、合理使用再贷款资金、运用再贴现手段、引导商业银行优化信贷结构的同时，进一步完善对贷款定价的管理和指导，在条件成熟时适当放松利率管制，使商业银行贷款定价更贴近市场供需，鼓励其拓宽客户范围，扩大信贷投放覆盖面。

### 8.3.2 加大信贷信息披露力度

构筑信息共享机制，拓宽信息来源渠道，降低信息不充分及不对称程度，使审批决策者能够获得充分、全面、准确的外部决策支持信息。一是加强行业信贷集中度、地区信贷集中度、客户信贷集中度等指标的信息披露，为商业银行提供决策信息，促使其主动改变信贷投向；二是制定弱势行业和企业的信息披露制度，尤其是全国共享的中小企业征信体系，降低商业银行在这些行业和企业的信息搜集和处理的交易成本，并通过制度设计降低商业银行信贷交易的不确定，引导商业银行信贷资金的投向。为此，要加强信息系统及资源共享平台建设，进一步完善信贷登记咨询系统，对信贷投向实施持续的风险跟踪监控。对此，意大利和西班牙的经验值得借鉴，他们通过建立全社会信息系统、让商业银行与中央银行在贷款客户信息上联网等多种方式，来方便银行查询客户信用状况，这样就使得贷款中最不易获知的客户信用等信息透明化，从而极大地缓解了信息不对称，因此在这两个国家，中小企业甚至在信用贷款上都能取得与大企业的同等地位。

### 8.3.3 健全社会信用监督与担保体系

按照均衡信贷配给理论，信贷不对称和抵押品不足是银行对中小企业信贷不足的主要原因，建立健全信用担保体系和社会征信体系可以有效地解决问题。建立健全信用担保体系，尤其是设立专门为中小企业服务的信用担保机构，发挥担保的分散风险、分担损失和经济补偿的功能，切实解决中小企业贷款面临的抵押品不足的问题。特别是成立政府注资的中小企业担保公司，间接引导市场资金支持中小企业，调整贷款人对中小企业的价值感受，这样也就有利于缓解国有大银行的贷款集中，并因此也缓解从众心理支配下的中小银行的贷款集中。建立健全社会征信体系，则要充分发挥会计、审计、法律等金融中介服务在信用体系建设中的作用，运用法律、制度和经济手段，加大中介服务的诚信建设，增强企业信息披露的透明度。

### 8.3.4 引导商业银行推进管理变革

首先，引导商业银行确立恰当的市场定位。各家银行应充分考虑自身的特点和优势，制订符合自身特点和优势的发展策略、经营目标和市场定位，形成各有侧重、各具特色的竞争格局。在信贷审批工作中，要根据理性的分析寻求自身的比较竞争优势，避免一哄而上、盲目抢滩行为的发生。

其次，修正高层管理人员的报酬结构。在衡量业绩时，综合考察贷款结构合理程度、对中小企业支持力度等指标，以鼓励银行信贷资金投向多元化，降低银行业的整体风险。同时，建立物质激励与精神激励互补的完善激励机制，既给予晋升、薪酬、各种福利又不忘通报嘉奖、赋予各种荣誉称号等。

再次，建立科学高效的信贷管理机制。一是要完善商业银行全面风险管理体系，注重提高信贷风险管理和风险定价能力，防止为解决流动性过剩问题而加大自身信贷风险和市场风险。二是要根据国家宏观调控要求，建立对信贷集中行业、集中客户的授信风险预警线，定期进行集中客户授信风险分析与评级，及时主动退出无效或低效的信贷市场。三是建立信贷风险监测分析和预警机制，密切关注企业财务状况，建立对企业资金流、单据流、货物运输、仓储、销售等环节的全程风险管理机制。四是完善贷款定价机制，通过风险溢价和优选信用主体等办法，避免信贷过度集中。

最后，鼓励银行开展信贷技术创新，加大对中小企业的信贷服务力度。信贷技术主要包含信息来源、甄别与承做政策/程序、贷款合约结构以及监控策略/机制的独特组合，可分为财务报表借贷、小企业信用评分、资产保证借贷、固定资产借贷、保理、租赁和关系型借贷等（Berger and Udell，2006）。研究表明，信贷技术的创新使得大银行可通过频繁的事中监督和及时干预来取代过去严格的事前甄别和高成本的事后监督，进而弥补其在搜集和传递中小企业"软信息"方面的劣势，有助于解决银企之间的信息不对称问题，在缓解中小企业融资难方面具有不可替代的重要作用（Petersen and Rajan，2002；梁迪、张捷，2007）。

# 9

## 中小商业银行快速发展中的
## 风险：挑战与对策

众所周知，小微企业融资困难或者说贷款难的一个核心问题，就是信息不对称问题，这已成为共识。在向信息不透明程度较高的小微企业提供信贷资金支持方面，理论上大银行不具有比较优势，而中小银行则具有了明显的比较优势。实证经验研究也表明，在整个银行业中，中小银行向小微企业发放贷款的比例也确实远高于大银行。美国的经验证明，中小银行不仅是小微企业稳定的资金提供者，而且在小微企业信贷与银行总资产之比和小微企业信贷与商业信贷之比方面，中小银行都占有绝对优势。毫无疑问，规范发展更多的小型金融机构特别是小型银行是切实加强小微企业信贷支持的重要举措，也是缓解小微企业融资困难尤其是贷款难的现实需要和必然选择。

### 9.1　中小商业银行发展面临的严峻挑战

展望中小商业银行的发展，可以认为，中小商业银行的区域市场竞争优势将仍然比较突出。从经营范围来看，大部分中小商业银行将经营发展定位在本地区域，并在当地市场的金融总量上已经占据了一定的优势地位。例如，南京银行、宁波银行、长沙银行等银行贷款总量都占当地金融机构贷款总量的第 1 位，北京银行、上海银行在当地也占有较大的市场份额。从资源可得性来看，城市商业银行脱胎于当地的城市信用社，大股东基本都为当地财政，在当地政府的关照下成长，对当地的企业经营更为熟悉和了解，长期以来也积累了大量的关系客户，因此，其政务金融和公司金融业务具有与生俱来的优势。并且城市商业银行在当地的网点数量也较多，如上海银行在上海的网点多达210多家，超过任意一家中小型全国性银行，包括总部在上海的浦发银行。从管理能力来看，相对于全国性的商业银行而言，城市商业银行总行位于当地，组织结构高度扁平化，具有相对更短的管理链条和管理流程，信息传导半径小，对市场变化具有反应灵敏、决策高效、执行快捷的特点，对资金需求"短、频、急"的中小企业具有很强的吸引力。总之，中小商业银行作为主要扎根于当地区域的金融机构，竞争优势主要体现在地域、客户关系及管理链条方面。

但与此同时，必须看到，中小商业银行的发展形势日益严峻。

### 9.1.1　赢利空间面临压缩

近年来，中国利率市场化进程悄然加快，社会资金来源中实行市场化定价的比重在快速提升。在通胀压力较大、货币政策紧缩的情况下，企业派生存款增速的显著回落、居民理财意识增强导致的储蓄存款缓慢下降将使中小商业银行面临较大的负债压力；信贷增速显著放缓、未来信用成本上升是大概率事件，在资本约束日益增强及自身的内在约束下，中小商业银行的扩张也将心有余而力不足，地方融资平台贷款风险更是很有可能在2～3年后逐步显性化；在成本支出方面，中小商业银行近年来普遍着力于提升信息化和管理水平，IT方面的投入在一定时期内也会给利润带来负面影响；加之中小商业银行产品单一、经营模式趋同，监管政策逐步趋紧，即便未来息差增大，中小商业银行的赢利空间也将面临压缩。

### 9.1.2　资本压力与日俱增

长期以来，包括中小商业银行在内的中国商业银行发展延续的都是依靠风险资产规模扩张的资本消耗模式。虽然近年来中国中小商业银行经营管理进行了很多卓有成效的改革，但改革并没有扭转中小商业银行的"速度情结"和"规模偏好"，经营中仍然注重业务规模和机构数量的增长，追求业务规模的扩大化、机构规模的大型化和市场广度的拓展，从而使得信贷扩张对资本补充的"倒逼"时有发生。但未来3～5年，中国中小商业银行业将面临前所未有的资本压力。

第一，巴塞尔协议Ⅲ将核心一级资本（包括普通股和留存收益）最低要求从2%提升至4.5%，一级资本金比率从4%提升至6%，并引入了

2.5%的资本留存缓冲和 0 ~ 2.5% 的逆周期资本缓冲。而中国银监会是加强监管的倡导者，也是认真的践行者。

第二，中小商业银行资本内生能力无法满足新增信贷的资本索求。绝大多数城市商业并未真正建立以资本约束为核心的经营管理机制，资本的价值创造绩效不高，无法建立起资本补充的自我实现机制。

第三，进一步融资的空间非常有限。一是在赢利增长受限或者赢利速度跟不上融资速度的情况下，过度的股本融资会给中小商业银行长期估值水平带来压力。二是债券融资空间有限。中国监管当局已经对银行债券融资进行了进一步的规范，要求扣除银行间相互持有的次级债券或可转换债券，压缩了债券发行的空间。巴塞尔协议Ⅲ对二级资本的认定标准中包含没有赎回激励的条款，而中国各家银行目前发行的长期次级债券基本都带有"赎回激励"条款，不符合巴塞尔协议Ⅲ的二级资本资格。如果银监会沿用巴塞尔协议Ⅲ的规定，银行发行次级债券的成本将会被迫增加。

### 9.1.3　跨区域经营前景未明

目前，中小商业银行要快速扩大市场业务份额，其外延发展途径有两种方式：一是跨区域设置分支行；二是通过设立村镇银行拓展县域市场。跨区域设置分支行政策审批难度大、要求高，而且政策变数大。相对而言，国家政策极力鼓励设立村镇银行，并出台许多配套措施激励商业银行发起村镇银行，且银行只需付出较少资金（每个村镇银行占股20%），政策强制性保护发起银行的唯一大股东地位，可以并表管理。因此，在政策压抑下，中小商业银行的扩张冲动将可能通过设立村镇银行这一渠道实现井喷。

从实践来看，目前中小商业银行对村镇银行设立地点的选择，多为本省（市）经济较为发达的县、乡，或是东南沿海经济较为发达、金融总量大的乡镇，如广州周边，已有多家中小商业银行设立或考虑设立村镇银行。选择地点趋同的结果是竞争加剧，利润变薄，再加上管理半径的限制，中小商业银行竞相在经济发达地区设立村镇银行的前景并不十分明朗。总之，尽管越来越多的中小商业银行获准在所在地以外的区域跨区经营，但除个别银行外（如北京银行已经具有了一定的规模优势，其资产、利润总额与广东发展银行差距并不大，个别指标已超过了原深圳发展银行），并不看好其在全国范围的拓展。

### 9.1.4　风险防范任务艰巨

未来经济的景气程度、企业的赢利能力决定了中小商业银行信用风险依然处于可控范围，但近两年过高的信贷增速以及潜在的风险点使得中小商业银行的不良贷款余额和不良贷款率均有可能出现小幅反弹，主要原因为：

第一，地方政府融资平台贷款整体偿贷情况仍然存在较大隐患。大多数中小商业银行与地方政府之间存在隐性的利益输送和联系，从而导致其对地方政府融资平台介入较深，而融资平台贷款在未来 2 ~ 3 年可能迎来集中还本高峰期，但多数平台项目可用于还款的现金流仍存在不确定因素。

第二，房地产市场步入高风险区域，按揭贷款存在系统性风险。近年来，与其他类型的商业银行一样，中小商业银行的快速发展在很大程度上也得益于 2005 年以来房地产业的迅猛发展。如果楼市跌幅过大，房地产开发贷款和按揭贷款均存在较大的潜在风险。从开发贷款来看，大型房企集团多头授信风险突出，集团内互保弱化了财务稳健性；大型房企集团关联结构复杂，信息严重不透明，形成了关联风险防范的盲点；房企负债率整体较高，资金链紧张，这些使得开发贷款的风险将居高不下。从按揭贷款来看，整体上房价脱离了居民的真实购买力；投资投机购房比例较大，真实的风险承担能力有限；违规放贷使得阴阳合同通行天下，放大了居民的实际杠杆，甚至存在零首付现象，这些使得按揭贷款存在着一定的系统性风险。

第三，产业结构调整持续推进，部分行业和企业不良贷款反弹压力加大。最近几年来，国务院连续出台了多项产业结构调整政策，严控"高耗能、高排放"产业发展，淘汰落后产能，防止产能过剩。历史经验表明，产业结构调整的风险将直接反映在商业银行资产负债表上。此外，在劳动密集型产业从沿海向内地省份转移的过程中，对迁出地来说，不仅要关注迁移企业自身业已形成的风险，而且其上下游配套企业可能面临生存危机；对迁入地来说，当地的低端产业将被挤出，也可能带来一定的信用风险。这对于经营地域集中于一隅的中小商业银行来讲，无疑使其信用风险管理面临极大的挑战。此外，近几年的"国退民进"、人力成本的不断上升、中小企业竞争力的下降也使得难以发放大型国企贷款而将重点集中于中小企业的中小商业银行必须承担更为艰巨的风险管控任务。

### 9.1.5 中小企业业务面临蚕食

限于网点和客户基础的制约，包括中小商业银行在内的大部分中小银行突围零售的可能性都十分有限，而批发业务的大半壁江山素来为大型国有商业银行所独占，因而中小商业银行纷纷将战略重点转向中小企业业务。

中小企业业务能否成功则取决于资源投入力度和风险控制能力。相对而言，中小商业银行由于地缘优势，在应用"软信息"管控中小企业贷款方面具有一定优势，但在基于信息技术的成本控制和风险管理方面的差距尚待填补。特别是中小商业银行普遍存在创新和开发能力不足、业务品种和赢利来源单一、人才储备不足尤其是高素质的管理人才和专门人才匮乏等问题，这些问题也将制约着中小商业银行的发展。

值得注意的是，由于高利差的吸引，大型商业银行及中型股份制商业银行也已于近年大力开拓中小企业市场。例如，工商银行在原有批发业务优势的基础上，又提出发展成为中国第一零售银行的战略目标，并将中小企业金融业务也纳入战略视野；民生银行 2009 年进行了战略调整，力图建立以批发为主、零售为辅的业务体系，并把民营企业、小微企业、零售高端客户定位为战略重点，计划 3 年内将授信在 500 万元以下的小微企业业务占比提升至 20%～30%，其"商贷通"产品在小微企业信贷中已开始形成品牌。尽管中小企业市场十分广阔，但中小商业银行的中小企业业务将面临来自大、中型商业银行的加速蚕食。

## 9.2 中小商业银行发展中的风险防范尝试：
## 以浙江民泰商业银行为例

### 9.2.1 中小商业银行必须有明确的市场定位

小型金融机构是金融市场的重要组成部分，2012 年初召开的第四次全国金融工作会议和 2012 年的《政府工作报告》对发展小型金融机构都提出了明确的要求，要注重"规范发展小型金融机构"，"鼓励、引导和规范民间资本进入金融服务领域"，"加快解决农村金融服务不足、小型微型企业融资难问题"。

中小商业银行（简称"中小银行"）是小型金融机构的典型代表，对于完成上述任务具有极为重要的意义和作用。但是，近几年来，随着民营资本进入金融业的规模不断增长以及地方性商业银行的发展壮大，一些原本仅为当地特别是当地小企业和农村居民提供金融服务的中小银行在市场定位上开始模糊，并在某些方面试图与大银行就大客户业务进行竞争。中小银行随着自身资本扩张而追求平均收益更高的大客户业务本无可厚非，但在其风险管理、内部控制特别是资本规模还不够完善和强大的条件下就盲目转型，则值得深入思考。

浙江民泰商业银行（简称"民泰银行"）创立于 2006 年 8 月 18 日，其前身是温岭市城市信用社。长期以来，民泰银行始终坚持着"服务地方经济、服务中小企业、服务城乡居民"的市场定位，致力于为中小企业提供便捷、高效、灵活的金融服务，经过不断实践与探索，在中小企业尤其是小企业金融服务上确立了自己的特色，建立了一套效率高、管控严、风险小的小企业信贷服务模式。近些年来，民泰银行小企业贷款余额占各项贷款余额的 80% 以上，在以实际行动赢得"小企业之家"美誉的同时，还为自身赢取了极大的发展空间，并跻身英国《银行家》杂志评选的 2010 年"全球银行 1000 强"之列。

1. 民泰银行的市场定位和取向

服务小企业是民泰银行的特色品牌，也是民泰银行基本的市场战略和市场定位。近年来，为使其特色品牌更具影响力，民泰银行采取了一系列措施来强化对小企业发展的支持力度，为地方小企业快速发展和地方经济成长做出了重要贡献。

第一，始终坚持对小企业授信的倾斜。2008 年，在全球金融危机影响中国实体经济的形势下，民泰银行积极贯彻宏观调控政策，根据监管部门的要求，坚持区别对待、有保有压，把总量调控与结构优化结合起来，利用自身在小企业金融服务方面的特有优势，加强中小企业金融服务。至当年末，小企业贷款余额达 55.4 亿元，较年初增加 20.1 亿元，占 2008 年新增贷款的 77.61%，大大高于存款增速。

进入 2009 年之后，随着金融危机冲击的加剧，许多求贷无门的小企业纷纷求助民泰银行。面对这一困难，作为一家中小银行，民泰银行积极贯彻落实宏观调控政策，充分发挥服务小企业的专业特色和优势，勇于承担社会责任，与众多小企业加强联系，给予多方面的金融支持，做到不拒贷，不惜贷，在风险可控的前提下做好"救急"、"救穷"工作，坚持与企业共克时艰。至 2009 年末，民泰银行小企业贷款余额达 89.85 亿元，占各项贷款余额的 81.77%（不含贴现），较年初增加 34.44 亿元，增幅为 62.15%，小企业贷款户数为 12713 户，在全行贷款总户数的占比达到 90.29%，户均贷款余额 70.67 万元。

2010 年以来，民泰银行更是积极贯彻落实《国务院关于进一步促进中小企业发展的若干意见》（国发〔2009〕36 号）和银监会小企业贷款"两个不低于"的要求，促进小企业授信业务健康发展，提高小企业金融服务水平。至 2010 年末，民泰银行的小企业贷款余额进一步增加至 124.24 亿元，较年初增加 34.39 亿元，增幅为 38.27%，较好地巩固发展了小企业金融市场。

第二，通过制度建设深化小企业金融服务机制。在制度上，民泰银行于 2010 年明确了小企业贷款"属地管理、定向营销；区别对待、择优支持；适度授信、小额分散；存贷挂钩、差异定价"的原则，进一步完善相关制度以规范小企业授信管理。此前，民泰银行在小企业贷款的审批、考核等方面均有明确的制度要求。比如，在对小企业信贷的考核力度方面，一是在继续落实原有便民小额贷款绩效考核机制的基础上，于 2008 年制定了专门的小企业贷款业绩考核和奖惩机制，将客户经理的收入与其业务量、效益和贷款质量等综合绩效指标挂钩；二是制定了授信工作问责和免责制度，引入更多的正向激励，严格区分信贷人员失误和失职，并建立不同的约束机制，充分调动员工的积极性。

为了更好地强化激励机制，民泰银行向绩效工资倾斜。2009 年以来，民泰银行开始注重实行科学有效的业绩评价考核机制，重点突出把握企业实际信息能力的考核与小企业授信业务指标，并将小企业业务占比和户均余额作为机构绩效考核的重要系数。在贷款审批方面，重新设定调整了各业务层级的审批权限，进一步提高了审批效率；同时，通过对小企业不良贷款的相关免责机制调动客户经理的积极性，摒弃传统的、单纯的对单笔、单户贷款追究责任的做法，以保证小企业贷款的有效投放。

在小企业金融服务机制方面，民泰银行也作了一系列改进。一是针对各种小企业贷款科学设定利率上下浮动区间，实行差别利率，减少小企业财务费用，减轻企业负担；二是在台州辖内各支行设立了"便民小额贷款部"，专门从事便民小额贷款业务，发展民泰银行特色业务。

第三，加强对小企业金融产品的推广和创新。近年来，民泰银行进一步完善小企业贷款机制建设，完善便民小额贷款、个人经营性贷款、小企业短期流动资金贷款等主要业务做法。一方面，不断加强产品的推广，提高小企业信贷业务的审批效率，下放审批权限，提高贷款质量和加强贷后管理；另一方面，积极研发各种新产品，为小企业提供更多、更适合的金融服务。比如，民泰银行开发推广的多人联保贷款模式，在客户群体内设立小组，对小组成员实施授信，小组内成员之间互相承担连带担保责任，该做法于2008年10月起在仙居地区试行。再比如，开展专门为小企业设计的新产品——"展业贷款"的研发，该产品将单独设立金额上限、单独设立审批权限及实行专人管理。此外，民泰银行还积极探索以不动产、应收账款抵押、股权质押等形式的担保方式，创新担保，扩展业务。

第四，注重对客户经理小企业金融服务能力的培训。2009年，民泰银行分4期对328名客户经理进行了封闭式培训，然后实施一对一师带徒的方式参加实习培训，通过加强制度建设与学习平台的搭建提升员工的业务水平和再学习能力。通过参与企业调查，传授各种调查手段，定期召开客户经理例会学习交流等方式方法提高民泰银行客户经理对小企业的服务能力。这些工作在2010年和2011年又得到了进一步加强。

2. 民泰银行的成功经验及启示

自成立以来，通过立足地方经济，走差异化、特色化发展道路，民泰银行在小企业金融服务领域积累了诸多较为成功的经验，对同等规模中小银行的发展具有重要的启示。

第一，始终坚持差异化的市场定位。民泰银行始终把服务小企业作为自身立足之本，努力打造"小企业之家"。民泰银行以打造小企业专营银行为目标，从改进和完善自身产品、服务、流程出发，为小企业提供优质、全方位的服务。同时，安排独立的小企业信贷资金计划，根据各地实际情况，核定不同区域的小企业贷款余额占比和差异化的户均贷款额度，确保小企业信贷投放的有效性和及时性。多年来，民泰银行小企业贷款户数在全行贷款总户数的占比始终保持在90%以上，小企业贷款余额占全行贷款余额的比例始终保持在80%以上，真正做到了与小企业共命运、同发展。

第二，坚持提供特色化的金融服务。民泰银行始终以满足小企业金融需求为服务导向，把做好小企业金融服务提升到战略高度来认识，持续创新，顺势而变，不断加大特色产品的研发力度，先后推出灵活方便的"便民小额贷款"、使用功能良好的"民泰贷记卡"和金融服务"套餐"、"展业贷款"等特色鲜明的贷款产品，为适合民泰银行发展的客户提供全方位的服务。同时，针对小企业资金需求"短、频、急、小"的特点，民泰银行在小企业贷款风控上，逐步总结出了"看品行、算实账、同商量"的贷审九字诀，初步形成了以"服务中小的市场定位、简捷高效的业务流程、灵活多样的担保方式"三大特色为主体的小企业金融服务模式。

第三，可复制的"根据地"模式。经过多年发展，民泰银行形成了"3＋2＋2"的"根据地"模式，即"服务中小的市场定位，简捷高效的业务流程、灵活多样的担保方式"三大特色，"属地化客户经理和外聘业务联络员"两项制度保障，"点对面、点对点"两个层面相互结合的营销方式。这种模式以建立服务根据地、把金融服务送到小企业为出发点，利用民泰银行"定位、效率、担保"的特色优势，依托专营小企业金融服务的分支机构和网点，利用属地化客户经理和外聘业务联络员，把金融服务渗透到机构网点所在地的社区、企业、市场和乡镇，最后实现客户经理、联络员与小企业客户的点对点对接、一对一服务。根据地模式已经被实践证明是一种有效的、可操作和复制的经营模式。根据地模式的推行，将民泰银行服务触角延伸至机构周边的区县、乡镇，在很大程度上解决了因营业网点不足、服务延伸力不够的难题，大大提高了服务的覆盖面和效率。

第四，实用化的风险控制技术。针对小企业财务不透明、经营不规范等明显有别于规范化的大企业的特点，民泰银行跳出传统视野，抓准贷审死角，注重对客户社会化"软信息"和数据化"硬信息"的收集和分析，把风险控制理论的基本原理灵活运用于小企业信贷风险控制的实际，逐步总结出了"看品行、算实账、同商量"的九字诀。所谓"看品行"，就是在贷款服务中更注重分析判断借款人的个人品行，通过各种渠道，对借款人品行"知根知底"，及时充分地掌握非财务信息，这样既有助于深化服务，又有利于风险控制。所谓"算实账"，就是不唯会计报表，与小企业算实账，做到"一查三看"——查征信；一看"三费"，水费、电费、税费；二看台账，包括存货进出、应收账款等台账；三看流量，比如资金结算情况等。通过算实账来测算企业产出水平、日常经营状况、供销网络是否通畅、经营管理是否正常，进而判断贷款是否存在风险。所谓"同商量"，就是把小企业主当做自己的家人，用心交流、真诚沟通，急小企业之所急，想小企业之所想，针对每一位客户设计个性化的融资方案，提供个性化的金融服务。对临时资金周转出现困难，但经营尚好、有还贷意愿的企业，做到与企业协商解决资金问题、制订风险防范预案，或以资产债务重组等形式让企业正常运转，做到不随意抽贷、不压贷，努力营造"小企业之家"的亲情氛围。

第五，灵活的业务流程。在坚持实用化风控的前提下，民泰银行在小企业贷款操作上坚持"精简、精益、高质、高效"的流程法则。一是在简化授信环节上做文章。民泰银行灵活运用"三查"机制，对于首次申请贷款的小企业，将审查环节前置，实行贷前调查环节和贷中审查环节同步进行。审批人全程参与贷前调查，调查人对调查评价的真实性和合规性负责，审批人对调查起到独立的流程监控。设置专职客户经理进行贷后管理，对客户账户资金信息、征信信息进行非现场监控；对小企业客户进行一年一次的走访；注重对客户非财务数据的收集。当期的贷后检查即是下一期的贷前调查，贷后检查与贷前调查的"有机结合"，实现业务流程良性循环。二是从方便小企业入手，下放贷款审批权，根据区域经济状况和分支行的风险管理能力开展综合授信，实行差别授信，授予分支行负责人一定额度的贷款审批权限，让他们在授权范围内直接审批发放贷款，大大提高了贷款效率，客户首笔贷款一般情况下三天内资金即可到账，周转贷款一般在一天内资金到账。目前，民泰银行85%左右的贷款都是在分支行审批办理，小企业不良贷款率低于1%。

### 9.2.2　中小商业银行必须更加注重营销管理创新

中小银行之所以必须更加注重营销管理创新，是因为，做零售业务，中小银行不具备品牌及渠道优势；竞争大客户，中小银行因资源及能力所限，议价能力不强，也难以满足大客户全方位的需求，因此，瞄准中小企业就成为众多中小银行的不二选择。然而，随着利率市场化进程的不断加快、信贷增速趋于放缓、资本约束日益增强，越来越多的大、中型银行受高利差吸引而携其强大的管理、研发及信息技术优势纷纷抢占中小企业市场。面对日益严峻的竞争形势，产品形式单一、经营模式趋同的中小银行应当如何竞争求存？民泰银行注重营销管理创新——在市场定位、产品研发、定价策略、服务流程、营销渠道上另辟蹊径，取得了令业界瞩目的成效。

1. 营销定位：坚持"草根"

所谓"草根"定位，就是拾漏补缺，错位竞争，做那些大银行认为利润少、成本高而不愿意做的贷款项目。民泰银行行长郭伯成形象地比喻说：

"整块的大肉被大型商业银行吃了，我们就吃骨头缝中的肉。"

显而易见，民泰银行的"草根"定位，不仅缘于其历史沿革，更多的是因其战略考量。

根据经典的营销理论，有效的细分市场必须具备四个条件：其一，可衡量性，即细分市场的规模及其购买力的可衡量程度；其二，可接近性，即能有效接触和服务细分市场的程度；其三，足量性，即细分市场的容量够大或其获利性足够高，达到值得去开发的程度；其四，可行动性，即要拟定有效营销方案以吸引和服务细分市场的程度。

首先，从可衡量性和足量性来看，中小企业的发展潜力不容小觑。目前，中国中小企业占企业总量的99%，江浙中小企业更是分布广、数量多，小额信贷需求非常旺盛。因此，民泰银行将业务定位于中小企业，具有很大的发展潜力，也就是，"骨头缝中的肉"将越来越肥美。

其次，从可接近性来看，正如民泰银行董事长江建法所言，"民泰银行和小企业有天然的'地缘'、'血缘'、'人缘'关系。"多年的深耕细作，为民泰银行积累了丰富的中小企业融资市场实战经验。民泰银行管理层认为，可以通过三条基本原则对中小企业融资市场的切入加以把握：一是中小企业贷款违约概率符合大数原则；二是浮动或差异性利率措施覆盖风险的原则；三是深入中小企业充分沟通基础上的信息对称原则。民泰银行凭借其对中小企业融资市场的理解，采用多种细分方法来提升产品和服务的差异化水平，极力倡导"草根"理念，注重一个"小"字、一个"便"字，以错位竞争切入、深入市场。

最后，从可行动性来看，民泰银行深刻理解小企业资金需求具有"短、频、急、小"的特点，从改进和完善自身的产品、服务、流程出发，针对小企业服务需求，采取离散式和捆绑式的"多重担保、多人担保、多户联保"等灵活多样的贷款担保方式，推出了"便民小额贷款"、"展业贷款"、"鲁班贷款"等一系列创新服务和产品，依托专营小企业金融服务的分支机构和营业网点，利用属地化客户经理和外聘业务联络员，把民泰银行的金融服务渗透到机构网点所在地的乡镇，最终实现客户经理、联络员与小企业客户的点对点对接、一对一服务。

2. 产品研发：有效把握细分市场利益诉求

在有效细分市场的基础上，民泰银行深入调研，充分把握细分市场的利益诉求，面对激烈的竞争环境，积极探索信贷技术创新，推出了一系列小企业金融服务创新产品。

为了更有效地支持"三农"和小微企业发展，民泰银行于 2007 年 5 月推出"便民小额贷款"，这是一款为小微企业、个体工商户量身定制，提供最高金额不超过 30 万元，用于解决资金短缺、扩大生产、创业投资等生产经营用途的小额信贷产品。该产品锁定的细分市场是经营资本弱、资金需求量小、一般银行不屑为之的农村失地农民、城镇小本经营者等社会弱势群体。民泰银行看到了这一市场的商机，其产品的一大特色便是门槛低——只要是经工商行政管理机关核准登记的企业法人、个体工商户、其他经济组织和具有民事行为能力的自然人均可提出贷款申请；只要贷款用于生产经营或小额经营性投资活动，所从事或所投资的生产经营活动超过 3 个月、资信状况良好、无不良信用记录的申请人，都可向民泰银行申请"便民小额贷款"。

在"便民小额贷款"大受市场欢迎的基础上，民泰银行敏锐地看到：浙江小微企业、个体工商户产业聚集现象明显，在浙江省台州市范围内更为显著。小微企业、个体工商户在成长阶段现金流较为短缺，存在融资缺口，又因规模小，往往难以提供有效的抵押、质押物贷款，再加上市场需求小，营销费用高，与收入效益不能很好均衡，难以形成规模经济效应，因而难以获得银行贷款。民泰银行于是又进一步研发推出了"商惠通"产品。采取批量营销，主要针对园区、小商品市场等行业集中度较高的区域；受理方式便捷，可通过电话或上门受理；从简搜集资料，办理手续简便，首笔贷款一般在 3 个工作日内完成，周转贷款只需半天时间；担保方式灵活，基本采用保证方式，解决小微企业客户抵押难的问题。由于充分考虑到了细分市场的需求特点，"商惠通"一经推出，便受到了小企业的热捧。

民泰银行另一独具特色的产品创新是"鲁班贷款"，也称"项目经理贷款"，是立足浙江这一建筑大省开发出的一款小企业信贷产品。作为一款针对建筑行业工程特点而研发的短期贷款品种，是指向特定的建筑、装饰公司下属项目经理发放的用于解决其项目合同承包期内正常经营所需的资金需求的个人经营性贷款。由于建筑工程的周期长，项目工程款结算慢，作为承建人往往要面临流动资金紧张的局面。这款产品主要是为项目经理授信，在资金紧张时可以循环使用，解决了工程关键节点的燃眉之急。

对细分市场利益诉求的有效把握，不仅为民泰银行有效拓展市场份额奠定了坚实基础，更使其与地方小企业建立了相融共生的伙伴关系，成为名副其实的"小企业之家"。

3. 关系定价：存贷积数挂钩

小企业金融服务成本高是银行业的共识，较高的交易成本需要较高的利率才能补偿。事实上，这也是为什么许多银行对小企业金融望而却步的重要原因。那么，坚持"服务中小"的民泰银行是如何做到成本与收益的匹配的呢？

民泰银行的做法是，立足客户贡献度，依据中国人民银行有关利率管理规定，实行"存贷积数挂钩"，通过全面核算资金成本、贷款能带来的各种收益、为提供相应贷款服务所需承担的成本、贷款应达到的目标收益等因素，考虑贷款风险和期限，结合资金供求状况等，对贷款进行有市场竞争力、能够满足银行赢利性和安全性要求的综合定价。

具体而言，民泰银行的"存贷积数挂钩"定价综合考虑三个方面的因素：一是贷款风险因素，主要由贷款企业所提供的企业信用等级或近几年借款人的资信状况（包括利息、或有负债情况）、贷款担保方式两个部分组成；二是综合效益因素，主要由存贷款比率、企业经营投资活动现金归行率、企业开户情况三部分组成，须充分考虑贷款带动其他相关业务发展及综合效益；三是市场竞争因素，主要由目标客户对银行中长期业务发展的促进作用、其他金融机构对其产品营销的竞争程度以及金融同业利率报价水平和企业开户情况组成，是贷款银行充分认识客户、了解竞争对手策略而确定利率定价的主要因素。

目前民泰银行的贷款产品，基本上都是以存贷挂钩为前提的。"存贷积数挂钩"这一差别定价策略，以借款人的现金流为核心的财务分析方法，弥补了借款人无法提供财务数据的不足。更为重要的是，"积数"增加了客户的转换成本，提高了竞争对手挖墙脚的门槛。

4. 服务传递：简洁高效

针对小企业融资普遍具有"短、频、急、小"的特点，大多数银行面向小企业的信贷业务，普遍都以"快、捷、便"为卖点。那么，民泰银行是如何实现凸显其高效服务的呢？

在业务流程上，民泰从简化授信上做文章，对首次申请贷款的小企业，将审查环节前置，实行贷前调查、贷中审查同步进行，贷后检查与贷前调查"有机结合"。目前，民泰银行客户的首笔贷款一般当天就能发放，最长不会超过三天，周转贷款一般在一天内资金到账。而保持这一效率的关键，是以客户需求为核心的服务流程设计。"我们不会等到客户上门来贷款，才去做授信调查；而是在开户、存款等前期，就会了解客户的潜在贷款需求和信用情况，等真正提出申请时，大部分调查工作前期已经完成，这就能大大节省时间。"民泰银行负责人如是说。而确保这一流程可持续的基础，则是保证贷款质量的风控九字诀："看品行、算实账、同商量"。

所谓"看品行"，就是要在贷款服务中更注重分析判断借款人的个人品行，通过各种渠道，对借款人品行"知根知底"，及时充分地掌握非财务信息，这样既有助于深化服务，又有利于风险控制。这是因为，小企业经营状况与企业主的品德、才能密切相关，在个人信用历史信息可得性弱的前提下，借款人品行就成为判断贷款风险的关键指标。从实践来看，民泰银行充分利用人缘、地缘信息优势，通过客户经理本土化（"熟人经济"）等方式，克服了传统的收集和传递中小企业"软信息"（如企业主的个人品德、员工及顾客的满意度以及企业与供应商、顾客、竞争者等利益相关者的互动关系等）的劣势，有效地解决了银企之间的信息不对称问题。所谓"算实账"即针对小企业的财务制度一般不健全、难以编制规范准确的会计报表的特点，不只看会计报表，与小企业算实账，以了解小企业真实风险状况，破解"小企业信息不透明"问题。所谓"同商量"，就是把小企业主当做自己的兄弟姐妹，用心交流、真诚沟通，急小企业之所急，想小企业之所想，针对每一位客户设计个性化的融资方案，提供个性化的金融服务。民泰银行的"同商量"，事实上有助于民泰银行观测到小企业借款之后的行为以及项目最终的收益，从而降低了信息不对称程度和道德风险发生的概率。

民泰银行的"看品行、算实账、同商量"的贷审九字诀，恰恰满足了Berger 和 Boot（1995）所提出的关系型贷款的条件：①关系银行获得私有信息，而不是唾手可得的公共信息；②信息是银行通过与借款人长期的、多样的交往来搜集，通常是通过提供多样的金融服务；③关系银行获得信息后保密，使其仍然是私有的。秉持"看品行、算实账、同商量"的贷审九字诀，自成立以来，民泰银行的不良贷款率始终不超过1%，基本接近国际银行界的先进水平。

5. 营销渠道："两个队伍"

民泰银行结合其长期从事"软信息"搜集和加工以及关系型借贷的

经验，重视非财务信息的调查，通过正面调查、侧面调查［向调查对象内部关系人、担保人、村（居）委员会、行业协会等中介组织和政府机构了解］，获取借款人的道德品质、家庭关系、社会声誉、行业规范和履约状况、经营能力以及所在行业的前景、风险等方面的"软信息"，并将"硬信息"（财务信息）和"软信息"进行交叉检查，相互验证，从而形成了客户经理、联络员两个队伍相辅相成、共同开拓市场的独特局面。

**渠道之一：属地化的客户经理**

长期以来，民泰银行坚持客户经理属地化的原则，充分发挥本地客户经理的社会资本作用，构建具有一定覆盖面的社会关系网络，依靠客户的"脚勤"（即乐于提供延伸服务、勤于保持日常联系、善于当好客户顾问）来实行贴身管理、贴身监督。

为什么要坚持客户经理属地化原则？因为"本土化的客户经理可以了解品行，掌握充分的信息"，民泰银行信贷管理部负责人解释说。

因为了解，所以能够对客户需求作出迅速反应。民泰银行所在地温岭市有个废旧金属交易市场，客户经理要随时关注市场商品的涨跌行情，并做好"火力支援"的准备。"比如有客户做铜的，对有色金属的价格反应非常灵敏。他一摸到信息，预期明天铜要涨价，马上申请贷款50万元，'希望两个小时给予解决'。如果晚了、价格涨上来，他就会失去这个利润。所以客户经理一般情况下会在两个小时内给他解决。"

因为了解，所以能够反"常规"开拓市场，寻找优质客户。近年来，受金融危机影响，一些行业生产经营处于低迷状态，一些金融机构开始对水产、海运等相关行业停止放贷，且逐步压缩，进一步加剧了相关行业的资金紧张。民泰银行针对这一情况，大胆开拓，勇于创新，根据当地经济实情，反其道而行之，提倡"只有风险企业，没有风险行业"的理念，选择市场前景较好的企业作为支持对象，推出个性化、特色化服务。这一从实际出发的特色化信贷政策得到了政府的肯定和企业的好评。

因为了解，所以能够有效挖掘客户资源和价值。一个典型的案例：温岭市泽国镇××村由于镇里搞试点，拆老房建新居，村民集资款较多，当地各金融机构都闻风而动，展开营销。民泰银行某支行客户经理闻讯后，马上抓住这一重要信息，在错综复杂的关系中努力做好各方协调工作，并三番两次上门做村长、村支部书记的工作，动之以情，晓之以理，成功地吸收了该村的集资款。为了加强双方合作关系，支行还增加额度对该村村民发放了便民小额贷款用以支持该村的农业发展。

**渠道之二：制度化的联络人**

"我们建立了联络人制度，请德高望重的人，比如村长介绍客户。"民泰银行办公室主任在介绍民泰银行营销特色时如是说。

那么，联络人为什么能够发挥信用担保甚至监督的作用呢？这就要从中国人的宗族社会传统说起。

中国传统社会是一个宗族社会，"宗族是由男系血缘关系的各个家庭，在宗法观念的规范下组成的社会群体"。在漫长的历史长河中，拥有共同祖先、以血缘关系为纽带联系在一起的人们形成了一个共同体。经过一个共同体或多个共同体漫长而艰苦的迁徙并对迁入地多年不懈的开发，使一个地方恶劣的自然和社会环境得到根本性的改变。在这种改变中，共同体便产生了一股强烈的凝聚力，形成一种共同的信念。这个共同体在中国文化词典上称为宗族。

宗族在农村社会中，以血缘为纽带，利用祠堂、家谱、族规族训等传统习俗的力量，发挥着动员族内社会力量的组织功能、处理族内纠纷的协调功能、统一族内思想的教育功能、张扬族内习俗的文化功能。而宗族内德高望重的人，如一村之长、一族之长，对本村人、本族人品行及家庭事务的了解远胜于族内的其他人。村长、族长所掌握的信息，无疑可为民泰银行判断借款人的品行提供富有价值的参考依据，村长或族长的威慑力和迅速有效的信息网络对借款人后期的行为更是起到了强有力的监督作用。可以说，请德高望重的村长、族长推荐客户，事实上就意味着他们以其声誉为借款人的信用背书。如此一来，借款人的品行和贷款合同的履行就有了可靠的保障，为民泰银行"看品行、算实账、同商量"降低了信息成本和执行成本。

对于上述营销管理创新，民泰银行将之形象化地归纳为"3＋2＋2"根据地模式，即以"服务中小的市场定位，简捷高效的业务流程，灵活多样的担保方式"三大特色加"属地化客户经理和外聘业务联络员"两项制度保障，再加"点对面、点对点"两个层面结合的营销。如今的民泰银行"根据地"，以星星之火、渐成燎原之势，其营销管理创新之理念与举措值得进一步深入探究。

### 9.2.3　中小银行必须建立良好的公司治理架构

公司治理作为公司所有权和控制权分离所导致的委托人与代理人之间的代理关系，其目的在于通过从制度上保证所有者（股东）的控制与利益一致以及有效协调公司内各利益集团的关系，促进公司的持续成长。因此，从根本上，公司治理同公司的经理层、董事会、股东之间的关系有着极为密切的关系。

从商业银行发展的历史和现实来看，健全、良好的公司治理是商业银行健康成长、持续发展的基本前提。好的公司治理不仅有利于商业银行确立战略发展目标，确定实现目标的途径，加速决策的执行，实施有效监督；而且能够提高商业银行的信用等级，能够使商业银行赢得投资人和社会公众的充分信任。国外的实证研究也表明，当一家商业银行被认为有好的公司治理时，通常来说会有更好的经营业绩、更强的竞争能力和更加明显的综合实力。

民泰银行作为一家小规模的商业银行，在建立和完善良好的银行公司治理方面进行了有价值的探索，为众多中小商业银行提供了有益的借鉴和启示。

1. 相互制衡是中小银行公司治理的关键

一般而言，商业银行公司治理是否有效，主要取决于商业银行能否通过特定的治理机制安排（如内部组织机构之间清晰的职责边界、独立有效的内部控制体系、与股东价值相挂钩的考核机制、科学的激励约束机制以及先进的管理信息系统等）有效地解决银行的委托—代理问题、协调不同利益主体的关系、进而促进银行经营绩效和成长能力的提高。在这个意义上，公司治理实际上是实现权力制衡、相互激励和约束、实现科学决策的一种制度安排。

近年来，民泰银行严格按照《公司法》、《商业银行法》、《股份制商业银行公司治理指引》等法律、法规和规章的要求和规定，建立了以股东大会、董事会、监事会、高级管理层为主体的银行公司治理结构，并在民泰银行《公司章程》等制度中明确了"三会一层"的职责边界，实现了公司所有权、重大事项决策权和日常经营管理权的有效分离，形成了权责分明、监督有效、相互制衡的运行机制。其中，股东大会是民泰银行的权力机构；董事会是民泰银行的决策机构，对股东大会负责，执行股东大会决议；监事会是民泰银行的监督机构，负责监督董事会、高级管理层履行职责情况；高级管理层则严格按照董事会的授权主持全行的经营管理工作。

民泰银行严格遵循《公司法》和《民泰银行公司章程》等相关规定选聘符合条件的董事、监事和高级管理人员。经 2010 年第一次临时股东大会决议通过，选举产生了新一届董事会和监事会，其中，董事会由 4 名执行董事、5 名股东董事和 2 名独立董事组成；监事会由 1 名股东监事、2 名职工监事和 2 名外部监事组成；高级管理层由 1 名行长、4 名副行长组成；董事及高管人员均按照监管要求在获得任职资格核准后正式上任，监事也均达到了监管部门所要求的任职条件。

为了构建良好的权力制衡机制和监督约束机制，民泰银行建立和完善了专业委员会制度、独立董事制度和外部监事制度。民泰银行董事会下设审计委员会、风险管理委员会、关联交易控制委员会、提名与薪酬委员会以及发展战略委员会，各专门委员会职责明确、各司其职，较好地发挥了董事会下设工作机构的职能作用。与此同时，聘请了符合监管要求的专家、学者担任独立董事和外部监事，独立董事和外部监事勤勉尽职，积极、独立地发表意见，较好地推进了民泰银行公司治理机制的规范运行。

2007 年以来，民泰银行共召开了 50 余次董事会会议，董事会重点讨论研究了中长期发展规划、风险管理政策、资本管理规划、业务及机构发展规划、重大投资融资方案以及其他影响民泰银行发展的重大事项，有效发挥了决策功能；同时，董事会及时将确定的战略和规划分解落实到高管层人员，并与其绩效挂钩，督促经营管理朝着战略目标迈进。

在日常的决策经营管理过程中，监事会充分发挥了监督作用。在董事会的监督方面，既对各位董事的履职情况进行年度评价，也通过列席董事会的每次会议，监督董事议事过程；对于高管层的监督，一方面通过深入基层调研，侧面了解高管的尽职情况；另一方面，通过约见高管谈话，分析高管的年度述职报告和经审计的年度财务报告，对高管层的年度履职情况进行综合评价。

除此之外，根据相关要求，民泰银行股东大会、董事会及下设各专门委员会、监事会均制定了详细的议事规则，对各自职权、会议召集、表决程序、会议决议、会议记录、关联回避、授权规则等事项作了详尽规定；高级管理层也制定了相应的工作细则，明确规定了职责权限、决策程序、协调与沟通、报告等相关方面的内容。同时，由于民泰银行规模相对较小，为保证议事规则、决策程序的效率和可操作性，民泰银行积极探索并创建了由董事长、经营层共同组成的联席会议制度，共同商议民泰银行日常经营中的突出问题，在一定程度上提高了决策运作效率，保证了信息传递的及时性和内部沟通的充分性。

民泰银行《董事会议事规则》、《高级管理层工作细则》分别对董事执行股东大会决议、高管人员执行董事会决议等事项作了明确规定。同时，为确保股东大会和董事会的决策得到有效执行，民泰银行通过加强监事会的监督检查、董事会的再监督以及不断提升董事和高管人员的专业素养等多种方式，引导各董事和高管人员提高执行指导能力，并督促其认真落实好各项决议。董事会还通过邀请高级管理层列席董事会会议的办法，动态了解各高管的履职情况，并制定了《关于对经营层及外派人员的再监督制度》，进一步明确了董事会对经营层及外派人员的再监督职能，要求经营层及外派人员定期或不定期地向董事会报告工作情况，董事会各专门委员会也适时展开对高管层履职情况的调查与监督，并在每个会计年度结束后对其实施后评价。

## 2. 激励与约束是中小银行公司治理的核心

理论上，公司治理的核心就是构建一个有效的激励与约束机制。实践证明，良好的激励机制通过给予代理人强大的激励，可以促使代理人按照代理契约的要求努力工作，在追求并实现自身利益的同时，更好地实现委托人的利益和达到委托人的目标；同样，良好的约束机制也是通过合约关系中明确的监督、惩罚、制裁等手段对代理人行为产生限制与约束，进而防范代理人的懒惰行为和道德风险。

民泰银行建立并完善了以绩效考核体系为主的激励和约束机制。一是通过修订董事会和监事会议事规则，明确对董事和监事的评价考核程序；二是制定《高级管理人员年薪制管理办法（试行）》，充分发挥董事会提名与薪酬委员会的考核作用，结合监事会的评价，形成对高级管理层人员的双重绩效评价体系；三是经营管理层建立和改进了对分支机构的绩效管理办法，实行经营业绩和风险管控并重的双向考核方式，并在统一的大框架下实行"一行（分行、支行）一策"，即根据各分支机构的实际，对具体指标实施差异化管理，寻求不同区域不同的商业运作模式；四是进一步完善了以目标责任制为核心的部门考核制度，对部门年度工作计划进行分解立项，并与分管行长绩效挂钩；五是坚持与宏观经济形势、银行发展战略紧密联系，兼顾效益与风险，合理确定并适时调整经营目标。

在监督与约束方面，民泰银行监事会严格按照民泰银行《公司章程》和《监事会议事规则》的规定，认真履行相关职责和义务，每年召开的监事会例会不少于四次，会议的召开严格按照相关法律法规的要求执行，并形成完备的会议记录和会议纪要。在对董事和高级管理层的监督上，监事会始终在探索和优化适合民泰银行发展的监督模式，从最初的列席董事会会议、约见董事、高管谈话，逐步发展到通过研究、分析监管部门提出的监管意见和经审计的年度财务报告，结合董事、高管的年度述职、评议等方式，综合评价董事、高管的履职能力和履职情况，并提出改进意见和建议，推动其综合能力的提升。2008 年以来，监事会由监事长带队对民泰银行各分支机构进行了走访调研，通过调研分析，对民泰银行发展中存在的问题和经营风险及时向董事会和高管层提出意见和建议。

为了有效监督分支机构的运行情况和约束分支机构的行为，总行对分支机构主要采取"一级法人、分级经营、分类授权、分别核算"的管理体制。民泰银行修订了《异地分支机构管理暂行办法》，并制定了《分支机构设置管理办法》，明确了总行相关职能部门在人员管理、考核激励、内部审计、风险管控、合规管控、授权管理、科技信息管理等七个方面的监督检查权限；同时，总行还对新设机构实施后评价，进一步督促新设机构明确市场定位，强化内控管理，有效防范各类风险。

经验表明，对商业银行的高级管理层，要有短期薪酬方面的激励，但更重要的是要实施与银行经营未来收益挂钩的长期激励（主要是股权激励）。从中国的现实情况来看，虽然《上市公司股权激励管理办法》已经为商业银行对高管人员实施长期激励扫清了法律障碍，但是，要真正实施长期激励还必须解决好相关方面的问题：一是要形成市场化、动态化的薪酬决定机制，要由股东大会、董事会的薪酬委员会来决定董事与高管的报酬，而非大股东或高管人员自己决定；二是要形成合理的公司董事与高管人员报酬结构，要根据银行业的风险滞后性、隐蔽性、长期性和严重性等特点，改变以固定、短期报酬为主的薪酬结构，建立起以长期性和业绩为导向的、与绩效挂钩的长期激励为主的薪酬结构；三是要废除商业银行的行政级别，高级经营管理者与行政级别脱钩，成为真正的职业经理人；四是要稳定高管队伍，特别是行长的任期要稳定且相对较长，使行长真正成为职业经理人，保证银行的发展战略、经营方针和管理策略切实付诸实施。当然，在强化正激励的同时还必须强化负激励，可以考虑通过监事质询、提出罢免建议以及建立高管人员信用记录、追究法律责任等方式，形成问责机制。

有必要强调的是，董事会作为银行内部治理的核心，增强董事会的责任会明显改善商业银行的公司治理绩效，包括：增强董事会的权威性和独立性，尤其重要的是引进一定数量的独立董事；建立董事评价制度，实行董事责任追究制度，明确董事的职责；完善董事会的内部组织结构，充分发挥独立董事和各专门委员会的作用。其中，要明确划分董事会与管理层的职责边界，做到在违规时有清晰的、可操作的制裁措施。只有这样，董事才会重视他们的正面职责（与权力有关的职责）和负面职责（与制裁有关的职责），也才会履行勤勉义务。与此同时，监事会作为董事会之外与其并行的公司监督机构，可以发挥事后非参与过程的监督作用，与独立董事功能相互补充。从目前的情况来看，虽然中小商业银行基本上建立了公司监事会，但是，监事会的独立性和有效性还比较弱，对公司的监督约束作用及其对公司业绩贡献都非常有限。究其原因，可能与中国中小商业银行外部监事比例过小以及监事会效率较低、监事会行使监督权的有效性不够等有关。因此，首先要通过一定的制度安排，增强监事会的独立性；其次，要丰富监事会的人员构成，通过适当引入专职监事制度等措施，调整和改善不合理的监事会结构，并且要对监事会行为方式进行必要的制度约束；再次，要强化对监事会运作的监督，监事会应当向股东大会报告监事履行职责的情况、绩效评价结果及其薪酬情况。

3. 信息披露是中小银行公司治理的保障

可以说，完整、准确、及时的信息披露是公司治理的本质要求，是公司治理发挥作用的根本保障。有效的信息披露不仅可以让监管者、投资者、债权人等利益相关者掌握银行的真实经营情况，而且有利于约束内部人和股东的行为，促使商业银行规范稳健经营。

民泰银行自成立以来，严格按照《商业银行信息披露暂行办法》和监管部门的要求，制定了《浙江民泰商业银行信息披露管理制度》，真实、准确、完整地编制年度报告，并于规定的时间在《金融时报》、《上海金融报》以及民泰银行官方网站、营业网点等予以公开披露，进一步增强了民泰银行信息的透明度。

与此密切相关，民泰银行还十分重视关联交易管理和控制制度建设。一是根据《商业银行与内部人和股东关联交易管理办法》，制定了《浙江民泰商业银行与内部人和股东关联交易管理办法》和《浙江民泰商业银行与内部人和股东关联交易实施细则》，涵盖了关联方和关联交易的相关管理内容，对关联方的确定标准、上报备案、审批流程等都作出了明确规定；二是利用科技手段搭建新的信贷系统，对民泰银行关联交易进行精确辨别和审批，新的系统能根据关联交易的金额直接判断是否属于重大关联交易，进而采用不同的审批流程；三是充分发挥关联交易控制委员会的监督控制职能和参谋作用。通过上述措施，民泰银行的关联交易得到了有效控制和管理。

显而易见，强化信息披露是加强商业银行透明度建设、规范经营管理的重要内容。明确信息披露的原则、标准、方式、内容和可比性，增加银行经营管理的透明度，接受利益相关者和社会的监督，让董事会和高级管理层对自身的行为和表现完全负责，从而保护广大股东和利益相关者的权益。近年来，尽管中国的商业银行在信息披露制度建设方面取得了一些成绩，特别是上市银行初步建立了较为合理的制度框架，实体法规也已基本上与国际惯例接轨，但现实中仍然存在不少问题，比如，在具体的董事出席会议、董事会委员会会议和高管个人薪酬总额及构成等公司治理的一些重要细节上，商业银行还没有做到自愿和自觉的准确披露；对银行董事勤勉尽责的约束和违规惩罚，以及对投资者的保护条款也还有欠缺；银行会计准则体系无论从整体结构上，还是在具体的程序方法上，较之国际会计准则还存在一定的差距等。特别值得指出的是，中国银行在信息披露方面往往只是被动地按监管当局的要求去做，披露信息的主动性和全面性还非常不够，还远没有像国际领先银行把信息披露当做是一种银行与外界进行沟通的工具。

在中国，商业银行公司治理改革与建设的目标已经达成了多方面的共识：建立规范的股东大会、董事会、监事会制度；引进国内外战略投资者，实现投资主体多元化；制定清晰明确的发展战略；建立科学的决策体系和完善的风险管理体制；优化组织结构体系；建立市场化、规范化的人力资源管理体制和有效的激励约束机制；建立审慎的会计、财务制度和透明的信息披露制度；加强信息科技建设；发挥中介机构专业优势，稳步推进重组上市进程；加强人员培训和公共关系宣传等。从实践结果来看，无论是大银行还是中小银行，公司治理建设也已经取得了初步成效，基本上做到了"形似"。然而，转轨的制度背景决定了中国商业银行公司治理建设要比成熟市场经济国家复杂得多、困难得多，特别是面临着许许多多内部和外部的制度约束与挑战。在这个意义上，中国商业银行特别是中小银行的公司治理建设将是一项复杂、渐进、长期的系统工程，不能指望短期内就建立起与国际先进商业银行具有同等有效性的公司治理模式，更不可能毕其功于一役。因此，中小银行在构建良好的公司治理架构方面，必须根据外部制度环境的变化和商业银行公司治理的实际情况，选择不同的策略和步骤。

## 9.3 中小商业银行防范快速发展中风险的策略

### 9.3.1 坚持"社区银行"定位

中小商业银行长期经营所形成的独特的地方特征、特殊的股权设置、与地方政府联系密切所具有的信息优势等条件，使之更能得到当地政府的支持。因此只有利用与地方经济的交融性，密切保持与地方经济发展战略方向上的一致性，才能敏锐捕捉地方经济的脉搏，也才能进一步在地方经济的发展中，扩大自身金融资源的支配范围。中小商业银行应该坚持"社区银行"定位，以本地为立基市场，充分发挥地缘优势以及与之相关的亲缘、血缘优势，从区域经济发展角度出发，结合当地经济发展规划及特点，寻找区域经济新的增长点，并以之为依托开发特色产品和服务，避免与大银行的同质化竞争，同时不断扩大自身的发展空间，实现与当地经济的良性互动。本地经营看似是逆"做大做强"的潮流而动，实则是中小商业银行依托所在地区经济发展获得迅速成长的便捷途径。

### 9.3.2 力推赢利模式转型

一是搭建产品创新平台，通过产品创新和服务能力提高来努力提升贷款定价能力，将贷款定价水平与信贷、资本的配置相挂钩。中小商业银行不能为规模扩张而牺牲定价，也不能以低定价换取低风险。二是努力降低成本费用收入比。中小商业银行应根据客户和市场的需要，持续强化资源整合、流程改造和 IT 治理，不断提升网点效能、员工效能和系统支持效率。三是在深度挖掘传统业务潜力的基础上，积极拓展业务范围，大力发展新型业务。如，择优介入买方信贷和国际银团项目，优化信保融资、航运融资等贸易融资产品；扩大同业理财规模，积极拓展基金和养老金托管业务；开发避险保值工具和贷款信托、权益信托等理财产品，丰富代客交易产品体系；向高净值客户提供专业投资顾问服务等。四是加强特色化品牌建设，培育品牌资产。中小商业银行应高度重视品牌发展和品牌管理，通过对银行、市场、服务、视觉、行为等一系列整体的定位和统一，以别具一格的产品形象，激发客户对银行产品的感性诉求，增加中小商业银行的竞争能力。

### 9.3.3　谋求资本约束下的可持续增长

随着资本监管标准的逐步提高，中小商业银行面临越来越强的资本约束。要实现长期可持续发展，商业银行就必须在拓展资本补充渠道的同时，致力于经营发展方式转型。一方面，要推行资本先导战略，以经济资本理念引导资本管理，拓宽资本补充渠道，实现资本补充渠道多元化。对于第一梯队的中小商业银行而言，争取上市仍然是拓宽资本补充渠道的主要方向；对于大多数中小商业银行而言，引入民营资本更具现实意义，如此既可增加资本金、分散股权，又有助于中小商业银行进一步拓展市场。

另一方面，中小商业银行应通过精细化资本管理，强化资本约束，积极拓展资本消耗较低的业务，走资本节约型的扩张道路。特别是要逐步加大零售业务的比重，以满足节约资本使用的内在要求和中小商业银行长远发展的需要。由于大多数中小商业银行在品牌、产品创新能力、信息技术平台并不具备优势，可考虑将零售业务的拓展重点放在与小企业金融服务的捆绑交叉销售上，打本地牌、老乡牌、亲情牌，创造性地拓展零售业务。与此同时，积极响应客户需求变化，提升服务质量，丰富服务内涵，打造与中小商业银行客户定位和业务定位相适配，以物理渠道为主干、虚拟渠道为延伸，同业合作渠道为补充，体系完备、定位清晰、运营高效、品牌突出、多元化、立体化、网络化营销渠道体系。

### 9.3.4　缜密规划、审慎推进跨区域经营

基于政策引导的考量，中小商业银行未来若干年的跨区域经营将可能通过开设村镇银行的形式加以实现。然而，要杜绝贪多求大、急功冒进，确保跨区域发展的可持续性，中小商业银行必须重视以下几个问题。

第一，科学规划村镇银行的发展布局。在进行村镇银行的规划选址时，要基于对当地市场的详细调研和经济分析，考虑拟设立村镇银行辐射范围的业务总量及发展趋势、顾客需求特征、竞争对手数量及优势、设立之后实现赢利的途径与可能性。

第二，总部成立村镇银行管理部，深刻把握不同地域村镇银行有效管理的共性及其与中小商业银行现有管理模式的差异，探讨村镇银行的科学发展路径及本行现有管理经验的可移植性、管理效率与成本，从战略研究、机构发展、技术支持、管理、人事等角度对已经设立或拟设立的村镇银行进行综合考量和管理，为村镇银行提供技术支持和管理支持。

第三，切实贯彻本地化发展原则。调查研究显示，新银行早期的业绩与组织者的经验、财务能力和市场关系密切相关。对于中小商业银行而言，一个可取的做法是：中小商业银行持有20%的股份，输出管理模式、技术平台和服务理念，派人掌控财务和信贷；与此同时，大力吸引本地股东，吸引本地人才担任客户经理，充分调动当地社会资本。

### 9.3.5　加快建设全面风险管理体系

中小商业银行应以新巴塞尔协议要求为指引，以完善风险管理机制为重点，以培养和提高风险管理人员的专业素质和水平为关键，加快学习和引入基础性风险管理技术，充分依托 IT 系统完善风险管理流程，努力建立与完善全面风险管理体系，不断提升风险管理能力。

在信用风险管理方面，中小商业银行加强宏观经济形势研判，及时调整信贷结构，不断提高高耗能、高排放、高污染和产能过剩行业贷款的准入门槛，在条件上、规模上严格控制政府融资平台贷款。对于个人住房按揭贷款，要认真执行房地产贷款的有关政策，加强总量控制。同时，要不断强化和细化"三查"工作，充分发挥市场营销部门准入核准的第一道风险关口作用。建立健全信用风险考评与垂直报告体系，根据信贷管理考核评级合理调整分支机构的审贷授权，积极推行一级审批和审批主责任人制度。加强信贷风险管理的队伍、流程、制度、监督、考核等机制建设，进一步强化组合风险预警，加强重点领域的风险排查工作。

在市场风险管理方面，中小商业银行应密切关注利率政策变化，按照监管指引和政策要求，不断完善利率风险计量工具与利率预测模型，通过表内调节和风险对冲有效防范本外币利率风险。加强集团层面交易账户市场风险监测分析，监控理财产品市场风险限额，进一步提高资金交易业务风险计量水平。要加强日常流动性管理，加强对资金流量的检测和管控。进一步完善以限额、压力测试、应急计划为核心的流动性管理机制，加强限额对风险承担的约束，引入流动性覆盖率、净稳定资金比率等国际监管标准，推进流动性管理的规范化和精细化。要进一步充实和强化司库运营职能，灵活调整投资账户和银行账户资金，切实保证流动性安全。

在操作风险管理方面，中小商业银行要加快建立操作风险三层防御体系，各业务单位要对日常风险负主要责任，操作风险管理部门和法律、人力资源、信息技术等专业部门要对业务部门给予支持并负责风险政策的制定和全面监管，内部审计部门则以独立身份进行审计，以确保操作风险管理系统的有效性。

### 9.3.6　优化中小企业业务发展模式

中小商业银行中小企业业务发展模式虽然基本有效，但仍有进一步改进的空间。中小商业银行可通过深耕细作、标准化运营、创新化风控来进一步夯实并拓展中小企业客群基础，实现中小企业业务发展模式的优化。

所谓深耕，是指充分发挥中小商业银行贴近市场的独特优势，基于销售额、资产、雇员人数、贷款额等可识别指标，深入研究并挖掘目标市场的现实与潜在需求，把握本区域客群的运营成本、风险特征及运营规律，推行产业链营销、关系网营销，实现独具特色的产品创新和流程优化。

所谓细作，是指以更为科学细分的专业化经营模式，综合考虑客群的赢利性、成本、风险特征、资本消耗，通过产品、渠道、流程的差异化设计，提供与细分客户群体价值贡献匹配的差异化服务——对单户价值较低的客群，尽量采用标准化、批量化的方式；对单户价值较高的客群，则为其提供订制化程度更高的金融服务，从而实现细分市场以提升业务精准度及专业性，整合具有共性的客群以降低成本、提升赢利能力之间的平衡。

所谓标准化运营，是指针对特定的细分市场、共性较强的细分子客群采取相较于大客户更为标准化的运营安排，尽量做到流程化、批量化处理，提高流程效率，降低运营成本，而非所有的中小企业客群均采用相同划一的业务流程。从实践来看，淡马锡控股公司所提倡的"信贷工厂"理念具有积极的指导意义。中小商业银行可因地制宜，依托 IT 系统，实现业务流程的模块化分解和灵活组合。

所谓创新性风控，是指中小企业业务的风险管控模式，包括信贷政策、操作流程等均应有别于传统的风险管控模式。中小商业银行应充分认识到中

227

小企业信贷的风险特征，适当提高风险容忍度，对中小企业信贷业务的考核也应从传统问责机制转向概率问责机制，以实现风险与收益的平衡。在此过程中，基于数据挖掘式的研究，将风险管理贯穿于目标市场选择、获取及筛选客户、小企业评分体系设计、产品开发与创新、客户关系管理等中小企业业务拓展的全部环节。

# 10

# 财政视阈的信贷资金配置的
# 低效率风险

金融发展与经济增长的关系一直是备受关注的重要研究领域。作为金融中介重要组成部分的银行金融中介的发展与经济增长也具有重要的关联，尤其对正处于转轨经济的中国而言（张军、金煜，2005）。但银行金融中介对经济增长促进作用的发挥取决于信贷资金配置的效率，而由于存在所有制歧视和规模歧视，中国信贷资金配置的效率一直较低（Loren et al.，2003；卢峰、姚洋，2004；张军、金煜，2005）。

银行信贷资金的配置受到哪些因素的影响？银行在考虑信贷资金投放时会考虑哪些因素？早期的研究主要从企业的内部特征如公司的规模、赢利能力、成长机会、企业的信誉、资产风险等出发对此进行考察（Myers，1977；Smith and Warner，1979；Harris and Raviv，1991；Smith and Watts，1992）。20世纪90年代以后，诸多文献承袭新制度经济学的研究轨迹开始关注外部的制度环境因素对信贷资金配置的影响，如政府对企业的干预、政治关系、投资者法律保护的程度、银行的产权性质等（Fan et al.，2003；Cull and Xu，2000，2003；Faccio，2006）。国内也有很多的研究对此进行了分析，如孙铮、刘凤委和李增泉（2005）、江伟和李斌（2006）、黎凯和叶建芳（2007）等，主要的研究结论是除企业自身的特征外，政府的干预也是影响中国信贷资金配置的重要因素，而政府干预的程度又受到市场化进程、政府的层级（中央政府还是地方政府）以及企业的产权性质等因素影响。但这些研究并未探究政府干预的根源，即政府干预背后的深层次原因是什么？此外，政府干预是否会随着市场化的进程而自然减弱?① 市场化进程相似的地区或同一地区的不同时期政府的干预程度是否存在差异？政府干预是否只存在于国有产权公司？只有对这些问题进行更深入的分析与考察，才能找到影响中国银行信贷资金配置的更深层次原因，从而为采取有效措施弱化相关制度因素的影响，完善企业的融资结构，提高银行信贷资金的使用效率提供有针对性的建议。

以财政分权和政治集权为主要特征的分权化改革一般被认为是促进中国市场化进程和经济改革取得巨大成就的主要原因，也是影响政企关系与政府行为的重要因素。因此，从分权化背景出发考察政企关系及其对银行信贷资金配置的影响将有助于更深入地理解转轨经济条件下中国银行的信贷资金配置及企业的融资行为。

相比较以前的研究文献，我们的主要贡献是从中国分权化的背景出发考察了地方政府对银行信贷资金配置干预的背景与原因，即以财政分权和行政晋升激励为主要特征的分权化改革，并通过经验数据进行了验证，有助于加深对中国银行信贷资金配置效率的影响因素的认识，从而为减少政府对企业的干预，提高银行信贷资金配置的效率提供有益的启示；此外，我们的研究结论也从信贷资金配置效率的视角丰富了有关中国分权化改革和地方政府行为研究的文献。

## 10.1 文献回顾、制度背景与研究假说

### 10.1.1 信贷资金配置的影响因素

一般来说，银行信贷资金的投放受到企业内部因素和外部制度环境因素的影响。影响银行信贷资金投放的企业内部因素主要是其自身的特征如公司的规模、赢利能力、成长机会、资产风险、公司治理等（Myers，1977；Smith and Warner，1979；Harris and Raviv，1991；Smith and Watts，1992）。20 世纪 90 年代以来，沿袭新制度经济学的研究轨迹，很多的财务学文献开始关注各种外部的制度环境因素如法律对投资者的保护程度、政治关联、政府对企业的干预程度、金融市场的发展程度等对银行信贷资金的配置及企业债务融资的影响。

---

① "国进民退"现象刚好可以与此问题联系起来。

Giannetti（2003）使用非上市公司的研究样本进行国别研究后发现，债权人保护制度更强、股票市场欠发达国家的公司更容易获取银行的长期债务融资，企业的负债率也更高，而且这一情况在非上市公司中表现得更为明显。Fan 等人（2003）考察了不同国家间的制度因素对企业债务期限影响的差异，发现法律、税收等制度因素不同的国家的企业债务期限结构存在明显差别，经济越落后、法律保护越差、相关制度建设越不完善的国家，企业资产负债率越高、债务期限越短。Cull 和 Xu（2005）基于中国的研究发现，国有银行在对是否拥有"政治关系"的企业发放贷款时存在着差别贷款行为，与政府有密切关系的企业更可能获得国有银行的贷款，企业的资产负债率更高。Faccio（2006）通过把 42 个国家具有政治关系的企业作为研究样本，发现具有政治关系的企业更容易获取债务融资、更低的税赋和更强的市场力量等利益，并且这在那些高度腐败、产权保护弱、政府干预程度高的国家尤其明显。

国内也有很多文献对此进行了分析。孙铮、刘凤委和李增泉（2005）研究了市场化程度与政府干预程度对中国企业债务期限结构的影响，发现市场化程度高、政府干预少的地区的上市公司的长期借款占总借款的比重较低，上述差异主要与政府对企业干预程度的不同有关。江伟和李斌（2006）的研究则显示，国有上市公司相对于民营上市公司能获得更多的长期债务融资；进一步的研究发现，在政府干预程度比较低的地区以及金融发展水平较高的地区，国有银行对不同性质公司的差别贷款行为有所减弱。黎凯和叶建芳（2007）从财政分权的背景考察了政府干预对企业债务融资的影响，发现中央政府对国有公司的长期借款干预较少而地方政府对国有公司的长期借款干预较多，但中央政府与地方政府对国有公司的短期借款基本没有影响，显示政府对上市公司银行贷款进行了选择性干预。

但以上的文献并没有探究影响银行信贷资金配置与企业债务融资背后的政府干预的根源，即政府的干预只是一种表象，其背后的深层次原因是什么？此外，政府的干预是否会随着市场化的进程而必然减弱？市场化进程相似的地区或同一地区的不同时期政府的干预程度是否存在差异？政府的干预是否只存在于国有产权公司？地方政府与属地民营公司之间是否存在联系与干预？不同层级的地方政府对企业的干预是否存在差异？我们认为，要对这些问题进行分析与解答，就必须在以往文献的基础上结合中国分权化改革的实践及特征就其对银行信贷资金配置及企业债务融资的影响进行更深入的探究。

### 10.1.2 财政分权、政企关系与信贷资金配置

以财政分权和政治集权为主要特征的分权化改革一般被认为是促进中国市场化进程和经济改革取得巨大成就的主要原因，也是影响政府行为与政企关系的重要因素。[①] 在这种行政分权、财政分权与政治晋升激励的共同作用下，中国的地方政府拥有充分动力通过招商引资、政府投资与企业投资来推动地方经济发展，从而出现了为增长而竞争的情形（张军，2005）。[②]

在中国式分权的背景下，地方政府与企业之间的关系经历了一个不断演进和发展的过程。20 世纪 90 年代以前，城市地区的政企关系主要体现为各级政府与国有企业之间的关系。到了 20 世纪 90 年代中期以后，随着国有企业的改制和"国退民进"，政企关系逐渐演变为地方政府与各类企业，包括地方政府与国企之间，以及地方政府与民企、外企之间的关系了。此时，随着分权化改革的推进和国有企业的改制，地方政府和大多数民营企业和外资企业已经不存在行政隶属和产权关系了。但是，由于地方政府仍然掌握着诸如制定地方发展战略和产业政策、项目审批权、土地出让和使用权、财政资金的支配权以及地方政府对银行信贷的影响力等权利，其对辖区内的企业和市场的影响力不仅没有下降，反而变得更大了。此外，由于地方政府掌握的资源充分，而分权制又给予地方政府较大的自主权，很多企业也有通过建立更紧密的政治联系来达到寻租，如获得财政补贴等目的。在这种情况下，一个地区内的企业如果想要获得更好的发展，或者避免被歧视，或者为了获得寻租收益，就必须与地方政府建立良好的关系。罗党论和唐清泉（2009）研究发现，地方产权保护水平差、政府干预大、金融发展水平落后的地区，民营上市公司有动机去与政府形成政治关系。因此，分权化改革不仅没有削弱政企关系，

---

[①] 就其内在根源，钱颖一、Weingast 等人提出的"中国特色的财政联邦主义"假说认为以行政分权与财政包干为主要内容的中国式分权改革，使地方政府拥有了相对自主的经济决策权和与中央分享财政收入的权利，从而激励地方政府去推动地方经济增长（Qian and Roland, 1998; Qian, Roland and Xu, 1999; Qian and Weingast, 1997; Jin, Qian and Weingast, 2001; Jin et al., 2005）。此外，很多文献还从地方政府官员的个体激励角度研究了中国地方政府的行为，认为中国式分权在进行经济与财政分成以外还存在政治上的高度集权，中国政府治理的一个重要特点就是将地方官员的政治晋升与地方经济发展联系起来，从而使地方官员为了政治晋升而在经济上相互竞争，形成政治锦标赛模式，从而促进地方经济发展（周黎安，2004；2007；徐现祥、王贤彬、舒元，2007；张军、高远，2007）。

[②] 张军和高远（2007）认为，这也是中国拥有了良好的基础设施的重要原因。

反而使政企关系更加密切（周黎安，2008）。而在财政激励与政治晋升激励的共同作用下，地方政府也希望整合其所能控制和影响的经济和政治资源，包括与其辖区内的企业包括其所控制的国有企业和属地的民营企业进行合作，以提高本地区的经济发展水平。

在财政分权的背景下，地方政府与其辖区的企业之间的合作关系主要体现为企业为地方政府与官员提供其所需的政绩、利润、就业、税收、甚至官员个人的好处，而地方政府与官员则为企业提供行政审批、土地出让、基础设施以及税收、债务融资等支持（周黎安，2008）。其中，债务融资支持是一个重要的方面。

地方政府对企业债务融资的支持包括地方政府对银行信贷决策的干预与影响以及地方政府对其所控制的国有公司和属地民营企业提供的直接融资支持。其中，地方政府对银行信贷决策的干预与影响经历了几个不同的阶段和存在不同的方式。从改革开放的早期一直到银行系统脱离地方政府的控制之前，地方政府可以直接通过其所控制的辖区的银行向这些企业提供信贷融资来进行支持。而随着中国银行系统进行商业化和重组并脱离地方政府的控制之后，地方政府则通过其他方式来对银行的信贷决策施加影响，如通过设立信托公司，用信托产品吸引银行出资给企业。另外，尽管银行已经脱离地方政府的控制，但是，地方政府仍然在一定程度上可以通过行政或其他超经济的手段对区域国有商业银行的分支结构施加影响以帮助企业获取银行信贷融资。最后，由于地方政府是很多地方银行（如城市商业银行、农村商业银行）的大股东，因此其对于地方银行还有巨大的影响力，可以为相关企业获得银行贷款提供便利。

地方政府对其所控制的国有公司和属地民营企业提供的直接融资支持体现在以下几个方面：地方政府可以为需要融资的企业提供"声誉"担保，银行在进行信贷决策时，"声誉"机制是一个的重要的决定因素，当企业自身不具有良好声誉时，地方政府的介入就可以起到替代的声誉担保作用，从而帮助企业获得银行信贷融资，因为地方政府可以通过财政补贴的方式降低企业违约的可能（Fan et al.，2003），在企业陷入财务困境时可以帮助企业摆脱困境（Kornai，1980）。地方政府可以出资设立担保公司为企业的银行贷款提供担保，或者通过将土地划拨给企业并用土地作抵押帮助企业从银行获得贷款。地方政府还可以通过财政贴息和建立风险基金的方式来鼓励银行对其所控制的国有公司和属地民营公司提供贷款而又无须承担较大的风险等。

财政分权背景下的地方政府对企业信贷融资的支持不仅包括其所控制的国有公司，还包括其属地的民营公司。随着市场化的推进和"国退民进"，民营企业已取代国有企业成为很多地方经济的驱动力，民营企业的发展对地方贡献涵盖了 GDP 的增长、税收和就业等，而这正是中国经济分权背景下地方政府官员重要的行为激励来源，因此地方官员对企业的干预与支持就不再拘泥于企业的所有制性质了（周黎安，2008）。

地方政府通过对其控制的国有公司和属地民营公司提供银行信贷融资的支持可以实现政企"双赢"的目的。企业在正常无法获得银行信贷融资的条件下通过地方政府的支持就可以筹集到企业发展所需的资金，从而促进企业的发展壮大。而地方政府则可以通过企业的发展解决当地经济发展所面临的税收、就业等压力，还可以为官员的行政晋升提供其所需要的政绩。在某些情况下，地方政府甚至在企业自身无资金需求的情况下介入企业的发展战略，通过融资支持推动企业"做大做强"。

但是，1994 年所进行的分税制改革在突破传统的财政包干体制、扩大中央政府财政收入的比重等的同时，由于其制度变迁的路径依赖，在中央政府财政收入的基数返还上对发达地区有利，而对落后地区不利，加上中央一般性的转移支付规模有限，导致了地区间财政资源的差异不断扩大，以及地区经济发展出现重大差异（Gustafsson et al.，2002；Cai，Chen and Zhou，2008）。因此，在财政分权的背景下，尽管各地方政府都有动机通过与辖区内的企业进行密切合作来实现一种"双赢"的利益关系，即地方官员为企业提供其发展所需的政策和资源，包括银行信贷融资的支持，而企业为地方官员提供其所需的政绩、税收、就业等（周黎安，2008）。但在财政分权不充分的地区，由于其在财政分成中所占的比例有限，而获得财政转移支付的财力也有限。于是，为更好地应对地方事务和公共服务支出，以及实现官员的行政晋升目标，地方政府更有动机与其辖区内企业进行合作，地方政府与其辖区内企业的关系更加紧密。因此，在财政分权越不充分的地区，地方政府控制的国有公司和属地民营企业更有可能获得地方政府的支持并在政府的干预下获取银行信贷融资。

银行对企业的贷款融资包括短期债务融资和长期债务融资。相对于长期债务融资，短期债务融资要求银行能及时准确地获取企业有关生产经营等方面的信息以便及时对企业进行监督（Diamond and Rajan，2001），当然短期债务融资也可以使银行能及时回收资金而降低风险。长期债务融资对于银行来说风险更大而且需要更多的监督，但在地方政府的介入和干预下，地方政府实际上为企业的贷款融资提供了一种"声誉"担保，因此会降低公司违约的可能性，其预算约束也较为软化（Brandt and Li，2003），此外为了降低官员轮换对贷款成本的影响，地方政府一般也会要求银行为企业提供长期债务融资，而银行在地方政府的声誉担保下为了降低监督和控制成本也愿意为企业提供长期债务融资。基于此，我们提出：

假说一：财政分权越不充分的地区，地方政府对银行信贷资金配置的干预越强，地方政府控制的国有公司和属地民营企业越有可能获取银行长期信贷融资。

中国的市场化改革之所以取得成功，除了以财政分权为主的经济分权外，很多研究认为从 20 世纪 80 年代开始的地方官员围绕 GDP 增长而进行的行政晋升竞争为地方官员所提供的强大政治激励也是使中国地方经济取得快速发展的重要原因（周黎安，2004，2007）。这种经济分权下的政治集权模式也被认为是在投资者法律保护等软制度环境不健全的情况下中国经济快速发展的一个非正式的替代制度安排。在这种以经济增长为基础的"政治锦标赛模式"下（周黎安，2007），各地区各层级地方官员的政治晋升的基础是其辖地的 GDP 和财政收入。① 当然，由于中国幅员辽阔，各地区的历史地理条件和经济发展条件存在巨大的差异，如果不考虑各地区的先发条件差异而直接进行比较显然只会带来负面的效果，因此中央政府和各级地方政府进行官员的晋升选拔时必须选择相对合适的评价基准，如 GDP 的增长率和财政收入的增长率。周黎安（2005）发现，中央在考虑省级领导官员的绩效时不仅仅看其本省的绝对经济绩效，而且还参看多个可比的基准，如省级领导的前任 GDP 增长绩效，同期全国平均 GDP 增长率及邻近地区的 GDP 增长率。在这种情况下，一个地区的 GDP 增速越低，说明其相对于前任的绩效越低，越有可能影响其行政晋升。因此，我们假设 GDP 和财政收入增速越慢的地区，地方政府越有动机推动与所控制的国有公司或属地民营公司进

---

① 周黎安（2007）具体分析了中国地方官员以经济增长为基础的政治锦标赛模式取得成功的具体原因，包括中国是中央集权的国家，中央或上级政府有权力决定下级政府官员的任命；党和国家的工作重心是经济建设，为以经济发展为目标的晋升标准提供了重要的组织路线保证；中国经济的 M 结构为各地经济绩效进行比较提供了条件；地方官员对地方经济发展具有巨大的影响力和控制力；最后各地方官员之间的合谋的可能性较小。

行合作以推动其发展壮大并带动当地的 GDP 增长以及税收、就业等其他目标的实现。而为了对企业进行更好的支持，地方政府对其所控制的国有公司和属地民营公司提供融资支持就是一个重要的方面。基于此，我们提出：

假说二：GDP 增速越慢的地区，地方政府对银行信贷资金配置的干预越强，地方政府控制的国有公司和属地民营企业越有可能获取银行长期信贷融资。

假说三：财政收入增速越慢的地区，地方政府对银行信贷资金配置的干预越强，地方政府控制的国有公司和属地民营企业越有可能获取银行长期信贷融资。

## 10.2  研究设计

### 10.2.1  样本选择与数据来源

本章选取 2001～2007 年所有上市公司作为研究的初始样本。在样本选取过程，剔除了以下样本：①金融行业的上市公司样本；②ST 和 PT（后改为*ST）公司样本；③中央政府控制的国有公司样本；④变量缺失的样本。最后共得到研究样本 5260 个。样本公司的财务数据来源于 CCER 数据库，计算财政分权程度的相关数据来源于《中国财政年鉴》，其他数据来源于《中国统计年鉴》。

### 10.2.2  变量定义与研究模型

1. 模型的测试变量定义

（1）企业信贷融资变量：本章主要考察中国财政分权背景下的政企关系与政府干预对银行信贷资金配置的影响，被解释变量为地方政府控制的国有公司和属地民营公司的长期负债比率，用公司的长期借款占总负债的比率来表示，此外，我们也用长期借款的增量占总负债的比例对假说进行了稳健性测试。

（2）财政分权程度的定义：关于财政分权的度量，目前文献中有几种方法。一种是 Oates（1985）首先采用的财政收支指标，用下级政府的财政收支份额来刻画财政分权程度；另一种是用自有收入的边际增量，如 Lin 和 Liu（2000）；此外，Zhang 和 Zou（1998）在讨论中国财政体制时采用了人均地方政府财政支出与人均中央政府财政支出的比值来表示财政分权程度。借鉴 Zhang 和 Zou（1998）的研究，我们通过两个指标来度量财政分权程度，分别是各地区人均预算内财政支出与中央人均预算内财政支出之比、各地区人均预算内外财政支出与中央人均预算内外财政支出之比。

2. 控制变量和研究模型

根据相关的研究文献，本章还选取了公司规模、资产负债率、公司的赢利能力、成长性等变量作为控制变量。根据上面的分析，我们构建如下模型来考察本章的研究假说：

$$LDR = \beta_0 + \beta_1 DC + \beta_2 GDPR + \beta_3 FRR + \beta_4 Size$$
$$+ \beta_5 Lev + \beta_6 Roa + \beta_7 Growth + \varepsilon$$

表 10 - 1  研究变量的定义

| 变　量 | | 变量定义 |
|---|---|---|
| 长期负债比例（LDR） | | 公司年末的长期借款/公司年末的总负债 |
| 财政分权程度 | DC1 | 各地区人均预算内财政支出与中央人均预算内财政支出之比 |
| | DC2 | 各地区人均预算内外财政支出与中央人均预算内外财政支出之比 |
| 各地区 GDP 的环比增速（GDPR） | | （各地区当年年末的 GDP - 各地区上年年末的 GDP）/各地区上年年末的 GDP |
| 各地区财政收入的环比增速 FRR | | （各地区当年年末的财政预算内收入 - 各地区上年年末的财政预算内收入）/各地区上年年末的财政预算内收入 |
| 公司规模（Size） | | 公司年末总资产的自然对数 |
| 公司的负债比率（Lev） | | 公司年末总负债/公司年末的总资产 |
| 公司的盈余能力（Roa） | | 公司的资产赢利率 |
| 公司的成长性 Growth | | （当年主营业务收入 - 上年主营业务收入）/上年主营业务收入 |

# 10.3  实证结果与分析

## 10.3.1  描述性统计

表 10 - 2 是样本变量的描述性统计。从表 10 - 2 中可以看出，中国上市公司长期负债的比率较低，均值只有 11%。从财政分权变量来看，预算内财政支出分权、预算内外财政支出分权的平均值为 3.9052 和

4.4480，标准差分别为 3.0801 和 3.2087，说明中国不同省际的财政分权程度存在较大差别。从 GDP 的环比增速看，均值为 15.6%，最大值与最小值之间的差别较大，但标准差为 0.0442 较小。从财政收入的增速看，均值为 20.36%，说明中国省级财政收入的增长还是很快的，但不同省份之间的增长存在较大差别，最大的年增长达到 58%，而最低的省份则在个别年份还出现了负增长。

表 10 - 2　变量的描述性统计

| 变量名 | 样本数 | 均值 | 标准差 | 中位数 | 最大值 | 最小值 |
|---|---|---|---|---|---|---|
| LDR | 5260 | 0.1130 | 0.1512 | 0.0495 | 0.8200 | 0 |
| DC1 | 5260 | 3.9052 | 3.0801 | 2.8650 | 13.9200 | 1.0800 |
| DC2 | 5260 | 4.4480 | 3.2087 | 3.3672 | 14.6400 | 1.4000 |
| GDPR | 5260 | 0.1560 | 0.0442 | 0.1602 | 0.2800 | 0.0600 |
| FRR | 5260 | 0.2036 | 0.0926 | 0.2144 | 0.5800 | -0.0400 |
| Size | 5260 | 21.2206 | 0.8198 | 21.1600 | 24.13 | 18.75 |
| Lev | 5260 | 0.4692 | 0.1705 | 0.4800 | 0.9800 | 0.0100 |
| Roa | 5260 | 0.0087 | 0.0132 | 0.0100 | 0.0700 | -0.0500 |
| Growth | 5260 | 0.2227 | 0.4707 | 0.1600 | 6.3700 | -1.0000 |

## 10.3.2　相关性分析

表 10 - 3 是变量的 Pearson 相关性分析。从表 10 - 3 可以看出，代表财政分权程度的两个指标即各地区人均预算内财政支出与中央人均预算内财政支出之比（DC1）和各地区人均预算内外财政支出与中央人均预算内外财政支出之比（DC2）都与公司长期负债比率（LDR）显著负相关，这就初步证实了假说一，说明财政分权越不充分的地区，其所控制的国有公司和属地民营公司越有可能通过政府对银行信贷资金配置的干预而获得银行的长期负债融资，从而负债比率更高。此外，反映各地区 GDP 和财政收入增速的两个指标（GDPR 和 FRR）都与公司长期负债比率（LDR）显著负相关，这就初步证实了假说二和假说三，表明地方政府的 GDP 增速和财政收入增速也是影响银行信贷资金配置及其所控制的国有公司和属地民营企业的长期负债融资的重要因素，地方政府的 GDP 增速和财政收入增速将影响政府对银行信贷融资决策的干预。

表 10 - 3　变量的 Pearson 相关性分析

| | LDR | DC1 | DC2 | GDPR | FRR | Size | Lev | Roa |
|---|---|---|---|---|---|---|---|---|
| DC1 | - 0.080 *** | | | | | | | |
| DC2 | - 0.087 *** | 0.995 *** | | | | | | |
| GDPR | - 0.027 ** | 0.065 *** | 0.061 *** | | | | | |
| FRR | - 0.071 *** | 0.186 *** | 0.190 *** | 0.468 *** | | | | |
| Size | 0.181 *** | 0.172 *** | 0.174 *** | 0.160 *** | 0.100 *** | | | |
| Lev | 0.139 *** | 0.054 *** | 0.055 *** | 0.085 *** | 0.081 *** | 0.271 *** | | |
| Roa | 0.057 *** | - 0.010 | - 0.003 | 0.057 *** | 0.056 *** | 0.135 *** | - 0.320 *** | |
| Growth | 0.063 *** | - 0.005 | - 0.002 | 0.064 *** | 0.019 | 0.072 *** | 0.099 *** | . 238 *** |

注：*** 表示在 1% 的统计水平上显著，** 表示在 5% 的统计水平上显著。

### 10.3.3　多元回归分析

表 10 - 4 是假说一、假说二、假说三的多元回归分析结果，为克服其他因素的影响，本章采用了面板数据的固定效应模型。从表 10 - 4 的第（1）列和第（2）列的回归系数可以发现，反映财政分权程度的两个指标 DC1 和 DC2 都与公司的长期负债比率负相关，且系数都在 1% 的统计水平上显著，财政分权程度越不充分的地区，地方政府所控制的国有公司和属地民营公司的长期负债融资比率越高，这就证实了本章的假说一，表明财政分权程度是影响政企关系及银行信贷资金配置的重要因素。从表 10 - 4 的第（3）列和第（4）列系数的回归结果来看，反映 GDP 增长率和财政收入增长率的两个指标 GDPR 和 FRR 都与企业的长期负债比率在 1% 的统计水平上显著负相关，即 GDP 增长率和财政收入增长率越慢的地区，企业的长期负债比率越高，与假说二和假说三一致，表明中国目前分权化改革的背景下以 GDP 和财政收入的增长为考核标准的地方官员行政晋升激励制度是影响政企关系和政府干预从而影响银行信贷资金配置的重要因素之一。

表 10 - 4　假说一、假说二、假说三的多元回归分析结果（因变量为 LDR）

| | (1) | (2) | (3) | (4) |
|---|---|---|---|---|
| Constant | - 0.5634 *** ( - 7.53) | - 0.5552 *** ( - 7.46) | - 0.5630 *** ( - 7.49) | - 0.5303 *** ( - 7.16) |
| DC1 | - 0.0061 *** ( - 5.96) | | | |
| DC2 | | - 0.0062 *** ( - 6.09) | | |

| | （1） | （2） | （3） | （4） |
|---|---|---|---|---|
| GDPR | | | − 0. 2144 *** （ − 5. 60） | |
| FRR | | | | − 0. 0865 *** （ − 4. 87） |
| Size | 0. 0295 *** （7. 97） | 0. 0293 *** （7. 94） | 0. 0298 *** （7. 96） | 0. 0276 *** （7. 54） |
| Lev | 0. 1396 *** （8. 57） | 0. 1395 *** （8. 57） | 0. 1466 *** （8. 95） | 0. 1441 *** （8. 83） |
| Roa | 0. 6039 *** （3. 87） | 0. 6125 *** （3. 93） | 0. 6216 *** （3. 99） | 0. 6555 *** （4. 19） |
| Growth | 0. 0043（1. 23） | 0. 0043（1. 25） | 0. 0058（1. 68） | 0. 0048（1. 39） |
| R − Square | 0. 0582 | 0. 0601 | 0. 0499 | 0. 0531 |
| Wald chi | 257. 93 *** | 259. 68 *** | 253. 26 *** | 246. 04 *** |
| Obs | 5260 | 5260 | 5260 | 5260 |

注：*** 表示在1%的统计水平上显著，** 表示在5%的统计水平上显著，* 表示在10%的统计水平上显著。

### 10. 3. 4　稳健性测试

为了增强结论的稳定性，我们除了用地方政府所控制的国有公司和属地民营公司的长期借款的绝对额占总负债的比例作为企业信贷融资的衡量指标外，还用了长期借款的增长额（增量指标）占总负债的比例作为企业信贷融资的衡量指标，运用面板数据的固定效应模型对假说一、假说二、假说三进行了稳健性测试，回归结果见表10 − 5。从表10 − 5的回归结果看，结论基本与表10 − 4的实证结论一致，这就更进一步证实了中国财政分权背景及相应的以 GDP 和财政收入的增长为考核标准的地方官员行政晋升激励制度是影响政企关系和银行信贷融资配置的重要因素。

表10 − 5　假说一、假说二、假说三的多元回归分析结果 （以长期借款的增量占总负债的比重作为因变量）

| | （1） | （2） | （3） | （4） |
|---|---|---|---|---|
| Constant | − 0. 1186（ − 0. 52） | − 0. 0973（ − 0. 43） | − 0. 1140（ − 0. 51） | − 0. 0706 *** （ − 0. 32） |
| DC1 | − 0. 0074 ** （ − 2. 05） | | | |
| DC2 | | − 0. 0077 ** （ − 1. 98） | | |
| GDPR | | | − 0. 1576 ** （ − 2. 07） | |
| FRR | | | | − 0. 0722 ** （ − 2. 11） |
| Size | − 0. 0016（ − 0. 14） | − 0. 0024（ − 0. 21） | − 0. 0022（ − 0. 19） | − 0. 0047（ − 0. 43） |
| Lev | 0. 3708 *** （9. 25） | 0. 3714 *** （9. 27） | 0. 3755 *** （9. 36） | 0. 3746 *** （9. 34） |

| | （1） | （2） | （3） | （4） |
|---|---|---|---|---|
| $Roa$ | 2.0155 *** (6.55) | 2.0256 *** (6.58) | 2.0091 *** (6.53) | 2.0436 *** (6.64) |
| $Growth$ | −0.0047(−0.73) | −0.0047(−0.72) | −0.0030(−0.47) | −0.0038(−0.59) |
| $R-Square$ | 0.0331 | 0.0325 | 0.0352 | 0.0341 |
| $Wald\ chi$ | 26.20 *** | 26.14 *** | 26.21 *** | 26.25 *** |
| $Obs$ | 5260 | 5260 | 5260 | 5260 |

注：*** 表示在 1% 的统计水平上显著，** 表示在 5% 的统计水平上显著，* 表示在 10% 的统计水平上显著。

### 10.3.5 进一步的分析

为了验证前文的理论分析关于财政分权背景下的政企关系与政府的干预不仅存在于其所控制国有公司还包括属地民营公司，我们将样本按最终控制人的性质划分为地方政府控制的国有公司和属地民营公司两个子样本，然后分别对两个子样本进行了回归分析，结果见表 10-6。从表 10-6 的第（1）列和第（2）列以及第（5）列和第（6）列可以看出无论是地方政府控制的国有公司样本还是属地民营公司样本，财政分权程度都与公司的长期借款融资显著负相关。从表 10-6 的第（3）列和第（4）列以及第（7）和第（8）列则可以发现除民营公司样本中反映财政收入增长的指标与公司长期借款融资不显著相关以外，反映 GDP 增长与财政收入增长的指标都与公司的长期借款融资显著负相关。这就在一定程度上验证了前文的理论推断，即随着市场化的推进和"国退民进"，地方官员对企业的干预与支持已不再局限于企业的所有制性质了，此时的政企关系不再是过去由产权纽带所联结起来的一种"血缘"关系而演变成"利益共同体"了，即政府与企业之间的合作能够形成一种"双赢"的局面。

从前文的分析可知，财政分权背景下的政企关系及地方政府的干预是影响银行信贷资金配置的重要原因。那么，政府的干预是否会必然随着市场化的进程而降低或减弱？市场化进程相似的地区或同一地区的不同时期政府的干预程度是否存在差异？这是本章关注的又一重要问题。为此，我们将样本按市场化进程的差别划分为东部样本、中部样本和西部样本并分别进行了面板数据的回归分析，结果见表 10-7。从表 10-7 的回归结果来看，无论是东部样本，还是中、西部样本，本章的假说一、假说二、假说三都得到验证。

表10-6 区分国有公司和非国有公司后假说一、假说二、假说三的多元回归分析结果（以 *LDR* 为因变量）

| | 地方政府控制的国有公司样本 | | | | 属地民营公司样本 | | | |
|---|---|---|---|---|---|---|---|---|
| | (1) | (2) | (3) | (4) | (5) | (6) | (7) | (8) |
| Constant | -0.3380**<br>(-1.97) | -0.3029*<br>(-1.79) | -0.3489**<br>(-2.10) | -0.2478<br>(-1.53) | -0.7658***<br>(-3.99) | -0.7343***<br>(-3.87) | -0.8795***<br>(-4.47) | -0.6942***<br>(-3.69) |
| DC1 | -0.0079***<br>(-2.98) | | | | -0.0068**<br>(-2.12) | | | |
| DC2 | | -0.0079***<br>(-2.70) | | | | -0.0058*<br>(-1.79) | | |
| GDPR | | | -0.2055***<br>(-3.99) | | | | -0.2620***<br>(-3.22) | |
| FRR | | | | -0.0683***<br>(-2.93) | | | | -0.0391<br>(-1.18) |
| Size | 0.0183**<br>(2.13) | 0.0168**<br>(1.97) | 0.0186**<br>(2.25) | 0.0130<br>(1.63) | 0.0383***<br>(3.95) | 0.0367***<br>(3.82) | 0.0445***<br>(4.46) | 0.0340***<br>(3.61) |
| Lev | 0.2060***<br>(7.13) | 0.2072***<br>(7.18) | 0.2171***<br>(7.53) | 0.2161***<br>(7.48) | 0.1490***<br>(4.14) | 0.1491***<br>(4.14) | 0.1467***<br>(4.08) | 0.1472***<br>(4.08) |
| Roa | 0.5398**<br>(2.54) | 0.5541***<br>(2.61) | 0.5353**<br>(2.53) | 0.5627***<br>(2.65) | 0.7208**<br>(2.45) | 0.7292**<br>(2.48) | 0.6972**<br>(2.38) | 0.7630***<br>(2.60) |
| Growth | 0.0046<br>(0.93) | 0.0048<br>(0.97) | 0.0072<br>(1.49) | 0.0061<br>(1.26) | -0.0002<br>(-0.04) | -0.0001<br>(-0.01) | 0.0007<br>(0.14) | 0.0003<br>(0.06) |
| R – Square | 0.0444 | 0.0450 | 0.0282 | 0.0287 | 0.0566 | 0.0611 | 0.0691 | 0.0693 |
| Wald chi | 21.89*** | (21.56)*** | 23.35*** | 21.83*** | 13.19*** | 12.93*** | 14.43*** | 12.54*** |
| Obs | 3657 | 3657 | 3657 | 3657 | 1603 | 1603 | 1603 | 1603 |

注：*** 表示在1%的统计水平上显著，** 表示在5%的统计水平上显著，* 表示在10%的统计水平上显著。

表 10-7　分地区下假说一、假说二、假说三的回归分析结果

| | 东部地区 | | | | | 中部地区 | | | | 西　部 | | |
| --- | --- | --- | --- | --- | --- | --- | --- | --- | --- | --- | --- | --- |
| | (1) | (2) | (3) | (4) | (5) | (6) | (7) | (7) | (9) | (10) | (11) | (12) |
| Constant | -0.5388*** (-3.55) | -0.5025*** (-3.34) | -0.5516*** (-3.68) | -0.3887*** (-2.69) | -0.5081*** (-2.63) | -0.4699** (-2.44) | -0.4547** (-2.35) | -0.4403** (-2.28) | -0.8825*** (-3.20) | -0.8524*** (-3.14) | -0.7264*** (-2.65) | -0.8025*** (-2.95) |
| DC1 | -0.0072*** (-3.25) | | | | -0.0348*** (-4.33) | | | | -0.021*** (-3.24) | | | |
| DC2 | | -0.0070*** (-2.85) | | | | -0.0332*** (-3.94) | | | | -0.0220*** (-3.28) | | |
| GDPR | | | -0.2280*** (-3.87) | | | | -0.2468*** (-3.04) | | | | -0.1733** (-2.04) | |
| FRR | | | | -0.0254 (-1.05) | | | | -0.1046*** (-2.59) | | | | -0.1216*** (-2.80) |
| Size | 0.0267*** (3.50) | 0.0252*** (3.32) | 0.0272*** (3.63) | 0.0181** (2.54) | 0.0310*** (3.20) | 0.0295*** (3.06) | 0.0272*** (2.82) | 0.0256*** (2.68) | 0.0475*** (3.39) | 0.0465*** (3.36) | 0.0385*** (2.79) | 0.0420*** (3.08) |
| Lev | 0.2104*** (7.69) | 0.2118*** (7.74) | 0.2175*** (7.98) | 0.2158*** (7.89) | 0.1222*** (2.92) | 0.1170*** (2.80) | 0.1022*** (2.46) | 0.1038*** (2.48) | 0.1258*** (2.68) | 0.1248*** (2.66) | 0.1276*** (2.71) | 0.1246*** (2.65) |
| Roa | 0.5067** (2.26) | 0.5204** (2.32) | 0.5359** (2.39) | 0.5416** (2.41) | 0.0595 (0.16) | 0.0605 (0.16) | -0.0734 (-0.20) | -0.0624 (-0.17) | 1.1272*** (3.37) | 1.1402*** (3.41) | 1.1452*** (3.41) | 1.2087*** (3.61) |
| Growth | -0.0012 (-0.29) | -0.0010 (-0.24) | 0.0002 (0.04) | -0.0001 (-0.02) | 0.0193* (1.94) | 0.0197** (1.97) | 0.0268*** (2.69) | 0.0234** (2.35) | 0.00055 (0.05) | 0.0002 (0.03) | 0.00331 (0.34) | 0.00252 (0.27) |
| R-Square | 0.0534 | 0.0533 | 0.0486 | 0.0432 | 0.0414 | 0.0376 | 0.0458 | 0.0437 | 0.0274 | 0.0282 | 0.0682 | 0.0685 |
| Wald chi | 28.19*** | 27.67*** | 29.12*** | 26.19*** | 46.46*** | 43.19*** | 36.79*** | 34.24*** | 8.92*** | 8.97*** | 7.61*** | 8.37*** |

注：东部地区包括京、津、冀、沪、辽、鲁、苏、浙、闽、粤、琼11个省（市）；中部地区包括晋、吉、黑、皖、赣、豫、湘、鄂8个省（区），西部包括蒙、桂、渝、川、黔、云、藏、陕、甘、宁、青、疆12个省（区）。

这从另一方面说明了无论是在市场化进程高的地区，还是市场化进程相对较低的地区，财政分权程度及与之相关的以 GDP 和财政收入的增长为考核标准的地方官员行政晋升激励制度都是影响政企关系及政府干预从而影响银行信贷资金配置的重要制度因素。因此，要切实减少政府干预，就不能单纯依赖市场化的进程，而内生的政府对企业干预的减少，还需要完善中国分权化改革的相关措施，如改革以 GDP 与财政收入的相对增长绩效为考核标准的地方官员行政晋升激励制度。

## 10.4  研究结论与启示

作为促进经济增长的重要金融中介，银行信贷资金的配置及效率一直是研究关注的重要领域。那么，影响中国银行信贷资金配置的因素有哪些？以往的研究分别从企业内部自身因素与外部的制度环境因素两个层面展开了分析与研究。研究发现，除企业的内部特征如公司的规模、赢利能力、成长机会、企业的信誉、资产风险等对企业银行信贷资金投放的影响以外（Myers，1977；Smith and Warner，1979；Harris and Raviv，1991；Smith and Watts，1992)，外部的制度环境因素如政府对企业的干预、政治关系、投资者法律保护的程度、银行的产权性质等也是决定银行信贷资金配置的重要因素（La Porta et al.，2002；Fan et al.，2003；Cull and Xu，2000，2003；Faccio，2006)。针对转轨经济条件下的中国企业，国内的研究发现政府的干预是影响中国信贷资金配置并导致其效率低下的重要因素，而政府干预的程度又受到市场化进程、政府的层级（中央政府还是地方政府）以及企业的产权性质等的影响。但这些研究并未实证考察政府干预的根源，即政府干预背后的深层次体制原因是什么。此外，关于政府的干预是否会随着市场化的进程而必然减弱？市场化进程相似的地区或同一地区的不同时期政府的干预程度是否存在差异，政府干预是否只存在于国有产权公司等问题并没有得到统一的结论。基于此思路，本章从中国财政分权和以 GDP 和财政收入增长为评价标准的地方官员行政晋升激励制度等中国式的分权背景特征出发，实证考察了引起政府干预从而影响银行信贷资金配置的根源。以 2000 ～2007 年中国上市公司作为研究样本，实证研究发现，财政分权越不充分的地区、GDP 和财政收入增速越慢的地区，地方政府对银行信贷资金配置的干预越强，地方政府所控制的国有公司和属地民营公司更容易获取银行的长期债务融资。进一步的研究发现，财政分权背景下的地方政府的干预不仅存在于其所控制的国有公司，还包括属地民营公司。此外，由于财政分权程度和地方官员行政晋升标准的差异，政府的干预在市场化进程不同的东部、中部和西部都广泛存在，也从另一层面说明政府干预并不必然会随着市场化的进程而内生减弱。

我们的研究具有重要的政策含义。只有对目前的分权化改革的相关措施进行完善，如通过加大财政转移支付力度减轻地方政府的财政压力、完善目前以 GDP 与财政收入的相对增长绩效为主要考核标准的地方政府官员行政晋升激励制度等，才能真正从制度层面上减弱或消除政府对企业的干预，从而提高银行信贷资金配置的市场化并提高其效率。

下　篇

◀◀◀　中国金融发展的安全保障机制

# 11

## 金融风险预警的国外实践与
## 理论框架设计

## 11.1 相关的文献回顾

传统的金融风险预警研究主要包括货币危机预警和银行危机预警两个方面，Graciela、Kaminsky 和 Reinhart（1999）首次分析了银行和货币危机的联系，发现银行部门的问题典型地先于货币危机，而货币危机反过来又能加深银行危机，激活投机性的攻击，这一研究表明银行问题和其他金融体系问题是相互交织的，需要对金融体系系统性的风险进行有效评估。用预警系统评估金融系统健康状况涉及两个相关的问题，一是如何衡量金融体系的系统性风险，二是如何评估金融体系对潜在的下端风险的脆弱性。传统的预警系统在解决第一个问题上往往集中于衡量银行的资产负债表信息，如不良贷款比率、收入和赢利能力，流动性和资本充足率，偏重于单个金融机构稳健性评估，这也成为监管部门实施银行业监管的重要依据，其纲领性分析框架是巴塞尔协议。最近的研究主要强调以市场基础的衡量替代传统的资产负债表衡量（如 Chan-Lau and Gravelle，2005；Lehar，2005；Avesani，2006），这样可以获得实时的、前视的预警信息，提高预警系统的有效性和实时性。对第二个问题，压力测试是一个普遍采用的风险管理工具，衡量潜在的极端事件对金融机构或整个金融体系的冲击，一般利用市场基础信息进行金融部门压力测试（如 Avesani，2006；Basurto and Padilla，2006）。虽然相关的研究不断走向纵深，但极少有研究将金融风险预警系统的构建与中央银行金融稳定职能结合起来，在金融风险预警体系中没有考虑政策制定者的角色，这也导致了预警系统的理论研究丰富而实践中政策制定者对这些预警系统的运用却很有限的奇特现象，在某种程度上也制约了预警系统的发展和其预测有效性的提高。Davis 和 Karim（2008）的研究是一个例外，他们指出当设计预测模型和设置相关阈值时考虑政策制定者的目标很重要，另外，Alessi 和 Detken（2009）也通过为政策制定者定义一个损失函数来计算有成本的资产泡沫识别的阈值，也考虑了政策制定者在风险预警中的主动作用。

与货币稳定不同，中央银行极少有政策杠杆实现金融稳定目标（Haldane，Hall and Pezzini，2007），这主要因为传统理论认为货币政策产生的总价格稳定，可以作为副产品，促进金融体系稳定（Bordo，2000）。然而，实证证据表明许多危机的爆发却伴随着稳定的通胀率，如日本 20 世纪80 年代末的金融危机伴随低通胀环境，相反的，股票价格几乎在 1985 ~1989 年翻了三倍，东京的商业财富价格增加的更多；韩国的通胀率在 20 世纪 90 年代总体下降，亚洲其他地区，通胀也相对较低，而且趋于下降，在1997 年危机前，资产价格和信贷却急剧膨胀（Borio and Lowe，2002）；次贷危机爆发前，各国也呈现低通胀的良好势头，同时也伴随快速的信贷扩张，部分国家出现了资产价格的不断攀高，这表明中央银行货币稳定目标的实现并不必然伴随着金融稳定，因此，在中央银行目标函数中应该清楚地包括货币稳定和金融稳定分析（Disyatat，2009）。但是迄今为止，金融稳定没有普遍可接受的概念，也没有能全面反应金融体系健康状况的类似通胀率的指标，中央银行难以获得实时信息判断金融风险并提前采取相应的政策措施。金融失衡可以是一个简便地判断金融体系脆弱性的概念框架，通过构造资产价格缺口、信贷缺口、投资缺口，Borioand Lowe（2002）提出了一个预测未来金融体系系统性问题的指标体系，这是一种设置金融稳定中介目标的有益尝试，但这一基于年度数据的研究仍然不能向政策制定者提供实时预警信号，也没有明确提出在过度低风险厌恶时，中央银行通过何种渠道紧缩的货币政策能成功地减少金融失衡，防范危机出现，同时对金融风险过于简化的分析也难以抓住金融体系复杂风险来源的全貌。即使不能像实现货币稳定目标那样提出明确的中介目标和操作工具，建立金融风险预警体系，为中央银行提供可供操作的时间和信息，同时对中央银行政策有效性进行实时评估，仍能作为中央银行判断金融风险，实现金融稳定目标的重要工具。

## 11.2    各国中央银行的实践

基于对金融稳定目标的关注，中央银行采用定期发布金融稳定报告（FSR）的方法实施外部沟通，以增加政府对金融稳定职责的透明度，增进金融体系稳定，同时加强与监管部门或其他金融稳定相关部门的合作（Oosterloo，De Haan 和 Jong-A-Pin，2007）。通过分析公开发表的 FSRs，可以发现各国中央银行在实现金融稳定目标过程中的主要做法和金融稳定分析框架。①

### 11.2.1    金融稳定的概念

各国中央银行对金融稳定的概念界定有的宽泛，有的狭窄，往往用反面概念来界定，但没有 FSR 提出一个操作性的稳定定义，即没有提出更具体的定义，能缩窄中央银行评估金融体系稳定的可供监控的指标，这种操作定义的缺位与货币政策通胀目标形成了鲜明对比。Haldane、Hoggarth 和 Saporta（2004）指出英格兰银行虽然没有包括这样的操作定义，但实际上在向这个方向发展。英格兰银行评估了一系列潜在的危机预警信号及其阈值，如果任何指标达到了阈值，就发出预警信号。但相关的工作仍很不够，特别是微观层次的银行指标和金融部门弹性和健康状况的评估还很欠缺。

### 11.2.2    金融稳定评估范围

中央银行在初始评估金融稳定时，关注点很狭窄，主要关注银行部门，随着时间推移，越来越多的中央银行将非银行金融机构、家庭、企业、支付和证券清算系统及规章框架也纳入分析视野，一是越来越关注来自非金融部门的潜在风险，同时越来越关注非银行金融机构，包括保险公司、养老基金和证券中介；二是更多地关注各种风险因子。信用风险是受到最广泛关注的风险，大多数中央银行也分析了汇率风险和支付及清算风险，有一半的中央银行关注利率风险和流动性风险，少数中央银行提到了传染风险。

### 11.2.3    分析工具

与金融稳定定义相关，伴随金融稳定评估范围的扩大，各国中央银行采

---

① Čihák（2006）提供了很好的现有金融稳定报告的回顾。

用了各种金融风险分析工具，与传统的宏观经济分析相比，更多注意到了宏观经济分析和微观审慎分析的联系，与微观审慎分析相比，宏观审慎分析主要集中于系统风险，而非单个机构风险。金融风险评估指标的选取包括宏观审慎指标、市场指标和其他指标，越来越多的市场基础指标被加入分析，如金融机构的股票市场价格、股票价格波动、违约距离、违约概率、破产距离、政府或公司债券利差的变化、银行和非银行的信用违约互换升水和期权价格基础的隐含波动等。压力测试则是各国中央银行广泛用到的分析工具，多数银行的压力测试仍处于初期阶段，甚至有的中央银行分析金融脆弱性时并未进行正规的压力测试。表 11－1 列出了至 2005 年末 FSRs 报告的央行实施压力测试的情况。总之，许多中央银行的压力测试都是由 IMF 的 FSAP 推动或沿用其分析框架，基本覆盖了银行部门，对其他金融部门则较少涉及，而且多数压力测试流于简单的敏感性计算和分析，只有信贷风险被中央银行广泛考虑，其他风险涉及较少。大多中央银行压力测试采用的是单个银行数据，汇总后进行压力测试，这种方法往往遗漏了脆弱机构风险集中产生的潜在风险。有的中央银行没有参与微观审慎监管（如英格兰银行、挪威银行），主要依赖非监管数据进行自上而下的方法或计算来衡量风险。除了稳健性指标、压力测试和市场指标，中央银行还运用了其他指标和工具。其他指标包括量化指标（包括金融机构评级、观点调查概要、来自监管预警系统的结果和风险衡量如 VaR）和定性工具（特别是规章和其他基础设施的评估）。一个明显的趋势是中央银行与监管部门的合作正在增强，以自下而上的方法衡量风险也得到一些中央银行的认同。

表 11 –1　FSRs 中的压力测试（至 2005 年末）

| 项　　目 | 占 FSRs 百分比 |
|---|---|
| 压力测试 | 55 |
| 以 FSAP 为框架的压力测试 | 38 |
| 包括信贷风险压力测试 | 55 |
| 包括利率风险压力测试 | 45 |
| 包括汇率风险压力测试 | 33 |
| 其他风险 | 33 |
| 包括情景分析 | 38 |
| 包括传染分析 | 10 |
| 以计量模型为基础的信用风险评估 | 8 |

资料来源：Čihák, "How Do Central Banks Write on Financial Stability?" IMF Working Paper WP/06/163, 2006。

### 11.2.4 金融风险预警系统的运用

越来越多的文献识别和评估了潜在金融不稳定的领先指标，同时，20世纪 70 年代起，监管者采用预警系统作为银行定期监管过程的一部分。最基本和最广泛运用的预警系统是 CAMELS，但一些中央银行或监管者已经采用了更复杂的基于计量技术的预警系统，有的预警系统还能估计金融机构的倒闭概率（如德国中央银行）。表 11-2 中列出了英美两个具有代表性国家的中央银行及监管当局使用的预警系统，除了英格兰银行的金融风险预警系统考虑了金融稳定目标外，其他国家的预警系统都类似于美国，更加强调微观审慎监管，而且对非银行金融机构风险覆盖较少。虽然英格兰银行的预警体系向金融稳定目标的可操作性方向作出了尝试，但其微观审慎监管又显得匮乏。

**表 11-2 英美两国金融风险预警系统比较**

| 中央银行 | 采用的预警系统 | 预警方法 | 特点 |
| --- | --- | --- | --- |
| 美联储 | BOPEC 评级体系 | 与 CAMELS 类似 | 强调对金融部门的监管。与监管当局 CAMELS、联邦存款保险公司开发的 SCOR、GMS 系统、货币监理署的 BC 等一起构成"伞形"监管结构，伞的顶点是美联储，通过对金融业宏观审慎性分析与对金融控股公司的监管把握美国金融业稳健运行的全局。伞面是各个专业监管当局，负责对各类金融机构的监管 |
| 美联储 | UBSS 系统 | CAMELS 评级指标、跟踪银行新业务及其发展指标、监测资本市场指标 | |
| 美联储 | SEER（原 FIMS） | 银行的 CAMELS 评级、银行倒闭和生存预测模型 | |
| 英格兰银行 | ARROWS | 环境评估以及商业银行具体风险评估；9 个风险组、45 项风险要素；银行实地查访、制定风险降低计划，评估的确认和外部沟通；监控风险并实施风险减缓计划 | 将风险评估与金融稳定目标相对接，允许中央银行采取措施减缓风险，在金融稳定操作工具缺乏的情况下，强调外部沟通的重要性，在金融稳定目标的预警系统方面做了有益的尝试 |
| 英格兰银行 | TRAM | 统计方法和主观判断，对银行业机构实施评估，评估涉及利润流、风险情况以及控制与结构 | |

资料来源：董小君《金融风险预警机制研究》，2004；吕彦《两种国际先进风险评估体系的对比及对中国银行监管的启示》，2006；中国银监会银行风险早期预警综合系统课题组《单体银行风险预警体系的构建》，2009。

## 11.3 新的金融风险预警框架

建立金融风险预警系统的目标不仅仅是实施监管，预测可能的风险，提出风险预警信号，更重要的是能协助中央银行实现金融稳定目标，成为中央银行金融稳定政策实施的工具，其主要特征应包括：系统地发展金融风险预警系统，特别的，注意居民和机构面临的共同冲击和风险暴露并关注这些冲击和风险暴露的联系；认识潜在非线性的结果和内生性的作用，同时加强对单个机构的健康的关注并将各类金融机构的风险评估置于更广泛的联系中；在评估系统性风险和制定风险减缓政策时，中央银行和监管者之间应更紧密地合作，这需要找到在中央银行自上而下方法和传统的监管者自下而上的方法之间的最优相互影响的点；运用更对称的或反周期的政策工具。对于这一点，新框架应能简单反应已有的可接受的知识，为化解金融危机或减轻金融风险预留足够的政策响应时间（White，2008）。

### 11.3.1 预警体系构建原则

（1）宏观审慎管理与微观审慎监管相结合，既能反应单个金融机构的风险状况，也能反映整个金融体系的系统性风险来源，为中央银行金融稳定目标提供可操作的信息和时间。

（2）尽可能多的机构和预警指标纳入预警系统，识别不同的风险来源，既包括国内风险的识别，也考虑不同国家之间的传染风险，将外部冲击纳入风险预警框架。系统性地考察不同风险间的相互关系和传导机制，权衡预警准确性和时间水平之间的关系，既考虑中长期预警，也考虑实时预警，更多地选取市场基础的指标。

（3）多种预警方法组合运用，主要强调宏/微观压力测试和监管部门评级信息的结合，要充分利用各种预警方法的预警结果，进行预警的组合分析。除了进行中长期预警，更重要的是准确进行实时预警，更好地识别市场预期的转折点。

（4）建立预警系统与中央银行政策效果的评估和反馈机制，以不断创新的精神提高预警系统有效性、实时性，并提高监管部门监管效率，以此促进中央银行金融稳定政策的实施。

（5）促进与国外监管部门的合作，提出共同的监管标准，一起实施对跨国金融机构和全球公司的监管，防止跨国公司不当行为带来的金融风险。

## 11.3.2 金融稳定目标下的金融风险预警

无论是帮助中央银行实施监管还是为中央银行采取必要的稳定措施提供时间和信息，预警系统无疑都是重要的控制工具。作为预警系统的输入方，包括金融部门和外部环境，预警系统的输出方是中央银行，即向中央银行输出预警信号，帮助中央银行识别风险，并采取必要的措施防范风险。对金融部门，主要是加强与监管部门的合作，以外部沟通的方式向金融机构提示风险，并采取稳定措施稳定市场、影响微观主体行为；对外部环境，主要是以传统的货币政策影响经济发展，改善经济环境，对外部冲击，则是隔离国与国间的风险传染，加强与其他国家中央银行的合作，防范风险的扩散和蔓延。最后，作为干预后的数据再次进入预警系统，为中央银行政策有效性判断并为进一步的政策措施的实施提供依据，以此帮助中央银行实现其金融稳定的目标，如图11－1所示。

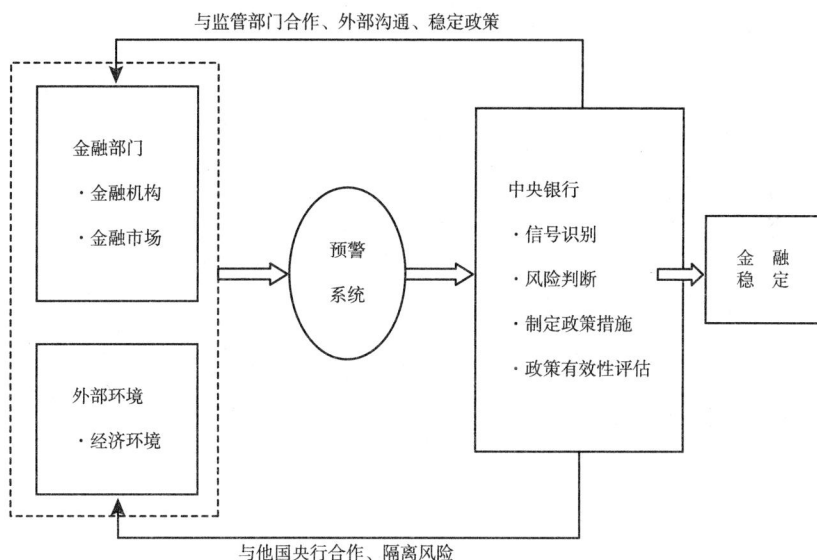

图 11－1　金融稳定目标下的预警系统

## 11.3.3 金融风险预警系统的构建框架

虽然各国在预警体系的构建方面已经取得了很大进展，但并未将其作为中央银行实现金融稳定的重要工具，这主要表现在：中央银行未能与监管部门实现紧密的合作，尚未建立起与监管纠偏措施的紧密联系；预警系统中的宏观经济因素考虑和市场信息还远远不够，其实时预警功能较为缺失；压力测试模型欠缺，随着金融运行环境波动性的加大，整个金融系统及单个机构遭遇极端情景的可能性也在增加，因此压力测试与情景假设模型的研究正成为金融风险预警系统构建的重点之一。遵循实现中央银行金融稳定目标中预警体系的作用与功能，结合各国中央银行的实践经验，这里提出新的金融风险预警框架（图 11 - 2），以实现提升预警体系的可靠性和有效性，为中央银行化解金融风险提供依据。

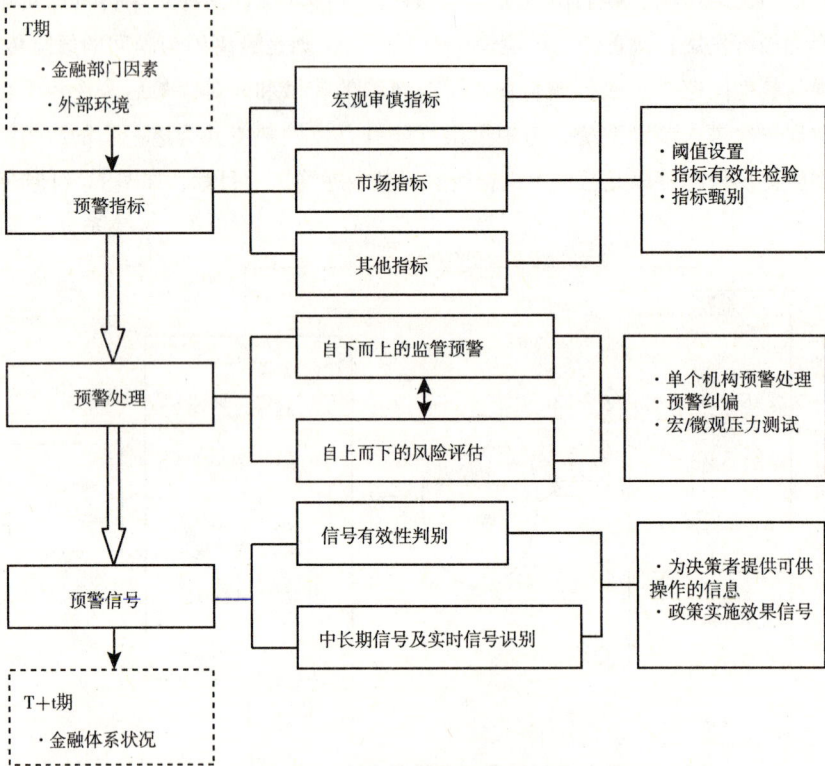

**图 11 - 2　新的金融风险预警框架**

## 11.4　结论

从各国中央银行的实践来看，各国都在实现金融稳定的目标上作出了有益的尝试。有效的预警体系提供的信息不仅可以作为中央银行制定稳定政策的依据，也可以为中央银行在危机爆发前采取风险减缓措施赢得时间，为实现金融稳定目标提供控制工具。以金融稳定为目标，现有的风险预警系统的构建框架应该作出调整，在指标体系的设置上尽可能纳入所有可能对金融体系造成威胁的风险指标，形成中央银行自上而下的方法和传统的监管者自下而上的方法之间的最优结合，帮助中央银行利用政策应对逐步增强的金融失衡以对抗金融风险，防范金融危机的爆发，并通过标准的传导渠道或外部沟通给予公众信号，实现金融稳定并促进经济的持续健康发展。

　　当前中国银行风险评估模式，主要吸收并借鉴了美国所采用的较为成熟的风险评级模式。2006 年 1 月，中国银监会发布了《银行风险评级监管指引》，采用 CAMELS + 评级体系。目前，中国预警体系在技术上实现了与中国银行业监督管理委员会自身的非现场监管信息系统数据库的连接，以现有数据为基础，自动生成具有解释和预测能力的预警指标变量体系，在金融风险预警体系的建设方面作出了有益的尝试，但在实现金融稳定目标的努力方面仍显不足，如何在金融稳定目标下构建中国的金融风险预警体系，并更多地考虑外部冲击指标和国与国之间的传染，将是金融风险预警体系构建的重要方向。

# 12

# 中国金融安全指标的构建及实证分析

随着经济全球化和金融国际化的迅速发展，现代金融产业逐渐占据国家经济体系的核心位置，通过其强大的资源配置功能，支持和调动着国民经济各行各业的生产经营和运行。但是，金融业自身的安全问题也会通过资金链网迅速传导至整个国民经济体系，进而对国家经济安全造成重大影响。自20世纪90年代以来，墨西哥金融危机、亚洲金融危机、俄罗斯金融危机、巴西金融危机和美国金融危机的连续爆发，给世界各国的社会、经济、政治造成了严重危害。金融安全的度量和维护已经成为世界性难题，受到各国政府、经济管理部门、金融企业和经济理论界的高度关注。自中国加入 WTO 以来，中国金融行业逐渐对外开放，潜在的金融安全隐患随之增加，一方面，其他国家或地区的金融风险会通过多种途径传递到国内，加大中国金融行业的外部风险；另一方面，外资金融机构的不断涌入、非国有金融的迅猛发展和国内金融监管体制改革的相对滞后，使得金融市场竞争和经营的内部风险不断加大，从而使得中国金融安全问题日趋突出和严峻。因此，研究如何构建中国金融安全指数，每年滚动分析和评价中国金融安全状况，找出潜在危险因素，并提出相关政策建议，具有重要的现实意义。

## 12.1 相关研究

### 12.1.1 金融安全的概念及其内涵

由于金融安全的影响因素较多，而且金融安全的内涵也随着金融国际化、全球经济一体化的发展而不断深化，因此，目前国内外尚无公认的金融安全的定义。然而，国内不少学者从不同角度对金融安全概念进行了界定，发表了大量富有启发性的阐述和见解。

王元龙（1998）认为，所谓金融安全，简而言之就是货币资金融通的安全，凡是与货币流通以及信用直接相关的经济活动都属于金融安全的范畴；一国国际收支和资本流动的各个方面，无论是对外贸易，还是利用外商直接投资、借用外债等都属于金融安全的范畴。

梁勇（1999）从国际关系学的角度，认为金融安全是指一国能够抵御内外冲击保持金融制度和金融体系正常运行与发展，即使受到冲击也能保持本国金融及经济不受重大损害，如金融财富没有大量流失、金融制度与金融体系基本保持正常运行与发展的状态，维护这种状态与能力和对这种状态与维护能力的信心与主观感觉，以及这种状态和能力所获得的政治、军事与经济的安全。

郑汉通（1999）认为，所谓金融安全，即一国金融利益不受侵犯，金融体系的正常运转不受破坏和威胁，金融体系能抵御各种金融危机对其的侵害。反之，当一国金融利益受到侵犯，金融体系不能正常运转，面对各种各样的金融危机毫无抵抗能力，就是金融不安全。雷家骕（2000）对金融安全的概念也作了类似的界定。

李怀珍（2000）认为，金融安全是指一国遵循一定的规律和规则，通过政府部门的主导和支持，监管当局的监督调控，金融主体的自我调节，使金融业保持较强的竞争力和防险、抗险能力，总体上处于稳健运行状态。金融安全机制是金融主体、监管当局以及政府三个基本部分的构造、功能、特性，依据规定、规则的匹配联动和有机结合。

刘沛和卢文刚（2001）指出金融安全是指一国经济在独立发展道路上，金融运行的动态稳定状况，并强调了7点说明：①金融安全状态是在经济主权独立的情况下才可以存在的；如果一国的经济金融发展已经受制于他国或其他国际关系行为体，那么，无论如何快速发展，其金融安全隐患始终存在，也就无从谈起真正的金融安全。②金融安全与金融风险不同，两者不构成反义词。国内许多学者把金融安全认为是没有金融风险的状态，这种想法是错误的。③金融安全应当是一种动态均衡。④金融安全有广义和狭义之分。广义即在拥有国家主权的前提下，经济和金融领域的动态均衡；狭义主要是针对金融和货币领域的动态均衡状态。⑤金融安全的反义词是金融不安全，但绝不是金融危机的爆发。⑥金融安全是特定意义上的金融稳定。侧重于强调一种动态的金融发展态势，包括对大的经济体制、结构调整变化的动态适应。⑦金融安全观的提出应当是在特定的历史发展阶段才作为一个重要战略提出的，一方面，它是作为国家安全战略的一部分提出的；另一方面，其提出与当前世界经济金融发展的状况和实践有密切关系。

符莉（2002）和李恒光（2002）认为金融安全包括三方面的内容：一是金融体系的安全，如金融资产的安全、金融机构的安全；二是金融发展的安全，如对整体经济、军事和政治安全起决定性作用的金融运行的安全；三是金融自控权的不受侵犯，其衡量标准主要包括无明显的金融风险，无重大金融财产实际损失，金融市场稳定，金融机构健全，金融运行有序，金融监管主动有效，整个金融业稳健发展，未因客观经济金融因素使金融政策偏离既定目标，金融运行也未对政治、经济、军事等的安全造成负面影响。

王元龙（2004）认为金融安全是指在金融全球化条件下，一国在其金融发展过程中具备抵御国内外各种威胁、侵袭的能力，确保金融体系、金融主权不受侵害、使金融体系保持正常运行与发展的一种态势。

刘锡良等（2004）从金融功能是否能正常履行的角度来认知金融安全，认为金融安全从微观层面来看，就是要考察金融机构是否能正常履行其提供流动性、降低交易成本等功能；从中观层面来看，就是看金融行业能否正常履行交易服务、交易中介和证券转换三大功能；从宏观层面来看，就是看中央银行能否正常履行货币政策职能，整个金融体系能否健康运转。

叶莉（2009）认为金融安全是指在金融全球化条件下，一国在其金融发展及对外交往中，依靠有效的调控体系和组织体系实现对金融风险的防范和控制，维护本国金融利益，确保金融体系运行稳定而有活力的一种态势。

吴婷婷（2011）认为金融安全是指金融体系的风险承载力不但能应对系统自身内部风险的集聚，还足以抵御来自国际金融领域的外部冲击；金融安全是在金融国际化不断推进过程中的一种"动态"安全，而非"静态"的安全。

根据以上学者对金融安全概念的阐述，我们把金融安全的内涵归结为以下几点：

（1）宏观经济平稳健康发展，经济政策能够独立自主；

（2）金融市场有序运行，金融体系能够抵御各种国内外直接和间接不利因素的冲击；

（3）金融机构能够正常履行其提供流动性、降低交易成本、优化资源配置等功能；

（4）在金融安全范畴内，允许存在适当的金融风险；

（5）金融安全是动态的，随着国际经济、社会和金融环境的发展而变化。

### 12.1.2　关于金融安全指标体系的文献综述

国内不少文献对金融安全指标进行了研究和实证分析，其中比较有代表性的有：姜洪和焦津强（1999）从外债的角度，选择经常项目差额占 GDP 的比重；外汇储备可供支付进口的月数；偿债率，即债务国当年的偿债额占商品与劳务出口收汇额的比重；偿息率，即债务国当年债务余额占当年商品与劳务出口收汇的比重；负债率，即当年偿还外债总额与当年 GDP 之间的比率构造了中国金融安全指标。其实证结果表明真正对国家金融安全产生直接而重大影响的是外债与国际储备之间的比例关系，尤其应当重视国际储备与外债总额之间的比率、当年还本付息与国际储备之间的比率、短期外债与国际储备之间的比率。他们认为，这三个指标能够有效地构成国家金融安全的预警指标体系。

陈松林（2002）从宏观、中观、微观 3 个层面构建金融安全指标：宏观层面是与宏观经济运行安全密切相关的一些指标，中观层面反映区域金融安全，微观层面上的机构金融安全；构建指标系统反映国家宏观经济运行、银行安全、货币安全的国际收支、网络技术因素的信息安全、政策因素等指标，共计 5 个子系统 41 个指标。

刘锡良等（2004）在考察中国经济转轨时期的金融安全状况时，提出了包含 24 个金融经济指标在内的核心评价指标集。这 24 个指标分别是：实际 GDP 增长率速度、总投资增长率、财政赤字增长率、周期指标、工资支出/财政支出、外债总额/GDP、债务率、偿债率、M2/GDP、贷款总额/GDP、物价波动率、股票市值/GDP、存贷比、活期存款比重、中长期贷款比重、综合赔付率、资本增长率、资本风险系数、不良资产比重、坏账准备金风险系数、证券抵押贷款比率、企业亏损面、企业负债率和企业增加值增长率。基于目前中国的数据可得性，刘锡良等在对中国 1991～2001 年的金融安全状态进行测定时，选择了前 16 个指标作为应用指标集。其对这 16 个指标数据，运用因子分析法，得到了货币、周期、投资和政府这四个主要因子，并进一步利用方差贡献率对四个因子予以赋权，加权平均后得到了金融安全指数。该指数在 1991～2001 年这 11 年间的数值表明，中国的金融安全状态具有明显的波动性，但金融的稳定性特征正在逐步增强。

罗慧英和南旭光（2007）设计了一个涵盖 18 个指标的金融安全综合评价指标体系［该指标体系由国内经济系统、金融系统、对外经济系统 3 大系统构成（其中金融系统又由金融监控、银行体系和资本市场 3 个子系统构成），共包含 18 个指标。反映国内经济系统状况的指标有：GDP 增长率、固定资产投资增长率、消费增长率、国债发行额／GDP；反映金融系统之金融监控子系统状况的指标有：货币化程度、M2 增长率、实际利率水平、外汇储备／M2；反映金融系统之银行体系子系统的指标有：信贷增长率、信贷量／GDP、居民储蓄增长率；反映金融系统之资本市场子系统的指标有：股票市值、市盈率、股指波动率；反映对外经济系统的指标有：负债率、实际利用外资增长率、贸易差额／GDP、实际有效汇率］，并基于突变理论，构建了金融安全的非线性综合评价模型。运用该指标体系和模型，他们度量了中国 1993～2005 年的金融安全度。度量结果表明：2001 年之前，中国金融体系的安全度处于相对较低的状态；2001 年之后，中国金融安全程度呈现不断上升的态势，2005 年达到这 13 年期间的峰值。

沈悦、谢勇和田姬（2007）依据敏感性、权威性和可行性这三性原则，筛选出了 20 个能较好地反映出中国金融安全运行状况的指标（反映宏观基本面的 5 个指标：GDP 增长率、CPI 增长率、M2 增长率、固定资产投资增长率、经常账户差额／GDP；反映财政状况的 3 个指标：国债负担率、赤字率、国债依存度；反映外汇市场状况的 4 个指标：债务率、短期外债／外汇储备、外汇储备／外债总额、实际升值幅度；反映证券市场状况的 2 个指标：证券化率、市盈率；反映信贷市场状况的 3 个指标：金融机构贷款增长率、实际利率、短期贷款／贷款总额；反映金融机构状况的 3 个指标：金融机构存贷比率、国有银行不良贷款率、国有银行实收资本/总资产），并基于主观指标赋权法，合成了反映中国金融安全程度的综合指数（FSL）。他们对中国 1992～2005 年金融安全状况进行了测度，研究结论表明：虽然在这 14 年间中国金融安全状况起伏，但总的趋势是向好的；2001～2005 年中国金融安全状况明显优于 1992～1995 年、优于 1996～2000 年并在 2004 年达到这 14 年内的最佳状态。这说明加入 WTO 后，中国的金融安全状况非但没有因在开放条件下被弱化，反而得到较大提升。同时，作者也指出随着中国金融业的进一步开放，对开放条件下潜在金融风险转化的可能性仍不能掉以轻心。

叶莉（2008）把金融安全监测预警系统划分国家宏观经济安全运行、金融机构安全运行、外部金融安全运行、金融软环境安全 4 个子系统，共 31 个监测指标（分别为 GDP 增长率、失业率、通货膨胀率、M2 增长率、利率敏感性比率、汇率波动率、固定资产投资增长率、财政赤字/GDP、资本资产比、不良贷款率、资产利润比、资本收益率、资产流动性比率、存贷比、备付金比例、股票市盈率、证券化率、房地产开发投资/固定资产、商品房销售面积/商品房竣工面积、综合赔付率、保险深度、保险密度、经常项目差额/GDP、外汇储备/年进口额、短期外债/外汇储备、短期外债/债务总额、外债负债率、外债偿债率、外债债务率、消费者信心指数、宏观景气预警指标）。该研究认为，最能直接衡量金融安全的是反映金融机构的微观审慎性指标组，也是国际上普遍通用的衡量金融风险的指标，对其赋予的权重最大。外部金融与宏观经济都是通过影响金融机构的安全运行来间接影响金融安全，其权重大小，根据不同时期对金融安全的影响程度确定。

蒋海和苏立维（2009）结合中国实际，选择微观、宏观和国际市场 3 大类 17 个金融经济指标（反映微观金融稳健经营状况的指标有：资本充足率、商业银行存贷比、资产收益率、内控机制；反映宏观经济状况的指标有：GDP 增长率、经济景气指数、财政盈余、外汇储备、经常账户差额、企业赢利水平、居民收入、房地产投资规模、监管及信息披露；反映国际金融市场状况的指标有：资本流入流出规模、美国道琼斯工业指数、伦敦金融时报指数、香港恒生指数）最终合成为金融安全指数，并采用主观赋值与主成分分析法确定指标权重，对中国 1998～2007 年金融安全指数进行估算，并在此基础上，选择影响金融安全的主要风险变量对中国金融安全进行的实证分析发现：银行的违约风险（不良贷款）和国际游资风险构成了中国金融安全的主要威胁；资本市场风险与中国金融安全状况同方向变动；而利率风险、汇率风险、通胀风险对中国金融安全的影响并不显著。

顾海兵和夏梦（2011）按照金融安全条件和金融安全能力框架，选择了 13 个经济指标：外资银行在华资产占中国银行业金融机构总资产的比重、外债偿债率、资本账户开放程度、国际热钱占中国金融机构信贷比重、实际利用外资占 GDP 比重、外资评级机构对中国五大评级机构的控制率、利率市场化程度、银行产权多元化程度、外资银行带来的竞争压力、商业银行不良贷款率、银行流动性资产比例、GDP 增长率和 CPI 增长率，构造了中国金融安全指标体系，但是遗憾的是他们并没有进行实证分析。

顾海兵、张安军和李彬（2012）从宏观经济运行、金融机构运行与外部金融风险 3 个维度构建了包括 12 个基础指标（GDP 增长率、CPI 增长波动率、M2 增长率、商业银行不良贷款率、银行资产流动性比率、证券化率、保险程度、综合赔付率、短期外债/外债总额、外债偿债率、短期外债/外汇储备、汇率波动率）的中国金融安全监测评价指标体系，在通过层次分析法（AHP）确定指标权重与划分中国金融安全区间与警度区间的基础上，对 1995 ~ 2009 年中国金融安全指数进行了定量测度，结果发现：①近 15 年中国金融安全指数呈现出明显的周期逐渐缩短的波动状态，波动频率在逐步加大；②中国金融安全有 3 年处于轻警警度，其余年份均处于无警度，其中有 5 年处于高度安全状态；③1996 ~ 2000 年、2001 ~ 2004 年两时期中国金融安全状态处于平稳上升阶段，后阶段较前阶段上升速度更快；④2005 年与 2008 年中国金融处于轻警警度的轻度不安全，后在为应对国际金融危机的国内经济刺激计划与积极鼓励出口政策下，2009 年金融市场运行恢复，经济增速回升，金融安全状态回升至高度安全状态。

笔者将中国学者的中国金融安全指标体系的基础指标汇总于表 12 - 1。从表12 -1 可以看出，学者们在构造中国金融安全指数时公认的前 10 个基础指标分别为：GDP 增长率；固定资产投资增长率；通货膨胀率；M2 增长率；经常账户差额/GDP；外汇储备/外债总额；外债负债率；外债债务率；外债偿债率；财政赤字/GDP。

表 12-1　关于中国金融安全指数的代表性文献相关基础指标汇总表

| 指标/作者 | 姜洪、焦津强(1999) | 刘锡良等(2004) | 罗慧英、南旭光(2007) | 沈悦、谢勇、田姬(2007) | 叶莉(2008) | 蒋海、苏立维(2009) | 吴婷婷(2011) | 顾海兵、张安军、李彬(2012) |
|---|---|---|---|---|---|---|---|---|
| 指标 1 |  | GDP 增长率 | GDP 增长率 | GDP 增长率 | GDP 增长率 | GDP 增长率 | GDP 增长率 | GDP 增长率 |
| 指标 2 |  | 投资增长率 | 固定资产投资增长率 | 固定资产投资增长率 | 固定资产投资增长率 |  | 固定资产投资增长率 |  |
| 指标 3 |  | 物价波动率 |  | CPI 增长率 | 通货膨胀率 |  | 通货膨胀率 | CPI 增长波动率 |
| 指标 4 |  | M2 增长率 | M2 增长率 | M2 增长率 | M2 增长率 |  | 货币供应量增长率 | M2 增长率 |
| 指标 5 | 经常项目差额/GDP |  |  | 经常账户差额/GDP | 经常项目差额/GDP | 经常账户差额 | 经常账户差额/GDP |  |
| 指标 6 |  |  | 外汇储备/M2 | 外汇储备总额 |  | 外汇储备 | 国际储备/M2 |  |
| 指标 7 | 负债率 | 外债总额/GDP | 负债率 |  | 外债负债率 |  | 负债率 | 外债偿债率 |
| 指标 8 | 偿息率 | 债务率 |  | 债务率 | 外债债务率 |  | 债务率 |  |
| 指标 9 | 偿债率 | 偿债率 |  |  | 外债偿债率 |  | 偿债率 | 外债偿债率 |
| 指标 10 | 财政赤字增长率 | 财政赤字增长率 |  | 赤字率 | 财政赤字/GDP | 财政盈余 | 财政赤字/GDP |  |
| 指标 11 |  |  | 实际有效汇率 |  | 汇率波动率 |  | 实际有效汇率 | 汇率波动率 |
| 指标 12 |  |  | 实际利率水平 | 实际利率 | 利率敏感性比率 |  | 实际利率 |  |
| 指标 13 |  | 不良资产比重 |  | 国有银行不良贷款率 | 不良贷款率 |  |  | 商业银行不良贷款率 |
| 指标 14 | 外汇储备/进口额 |  | 贸易差额/GDP | 外汇储备/外债总额 | 外汇储备/年进口额 |  | 国际储备/进口付汇 |  |

续表

| 指标/作者 | 姜洪、焦津强(1999) | 刘锡良等(2004) | 罗慧英、南旭光(2007) | 沈悦、谢勇、田娅(2007) | 叶莉(2008) | 蒋海、苏立维(2009) | 吴婷婷(2011) | 顾海兵、张安军、李彬(2012) |
|---|---|---|---|---|---|---|---|---|
| 指标15 | | | | 短期外债/外汇储备 | 短期外债/外汇储备 | | 短期外债/国际储备 | 短期外债/外汇储备 |
| 指标16 | | 活期存款比重 | | | 短期外债总额 | | 外债类型结构 | 短期外债总额 |
| 指标17 | | | | 证券化率 | 证券化率 | | 证券投资比 | 证券化率 |
| 指标18 | | 股票市值/GDP | 市盈率 | 市盈率 | 股票市盈率 | | | |
| 指标19 | | 存贷比 | | 金融机构存贷比率 | 存贷比 | 商业银行存贷比 | | |
| 指标20 | | M2/GDP | 货币化程度 | | | | 货币供应膨胀率 | |
| 指标21 | | | 信贷增长率 | 金融机构贷款增长率 | | | 国内信贷膨胀率 | |
| 指标22 | | | | 国有银行实收资本/总资产 | 资本资产比 | 资本充足率 | | |
| 指标23 | | 资本增长率 | | | 资本收益率 | 资产收益率 | | |
| 指标24 | | 综合赔付率 | | | 综合赔付率 | | | |
| 指标25 | | | 国债发行额/GDP | 国债负担率 | | | 国家财政债务偿债率 | 综合赔付率 |
| 指标26 | | 中长期贷款比重 | 消费增长率 | 国债依存度 | 房地产开发投资/固定资产 | 房地产投资规模 | 失业率 | 银行资产流动性比率 |
| 指标27 | | 贷款总额/GDP | 信贷量/GDP | 短期贷款/贷款总额 | 商品房销售面积/商品房竣工面积 | 资本流入流出规模 | 净资本流入规模/GDP | 保险程度 |

续表

| 指标/作者 | 姜洪、焦津强（1999） | 刘锡良等（2004） | 罗慧英、南旭光（2007） | 沈悦、谢勇、田姬（2007） | 叶莉（2008） | 蒋海、苏立维（2009） | 吴婷婷（2011） | 顾海兵、张安军、李彬（2012） |
|---|---|---|---|---|---|---|---|---|
| 指标28 | | 工资支出/财政支出 | 实际利用外资增长率 | | 失业率 | | 国内储蓄率 | |
| 指标29 | | 周期指标 | 居民储蓄增长率 | | 资产流动性比率 | | 外贸依存度 | |
| 指标30 | | 资本风险备金系数 | 股票市值 | | 保险深度 | | 外债利用率 | |
| 指标31 | | 环账准备金风险系数 | 股指波动率 | | 备付金比例 | 企业盈利水平 | 外债期限结构 | |
| 指标32 | | 证券抵押贷款比率 | | | 消费者信心指数 | 居民收入 | 外国直接投资/GDP | |
| 指标33 | | 企业亏损面 | | | 宏观景气指标 | 经济景气指数 | 误差与遗漏率 | |
| 指标34 | | 企业增加值增长率 | | | | 监管及信息披露 | 国债依存度 | |
| 指标35 | | | | | | 美国道琼斯工业指数 | 美国道琼斯综合平均指数 | |
| 指标36 | | | | | | 伦敦金融时报指数 | 伦敦金融时报100指数 | |
| 指标37 | | | | | | 香港恒生指数 | 日经225指数 | |
| 指标38 | | | | | | | 美国联邦基金利率 | |
| 指标39 | | | | | | | 国内外金融资产名义收益率之差 | |
| 指标40 | | | | | | | 国内外通货膨胀率差 | |

## 12.2　中国金融安全指标的选取和构建

### 12.2.1　中国金融安全指标的选取原则

金融安全是一个庞大复杂的系统，国内外各种经济、社会和政治因素综合作用，相互影响，而金融安全评价指标体系的选取和构建直接影响评价结果的有效性和准确性，因此，在构建复杂的指标体系时，应遵循相应的制度和原则，尽量避免主观性和随意性。基于此，本章在选取中国金融安全状况综合评价指标体系时，紧紧围绕金融安全的内涵，遵循了如下原则。

（1）科学性原则。科学体现两方面的含义：一是指标体系的构建必须以科学的理论为基础，指标的选取有国际金融学、货币银行学、行为金融学等相关金融安全理论作为支撑；二是指标体系的设计能够从不同侧面反映全球化背景下国家或地区金融运行特点，符合其内在演进规律。

（2）系统性原则。国家金融安全是一个系统工程，需要从不同层次、不同主体、不同角度综合反映。上述文献在构造的金融安全指标时，大多是按照从宏观、中观、微观的层面进行分类，逐层有序地反映宏观经济、金融市场和金融机构的安全运行状况，因此，我们遵循这一主流方法。

首先，从宏观经济层面，考察宏观经济对金融系统的动力与压力，一方面，经济形势良好必然会给金融发展提供动力，可以有效提升一国的金融安全能力；反之，经济不景气或者经济过热则可能与金融系统的漏洞隐患相结合，大大削弱一国的金融安全能力，在这里选择表12－1宏观经济中引用次数最多的指标"GDP增长率"和"通货膨胀率"两个基础指标；同时考虑中国是发展中国家，产业仍然以工业为主，而工业的利润状况直接反映国家宏观经济的面貌和发展前景，因此增加了"制造业赢利水平"这一基础指标；最后，考虑到中国的经济发展主要依靠投资驱动，其中政府主导的固定资产投资是拉动投资增长的重要力量，2008年国家经济低迷时，中国政府果断实施了4万亿的刺激投资政策，使得国家经济很快走出了低迷状态，然而，政府刺激投资增长的同时，往往伴随着较高的财政赤字，而较高的财政赤字无疑会削弱保障经济安全的能力，因此在宏观经济层面增加"财政赤字在财政收入中的比重"这一基础指标。

其次，从中观层面，主要是考察金融市场供求状况的资金价格和风险指标，包括"利率风险"、"资本市场风险"、"货币化程度"和"国内信贷膨胀率"；同时，最近几年，中国房地产市场的迅猛发展，导致房地产市场已经积累了较大的价格泡沫，考虑到房地产市场状况会直接影响住房按揭贷款和房地产开发贷款的违约风险大小，从而诱发信贷市场的危机（如美国次贷危机的爆发），因此在中观层面对市场的分析中，也将房地产市场的情况纳入考察范围，因此，我们选取"房地产开发投资额增长率"、"房地产开发投资额/全社会固定资产投资额"和"商品房销售面积/商品房竣工面积"来反映和监控中国的房地产问题可能导致的金融危机。但是，上述 7 个指标还不能充分有效地反映中国金融体系处于开放转轨时期的国情：目前，中国金融服务业已全部对外开放，外资金融机构也已经准入，相比于国内金融机构而言，外资金融机构实力雄厚，管理经验丰富，这将会直接威胁中国的"金融主权"和"金融自主"，导致金融危机或者丧失"金融主权"，如同拉丁美洲国家墨西哥，智利、阿根廷、秘鲁一样，其外资银行的资产份额均超过了 50%，已经丧失了"金融主权"。因此，我们选取"外资银行在华资产占中国银行业金融机构总资产比重"指标反应和监控这一问题。

最后，从微观层面，主要是考察中国金融机构所具有的资产质量，其优劣直接影响中国抵御外在恶性冲击能力的高低，这是金融安全能力系统的基础，是中国用来抵御外源金融风险的物质保证，在这里我们借鉴并选取表12－1 的"商业银行不良贷款率"、"商业银行资本充足率"、"商业银行资产收益率"、"商业银行存贷比"和"新增贷款增长率"5 个基础指标。

另外，对金融安全状态的衡量，不能仅仅局限于对国内金融市场和金融机构的考察，在开放经济条件下，除了本国宏观经济环境，国际经济环境对本国金融体系的影响不容忽视。以东南亚金融危机为例，东南亚金融危机前夕，东南亚国家的金融机构业绩良好，但危机却突然来临，且原本表现稳健的银行体系迅速崩溃，究其原因，这些国家金融系统的对外部门严重失衡和恶化。因此，为反应国际外部环境对本国金融危机的影响，增加国际外部风险层面，选取"实际有效汇率风险"、"外汇储备/进口总额"、"偿债率"、"负债率"、"债务率"和"资本和金融项目差额/外汇储备"6 个基础指标来衡量中国金融体系在开放过程中面临外部冲击的大小。

（3）重点性和可操作性。一方面，重点选择了国内外文献公认的与一国金融安全紧密相关的权威性指标（如 GDP 增长率、固定资产投资增长率、通货膨胀率、负债率、外汇储备/进口总额、不良贷款率等）；同时，根据那些曾发生严重金融危机国家的历史经验，重点选择了那些在金融危机期与安全期的表现有显著差异性的指标（如利率风险、资本和金融项目差额/外汇储备、财政赤字在财政收入中的比重、实际有效汇率风险等）；另一方面，由于受限于数据的可得性以及数据的时序性，本章所选指标只能从较长时间序列的基础指标或替代指标中选取，有一些指标，由于指标的时序太短，只能暂时放弃，随着时间的积累，这一问题会逐渐的改善。

遵循上述原则，构建中国金融安全指标体系，如表 12 - 2 所示。

### 12.2.2 指标合成方法的选择和权重确定

一般说来，从技术角度上讲，确定综合指数体系中多个基础指标的权重有三种方法。

（1）加权平均法。加权平均法是根据相关背景知识对各项原始指标数据进行评分，然后给出各项基础指标的权值，利用基础指标的权重，把这些基础指标合成一个综合指数。这种方法的优点在于简单方便，但是由于这种方法不仅没有考虑到各分项指标之间可能存在的高度相关性，会使指数合成存在权重结构问题；而且权重的确定具有较大的人为主观性和随意性，缺乏相对客观性。

（2）层次分析法。层次分析法，是一种将决策者对复杂问题的决策思维过程模型化、数量化的过程。通过这种方法，可以将复杂问题分解为若干层次和若干因素，在各因素之间进行简单的比较和计算，就可以得出不同方案重要性程度的权重，从而为决策方案的选择提供依据。但是应用层次分析法，需要由研究者根据对各指标重要性程度的认识进行赋值，这在很大程度上依赖于人们的经验，具有一定的主观因素。因此，层次分析法虽然可以排除思维过程中的严重非一致性，却无法排除决策者个人可能存在的片面性和主观性。

（3）主成分分析法（Principal Components Analysis）或因子分析法。主成分分析法的思路是通过降维技术把多个相互关联的基础指标简化为少数几个综合指数的指数合成方法，而且这些较少的综合指数之间互不相关，又能提供原有指标的绝大部分信息；另外，伴随主成分分析的过程，将会自动生成各主成分的权重，这就在很大程度上抵制了在评价过程中人为因素的干扰，因此以主成分为基础的综合评价理论能够较好地保证评价结果的客观

表 12-2　中国金融安全指数分类及其基础指标构成

| 分类指标 | 基础指标 | 单位 | 安全 | 潜在不安全 | 显著不安全 | 危机 |
|---|---|---|---|---|---|---|
| 微观金融机构安全指标(0.3) | 商业银行不良贷款率 | % | <5 | [5,10] | [10,15] | >15 |
| | 商业银行资本充足率 | % | >8 | [6,8] | [4,6] | <4 |
| | 商业银行资产收益率 | % | | | | |
| | 商业银行存贷比 | % | <75 | [75,80] | [80,90] | >90 |
| | 新增货款款增长率 | % | | | | |
| | 利率风险（银行同债券市场拆借利率月均值标准差） | % | | | | |
| | 资本市场风险（股票市场价格指数月均值标准差） | % | | | | |
| | 外资银行在华资产占中国银行业金融机构总资产比重 | % | | | | |
| | 房地产开发投资增长率 | % | | | | |
| 中观金融市场安全指标(0.2) | 房地产开发投资额/全社会固定资产投资额 | % | [5,15] | [15,25] | [25,35] | >45 |
| | 商品销售面积/商品房竣工面积 | % | >85 | [75,85] | [65,75] | <65 |
| | 货币化程度（M2/GDP） | % | <200 | [200,230] | [230,260] | >260 |
| | 国内信贷膨胀率 = 新增贷款/GDP | % | <10 | [10,14] | [14,18] | >18 |
| 宏观经济安全运行指标(0.2) | GDP增长率 | % | [6.5,10] | [5,6.5]∪[10,11.5] | [4,5]∪[11.5,12.5] | [3,4]∪[12.5,14] |
| | 财政赤字在财政收入中的比重 | % | <3 | [3,5] | [5,7] | >7 |
| | 通货膨胀率 | % | <5 | [5,7] | [7,9] | >9 |
| | 制造业赢利水平（工业企业年利润率） | % | | | | |
| | 固定资产投资增长率 | % | | | | |
| | 实际有效汇率风险（实际有效汇率月均值标准差） | % | | | | |
| 国际外部风险冲击指标(0.3) | 外汇储备/进口总额 | % | >6 | [4,6] | [3,4] | <3 |
| | 外汇风险1—偿债率 | % | <10 | [10,15] | [15,20] | >20 |
| | 外汇风险2—负债率 | % | <20 | [20,25] | [25,30] | >30 |
| | 外汇风险3—债务率 | % | <80 | [80,100] | [100,120] | >120 |
| | 资本流入流出规模（资本和金融项目差额）/外汇储备 | % | <5 | [5,10] | [10,15] | >15 |

性，如实地反映实际问题。总之，主成分分析法提供了科学而客观的评价方法，完善了综合评价理论体系，为管理和决策提供了客观依据。因子分析法类似于主成分分析，但对数据要求满足三个条件：①样本量与指标数之间的比例 ≥ 5：1；②总样本量越大越好，且不得小于 100；③各变量之间必须具有较强的相关性（应通过 KMO 统计量和 Bartlett's 球形检验）。

基于以上各种指数合成的特点及其要求，为尽量降低主观性和随意性等因素对金融安全最终评价结果的干扰，尽量客观准确地估算金融安全指数，本章选择主成分分析方法（客观赋值）和主观赋值相结合的方法来确定个指标的权重。首先，根据相关研究成果和本章对金融安全影响基础指标的分析与判断，将 24 个基础指标分为微观金融机构安全指标、中观金融市场安全指标、宏观经济安全运行指标和国际外部风险冲击指标四大类，分别赋予 0.3、0.2、0.2 和 0.3 权重；其次对每大类中各指标进行主成分分析，提取主成分的标准化值（表示为每个大类中各原始变量标准值的加权平均值）；再根据各主成分的方差贡献率，对各大类进行加权求和；最后，根据各大类的主观权重，计算出各年度金融安全指数。对四类指标权重的主观赋值主要基于以下考虑：①微观金融机构的安全运行是构成一国金融安全的内在基础，直接关系和决定着该国的金融安全状态，因此赋予 0.3 的权重；虽然宏观经济和中观经济因素对一国金融安全也产生重要影响，但是相对属于间接影响指标，因此，均赋予 0.2 的权重；②在外因方面，随着中国加入 WTO 后，国际因素在衡量中国金融安全方面的作用越来越突出，许多发展中国家的金融危机（墨西哥金融危机、亚洲金融危机等）归根结底是属于外部风险冲击造成的，因此，也赋予 0.3 的权重。

## 12.3　中国金融安全指数的测算

### 12.3.1　指标数据的来源和预处理

#### 1. 数据来源和补缺

本章构建的金融安全综合评价指标体系中的基础指标数据来源于《中国统计年鉴》、《中国金融年鉴》、《中国证券期货统计年鉴》、亚洲经济数据库（CEIC）和世界银行数据库。由于数据可得性限制，在进行主成分分析时，对部分无法获取完整样本区间数据的指标进行了取舍和处理。

第一，微观金融安全指标体系中包含的金融机构微观指标的数据较难获取，很多基础指标现阶段并未公布，而诸如像资本充足率等巴塞尔协议监管要求中的核心指标以及商业银行资产收益率等指标，虽然上市银行的信息披露公报中予以了公布，但公布的时间段也仅限于近几年，样本容量远低于主成分分析的要求，鉴于此，微观金融市场机构中仅包括商业银行不良贷款率、商业银行存贷比和新增贷款增长率指标；另外，由于商业银行不良贷款率仅有 1994 年以来的数据，但是该数据趋势稳定，因此采用反向预测技术测算出 1985～1993 年的数据。

第二，中观金融市场安全指标中的六个基础指标，如利率风险（银行间债券市场拆借利率月均值标准差）、资本市场风险（上证综指月均值标准差）、外资银行在华资产占中国银行业金融机构总资产比重、房地产开发投资额/全社会固定资产投资额、商品房销售面积/商品房竣工面积、国内信贷膨胀率均为完整的 1985～2011 年的数据。

第三，宏观经济安全运行指标和国际外部风险冲击指标的基础指标绝大部分都能找到 1985～2011 年的完整数据，只是实际有效汇率风险指标缺失 1985～1993 年的数据，由于该基础指标的变化趋势比较明显，因此采用反向预测技术计算出缺失数据。

2. 基础数据的处理

由于我们设计的金融安全评价指标中包含极大、极小和区间型[①]指标，因此在进行主成分分析之前，需要对指标进行正向化处理：若极小型指标属于百分比类型（例如，财政赤字在财政收入中的比重、通货膨胀率等），则通过差值法，即运用公式 $X^* = 1 - X$，即可将极小型指标 $X$ 转换成极大型指标 $X^*$；若极小型指标属于方差类〔例如，利率风险（银行间债券市场拆借利率月均值标准差）、资本市场风险（上证综指月均值标准差）和实际有效汇率风险（实际有效汇率月度均值标准差）〕，则通过倒值法，即运用公式 $X^* = 1/X$，将极小型指标 $X$ 转换成极大型指标 $X^*$；对极小型指标进行正向化处理之后，还需对所有指标进行无量纲化处理，以消除不同评价指标之间由于数量级、单位不同而存在的不可公度性问题。本章拟采用最常用的无量

---

① 评价指标的阈值有明确的国际标准、法律监管规定或者公认的经验值，且这些标准、规定和经验值对基础指标有明确的上下限取值范围。

纲化方法——"中心化"，即通过计算公 $X_{ij}^* = \dfrac{X_{ij} - \bar{X}_i}{S_i}$，对正向指标予以标准化，使其均值为 0，方差为 1。

对于任何一个月度或季度数据时间序列 $Y$ 来说，均由四种因素构成：长期趋势 $T$（Trend），代表经济指标时间序列长期的趋势特性；季节变动因素 $S$（Seasonal），是每年重复出现的季度变动；周期性波动因素 $C$（Cycle），代表一种景气变动，经济变动或其他周期变动，可以代表某个经济或某个特定行业的波动；不规则变动因素 $I$（Irregular），又称为噪声，是由无法预测的因素引起的。这四种因素共同影响和作用，形成了经济指标时间序列的整体变动的特征。在经济分析中，季节变动因素 $S$ 和不规则因素 $I$ 往往遮盖或混淆经济发展中的客观变化，给研究和分析经济发展的趋势和判断目前经济所处的状态带来困难，因此需要在经济分析之前，先将经济时间序列进行分解，剔除其中的季节变动因素和不规则因素。去除季节变动因素 $S$ 和不规则因素 $I$ 有多种方法，比如：移动平均法、Tramo-Seats 方法、X–12 方法等，其中比较常用的是美国普查局推出的 X–12 方法。

金融稳定指数体系的各个基础数据处理过程如下：若基础指标是极小型指标，则通过差值法或倒值法使其变成极大型指标，然后使用 X–12 方法对所有基础数据序列的季节性进行检验，对季节性明显的指标序列进行季节调整去掉季节因素和不规则因素；接着利用 H–P 滤波法计算每个基础序列的中长期趋势值 $\bar{X}_i$。

另外，在进行主成分分析时，既可以使用相关系数矩阵 $R_1$，也可以使用协方差矩阵 $R_2$。使用相关系数矩阵的优点在于它可以消除量纲不同对总指数合成所带来的影响，能够避免主成分过分依赖于量级过大的指标变量，但是这一方法的缺点在于各指标变量都具有单位标准差从而造成具体分析中对不同指标的相对离散程度的低估或夸大；采用协方差矩阵的优点不仅可以消除量纲和数量级上的差异，还能够保留各指标变量在离散程度上的特性，避免对不同指标相对离散程度的低估或夸大。因此，基于以上综合考虑，本章选择协方差矩阵作为主成分分析的输入。

### 12.3.2 中国金融安全指数的主成分分析

本章运用 Eviews 6.0 软件，在中国金融安全指标体系中，对数据有确切来源的 22 个基础指标在 1985～2011 年样本区间内 27 年的样本量，实施主成分分析，计算结果如下所示。

　　根据主成分分析法的基本原理，我们从 22 个成分中提取了特征值大于 1 的成分作为主成分，共提取了 5 个主成分（即方差贡献率排位前五位的 5 个主成分）。从图 12 - 1 的主成分分析碎石图可以看出，从第 1 个成分到第 4 个成分之间，成分的特征值差值变化非常显著，从第 4 个成分到第 5 个成分之间，成分特征值的变化也比较明显，而此后的其余主成分特征值变化逐渐趋于平缓，则说明提取前 5 个成分作为主成分，基本可以包含原有指标的绝大部分信息。从表 12 - 3 中从能体现主成分影响力度的特征值和方差贡献率来看，前五个主成分的特征值均大于 1，其中第一主成分的特征值高达 8.0287，相应的方差贡献率也高达 36.49%，这说明该主成分的能够解释原始指标变量全部信息的 36.49%；同样，第 2 个主成分至第 5 个主成分，分别能解释原指标变量信息的 20.06%、13.13%、7.33%、5.64% 和 4.38%。前 5 个主成分的累积方差贡献率高达 82.66%，这表明前 5 个主成分已能包含原 22 个基础指标全部信息的 82.66%；这样，由原先的 22 个指标可以用现有的前 5 个主成分来代替，充分体现了主成分分析法优良的降维功能。

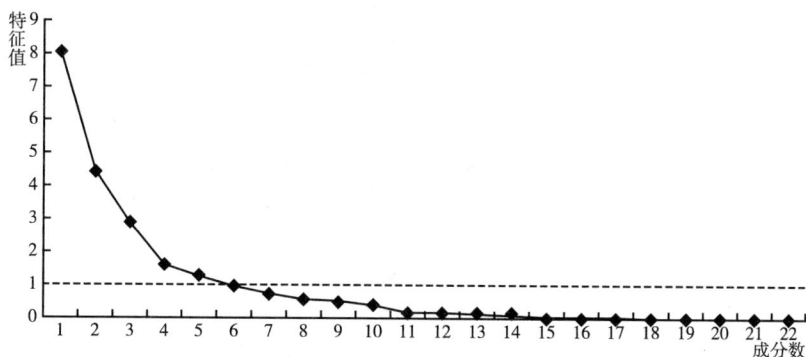

**图 12 - 1　主成分分析碎石图**

　　完成主成分分析后，根据原指标合成主成分的线性组合系数，可以分别计算出前 5 个主成分的线性组合得分值（即前 5 个主成分的数值，如表12 - 4 所示），前 5 个主成分的趋势变化如图 12 - 2 所示。

　　从图 12 - 2 可以看出，主成分 1 在 1985~2011 年的总体变化趋势是向上的，表明 1985 年以来，中国金融安全的主流状况在不断好转，安全性在逐渐提高；值得注意的是主成分 1、主成分 2 和主成分 3 自 2010 年以来，均出现下降，说明 2011 年，中国的金融安全状况相比上年有所下降。

表 12 - 3　主成分分析提取结果

| 主成分 | 主成分特征值 | 特征值差值 | 特征值贡献率（%） | 累计特征值 | 累计特征值贡献率(%) |
|---|---|---|---|---|---|
| 1 | 8.0287 | 3.6156 | 36.49 | 8.0287 | 36.49 |
| 2 | 4.4131 | 1.5235 | 20.06 | 12.4418 | 56.55 |
| 3 | 2.8896 | 1.2762 | 13.13 | 15.3313 | 69.69 |
| 4 | 1.6134 | 0.3737 | 7.33 | 16.9447 | 77.02 |
| 5 | 1.2397 | 0.2760 | 5.64 | 18.1844 | 82.66 |
| 6 | 0.9637 | 0.2422 | 4.38 | 19.1481 | 87.04 |
| 7 | 0.7216 | 0.1742 | 3.28 | 19.8697 | 90.32 |
| 8 | 0.5473 | 0.0401 | 2.49 | 20.4170 | 92.80 |
| 9 | 0.5072 | 0.1197 | 2.31 | 20.9242 | 95.11 |
| ⋮ | ⋮ | ⋮ | ⋮ | ⋮ | ⋮ |
| 22 | 8.86E-05 | — | 0 | 22 | 1 |

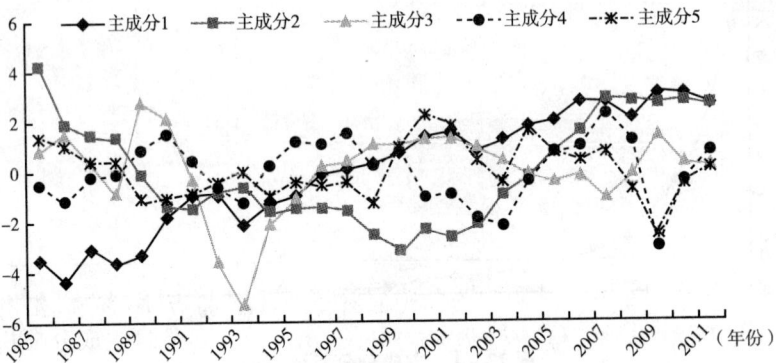

图 12 - 2　前 5 个主成分数值趋势变化

然后利用加权平均法（各主成分的权重便是其对总方差的贡献率），得到这 5 个主成分的总加权平均数值，记为 $F_t$，$F_t$ 可以看做中国金融安全指数的初步形式，其计算公式为：

$$F_t = 0.3649 \times F_{1t} + 0.2006 \times F_{2t} + 0.1313 \times F_{3t} + 0.0733 \times F_{4t} + 0.0564 \times F_{5t}$$

具体的计算结果如表 12 - 4 所示。

表 12 - 4  主成分分析得分

| 年份 | F 值 | 中国金融安全指数（CFSI） | 年份 | F 值 | 中国金融安全指数（CFSI） |
|---|---|---|---|---|---|
| 1985 | - 0. 2545 | 43. 4996 | 1999 | - 0. 1481 | 46. 6455 |
| 1986 | - 1. 0220 | 20. 7891 | 2000 | 0. 2358 | 58. 0065 |
| 1987 | - 0. 7646 | 28. 4047 | 2001 | 0. 2483 | 58. 3759 |
| 1988 | - 1. 1879 | 15. 8812 | 2002 | - 0. 1287 | 47. 2194 |
| 1989 | - 0. 8722 | 25. 2214 | 2003 | 0. 0825 | 53. 4695 |
| 1990 | - 0. 6050 | 33. 1262 | 2004 | 0. 6488 | 70. 2268 |
| 1991 | - 0. 7176 | 29. 7947 | 2005 | 0. 8840 | 77. 1850 |
| 1992 | - 1. 0277 | 20. 6200 | 2006 | 1. 3752 | 91. 7198 |
| 1993 | - 1. 7246 | 0. 0000 | 2007 | 1. 6273 | 99. 1787 |
| 1994 | - 1. 1405 | 17. 2830 | 2008 | 1. 3166 | 89. 9851 |
| 1995 | - 0. 7592 | 28. 5658 | 2009 | 1. 4667 | 94. 4279 |
| 1996 | - 0. 2593 | 43. 3557 | 2010 | 1. 6550 | 100. 0000 |
| 1997 | - 0. 1542 | 46. 4666 | 2011 | 1. 5558 | 97. 0646 |
| 1998 | - 0. 3287 | 41. 3018 | | | |

由于表 12 - 4 中的 F 值的含义不便于理解，因此，为了更好地理解和阐述中国金融安全指数的含义，本章通过如下计算公式：$CFSI_t = \dfrac{F_t - \mathrm{Min}F_t}{\mathrm{Max}F_t - \mathrm{Min}F_t} \times 100$，将 $F_t$ 值映射到 [0，100] 区间，其中，$CFSI_t$ 定义为中国金融安全指数（China's Financial Safety Index，CFSI），$F_t$ 为上述通过主成分分析法计算出来的总加权平均主成分，$\mathrm{Min}F_t$ 为上述通过主成分分析法计算出来的总加权平均主成分的最小值，$\mathrm{Max}F_t$ 为上述通过主成分分析法计算出来的总加权平均主成分的最大值。

图 12 - 3 刻画出了中国金融安全指数序列的统计描述特征量及其核密度，从 CFSI 相关的统计描述量来看，①在 [1985，2011] 整个样本区间内，CFSI 均值为 51. 03，其中 CFSI 数值在 1993 年达到最小值，CFSI 数值在 2010 年达到最大值，这期间，CFSI 数值大于均值的年份有 11 年，小于均值的年份有 16 年；②CFSI 样本偏度为 0. 3559，其符号为正，意味着 CFSI 时间序列分布有较长的右拖尾现象，即 CFSI 时间序列总体呈现出右偏，而其绝对值较小，则说明 CFSI 时间序列围绕其均值波动具有较高的对称性；

③CFSI序列峰度为1.9786，小于标准正态分布的峰度值3，这表明CFSI时间序列分布的凸起程度小于标准正态分布，即其分布相对于标准正态分布而言相对平缓；④CFSI数值在2003年之前主要集中于［20，60］区域，2003年后则主要集中于［70，100］区域，表明2003年后，中国金融安全状况明显好转，安全性显著提高。

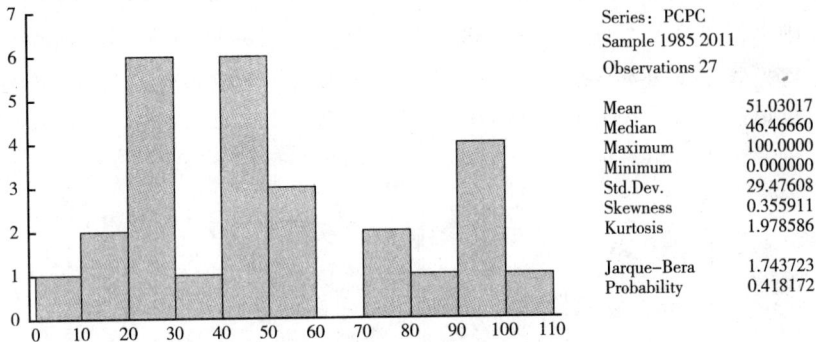

图 12 - 3　中国金融安全指数序列的描述统计量

## 12.4　中国金融安全指数的综合评价

图 12 - 4 是中国金融安全指数（CFSI）的变化趋势图，从中可以看出，①1985～2011 年，中国的金融安全指数呈现明显的波动状态，大体可以分为两段：1985～1993 年，该时期中国宏观金融安全状况总体呈现出在波动中下降的态势，并在 1993 年达到历史最低值；1994～2011 年，该期间中国金融安全指数 CFSI 值仍有反复，但总体呈现出明显的上升趋势，并在 2010 年达到历史峰值。②1994～1996 年，中国金融安全指数快速上升，这主要是由于 1994 年中国启动汇率改革，进口增速较快，国家外汇储备快速增加，外债偿债率、外债负债率和外债债务率明显下降，因而金融安全有所提升。③1998 年为自 1994 年以来的第一个低谷，主要是因为 1997 年爆发泰国金融危机，危机在东南亚乃至亚洲地区迅速蔓延开来，中国香港受到较大的冲击，好在当时中国金融领域对外开放程度较低，外资进出受到严格控制，因此，国家金融安全状况没有受到外部危机过多的负面影响。但是，这次亚洲金融危机导致中国经济增速从 1997 年的 9.3% 下降到 2008 年的 7.8%，降幅明显；同时，2008 年的商业银行不良贷款率、利率风险、财政赤字率、

外债偿债率、固定资产投资增长率明显上升，从而削弱了中国的金融安全能力。④2002 年为自 1994 年以来的第二个低谷，可能的原因是：中国自 2001 年底加入 WTO 之后，在金融领域推出了一系列改革措施，但由于金融监管体系的改革、法律法规的建设并非朝夕之事，因此在开放步伐提速的初期，滞后的金融监管难以与放开的速度相匹配，从而造成了金融安全状况的整体趋差。⑤2008 年为自 1994 年以来的第三个低谷，主要是因为 2007 年下半年美国爆发了次贷危机，并在 2008 年初开始向全球蔓延，而美联储采用的量化宽松货币救助政策，进一步加强全球流动性的泛滥，这直接和间接地导致了中国所面临的外围金融环境急剧恶化，然后迅速传导至国内金融机构，尤其是国内股票市场受到国际股票市场下跌波及，中国资本市场风险、实际有效汇率风险、财政赤字率大幅增加，同时经济增速下降，国内 CPI 增速的波动幅度加大，通胀压力明显，从而导致中国金融安全状况较大削弱。另外，从数值上看，这次降幅明显大于 1998 年，其中是因为相比 1998 年，近年来中国金融国际化进程的加快，金融业全面对外开放，这说明，金融业的开放可能加深外源性风险对本国金融安全的影响和危害。

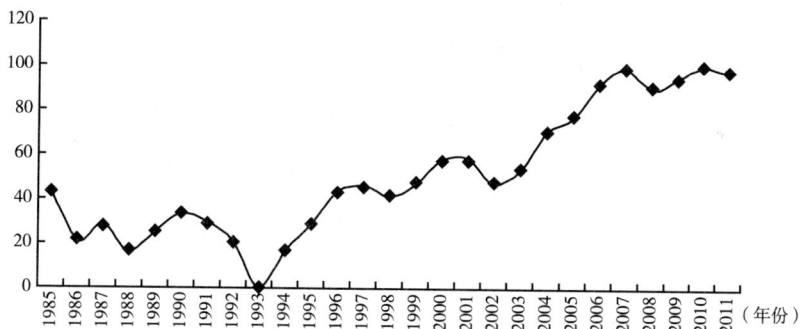

图 12 - 4　中国金融安全指数状况综合得分趋势变化

以上中国金融安全指数的变化趋势与中国金融安全状况的历史实事基本吻合，这也初步验证了本章的中国金融安全指数的适用性和正确性，可以用来反映和评价中国金融的安全状况。

值得注意的是，2011 年中国金融安全指数又开始下降，这次下降是否成为一个新的低谷，抑或继续下滑，需要进一步观察，从中国金融安全指数的基础指标的数值上看（如表 12 - 5 所示），22 个基础指标中，有 15 个基础指标的安全状况有所下滑，基础指标降低数量远远大于改善数量，为此，我们需要警惕。

表 12 - 5    中国金融安全指数基础指标的标准化数值变化（2010 ~ 2011 年）

| 序号 | 基础指标名称 | 2010 | 2011 | 安全状况 |
|---|---|---|---|---|
| X1 | 商业银行不良贷款率 | 1.8847 | 1.9106 | 改善 |
| X2 | 商业银行贷存比 | 1.0670 | 1.0289 | 降低 |
| X3 | 新增贷款增长率 | 0.7741 | 0.7065 | 降低 |
| X4 | 利率风险（银行间债券市场拆借利率月均值标准差） | − 0.4556 | − 0.7344 | 降低 |
| X5 | 资本市场风险（上证综指月均值标准差） | − 0.6006 | − 0.6007 | 降低 |
| X6 | 外资银行在华资产占中国银行业金融机构总资产比重 | − 0.3757 | − 0.6885 | 降低 |
| X7 | 房地产开发投资额增长率 | − 0.0276 | 0.1218 | 改善 |
| X8 | M2/GDP | − 1.5226 | − 1.5176 | 改善 |
| X9 | 房地产开发投资额/全社会固定资产投资额 | − 0.6302 | − 0.7022 | 降低 |
| X10 | 商品房销售面积/商品房竣工面积 | 1.9197 | 1.4547 | 降低 |
| X11 | 新增贷款/GDP | − 1.5269 | − 0.3367 | 改善 |
| X12 | GDP 增长率 | 0.1410 | − 0.3128 | 降低 |
| X13 | 财政赤字在财政收入中的比重 | − 0.0669 | 0.5589 | 改善 |
| X14 | 通货膨胀率 | 0.4131 | 0.1045 | 降低 |
| X15 | 固定资产投资增长率 | − 0.1443 | − 0.1963 | 降低 |
| X16 | 制造业赢利水平（工业企业年利润率） | 1.1882 | 0.9769 | 降低 |
| X17 | 实际有效汇率风险（实际有效汇率月度均值标准差） | 1.0607 | 1.4318 | 改善 |
| X18 | 外汇储备/进口总额 | 0.6295 | 0.6197 | 降低 |
| X19 | 偿债率 | 1.3936 | 1.3684 | 降低 |
| X20 | 负债率 | 0.9636 | 0.8989 | 降低 |
| X21 | 债务率 | 1.3869 | 1.2088 | 降低 |
| X22 | 资本流入流出规模/外汇储备 | 0.4852 | 0.4964 | 改善 |

# 13

# 基于金融稳定的政府金融审计

20 世纪 90 年代以来，随着世界金融危机的频发，金融稳定问题成为理论研究与实务界关注的热点问题，而随着美国次贷危机所引发的全球金融危机的爆发，金融稳定问题再次成为全球瞩目的焦点，美国、欧盟及世界其他国家相继颁布了一系列有关强化金融监管的举措。政府审计作为中国国家经济安全保障体系的重要组成部分，对于维护金融稳定有重要的作用。《审计署 2008～2012 年审计工作发展规划》提出，金融审计要以维护安全、防范风险、促进发展为目标，服务国家宏观政策，推动金融改革，维护金融稳定，完善金融监管，推动建立高效安全的现代金融体系。那么，金融稳定的内涵和框架是什么？影响金融稳定的因素有哪些？政府金融审计维护金融稳定的理论基础和必要性是什么？中国政府金融审计的现状如何，存在什么样的问题？为有效实现维护金融稳定的目标，政府金融审计应采取什么样的具体对策与措施？本章拟对此进行分析，以期对中国的政府金融审计与金融稳定的理论研究与实践有所启示。

## 13.1 金融稳定的内涵与金融稳定框架

关于金融稳定的内涵，国内外学者从不同的角度对其进行了分析与界定，并提出了很多观点，如金融稳定的要素说、金融稳定的功能说、金融稳定的风险说等，也有部分学者从金融不稳定的角度探讨金融稳定的内涵。金融稳定的要素说主要是从金融体系要素的角度对金融稳定的内涵进行分析，认为金融稳定应包括所有金融体系要素的稳定。Duisenberg（2001）认为金融稳定就是构成金融体系的主要要素都能平稳地运行。Crockett（1996）认为金融稳定包括关键性金融机构的稳定和金融市场的稳定。金融稳定的功能说主要从金融稳定应具备的功能角度对其进行界定，也即能履行相应功能的金融体系就是稳定的，否则就是金融不稳定。德意志银行（2003）认为良好状态下的金融稳定所具有的经济功能应包括配置资源、分散风险、便利支付清算等。Houben、Kakes 和 Schinnasi（2004）认为金融稳定状况下金融体系应具有的功能包括在各种经济活动中有效地分配资源、评估和管理金融风险以及承受内外部的各种冲击。荷兰央行行长 Nout Wellink 认为金融稳定下，货币能执行支付手段和价值尺度，金融体系作为一个整体能发挥筹集资金、分散风险和配置资源功能。金融稳定的风险说主要从可能引起金融不稳定的风险角度探讨金融稳定的内涵。Bartholomew 和 Whalen（1995）认为要维护金融稳定主要应关注系统性风险，避免金融危机的爆发。此外，很多国外学者还从金融不稳定的角度对金融稳定的内涵进行分析。Crockett（1996）认为金融不稳定是由金融资产价格的波动或金融机构无法履约所引起的。Chant（2003）认为，金融不稳定是一种状态，它可能损害特定金融机构和金融市场的运作，使其不能为其他经济实体进行融资，从而损害个人、公司和政府部门的利益等。概括起来，金融稳定应该是一种状态，即在金融稳定的状态下，金融体系能充分发挥其配置资源和分散风险的功能，而要其实现和保持这种功能，就必须保证金融体系的要素——金融机构（商业银行、政策性银行、证券公司、保险机构、资产管理公司、信托投资公司等）的稳定、金融市场（股票、债券、票据、外汇和衍生品市场等）的稳定以及相关金融基础设施（法律、支付、清算体系等）的稳定，并能够评估、防范和应对金融风险特别是系统性风险的冲击。

一个较为完善的金融稳定框架，可以加深人们对金融稳定政策的理解与认识，强化对现行金融规则的遵守与执行。一般来说，金融稳定的框架包括金融稳定的预防机制、金融稳定的评估与预警机制、金融危机发生后的应急处理机制三个部分，具体又包括环境分析、目标确定、风险评估、应对措施、责任授权等要素。金融稳定的预防机制主要是对可能引发金融不稳定的内外部环境及其风险进行分析，并建立相应的预防机制，以降低金融不稳定发生的概率。影响金融稳定的内部环境主要来自金融体系内部要素的冲击，包括金融机构自身的风险、金融市场风险和金融基础设施风险。影响金融稳定的外部环境主要来自外部实体经济的冲击。此外，在目前的国际货币体系和经济全球化的背景下，一国的金融稳定还可能受到别国金融不稳定或实体经济不稳定的影响。

金融稳定的目标就是金融体系能正常地发挥其功能。国外传统的经济学观点认为，金融稳定的目标和币值稳定的目标一致，高通货膨胀会引起市场的大幅波动，从而阻碍储蓄向投资的转化，诱发金融的不稳定。另外，部分学者则认为金融稳定的目标与币值稳定的目标不一致，他们认为货币政策制定机构对通货膨胀的控制会影响人们对经济发展的预期，从而影响资产价格的稳定并诱发金融不稳定。从现实来看，金融稳定的目标与币值稳定的目标在长期内存在一致性，但在特定时期内则可能有一定的冲突与矛盾。

金融稳定的评估与预警机制是指通过建立一套金融稳定的评估与预警指标体系，对金融体系与实体经济进行监测并预警，从而便于及时、正确的提出应对措施，将金融不稳定所引发的后果降到最低。金融危机发生后的应急处理机制包括危机发生后各部门的责任授权与相应的应对措施。一般来说，当金融体系出现危机后，往往会出现金融机构挤兑、通货膨胀、货币危机、股市下降、经济衰退等现象，此时金融体系已不能正常发挥其功能。此时，政府相关机构包括中央银行、证券、银行与保险等监管机构、财政主管部门、中央政府与地方政府等应明确自己的职责，并相互配合，以有效应对危机所可能造成的后果，并重塑金融稳定格局。

## 13.2 影响金融稳定的因素

影响一国金融稳定的因素既有可能是来自金融体系内部要素的冲击，包括金融机构的风险、金融市场的不稳定和金融基础设施的不健全所引发的风险，这种冲击和威胁会直接影响金融体系的稳定和有效运转；另外金融稳定也可能受到外部实体经济因素的冲击，其会间接影响金融体系的运转，诱发金融不稳定。在实践中，这两种因素又往往相互影响、相互作用，加剧金融的不稳定。

金融体系内部冲击的首要原因就是金融机构的不稳定所引发的风险，金融机构的风险包括信用风险、外汇风险、流动性风险和操作性风险；此外，随着金融创新和衍生品市场的不断推出，金融机构在参与这些业务的过程中自身所面临的风险不断增大，这也是此次美国次贷危机爆发的根源之一。金融机构的风险不仅会影响自身，而且还可能通过信贷与投资业务在金融机构之间进行扩散，从而危及整个金融体系的稳定。金融市场的风险主要来自金融自由化、经济全球化及金融创新和金融衍生品的不断推出所引发的金融市场泡沫和金融市场动荡。由于其创新性和传染性，金融监管的难度较大，已成为威胁金融稳定的最主要因素。金融体系内部的冲击还可能受到金融基础设施不健全和不稳定的影响。金融基础设施包括法律、支付、清算、评级、会计等各个方面。如果这些方面出现不健全和缺陷等问题，就有可能影响整个金融体系的正常运转。如这次美国次贷危机中，建立在公允价值基础上的以市定价原则实际上放大了资产价格周期与信贷周期效应，当金融市场出现价值下降和价格下跌时，资产价值下降往往导致金融机构资本充足率不足，为了满足资本充足率的要求，金融机构往往需要抛售资产，而这会导致市场价格的进一步下跌。同样，评级机构作为金融基础设施的组成部分，其作用应该体现在风险集聚时能及时预警，而不是当问题已经暴露后再匆忙进行事后的评级修正，这不仅无益于风险的控制，而且产生加剧恶化经济预期的后果。

金融稳定不仅会受到金融体系内部要素的冲击，而且也可能受到外生的实体经济的影响。金融体系是现代经济的核心，而金融体系与实体经济往往又是相辅相成的。金融危机会影响实体经济的健康平稳运行，而实体经济的不健康甚至衰退又会反过来加剧金融的不稳定。实体经济对金融稳定的影响包括宏观层面的影响和微观层面的影响。宏观层面的影响包括一国的产业结构不合理、经济政策失误、房地产市场的不健康发展等；微观层面的影响主要来自微观个体，如个别大公司的破产等对金融机构和金融市场的影响。

随着金融自由化和经济全球化的发展，一国金融稳定不仅会受到本国金融体系内部要素和外部实体经济的冲击，而且还可能受到国际货币体系和其他国家金融稳定的影响。在目前以美元为主导的不均衡国际货币体系中，美国利用美元的主导地位，通过其完善的金融体系和发达的虚拟经济，通过经常项目的逆差，从全球吸纳资金；而其他国家将美元作为主要储备货币，并将储币货币投回美国购买美国的国债、股票等资产。在这种情况下，一旦美国的货币发行量超过其虚拟经济的需要量，就会导致全球性的流动性膨胀和国际资本的流动，而当美国的虚拟资产泡沫破灭时，美国的金融危机就会蔓延到全世界，这也是此次美国次贷危机演变成国际金融危机的原因之一。随着经济全球化的发展，一国实体经济的发展也会受到其他国家的实体经济发展的影响进而影响到该国的金融体系的稳定与健康发展。此外，国际资本的流动，特别是国际热钱的投机性、短期性和大规模的流动性，也会对一国的金融稳定形成潜在的威胁。

## 13.3 政府金融审计在维护金融稳定中的理论基础与必要性

金融稳定是宏观经济稳定和社会稳定的重要内容和表现形式之一。市场经济的参与者，如普通的居民、企业等都需要一个稳定的金融系统进行借贷、汇兑、交易等金融行为。一个稳定的金融系统有利于经济社会的持续协调发展。从这个意义上说，金融稳定可以说是一个具有正的外部性和非排他性的准公共物品（应寅锋，2009）。但是，由于不完全竞争的金融市场、金融交易中的信息不对称以及金融不稳定的负外部性等原因，市场在提供金融稳定这个准公共物品的过程中往往存在失灵的情况，因此，需要政府进行干预和调控。金融市场的不完全竞争是指金融市场上存在着规模经济和金融垄断等现象，因此完全靠市场调节并不能使金融资源的配置实现帕累托最优。金融交易中的信息不对称是指在金融交易中存在着逆向选择和道德风险问题，从而使金融风险不断累积，最后影响金融稳定。金融不稳定的负外部性指的是金融市场、金融机构和金融体系的不稳定会引发严重的经济后果，影响经济的持续发展和社会稳定，造成巨大的破坏力。此外，金融市场的有限理性、金融资产价格的波动性以及经济的周期性导致金融体系的内在脆弱性，也需要政府进行干预和调控。政府对金融市场、金融机构以及金融基础设施进行干预和调控的目标就是消除金融市场的不完全竞争、金融交易中的信息不对称以及金融不稳定的负外部性等，从而在保证发挥市场在配置金融资源的基础性作用的前提下，减少金融市场的垄断以及逆向选择和道德风险等问题，从而保证金融体系的健康运行。

政府对金融市场、金融机构以及金融基础设施进行干预和调控的主要方式就是金融监管，包括法律法规所体现的金融监管理念、原则和方法；金融监管机构的职能定位与职责划分；各监管部门对金融风险的防范与日常监管以及金融危机发生后的及时正确应对。

有效的金融监管离不开金融审计，金融监管与金融审计的一体化正成为国外的一种发展趋势。政府金融审计已成为各国实施有效金融监管的重要力量。根据《宪法》、《审计法》、《银行业监督管理法》的规定，中国的政府金融审计是处于金融机构具体经营管理者之外的，具有较高独立性和客观性的监管机构，其目的就是监督金融活动中的问题与风险，维护国家的金融安全。通过建立政府金融审计与其他监管部门之间职责分工明确、层次分明的监督体系，有助于规范金融监管部门的监管行为，促使各层次监管机构履行职责，促进监管资源的优化配置和效能发挥，降低监管成本，提高监管效率。具体来看，有效的金融审计可以通过对金融机构进行审计，发现和揭露金融机构经营管理中存在的重大违法违规问题，揭示影响金融业健康发展的风险，促进金融机构的具体业务合法、运行稳健。与金融监管机构相比，政府金融审计机构由于不参与有关金融法规的制定和具体的金融业务的经营和管理，因此与各方没有利益关系，具有较高的独立性，可以更好地对金融机构的重大违法违规行为进行检查，从而发现和揭露问题，并分析原因和提出建议。政府金融审计在审查和揭露具体问题的同时，通过建立宏观层次的金融预警指标体系，关注市场组织、技术维护、机构设立和制度协调等层面的宏观风险，可以从宏观的金融体制、机制上研究、发现和分析问题，促进金融体制和机制的完善，维护国家的金融安全，从而实现从源头上采取措施，发挥政府审计"免疫系统"功能的作用，保证金融市场的稳定（陈文夏，2009）。此外，与金融监管通过直接面向金融机构和具体金融业务不同，政府金融审计还可以通过对金融监管机构进行绩效审计和领导人的经济责任审计，对金融监管机构形成有效的制约机制，促进其有效地行使监管权力，更好地履行监管职责。最后，与金融监管机构更多的关注金融机构的日常监管不同，政府金融审计机构可以凭借其超然的独立立场，充分发挥其在系统性风险的检查、审核和预警中的作用，通过开展延伸审计，重点对金融机构的风险表现、风险形成、风险控制和风险管理过程、风险管理能力等方面进行检查、评价、对系统性金融风险进行分析与预警，发挥宏观监督作用（和秀星、曹严礼，2008）。

## 13.4　金融稳定视角下的中国政府金融审计的现状及存在的问题

自 1984 年审计署下发《关于对金融保险机构进行审计监督的通知》拉

开了中国金融审计的帷幕以来，到 1995 年之前，中国政府金融审计以维护国家财经纪律为主要目标，以重点检查财务收支为主要内容。1995 年《审计法》颁布实施以后，金融审计主要围绕着国有金融机构的资产质量的真实性进行审计，2002 年以后随着金融体制改革的进一步深入，金融审计又进一步将审计目标确定为"防范风险、促进管理、提高效益"。《审计署2008～2012 年审计工作发展规划》则提出，金融审计要以维护安全、防范风险、促进发展为目标，服务国家宏观政策，推动金融改革，维护金融稳定，完善金融监管，推动建立高效安全的现代金融体系。

纵观中国政府金融审计的发展历程，可以发现中国政府金融审计具有以下特点：从审计的对象看，主要是以国有、国有资本占控股或主导地位的商业银行为重点，对金融监管机构的审计较少，对"一行三会"的预算执行情况和金融监管机构的绩效审计和领导人的经济责任审计还未广泛深入；对非国有银行、非银行金融机构如农村信用社、邮政储蓄机构、地方金融机构、外资金融机构的审计还存在盲区，如农村合作金融机构占银行业金融机构资产的份额已达到 11%，地方金融机构的资产规模已占到中国金融总资产的近 25%，外资金融机构的发展也十分迅猛，对这些机构的审计与其发展状况还存在较大的差距。此外，金融市场和金融基础设施还未纳入金融审计的对象范围。如前所述，一个稳定的金融体系除了包括金融机构的稳定外，还包括金融市场（股票、债券、票据、外汇和衍生品市场等）的稳定。

从金融审计的内容看，进入 21 世纪以来，中国政府金融审计的内容主要还是围绕着"资产、管理、效益"目标所进行的基础资产（成熟产品）和传统业务及其所可能引发的金融风险的审计，而对金融机构的系统性风险、由于金融自由化和经济全球化所引发的国际金融市场风险、资本市场风险以及金融创新和金融衍生品的不断推出所引发的金融市场风险则关注不够。随着经济金融化的演进，金融机构不断膨胀，金融资产的数量与规模不断扩大，金融资产迅速扩张，在这种情况下，一旦金融管制有所放松，金融审计监督不到位，金融资产的扩张很可能演化为系统性风险，一旦爆发就会产生不可估量的严重后果，如美国此次的次贷危机。因此，强化金融监管，应提高金融审计监督力度，努力防范道德风险，避免系统性风险在金融自由化和经济全球化进一步加强。中国金融市场的开放度不断提高，在促进中国金融市场的完善和金融体系成熟以及吸引国外金融资本的同时，国际金融资本的投机性和频繁流动性，加剧了国内经济运行的波动性，使金融体系的规模变动迅速，国际金融市场的风险传导效应正日益增强，导致了金融市场的脆弱，中国金融市场的风险正不断提高。金融机构和非银行金融机构的国际竞争也使金融机构的风险增强。随着中国市场经济的发展和成熟，作为金融市场重要组成部分的股票市场也不断发展壮大，在促进资源优化配置的同时，包括上市公司、证券公司、基金公司在内的市场主体违法违规现象，如内幕交易、操纵股票等行为时有发生，市场的风险防范体系和监管力度尚不适应股票市场发展的要求，公司风险很有可能通过不良资产等方式转嫁给银行和普通投资者，从而形成金融系统风险和社会风险。金融创新和金融衍生品的大量出现，促进了金融业的发展和金融市场规模的不断扩大，但与此同时，其内在蕴涵的风险也成为影响金融机构和金融市场稳定的导火索。从美国此次金融危机来看，金融创新产品（如债务担保证券 CDO）及其风险在整个金融系统中的转移与扩散就是最终引发次贷危机并演化为全球性金融危机的主要原因之一。金融创新的风险具有较强的隐蔽性，表现为其一般建立在严格的数学模型基础上，有完整的理论定价体系；金融创新产品越来越呈现出混业的趋势；金融创新的高风险本质往往被经济的快速增长和人们的过分乐观预期所掩盖等。中国目前金融创新呈现出以下发展趋势：金融业由分业向混业发展、金融机构日趋多样化、金融业尤其是银行业在技术手段上更加紧密地与信息业融合、电子化程度不断提高（陈文夏，2009）。金融创新在成为促进中国金融业发展的重要支撑的同时，如何对其进行有效的监管和金融审计监督以维护金融稳定的任务也在不断增加。

从金融审计的程序与方法看，中国目前的政府金融审计还未形成系统和科学的审计标准和程序。国外的审计理论目前已从传统的账项基础审计、系统导向审计发展到风险导向审计阶段，且已在独立审计中得到广泛的运用。现代风险导向审计立足于被审计单位的风险，通过了解被审计单位的环境包括内部控制，评估被审计单位的重大错报风险，进而根据可接受的检查风险决定实质性测试的重点与水平，从而在保证审计效果的同时提高了审计效率。

从金融审计功能定位来看，中国的政府金融审计主要还是事后的审计与规范。近10年来，围绕着"风险、管理、效益"这一审计目标，中国金融审计集中审计了一批违反国家宏观调控措施的重大问题、扰乱市场经济秩序的突出情况和重大金融案件以及金融领域的突出风险，在深化金融改革、防范金融风险、强化金融监管和打击金融领域的违法违规活动等方面发挥了重要作用。近年来金融审计也开始尝试开展了一些事中审计，如高校贷款风险审计、高速公路贷款风险审计等，取得了较好的效果。但总的来说，金融审计还是以事后审计为主，未能充分发挥金融审计"免疫系统"的功能。

## 13.5  维护金融稳定的政府金融审计对策与措施

为有效地实现维护金融稳定的目标，中国政府金融审计应该围绕拓展金融审计对象、丰富金融审计内容、建立系统与科学的金融审计标准与程序、突出事前和事中审计的金融审计功能定位等几个方面采取相应的对策与措施。

就政府金融审计的对象来说，从维护金融稳定的角度开展金融审计工作，应将非银行金融机构、外资金融机构、地方金融机构以及作为金融市场组成部分的股票市场纳入金融审计的对象范畴。特别是随着金融业混业经营的趋势，应将原来不作为金融审计主要内容的证券、保险、基金、信托等业务逐渐纳入金融审计常规审计范围。当然，囿于相关规定的限制，国家审计机关对上述机构特别是外资金融机构直接开展金融审计还不具备相应的法律基础。但是，可以通过创新审计方式、改善审计环境来发挥相应的作用。如通过加大专项审计调查的力度，将外资金融机构纳入调查范畴；通过组织审计署与地方审计机关的合作，推动对地方金融机构的审计力度；通过强化对"一行三会"的预算执行情况和绩效审计以及领导人的经济责任审计，起到延伸外资金融机构和资本市场审计的目的。另外，对于金融市场重要组成部分的资本市场特别是股票市场的金融审计，也可以通过采取专项审计的方式对股票市场的运行机制等若干主题进行专项调查。

就金融审计的内容而言，政府金融审计不仅要重视和关注银行信贷资产的质量和传统业务及其可能的风险，还要重视金融体系的系统性风险、由于金融自由化和经济全球化所引发的国际金融市场风险，特别要关注金融创新及金融衍生品业务所产生的风险。要加大对创新业务的审计，如金融衍生品、电子银行产品等，特别是对商业银行为规避监管采取隐蔽手段进行的业务创新，如广东出现的以代客理财方式集中储蓄资金进行新股申购，上海出现的以浮动存款利息名义做期权交易等（顾建光，2004）。要关注国外金融创新的品种，了解与掌握其风险控制点、风险传导机制和风险防范策略。要尝试建立多层次的金融风险预警指标体系，揭示系统性风险，包括微观的单个金融机构风险预警指标体系，中观的金融行业风险预警指标体系和宏观的经济系统风险预警指标体系，并通过动态联系和科学建模等方法对预警指标与风险状况间的关系进行深入的实证分析，使预警指标更加科学合理（陈文夏，2009）。要对由于金融自由化和经济全球化所引发的国际金融市场风险保持足够的关注，在这方面要与外资金融机构的审计监管更多的结合起来。

关于金融审计的程序与方法，在原有的金融审计策略与方法的基础上，应吸收风险导向审计的相关理论与方法，如在对金融机构进行金融审计时，充分关注金融机构的内部控制，在对其进行了解与评估的基础上，决定审计业务检查的工作量。在审计过程中，充分关注其特殊风险，选择相应的审计策略与方法。根据金融业务风险的高低来确定审计的范围、内容与重点，对高风险业务予以重点关注，在审计商业银行资产质量的同时，重点审计金融创新业务，如表外业务、复杂和投机性强的交易等。在审计计划阶段和完成阶段重视分析性技术的采用，通过分析性技术重点关注重大和可疑的交易业务，以提高审计效率。在审计过程中注意将财务收支审计与业务经营循环审计相结合，这样不仅便于进行内控测试和提高审计效率，还可以将金融机构的各项业务联系起来从整体角度进行分析与考虑，便于从业务经营环节入手发现和揭示风险控制的薄弱环节，确保审计质量。

就功能定位来说，金融审计要发挥金融体系"免疫系统"功能，其关键不在事后的审计与规范，而是事前和事中的审计与控制，为此，应进一步加强事前和事中的审计与控制。要在审计金融机构资产质量真实性的基础上，建立一套非现场的风险监管指标体系，构建金融安全网，并通过对"一行三会"金融安全网的审计，来审查其履行金融监管职责的情况。要根据金融机构运营风险、资产风险和融资机构风险的风险评价思路全面评价和把握金融机构整体资产质量情况，有效揭露金融机构经营管理上存在的问题和隐性风险。密切关注金融创新隐藏的风险和监管漏洞，及时跟进并促进相关法规的建设。对监管机构的监管政策和思路要进行审计，促进其合理与贯彻落实。

# 14

# 最后贷款人制度的建设与金融安全

　　最后贷款人（The Lender of Last Resort）是当金融机构由于暂时性的流动性不足而发生经营困难甚至危机时，通过提供贷款向其提供流动性支持的机构。最后贷款人制度是金融安全网的重要组成部分，这一制度对于解决商业银行暂时性的流动性不足、有效防范金融危机的传染、维护金融系统的稳定具有极为重要的作用。

　　在本次金融危机中，发达国家的中央银行纷纷行使最后贷款人的职责，救助了许多陷入困境的金融机构，有效地防止了危机的进一步扩散和蔓延。以美国为例，次贷危机发生后，美联储首先通过声明表明了美联储控制危机进一步蔓延的决心；① 随后又通过公开市场操作向市场注资以及通过再贴现窗口向一些陷入困境的金融机构提供资金，特别是向花旗集团、摩根大通、美国银行等大型金融机构注资，大大缓解了这些机构的资金压力；② 此外，美联储还通过降低利率、贷款拍卖以及协同金融机构联合救市等行动来防止危机的蔓延。③ 在各方的努力下，这次被称为仅次于 20 世纪 30 年代"大萧

---

① 美联储于 2007 年 8 月 9 日发表声明表示将提供流动性，保持市场持续的良好运作。随后，美联储又通过书面和口头方式在各种场合表明稳定市场的决心。

② 公开市场操作方面，美联储先后 20 次向市场注资 2717.5 亿美元；再贴现方面，美联储于 2007 年 8 月 17 日、9 月 18 日、12 月 11 日、2008 年 1 月 22 日以及 1 月 31 日共 5 次降低再贴现率共计 2.5 个百分点。

③ 在美联储的协调下，美国银行、摩根大通和花旗集团于 2007 年 10 月 15 日组建了一个名称为"主要流动性增加工具"的规模达 800 亿~1000 亿美元的特别基金，用于为收购有问题的按揭证券资产提供融资。

条"的金融危机虽然重挫了全球的经济发展，但仅用了两年多时间便取得了全球经济的恢复性增长。国际货币基金组织（IMF）2010 年 1 月 26 日发布的《世界经济展望》称，全球经济正在复苏，力度比预期更为强劲，预计 2010年和 2011 年世界经济分别增长 3.9% 和 4.3%。虽然还不能将此"功绩"直接归功于各国最后贷款人的救助行动，但毫无疑问，本次金融危机中最后贷款人很好地行使了自己的职责，并没有重犯美联储在"大萧条"中的错误。①

必须承认的是，发达国家的中央银行在本次金融危机中之所以能够很好地行使最后贷款人的职责，与其长期的经验积累和正确的理论指导是密不可分的。众所周知，从 1797 年弗朗西斯·巴应爵士（Francis Baring）第一次提出最后贷款人的概念，西方国家对最后贷款人制度的研究已经有了 200 多年的历史，特别是随着近几十年全球性金融危机的增多，各国中央银行在实际操作中也积累了丰富的经验。

从中国的情况来看，长期实行计划经济体制或者受计划经济体制的影响，金融体系效率低下，最后贷款人制度缺失或者不健全，引发了较为严重的财政亏损（汤凌霄，2005）；另外，本次金融危机虽然并没有给中国的金融系统造成很大的冲击，却为中国相关制度的设计提供了借鉴与启示，尤其是随着中国经济和金融对外开放的进一步扩大，中国的金融系统将更容易受到外部包括全球各种金融危机的冲击，因此有必要进一步完善中国的最后贷款人制度。

至目前，国内学者对中国最后贷款人制度的相关理论已经有了初步的研究。汤凌霄（2005）、周厉（2006）、孙天琦和刘社芳（2007）、汤凌霄和胥若男（2009）等对国外的相关研究进行了述评，其中孙天琦和刘社芳（2007）还总结了国外相关理论对中国的启示；汤凌霄（2005）讨论了中国隐性最后贷款人的相关问题；汤凌霄（2009）从整体上探讨了构建中国最后贷款人制度的目标、范围与原则；此外，本次金融危机爆发后，徐洪才（2009）讨论了金融危机对构建中国最后贷款人制度的启示。从这些研究成果来看，多偏重对国外理论的介绍，虽然在相关制度的构建上也有一些研究，但是还没有从最后贷款人制度的整体设计上提出全面而系统的政策主

---

① Friedman 和 Schwartz（1963）在其巨著《美国货币史》中详细分析了美联储在"大萧条"中的错误决策，其中最大的失误就是美联储公开市场操作不足，没有采取足够的措施防止危机的扩散。

张。鉴于此，本章拟从最后贷款人的制度设计入手，在回顾相关文献中最后贷款人制度设计原则的基础上，根据中国的现实情况，提出构建中国最后贷款人制度的较为全面的政策建议。

## 14.1　谁来充当最后贷款人

一般而言，最后贷款人是由中央银行担任的。Bagehot（1873）早期提出的最后贷款人四原则就是针对英格兰银行的，他认为，由于中央银行拥有货币垄断发行权，是一国流动性的最终来源，而且中央银行发行的银行券属于法定清偿货币，加上在金融恐慌时期对高能货币的需求也就是对中央银行银行券的需求，因此只有中央银行才能够担当最后贷款人。

经过 200 多年的研究和实践，许多学者赞同 Bagehot 的这种观点，即认为中央银行应该充当最后贷款人。事实上，中央银行作为最后贷款人有很多优点，Humphrey 和 Keleher（1984）提出部分准备金的金融体系以及中央银行对货币发行权的垄断使其应该是天然的最后贷款人，他们认为中央银行作为货币政策的执行者，对金融市场状况拥有第一手的信息，而这些信息可以帮助中央银行认清市场的形势，并帮助中央银行辨认哪些金融机构是有清偿力的；中央银行拥有再贴现和公开市场操作等能够调节货币市场的工具，在市场或金融机构流动性匮乏时可以通过这两种工具提供流动性；Giannini（1999）认为中央银行作为货币市场和支付体系的核心，在市场上拥有很强的号召力，在危机时刻它可以组织金融机构开展自救或帮助金融机构共同渡过难关。本次美国金融危机中美联储联合美国银行等金融机构开展的互助自救就是一个很好的说明；此外，中央银行有很强的中立性，这保证它作为最后贷款人时可以不受外界的干扰，减少了道德风险发生的可能性，从而可以完全基于社会福利的最大化进行决策。当然，中央银行作为最后贷款人的优势还有很多，它拥有很多私人部门或者其他公共部门无法比拟的优势，Goodhart（1999）甚至称只有在中央银行体制不存在或极不完善的情况下才能选择其他机构作为最后贷款人。

尽管如此，仍然有些学者主张中央银行不是也不应该是唯一的最后贷款人，其他公共机构也可以充当最后贷款人。持这种观点的学者主要有 Bordo（1990）、Repullo（1999）等，他们认为中央银行以外的其他公共部门，如财政部、存款保险公司等也可以担任最后贷款人。Bordo（1990）考察了历史上的银行危机以及危机中最后贷款人的实践，认为某些公共部门可以具备最后贷款人功能，而不一定是中央银行，例如成立于 1934 年的美国联邦存款保险公司就大大缓解了银行危机。Repullo（1999）认为中央银行和存款保险公司都可以担任最后贷款人，具体要视情况而定，他还构建了一个基于不完全合约的模型，在模型中讨论了金融危机时期由谁来出任最后贷款人，其研究结果表明，面对较小的流动性冲击，应由中央银行来担任最后贷款人；当面对较大的流动性冲击时，应该由存款保险公司来担任最后贷款人。显而易见的是，存款保险公司作为最后贷款人也有一定的缺陷，一方面，在面对较大的流动性紧缺时，存款保险公司并没有源源不断的流动性资源；另一方面，存款保险公司不具有中央银行的独立性，由他担任最后贷款人可能会带来较为严重的道德风险问题。

还有学者提出私人部门也可以担任最后贷款人。Timberlake（1984）考察了 1857～1907 年美国清算所的历史，他认为清算所也可以通过功能的拓展替代公共部门来担任最后贷款人。但是，私人部门充当最后贷款人存在内生性的缺陷，即在提供流动性时存在季节性的波动，因此这种观点并没有引起其他学者的共鸣，事实上，纽约清算所也于 20 世纪初瓦解了。

可以看出，上述观点都是在赞同需要最后贷款人制度这一前提下开展讨论得出的结论。而自由银行制度的赞同者则拒绝任何政府或私人机构充当最后贷款人的可能性，他们认为银行恐慌的唯一原因是对银行系统的法律限制。如果没有这些限制的话，自由的银行市场将是一个银行恐慌渗透不了的银行体系。Selgin（1989）认为银行系统最重要的限制有两个：一个是美国禁止银行在全国范围内开设分支机构；[①] 另一个是商业银行系统禁止自由发行货币。允许银行在全国范围内开设分支机构能够使银行在全国范围内配置资产，从而可以有效防止相对价格带来的冲击，自由发行货币则可以使银行能够提供个人所需要的现金。但是，赞成自由银行制度的学者并没有提及银行系统在受到系统性冲击时应该如何提供高能货币，事实上，在那种情况下也只有货币当局（中央银行）能够满足条件。

---

① 这个限制在 1994 年已经取消。1994 年的《瑞格—尼尔跨州银行业务和分支银行制效率法案》（the Riegle-Neal Interstate Banking and Branching Efficiency Act，IBBEA）将区域性的协议扩展到全国，废除了《麦克法登法案》（The McFadden Act of 1927）和对银行控股公司法案的《道格拉斯修正案》（the Douglas Amendment of 1956），并允许银行控股公司从 1997 年 6 月 1 日起将其跨州拥有的银行合并为一家。

理论上，由于最后贷款人的职责是在金融恐慌时提供公共产品，所以，作为公共产品的供给主体一般就是政府部门。从世界范围的实践来看，多数国家的最后贷款人是由中央银行扮演，在中央银行充当最后贷款人存在不足时由其他部门补充。林平（1999）总结了世界上主要国家最后贷款人的制度安排，形式主要有三种：中央银行牵头，由其他特别机构或专门资金提供财政支持；中央银行牵头，组织大银行集资救助；中央银行出面担保，帮助问题银行渡过难关。从上述讨论可知，最后贷款人并没有统一的承担部门，一个国家由哪个部门（或机构）来担任最后贷款人，要根据国情而定，例如中央银行制度的完善程度、金融市场的健全状况以及信息的透明度等。

## 14.2  最后贷款人的制度规则

Bagehot（1873）在其出版的《伦巴德大街》一书中全面阐述了最后贷款人理论，并提出了著名的 Bagehot "四原则"，这四个原则成为后来各国最后贷款人制度实践中最基本的原则，至今仍然具有很强的指导意义。但是，随着经济社会的变迁和金融市场的发展，Bagehot 原则的可操作性以及其引发的道德风险受到了质疑，并引发了国内外学者广泛而激烈的讨论。

### 14.2.1  最后贷款人的救助对象

传统的 Bagehot 理论认为最后贷款人只应该救助那些有良好的资产作为抵押并且未来有清偿能力的借款人。然而在实践中，区分金融机构是否具有清偿能力是异常困难的。由于一些大型金融机构的倒闭会引发社会恐慌，所以最后贷款人常常会倾向于救助一些不具备清偿能力的金融机构，而这种行为又引发了金融机构的道德风险。对此，学术界在是否救助没有清偿能力的金融机构这一问题上存在着较大的分歧。

支持传统观点的学者主要有 Meltzer（1986）、Bordo（1990）和 Kaufman（1911）。Meltzer（1986）认为中央银行应该允许破产的银行倒闭，因为如果不那么做的话将会鼓励金融机构冒更大的风险；如果中央银行能够允许金融机构破产，那么单个银行的破产将不会引起公众对其他银行的怀疑，也不会造成金融体系的恐慌，导致金融恐慌最大的原因恰恰是因为中央银行没有遵守 Bagehot 的四大原则。Bordo（1990）认为救助不具备清偿能力的银行将会引发道德风险，会使银行在未来需要更大的救助，总体上会加大问题银行的处置成本；而且，救助没有清偿能力的银行会损害市场的公平竞争，对健康经营的银行是不公平的。Kaufman（1991）认为，赞同救助无清偿能力银行的学者低估了过度救助金融机构带来的风险，这会导致金融机构在未来需要更大的援助。

更多的学者支持最后贷款人应该救助一些没有清偿能力的问题银行的观点。Solow（1982）认为最后贷款人应该为金融系统的稳定负责，任何银行（特别是大银行）的倒闭，都会造成银行系统的动荡，为了防止由于某个银行的倒闭而带来的信心危机在银行系统的扩散，最后贷款人应该救助破产的银行。Goodhart（1987）赞同中央银行在紧急情况下要援助破产的银行，他认为区分银行的"流动性不足"和"破产"是很困难的，一个因为流动性不足而需要最后贷款人帮助的银行经常被怀疑是陷入破产，因为准确评估银行的资产并不容易，中央银行即使知道陷入流动性不足的银行也有可能是破产的银行，但是中央银行不得不立即决定是否提供流动性。他还认为，当储户拼命地从破产的银行取现时，银行和借款者辛辛苦苦建立起来的信任关系也会一扫而去，而原来的关系一旦失去，想要建立新的信任关系就需要更大的成本，同时借款人也要承担一定的损失，因此，为了保护借款者，Goodhart认为中央银行应该回笼资金借给有问题的银行。然而，Schwartz（1988）也指出，借款者也许并不需要这种安排，相反，他们可以通过同时在许多金融机构中既存又贷来达到这一目的。

由此可以看出，认为最后贷款人不应该救助无清偿能力银行的学者主要是从救助成本、救助引发的道德风险以及市场公平的角度进行考虑，而赞成最后贷款人救助无清偿能力银行的学者则强调大银行的倒闭容易引发金融系统的恐慌，所以要防止银行危机就应该救助一些无清偿能力的银行。应该说这两种观点都有一定的道理。Goodhart 和 Huang（1999）将挤兑传染和道德风险引入最后贷款人救助模型，并且在这个模型框架下重点考虑了最后贷款人的救助决策。研究结果表明，如果仅考虑传染风险，那么最后贷款人总是有激励去救助陷入困境的银行；而如果只考虑道德风险，那么最后贷款人总是拒绝救助陷入困境的银行。因此，道德风险是最后贷款人为了解决银行倒闭的传染风险的副产品，两者同时存在，中央银行必须综合权衡救助陷入困境的银行所带来的收益和与之伴随的道德风险的成本。虽然道德风险的存在降低了中央银行救助陷入困境的银行的欲望，但是当问题银行的规模达到一定程度时，中央银行为了顾及大的银行倒闭所带来的损失，也会救助大的银行。

基于这一分析，各国最后贷款人对救助对象的态度（或行为）应根据具体情况而定。在经济形势较好的时期，最后贷款人应更关注道德风险，尽量少救助或不救助不具备清偿能力的金融机构；而在金融危机时期则应更关注大型金融机构倒闭带来的冲击，采取措施救助一些虽然没有清偿能力但影响巨大的金融机构。

### 14.2.2　最后贷款人的救助方式

Bagehot 认为最后贷款人的救助应该采用窗口贴现的方式，这是因为在他所处的时代金融市场并不发达，窗口贴现是中央银行最主要的工具；而且Bagehot 主张最后贷款人只向暂时陷入困境但是有清偿能力的银行贷款，因此，窗口贴现在当时无论是在理论意义上还是在操作层面上都是最优的工具选择。但随着金融市场的发展，公开市场操作日益成为中央银行货币政策的主要工具，与窗口贴现相比，公开市场操作更加关注的是市场，并不需要对金融机构是否具有清偿能力作出判断，因此很多学者提出最后贷款人的救助应该采用公开市场操作的方式，于是就出现了观点对立的两种主张，一种主张最后贷款人应该将窗口贴现作为主要的救助方式，另一种主张公开市场操作应该成为最后贷款人的主要救助工具。

不少学者（如 Goodfriend and King，1991；Bordo，1990；Schwartz，1995；Capie，1998）认为最后贷款人应该通过公开市场操作向市场提供流动性。Goodfriend 和 King（1991）为最后贷款人的职能作了很强的假定，他们认为最后贷款人只能采用货币政策（专指公开市场操作）来调节市场上的高能货币，并不需要通过被称为银行政策的贴现窗口贷款来改变高能货币。银行政策之所以被他们认为是多余的，是因为中央银行贴现窗口的贷款和私人部门提供的贷款很相似，都需要监管，在这些业务方面中央银行并不比私人部门更加有效；他们还认为现阶段美联储更加有优势的原因是美联储可以提供全额的抵押贷款而商业银行在目前的管制下则不行。因此，目前的监管制度使贴现窗口只能帮助缺乏流动性的银行，但是没有人能够阻止美联储迫于政治压力贷款给破产的银行。而且，贴现窗口贷款延迟了银行破产前把其最好的资产用来偿还没有保障的存款者的时机，降低了存款者的监督激励，提高了银行的经营风险。总之，赞同公开市场操作方式的学者主要强调的是窗口贴现会引发金融机构的道德风险，认为直接向金融机构进行贴现会使一些没有清偿能力的银行得不到惩罚，从而诱发银行的道德风险（Capie，1998）；Kaufman（1991）也认为，除非最后贷款人在金融机构的清偿能力方面有足够的信息，否则最后贷款人就不需要直接救助某个金融机构。

对于主张公开市场操作方式的观点，支持窗口贴现的学者也提出了质疑。一方面，公开市场操作作为中央银行货币政策执行的最基本的工具，如果将公开市场操作作为最后贷款人的工具，那么如何区分中央银行日常的公开市场操作行为是在执行货币政策还是在行使最后贷款人职责？Goodhart（1999）指出，在中央银行的实践中，要区分这两种职责是很困难的。另一方面，相比窗口贴现所引起的道德风险，某些金融机构由于缺少必要的直接救助而倒闭所引发的社会恐慌将要严重得多，特别是大型金融机构倒闭所带来的损失要数倍于救助成本。

还有学者（Fecht and Tyrell，2003）从市场体系的角度讨论了最后贷款人的最优救助方式。他们区分了市场主导的和银行主导的两种金融体系，在两种不同的金融体系下最后贷款人的最优救助方式是不同的。他们的研究结果表明：最后贷款人用两种方式干预都是有益的，甚至直接干预要优于市场化的间接干预，特别是在一个银行主导的金融体系中。在面临严重的流动性短缺时，直接向银行提供流动性要优于通过市场提供流动性，而且银行主导的金融体系下的市场干预所造成的福利损失要大于市场主导的金融体系的福利损失。如果把最后贷款人所需要的信息成本考虑进去，那么在银行主导的金融体系中最后贷款人直接干预是最优的策略，但这在市场主导的金融体系中不成立。

从这些争论中可以看出，采取什么方式救助问题银行事实上是救助有清偿力银行与无清偿力银行之争的延续（汤凌霄、胥若男，2009）。支持窗口贴现方式的学者更关注的是特定的金融机构，其重点是防范单个金融机构的倒闭带来的系统性风险；而支持公开市场操作方式的学者关注的是市场的流动性，其重点是防范对单个金融机构的救助所带来的道德风险和市场公平的损失。从各国的实践来看，两种方式在长时期内都是共存的，美国1974年的富兰克林国民银行案就是通过窗口贴现的方式解决的；1987年10月和1989年两次股票市场的崩溃则是通过公开市场操作解决的；在本次金融危机中，美联储为了防止金融危机的进一步蔓延，采取了窗口贴现和公开市场操作两种方式。因此，在具体的实践中，最后贷款人要根据当时的具体情况、所掌握的信息以及面临的不同的环境而采取适当的方式，对于具有广泛影响的金融机构，可以采取窗口贴现的方式；而对于市场普遍性的流动性短缺，则可以通过公开市场操作的方式。

### 14.2.3 最后贷款人是否执行惩罚性利率

在 Bagehot 最初提出的最后贷款人"四原则"中，他认为应该向借款的银行收取惩罚性利率，因为惩罚性的利率可以提高资源的配置效率并且能够维护金融市场的公平竞争。

但在各国最后贷款人的实践中，特别是随着金融市场的迅猛发展，向问题银行征收惩罚性的利率受到了越来越大的挑战。首先，收取惩罚性利率可能会使银行危机更加恶化，惩罚性利率可能会加重银行的负担，非但不能帮助银行渡过难关，很可能会成为银行经营恶化的又一因素；其次，收取惩罚性利率向市场传递了一个信号，即施加惩罚性利率的银行经营状况较差，这会导致市场对银行的挤兑；再次，如果征收惩罚性的利率，那么利率水平的确定也是一个大难题（Goodhart，1999；Kaufman，1991），因为不同时期利率的高低标准有很大的差异，金融危机发生时市场利率本已很高，此时再征收惩罚性的高利率可能没有几家银行能够承受；最后，收取惩罚性利率可能会引发更严重的道德风险，因为在危机时刻，问题银行渡过难关已属不易，如果收取惩罚性的利率，面对高昂的借贷成本以及本已很高的破产概率，银行经营者很可能会铤而走险，冒更大的风险。这对于整个社会来说可能是得不偿失，既付出了救助成本，又没有救助问题银行。

事实上，在各国最后贷款人制度的实践中，执行惩罚性的利率并不常见。Curzio（1999）考察了历史上银行危机时期最后贷款人的利率执行情况，发现最后贷款人很少执行惩罚性的利率，相反，最后贷款人很多时候是按照当时的市场利率或者低于市场利率进行贷款，甚至有时还没有抵押品。以美国为例，美联储在早期倾向于执行高于市场短期利率的利率，但是情况在 1920 年以后发生了变化，美联储更加倾向于按照市场利率或低于市场利率发放贷款（汤凌霄、胥若男，2009）。在 20 世纪 80 年代美国储贷危机时期，美联储对于银行的短期贷款收取了较为优惠的利率，而对于长期贷款则收取了高于市场利率的利率。

总的来说，对于最后贷款人救助银行时的利率，可以考虑短期利率按照市场利率或者低于市场利率来执行，而长期利率则应该收取高于市场水平的利率，因为对于最后贷款人来说，其本意是救助那些暂时陷入流动性困境但具有偿债能力的金融机构，因此应该鼓励金融机构短期的借贷，而惩罚长期的借贷。

## 14.3　最后贷款人制度中的道德风险

### 14.3.1　最后贷款人制度引致的道德风险

在存在最后贷款人制度的经济体系中，一旦银行经营者认为可以受到最后贷款人的保护，那么他就有可能将其资产投入到收益高但风险大的资产中去，即使受到挤兑也会有最后贷款人的保护；而储户在意识到自己存款的银行受到最后贷款人的保护后，也就不会有积极性去监督银行的经营行为，这样，银行经营者和储户对最后贷款人援助行为的预期最终将推高银行的经营风险。这意味着虽然最后贷款人能够有效防止银行系统的恐慌，但它助长了银行经营的道德风险。

Mishkin（2000）认为，这种道德风险更容易发生在大金融机构身上。由于大型金融机构的影响巨大，其倒闭将会引发经济系统的恐慌，甚至有可能引发金融危机，因此大型金融机构的经营者相信自身发生危机时最后贷款人不会坐视不管，这样他们就会放松自我的风险管理，这种情况就是人们常说的"大而不倒"。当存款者知道最后贷款人会在危机时救助大型金融机构后，必然会放松对这些金融机构的监管，因此就削弱了市场约束。此外，这种大型金融机构在危机时刻得到救助的预期也不利于市场的竞争，因为大型金融机构有最后贷款人的救助，存款者就会将储蓄放在这些大型银行中，而一些小的银行就会面临储蓄不足的问题，因此"大而不倒"在很大程度上损害了市场竞争。

可以看出，最后贷款人制度的存在会导致市场约束作用的扭曲，从而滋生种种机会主义行为，在对问题金融机构的救助中，对管理者的宽容、姑息更加重了管理者个人利益至上的倾向。同时，信息不对称造成监管当局的有限理性，产生了激励结构与政府有效约束能力的冲突，使激励约束机制弱化。因此，在最后贷款人制度的实施过程中需要重点解决的是救助政策的适度及有效防范道德风险问题，在此基础上促使银行管理者追求并实现社会福利的最大化。

### 14.3.2　建设性模糊策略

近年来，针对最后贷款人制度安排所带来的道德风险问题，不少学者提出的解决方案是建设性模糊（Constructive Ambiguity）策略，其实质是中央银行事先不对其是否履行最后贷款人职责的条件做出具体说明，使银行不确定自己是否成为援助的对象，从而对银行形成一种压力。"十国集团"（G10）对建设性模糊策略进行了定义：对任一金融机构的所有经营活动，中央银行从谨慎角度出发，关于是否、何时、在何种条件下提供支援的任何预先承诺都应该制止。此外，在作出这种决策时，要严格分析是否存在着系统风险，如果已经存在，要考虑应对系统传染效应的最优方式，并须尽量减少对市场运行规则的负面影响。

其实，建设性模糊策略的意义极为复杂，它是建立在权变性理论之上，也依赖于中央银行为了维持可信性的灵活性需要。建设性模糊并不是不救助大银行，但它在是否救助、何时救助以及通过什么方式救助的选择上都是不确定的。Goodhart（1999）认为，保持中央银行的可信性是中央银行不愿意采用透明原则的原因，因为政策制定者希望保留这些规则的使用权，尤其是当微观目标与宏观目标相冲突的时候。为了不给大银行投机的机会，中央银行往往不设定具体的规则，因为大银行会根据规则来选择有利于自己的最优资产配置。而建设性模糊策略就意味着中央银行时刻关注银行业的发展，但并不是中央银行要承担银行经营失败所带来的损失，在银行失败没有威胁到金融系统的稳定性时中央银行不会救助任何银行，这在很大程度上减轻了大银行的道德风险。

综合起来，实施建设性模糊策略具有以下优点：首先，建设性模糊策略意味着中央银行救助的不确定性增加，这使得风险回避者（如存款者等）不确定政府是否会救助银行，可以有效降低银行经营者、储户的道德风险，有助于增加储户监督银行经营的激励，从而可以降低银行破产的风险。其次，有利于维护中央银行的信誉，当微观目标和宏观目标有所冲突时，中央银行为了平衡二者的冲突需要灵活处理，而模糊性使中央银行的政策更具有弹性和可信性，这样既维护了中央银行的权威性，又增加了中央银行政策实施的变通空间。再次，也有利于维护公众的信心，由于信息不对称的存在，中央银行对于陷入困境的银行的财务状况、资产的风险状况并没有充分的信息，所以中央银行难免会救助一些经营状况较差的银行。而经过救助的银行一旦陷入破产将极大地影响公众的信心，即公众对于中央银行的救助选择能力以及银行系统的整体状况会产生怀疑，这会严重影响最后贷款人制度作用的发挥。因此，从这个角度来看，中央银行必须审慎提供最后贷款人帮助，不能高频率地使用，而建设性模糊策略恰好可以使中央银行进行更加隐蔽的操作。

## 14.4　中国最后贷款人制度存在的主要问题

在新中国成立后的很长一段时间里，中国并不存在最后贷款人制度。自从 1983 年中国人民银行被确定行使中央银行职能以后，人民银行开始尝试提供最后贷款人服务。尽管中央银行事实上承担着最后贷款人的责任，但是其运作实践却与最后贷款人制度的核心思想相去甚远。目前中央银行在履行最后贷款人职责方面存在以下突出问题。

第一，缺乏对救助对象的甄别机制。从中国中央银行行使最后贷款人职责的实践来看（见表 14 –1），中央银行并没有一套很明确的甄别机制。前已述及，最后贷款人的贷款对象（救助对象）是暂时陷入流动性短缺但是未来偿债性良好的金融机构，但很显然中国中央银行在行使最后贷款人职责时却背离了这个最基本的原则。在近年来对金融机构的处置过程中，无论是农村合作基金会的关闭，还是商业银行的关闭或者是证券公司的关闭与重组，中央银行最后贷款人的身影可以说无处不在。不管金融机构是由于系统性的风险而导致流动性短缺还是由于自身的经营管理方面的原因所导致的流动性短缺，中央银行都大包大揽、毫不吝啬地伸出援救之手。结果是，虽然中国于 1999 年专门成立 4 家资产管理公司对口处置 4 大国有商业银行的不良资产，但依然没有改善四大国有商业银行的经营状况，特别是随着国有商业银行股份制改造的推进，国家还必须巨额注资国有商业银行，而且这仍然没有换来国有商业银行的高效经营。其中的主要原因之一，就在于中央银行不适当的救助策略，即作为"第一贷款人"（而不是"最后贷款人"）频频为国有商业银行"排忧解难"，使得国有商业银行没有激励去改进自身的内部治理。而广大储蓄者也由于把银行信用等同于国家信用，如果某些金融机构出现问题而导致广大中小投资者的利益受损，那么他们会直接向国家要钱。因此，中央银行因缺乏明确的甄别机制而实施的不当的救助策略在某种程度上推高了金融机构的道德风险，也加剧了资产错配的程度。

**表 14 - 1 中央银行近年来的"最后贷款"情况**

| 目的 | 投放时间 | 对象 | 金额(亿元) | 年利率(%) | 期限 |
|---|---|---|---|---|---|
| 国有商业银行不良资产的剥离 | 1999～2001 年第一次不良资产剥离,用于收购四大国有银行和国家开发银行不良资产 | 华融资产管理公司 | 947 | 2.25 | 未确定期限,每年(后改为每季)签合同 |
| | | 长城资产管理公司 | 3458 | 2.25 | |
| | | 东方资产管理公司 | 1162 | 2.25 | |
| | | 信达资产管理公司 | 474 | 2.25 | |
| | | 小　计 | 6041 | | |
| 关闭地方金融机构,由地方财政担保 | 1998～2002 年 | 被关闭的城市信用社、信托投资公司、农村基金会等金融机构的债权人 | 1411 | | 26 个省、市、区期限不同 |
| 关闭和托管券商,偿还保证金窟窿和个人债务 | 2002 年以来 | 鞍山证券 | 40 | | |
| | | 大连证券 | 10 | | |
| | | 新华证券 | 14 | | |
| | | 南方证券 | 80 | | |
| | | 辽宁省证券 | 40 | | |
| | | 闽发证券 | 近 10 亿元个人债务 | | |
| | | 汉唐证券 | 挪用 10 多亿元客户保证金,10 多亿元个人债务 | | |
| | | 大鹏证券 | 18 亿元保证金窟窿,数亿元个人债务 | | |
| | | 恒信证券 | 保证金窟窿和个人债务总计 48 亿元 | | |
| | | 德恒证券 | | | |
| | | 中富证券 | | | |
| | | 小　计 | 近 300 亿元 | | |
| 证券投资者保护基金 | 2005 年 | | 100 | | |

资料来源:于宁《细解中央银行再贷款》,《财经》2005 年第 15 期。

第二,中央银行实施最后贷款人救助提供的大部分是资本金而不是暂时性的流动性。纵观中央银行对国有商业银行的注资,中央银行并不是提供通常意义上的流动性手段,而是提供日常经营的资本手段,这也是有悖于 Bagehot 所提出的最后贷款人四大原则的。最后贷款人的职责是救助暂时陷入困境的金融机构,防止由于个别银行的倒闭、传染及其形成的系统性危机。但从中国中央银行作为最后贷款人的实践来看，中央银行提供的更多的是资本性的注入而不是救助性的贷款。例如，1998 年财政部发行 2700 亿元特别国债用于充实国有商业银行资本金，1999 年成立四大资产管理公司用于剥离商业银行的不良资产，2003 年为应对"入世"挑战而向国有商业银行的注资以及 20 世纪初对证券公司的综合治理等，都证明了这一点。

第三，中央银行救助贷款利率过低。由于最后贷款人向问题银行提供贷款并向其收取惩罚性利率可能会加重银行危机，因此各国都采取了"隐含价格"的做法，即对救助银行施加某些条件限制，如要求接受监管、限制其发放新贷款等，这些做法使"明示价格"的重要性有所降低。从全球范围的实践来看，香港金融管理局规定最后贷款利率为基准利率和市场状况的利率差；美联储规定最后贷款利率在任何情况下都不得低于贴现率加 0.5%。反观中国中央银行，其最后贷款却执行了较为优惠的利率。从表 14-1 可以看到，中央银行对四大国有商业银行剥离不良贷款时仅收取了 2.25% 的利率，这远低于当时的市场利率。这种低利率造成了对最后贷款的过旺需求，从而导致市场上出现大量的套利行为。

第四，最后贷款人的救助方式过于单一。前面提到提供最后贷款人援助的手段一般是窗口贴现和公开市场操作，但在中国，再贷款差不多成为中央银行行使最后贷款人职责的唯一手段。单一的救助手段在一定程度上限制了中央银行最后贷款人作用的有效发挥。

## 14.5　完善中国最后贷款人制度的相关建议

第一，明确最后贷款人的职能定位。应借鉴一些最后贷款人制度比较成熟和健全国家（如英国、美国等）的经验，建立统一的最后贷款人制度框架，明确最后贷款人的宗旨、目标、责任、范围、方式等，增强救助的目的性、规范性、操作性和时效性。可以考虑在《中国人民银行法》中明确中央银行的最后贷款人的地位及职能，赋予中央银行应有的自主决策权，提高中央银行在决策方面的独立性。

第二，规范最后贷款人的救助程序。中国最后贷款人制度目前最突出的问题之一就是不管金融机构出现什么问题，中央银行总是第一个出来救助，最后贷款人变成了"第一贷款人"，偏离了最后贷款人的宗旨。因此，中央银行应该明确对金融机构的救助程序，并向市场公开和接受监督。金融企业在陷入困境时，应先让金融企业展开自我救助、同业救助和股东救助，在这些救助都无效的情况下中央银行才进行最后贷款人救助。

第三，明确救助对象的标准。中央银行应分辨问题银行是由于系统性的风险而陷入流动性危机还是由于自身的经营管理不善而陷入危机，对于自身经营管理不当而引起的流动性问题应由市场决定其命运，而对于由于系统性的风险而导致流动性不足的金融机构，中央银行应该展开救助，以避免造成更严重的金融危机。当然，在经济危机时期，对于一些举足轻重的金融机构，即使没有偿债能力，中央银行依然要对其实施救助，防止这种大型金融机构倒闭所引发的社会恐慌。

第四，完善救助手段。一般情况下，对于轻度的流动性短缺，最后贷款人无需任何干预；对于中度和严重的流动性短缺，最后贷款人需要适时进行干预，甚至应该直接向银行提供流动性。由于中国目前还是银行主导的金融体系模式，所以在对问题金融机构的救助中选择再贷款方式无可厚非，这一方式的效果可能更加明显。当然，救助问题金融机构的前提是系统性的流动性短缺，而不是去救助所有陷入困境的金融企业。此外，在中国市场融资比例日益提高的背景下，中央银行应该寻求救助手段的多元化，充分发挥窗口贴现和公开市场操作的作用，特别是要根据金融风险的危害程度、金融企业的经营状况等搭配使用。

第五，收取惩罚性利率。应改变目前救助贷款利率过低的状态，在提供最后贷款援助时，适当提高救助贷款的利率，高利率的贷款会增加问题银行寻求最后贷款人帮助的成本，减少因利率过低而引起的金融机构过度寻求帮助的行为。另外，在救助贷款的期限方面，应缩短贷款的期限，在经济形势转好或银行的经营状况转好时及时归还贷款，毕竟中央银行提供最后贷款不是提供经营性资本，而是应急性的资本，在度过危机后应立即归还贷款，从而增加对金融机构努力经营的约束。当然，还可以考虑在收取较高利率的同时辅之以一些其他手段（如在贷款时附加更加严厉的"监管条款"等隐性手段），以避免收取过高利率的负效应。

第六，灵活运用建设性模糊策略。一般情况下，在经济形势好的时候，个别金融机构出现问题并引发系统性风险的概率并不大，而且这种背景下陷入困境的金融机构大多是由于自身的经营管理不善所导致的，因此这种情况下的最优策略应该是减少救助的概率，以降低道德风险。而在经济环境较差甚至经济衰退时期，金融机构陷入困境的原因多是受到大环境的拖累，这时就应该加大救助的力度。当然，在这个过程中，规范中央银行最后贷款的决策机制也是至关重要的。

# 参考文献

## 中文文献

1. 〔英〕莫利纽克斯、沙姆洛克：《金融创新》，冯健译，中国人民大学出版社，2003。

2. 《2015 年上海将建成全球人民币中心》，上海市发展和改革委员会网站，2012 年 1 月 30 日。

3. 巴曙松：《活跃的美国社区金融》，《银行家》2002 年第 9 期。

4. 白钦先、薛誉华：《各国中小企业政策性金融体系比较——强位弱势群体·政府综合扶持·政策性金融支持体系》，中国金融出版社，2001。

5. 白莹：《新农村建设中的资金供求与制度设计》，《金融研究》2006 年第 10 期。

6. 陈红艳、张桂霞：《商业银行信贷集中行为探讨》，《财会月刊》2007 年第 4 期。

7. 陈松林：《中国金融安全问题研究》，中国金融出版社，2002。

8. 陈嵩：《新金融商品开发活动之执行质量—成功、失败项目之比较》，《产业金融》2001 年第 113 期。

9. 陈文夏：《次贷危机对我国政府金融审计的启示》，《审计研究》2009 年第 2 期。

10. 成思危：《改革与发展：推进中国的农村金融》，经济科学出版社，2005。

11. 程德俊、孔继红：《组织分权的知识动因分析》，《中国工业经济》2002 第 4 期。

12. 程惠霞：《中小银行生存与发展研究》，中国经济出版社，2004。

13. 褚伟：《中小金融机构：市场选择、非正式契约安排与制度变迁》，《经济评论》2002 年第 2 期。

14. 崔光灿：《资产价格、金融加速器与经济稳定》，《世界经济》2006 年第 11 期。

15. 董小君：《金融风险预警机制研究》，经济管理出版社，2004。

16. 董彦岭：《中小企业贷款：不同规模银行优势比较》，《金融研究》2007 年第 6 期。

17. 杜晓山：《建立普惠金融体系》，《中国金融家》2009 年第 1 期。

18. 范恒森、李连三：《金融传染的渠道与政策含义》，《国际金融研究》2001 年第 8 期。

19. 符莉：《现实金融安全问题研究》，《财经问题研究》2002 年第 9 期。

20. 傅强、张小波：《中国金融开放的外源性风险评估与预警机制》，《金融论坛》2011 年第 8 期。

21. 高帆：《我国农村中的需求型金融抑制及其解除》，《中国农村经济》2002 年第 12 期。

22. 高鹤：《财政分权、经济结构与地方政府行为》，《世界经济》2006 年第 10 期。

23. 龚六堂、杜清源：《带"金融加速器"的 RBC 模型》，《金融研究》2005 年第 4 期。

24. 顾海兵、夏梦：《基于国家经济安全的金融安全指标的选取研究》，《国家行政学院学报》2011 年第 5 期。

25. 顾建光：《当前金融风险防范与审计策略研究》，《审计研究》2004 年第 5 期。

26. 韩婷婷：《集中化跟风式信贷投放暗藏风险》，2009 年 7 月 10 日《第一财经日报》。

27. 何大安、丁芳菲：《中国农村金融市场化非均衡推进现象分析》，《中国农村经济》2006 年第 6 期。

28. 何德旭、史晓琳：《金融安全网：内在联系与运行机理》，《当代财经》2010 年第 5 期。

29. 何德旭、史晓琳、赵静怡：《我国显性存款保险制度的践行路径探析》，《财贸经济》2010 年第 10 期。

30. 何德旭主编《中国服务业发展报告 No.5：中国服务业体制改革与创新》，社会科学文献出版社，2007。

31. 何光辉：《民营化、国有化与中国国有银行改革》，《财贸经济》2005 年第 12 期。

32. 何广文：《从农村居民资金借贷行为看农村金融抑制与金融深化》，《中国农村经济》1999 年第 10 期。

33. 何广文：《建设新农村，金融服务缺位怎么办》，《银行家》2006b 年第 7 期。

34. 何广文：《新农村建设的金融投入困境及其政策选择》，《小城镇建设》2006a 年第 3 期。

35. 何广文：《中国农村金融转型与金融机构多元化》，《中国农村观察》2004 年第 2 期。

36. 何韧：《论银行关系借贷的价值与风险》，《财经论丛》2005 年第 3 期。

37. 和秀星、曹严礼：《论金融审计与金融监管协作框架构建》，《审计研究》2008 年第 6 期。

38. 贺瑛：《社区银行的各国实践》，《上海金融》2004 年第 11 期。

39. 胡必亮：《农村金融与村庄信任》，商务印书馆，2006。

40. 胡焱、郑江绥：《我国农村金融的现状、问题与改革取向》，《求实》2005 年第 11 期。

41. 胡燕、肖文：《银行关系型业务经济学解释及其启示》，《江汉论坛》2006 年第 2 期。

42. 黄解宇：《金融集聚研究综述》，《工业技术经济》2008 年第 1 期。

43. 黄解宇、杨再斌：《金融集聚论》，中国社会科学出版社，2006。

44. 黄兆隆：《三大因素掣肘　绿色信贷推行缓慢》，2009 年 11 月 27 日《证券时报》。

45. 江伟、李斌：《制度环境、国有产权与银行差别贷款》，《金融研究》2006 年第 11 期。

46. 姜洪、焦津强：《国家金融安全指标体系研究》，《世界经济》1999 年第 7 期。

47. 蒋海、苏立维：《中国金融安全指数的估算与实证分析：1998～2007》，

《当代财经》2009 年第 10 期。

48. 焦瑾璞：《构建普惠金融体系的重要性》，《中国金融》2010 年第 10 期。

49. 雷家骕：《国家经济安全的理论与方法》，经济科学出版社，2000。

50. 黎凯、叶建芳：《财政分权下政府干预对债务融资的影响》，《管理世界》2007 年第 8 期。

51. 李恒光：《WTO 背景下的金融安全问题探讨》，《四川行政学院学报》2002 年第 2 期。

52. 李红继、韩琳：《我国金融安全评价指标体系构建及综合评价方法选择》，《现代财经（天津财政大学学报）》2011 年第 5 期。

53. 李怀珍：《建立金融安全机制强化金融安全》，《中国金融》2000 年第 9 期。

54. 李纪建：《金融发展的分化特征与中国金融体制改革》，《经济科学》2000 年第 5 期。

55. 李健：《论国有商业银行的双重功能与不良资产的双重成因》，《财贸经济》2005 年第 1 期。

56. 李麟、索彦峰：《经济波动、不良贷款与银行业系统风险》，《国际金融研究》2009 年第 6 期。

57. 李伟毅、胡士华：《农村民间金融：变迁路径与政府的行为选择》，《农业经济问题》2004 年第 11 期。

58. 李义奇：《金融发展与政府退出：一个政治经济学的分析》，《金融研究》2005 年第 3 期。

59. 李志赟：《银行结构与中小企业融资》，《经济研究》2002 年第 6 期。

60. 栗书茵：《中小商业银行市场定位战略》，经济科学出版社，2005。

61. 梁笛、张捷：《银行贷款技术创新对中小企业融资的影响——对中小企业保理融资的实证研究》，《广东金融学院学报》2007 年第 5 期。

62. 梁勇：《开放的难题：发展中国家的金融安全》，高等教育出版社，1999。

63. 林汉川、夏敏仁、何杰、管鸿禧：《中小企业发展中所面临的问题》，《中国社会科学》2003 年第 2 期。

64. 林平：《关于金融安全网的理论及政策思考》，《南方金融》1999 年第 11 期。

65. 林毅夫：《关于经济学方法论的对话》，《东岳论丛》2004 年第 5 期。

66. 林毅夫、姜烨：《经济结构、银行业结构与经济发展》，《金融研究》2006 年第 1 期。

67. 刘曼红：《中国中小企业融资问题研究》，中国人民大学出版社，2003。

68. 刘明康：《银行风险趋同挑战大 要提高监管的有效性》，2009 年 5 月 22 日，中国金融网，http://active.zgjrw.com/News/2009822/bankchina/737249355500.shtml。

69. 刘明显、杨淑娟：《国际金融中心研究的前沿进展》，《商业时代》2011 年第 33 期。

70. 刘沛、卢文刚：《金融安全的概念及金融安全网的建立》，《国际金融研究》2001 年第 11 期。

71. 刘锡良：《中国转轨时期农村金融体系研究》，中国金融出版社，2006。

72. 刘锡良等：《中国经济转轨时期金融安全问题研究》，中国金融出版社，2004。

73. 刘小明：《我国中小企业融资主体间关系创新的探索》，《金融理论与实践》2005 年第 11 期。

74. 刘新华、线文：《我国中小企业融资理论述评》，《经济学家》2005 年第 2 期。

75. 刘永刚：《银行家调查报告：中国银行业进入战略迷茫期》，2009 年 9 月 14 日《中国经济周刊》。

76. 陆岷峰、葛虎：《后危机时期金融中心的风险特征与管理策略》，《石家庄经济学院学报》2011 年第 1 期。

77. 吕彦：《两种国际先进风险评估体系的对比及对我国银行监管的启示》，《济南金融》2006 年第 12 期。

78. 罗党论、唐清泉：《中国民营上市公司的制度环境与绩效问题研究》，《经济研究》2009 年第 2 期。

79. 罗慧英、南旭光：《突变理论在金融安全评价中的应用研究》，《海南金融》2007 年第 3 期。

80. 罗鑫：《追求目的与手段的平衡——一份关于企业伦理的民众调研报告》，《社会》2004 年第 6 期。

81. 马九杰、沈杰：《中国农村金融排斥态势与金融普惠策略分析》，《农村金融研究》2010 年第 5 期。

82. 彭建刚、向实：《基于关系型借贷的中小金融机构与中小企业选择一致的理论诠释》，《金融研究》2007 年第 6 期。

83. 钱小安：《"信贷紧缩——不良贷款"陷阱的形成及其治理》，《金融研究》2000 年第 5 期。

84. 乔梁：《服务质量对品牌形象产生影响的实证分析——以中国人寿保险股份有限公司为例》，《保险研究》2009 年第 7 期。

85. 邱兆祥、王修华：《建设金融强国意义重大》，2010 年 10 月 20 日《人民日报》。

86. 饶明：《中国金融市场化进程中的社区银行发展研究》，中国社会科学院研究生院博士学位论文，2008。

87. 邵兵家、杨霖华：《个人网上银行使用意向影响因素的实证研究》，《营销科学学报》2006 年第 1 期。

88. 沈悦、谢勇、田姬：《基于 FSI 的中国金融安全实证分析》，《金融论坛》2007 年第 10 期。

89. 施华强：《银行重组、金融稳定和软预算约束：中国经济转型时期的国家—银行关系及其政策含义》，《金融评论》2010 年第 1 期。

90. 宋宏谋：《中国农村金融发展问题研究》，山西经济出版社，2003。

91. 宋明海：《金融加速器理论：经济波动的新视角》，《中国金融家》2004 年第 3 期。

92. 宋文昌、童士清：《关于信贷拥挤的理论探讨》，《金融研究》2009 年第 6 期。

93. 孙焕民、颜世廉：《中小银行生存：以美国为例》，《国际金融研究》2005 年第 8 期。

94. 孙景宇、杨越：《度量制度转型的质量对中国和俄罗斯的比较研究》，《经济社会体制比较》2010 年第 6 期。

95. 孙天琦、刘社芳：《最后贷款人理论发展综述及对我国的启示》，《上海金融》2007 年第 7 期。

96. 孙小乐：《构筑国际金融中心风险隔离墙》，2009 年 11 月 29 日《解放日报》。

97. 孙铮、刘凤委、李增泉：《市场化程度、政府干预与企业债务期限结构》，《经济研究》2005 年第 5 期。

98. 汤凌霄：《构建我国现代最后贷款人制度的目标、范围与原则》，《财政研究》2009 年第 10 期。

99. 汤凌霄：《我国经济转型期最后贷款人问题研究》，《金融研究》2005 年第 12 期。

100. 汤凌霄、胥若男：《现代最后贷款人操作规则的创新与发展》，《长沙理工大学学报》2009 年第 3 期。

101. 田力、胡改导、王东方：《中国农村金融融量问题研究》，《金融研究》2004 年第 3 期。

102. 童星、赵夕荣：《"社区"及其相关概念辨析》，《南京大学学报（哲学．人文科学．社会科学版）》2006 年第 2 期。

103. 汪鑫：《论基本银行服务排斥及其治理》，《法学评论》2009 年第 4 期。

104. 王爱俭：《中国社区银行发展模式研究》，中国金融出版社，2006。

105. 王力、黄育华：《中国金融中心发展报告（2010～2011)》，社会科学文献出版社，2011。

106. 王旭祥：《国际金融中心的风险传递效应及其管理》，《金融评论》2011 年第 3 期。

107. 王元：《信息处理、博弈参与和农村金融服务中介》，《金融研究》2006 年第 10 期。

108. 王元龙：《关于金融安全的若干理论问题》，《国际金融研究》2004 年第 5 期。

109. 王元龙：《我国对外开放中的金融安全问题研究》，《国际金融研究》1998 年第 5 期。

110. 王云海、宋泓明、闫小娜：《金融加速器理论述评》，《经济学动态》2003 年第 10 期。

111. 魏江、陶颜：《金融服务创新的过程模型研究》，《西安电子科技大学学报（社会科学版）》2006 年第 6 期。

112. 吴敬琏：《中国模式，还是过渡性体制？》，2011 年 10 月 17 日《财经》。

113. 吴婷婷：《金融国际化与金融安全：理论与实证——来自中国的经验证据》，西南财经大学博士论文，2011。

114. 向东明：《当前我国金融中心发展的现状与特点》，《银行家》2011 年第 11 期。

115. 辛树人、向珂：《中小企业金融制度的缺陷分析及矫正点选择》，《金融研究》2004 年第 7 期。

116. 熊建国：《中国农户融资的现状分析与民间融资》，《中国农村经济》2006 年第 3 期。

117. 徐滇庆：《民营银行二百问》，北京大学出版社，2001。

118. 徐洪才：《全球金融危机对完善我国"最后贷款人"制度的启示》，《中国金融》2009 年第 12 期。

119. 徐洪水：《金融缺口和交易成本最小化：中小企业融资难题的成因研究与政策路径》，《金融研究》2001 年第 11 期。

120. 徐现祥、王贤彬、舒元：《地方官员与经济增长：来自省长、省委书记交流的证据》，《经济研究》2007 年第 8 期。

121. 徐玉德、李挺伟、洪金明：《制度环境、信息披露质量与银行债务融资约束——来自深市 A 股上市公司的经验证据》，《财贸经济》2011 年第 5 期。

122. 晏露蓉、林晓甫：《中国社区银行的市场需求和发展可能分析》，《金融研究》2003 年第 10 期。

123. 杨少芬、梁学芳、王勉：《我国农村信用社实行社区金融模式改造研究》，《金融研究》2006 年第 7 期。

124. 杨思群：《中小企业融资与金融改革》，载李扬、王国刚、何德旭主编《中国金融理论前沿Ⅱ》，社会科学文献出版社，2001。

125. 姚耀军：《中国农村金融体系的资金配置功能分析》，《财经理论与实践》2006 年第 4 期。

126. 叶莉、陈立文：《中国金融安全运行机制与预警管理研究》，经济科学出版社，2009。

127. 应寅锋：《金融稳定视角下的政府职能及行为研究》，《财贸经济》2009 年第 7 期。

128. 于宁：《细解中央银行再贷款》，《财经》2005 年第 15 期。

129. 于燕燕：《社区和社区建设（一）：社区的由来及要素》，《人口与计划生育》2003 年第 7 期。

130. 袁春晓：《金融业中新服务开发的一般过程与路径管理模式研究》，《四川大学学报（哲学社会科学版）》2004 年第 5 期。

131. 袁增霆、蔡真、王旭祥：《中国小企业融资难问题的成因及对策》，《经济学家》2010 年第 8 期。

132. 翟建宏、高明华：《中小企业贷款难与社区银行发展》，《金融理论与实践》2005 年第 3 期。

133. 张杰:《国有银行的资产扩张、分红博弈及其市场化困局》,《货币金融评论》2009 年第 5 期。

134. 张杰:《渐进改革中的金融支持》,《经济研究》1998 年第 10 期。

135. 张杰:《银行制度改革与人民币国际化:历史、理论与政策》,中国人民大学出版社,2010a。

136. 张杰:《制度金融学的起源:从门格尔到克洛尔》,《东岳论丛》2010b 年第 10 期。

137. 张杰:《中国农村金融制度:结构、变迁与政策》,中国人民大学出版社,2003。

138. 张捷:《中小企业的关系型借贷与银行组织结构》,《经济研究》2002 年第 6 期。

139. 张捷、王霄:《中小企业金融成长周期与融资结构变化》,《世界经济》2002 年第 9 期。

140. 张军:《分权与增长:中国的故事》,《经济学(季刊)》,2007 年第 1 期。

141. 张军、高远:《官员任期、异地交流与经济增长:来自省级经验的证据》,《经济研究》2007 年第 11 期。

142. 张军、周黎安:《为增长而竞争:中国增长的政治经济学》,格致出版社、上海人民出版社,2008。

143. 张望:《金融争霸——当代国际金融中心的竞争、风险和监管》,上海人民出版社,2008。

144. 张望:《上海金融机构集聚与国际金融中心建设》,《上海经济研究》2009 年第 6 期。

145. 张雪兰、何德旭:《法制建设、激励机制与社会规范——治理金融腐败的长效机制设计刍议》,《经济管理》2010 年第 5 期。

146. 张元红:《市场化改革加强金融支农的政策选择》,《中国金融》2005 年第 22 期。

147. 赵振全、于震、刘淼:《金融加速器效应在中国存在吗?》,《经济研究》2007 年第 6 期。

148. 郑汉通:《经济全球化中的国家经济安全问题》,国防大学出版社,1999。

149. 中国农村金融需求与农村信用社改革课题组：《中国农村金融现状调查及其政策建议》，《改革》2007 年第 1 期。

150. 中国人民银行合肥中心支行课题组：《关于安徽省信贷集中度的调研报告》，《中国金融学会第八届调研报告评选获奖论文集》，2005。

151. 中国人民银行货币政策分析小组：《2004 中国区域金融运行报告》，中国金融出版社，2005。

152. 中国人民银行西安分行课题组：《我国社区银行的培育与发展问题研究》，《西安金融》2005 年第 10 期。

153. 中国人民银行研究局：《中国中小企业金融制度报告》，中信出版社，2005。

154. 中国银监会银行风险早期预警综合系统课题组：《单体银行风险预警体系的构建》，《金融研究》2009 年第 3 期。

155. 周好文、李辉：《中小企业的关系型融资》，《山西财经大学学报》2004 年第 4 期。

156. 周黎安：《晋升博弈中政府官员的激励与合作——兼论我国地方保护主义和重复建设问题长期存在的原因》，《经济研究》2004 年第 6 期。

157. 周黎安：《中国地方官员的晋升锦标赛模式研究》，《经济研究》2007 年第 7 期。

158. 周黎安：《转型中的地方政府：官员激励与治理》，上海人民出版社，2008。

159. 周厉：《西方最后贷款人理论的发展与评价》，《经济评论》2006 年第 3 期。

160. 周忠明：《不良贷款与经济增长关系分析》，《中国金融》2005 年第 6 期。

## 外文文献

1. Acharya, V. V., "A Theory of Systemic Risk and Design of Prudential Bank Regulation", London Business School Working Paper, 2001.

2. Acharya, V. V. and Yorulmazer, T., "Information Contagion and Interbank Correlation in a Theory of Systemic Risk", London Business School Working Paper, 2002.

3. Achua, J. K. , "Corporate Social Responsibility in Nigerian Banking System", *Society and Business Review* 3 (2008), 57 – 71.

4. Akamavi, R. K. , "Re-engineering Service Quality Process Mapping: E-banking Process", *International Journal of Bank Marketing* 23 (2005), 28 – 53.

5. Akhavein, J. , Frame, S. and White, L. , "The Diffusion of Financial Innovation: An Examination of the Adoption of Small Business Credit Scoring by Large Banking Organizations", Federal Reserve Bank of Atlanta Working Paper 2001 – 9, 2001.

6. Alam, I. , "An Exploratory Investigation of User Involvement on New Service Development", *Journal of the Academy Marketing Science* 30 (2002), 250 – 261.

7. Allen, F. , Qian, J. and Qian, M. , "Law, Finance, and Economic Growth in China", *Journal of Financial Economics* 77 (2005), 57 – 116.

8. Alessi, L. and Detken, C. , " 'Real Time' Early Warning Indicators for Costly Asset Price Boom/Bust Cycles a Role for Global Liquidity", ECB Working Paper No. 1039, 2009.

9. Altman, E. and Sabato, G. , "Effects of the New Basel Capital Accord on Bank Capital Requirements for SMEs", *Journal of Financial Services Research* 28 (2005), 15 – 42.

10. Anderson, R. W. and Harris, C. J. A. , "Model of Innovation with Appication to New Financial Products", *Oxford Economic Papers* 38 (1986), 203 – 218.

11. Aoki, M. , "Horizontal and Vertical Information Structure of the Firm", *American Economic Review* 76 (1986), 971 – 983.

12. Arndt, C. and Oman, C. , "Uses and Abuses of Governance Indicators", OECD Development Centre Studies, Paris, 2006.

13. Aslaksen, I. , and Synnestvedt, T. , "Ethical Investment and the Incentives for Corporate Environmental Protection and Social Responsibility", *Corporate Social Responsibility and Environmental Management* 10 (2003), 212 – 223.

14. Athanassopoulou, P. and Johne, A. , "Effective Communication with Lead Customers in Developing New Banking Products", *International Journal of Banking Marketing* 22 (2004), 100 – 125.

15. Auger, P, Burke P. and Devinney, T., "What will Consumers Pay for Social Product Features", *Journal of Business Ethics* 42 (2003), 281 – 304.

16. Avlonitis, G. and Papastathopoulou, P., "The Development Activities of Innovative and Non-innovative New Retail Financial Products: Implications for Success", *Journal of Marketing Management* 17 (2001), 705 – 738.

17. Bagehot, W., *Lombard Street: A Description of the Money Market* (London: H. S. King, 1873).

18. BankTrack, "Meek Principles for a Tough Climate: Why the Carbon and Climate Principles Will not Stop the Melting of the Ice", Mar., 2009, http://www.banktrack.org/download/meek_ principles_ for_ a_ tough_ climate_ why_ the_ climate_ and_ carbon_ principles_ will_ not_ stop_ the_ melting_ of_ the_ ice/090329_ meek_ principles_ for_ a_ tough_ climate.pdf.

19. Barbera, A. J. and McConnell, V. D., "The Impact of Environmental Regulations on Industry Productivity: Direct and Indirect Effects", *Journal of Environmental Economics and Management* 18 (1990), 50 – 65.

20. Barnett, M. L., "Stakeholder Influence Capacity and the Variability of Financial Returns to Corporate Social Responsibility", *The Academy of Management Review* 32 (2007), 794 – 816.

21. Barry, R., Chai, J. and Schumacher, L., "Assessing Financial System Vulnerabilities", IMF Working Paper WP/00/76, 2000.

22. Barth, J. R., Caprio, Jr. G. and Levine, R., "Bank Regulation and Supervision: What Works Best?" *Journal of Financial Intermediation* 13 (2004), 205 – 248.

23. Bartholomew, P. and Whalen, G., *Fundamentals of Systemic Risk* (London: JAI Press, 1995).

24. Bauer, R., Koedijk, K. and Otten, R., "International Evidence on Ethical Mutual Fund Performance and Investment Style", *Journal of Banking and Finance* 29 (2005), 1751 – 1767.

25. Beck, T., Demirgüç-Kunt, A. and Levine, R., "Bank Supervision and Corruption in Lending", World Bank, Mimeo, 2005.

26. Beck, T., Demirgüç-Kunt, A. and Levine, R., "Law, Endowments, and

Finance", *Journal of Financial Economics* 70 (2003), 137 – 181.

27. Ben-Horim, M. and Silber, W., "Financial Innovation: A Linear Programming Approach", *Journal of Banking and Finance* 1 (1977), 277 – 296.

28. Bercoff, J., Giovanni, J. and Grimard, F., "Argentinean Banks, Credit Growth and the Tequila Crisis: A Duration Analysis", Unpublished Paper, 2002.

29. Berens G., Van Riel, C. and Van Rekom, J., "The CSR Quality Trade-off: When Can Corporate Social Responsibility and Corporate Ability Compensate Each Other?" *Journal of Business Ethics* 74 (2007), 233 – 252.

30. Berger, A., "The 'Big Picture' of Relationship Finance", *Business Access to Capital and Credit*; Eds. Blanton, J., Williams, A. and Rhine, S., A Federal Reserve System Research Conference, 1999, 390 – 400.

31. Berger, A. and DeYoung, R., "Problem Loans and Cost Efficiency in Commercial Banks", *Journal of Banking and Finance* 21 (1997), 849 – 870.

32. Berger, A. and Udell, G., "Small Business Credit Availability and Relationship Lending: The Importance of Bank Organisational Structure", *Economic Journal* 112 (2002), 32 – 53.

33. Berger, A. and Udell, G., "A More Complete Conceptual Framework for SME Finance", *Journal of Banking and Finance* 30 (2006), 2945 – 2966.

34. Berger, A., Hasan, I. and Klapper, L., "Community Banking and Economic Performance: Some International Evidence", Whither the Community Bank? Conference Federal Reserve Bank of Chicago, 2003a, 13 – 14.

35. Berger, A., Hasan, I. and Klapper, L., "Further Evidence on the Link between Finance and Growth: An International Analysis of Community Banking and Economic Performance", World Bank Policy Research Working Paper 3105, 2003b.

36. Berger, A., Rosen, R. and Udell, G., "Does Market Size Structure Affect Competition? The Case of Small Business Lending", *Journal of Banking and Finance* 31 (2007), 11 – 13.

37. Bernanke, B., "Conducting Monetary Policy at Very Low Short-Term

Interest Rates", Presented at the International Center for Monetary and Banking Studies Lecture, Geneva, Switzerland, Jan. 14, 2004a.

38. Bernanke, B., "Gradualism", Speech Delivered at An Economics Luncheon Co-sponsored by the Federal Reserve Bank of San Francisco (Seattle Branch) and the University of Washington, Seattle, May 20, 2004b.

39. Bernanke, B., "Nonmonetary Effects of the Financial Crisis in the Propagation of the Great Depression", *American Economic Review* 73 (1983), 257 – 276.

40. Bernanke, B., and Gertler, M., "Agency Costs, Net Worth and Business Fluctuations", *American Economic Review* 79 (1989), 14 – 31.

41. Bernanke, B., Gertler, M. and Gilchrist, S., "The Financial Accelerator and the Flight to Quality", *Review of Economics and Statistics* 78 (1996), 1 – 15.

42. Bernanke, B., Gertler, M. and Gilchrist, S., "The Financial Accelerator in a Quantitative Business Cycle Framework", *Handbook of Macroeconomics*, North-Holland, Amsterdam, 1999.

43. Bhattacharya, S. and Chiesa, G., "Proprietary Information, Financial Intermediation, and Research Incentives", *Journal of Financial Intermediation* 4 (1995), 328 – 357.

44. Bies, S., "Federal Reserve Board. Current Challenges of Community Banks", Remarks at Ohio Bankers Day Conference, Ohio Department of Commerce, Columbus, Ohio, Mar. 21, 2002.

45. Blair, M. M., *Ownership and Control: Rethinking Corporate Governance for the Twenty-first Century* (Washington, D. C.: Brookings Institution, 1995).

46. Boot, A. W., "Relationship Banking: What Do We Know?" *Journal of Financial Intermedianon* 9 (2000), 7 – 25.

47. Bordo, M., "The Lender of Last Resort : Alternative Views and Historical Experience", *Federal Reserve Bank of Richmond Economic Review* Jan./Feb. (1990), 18 – 29.

48. Bordo, M., Eichengreen, B., Klingebiel, D. and Martinez-Peria, M., "Is the Crisis Problem Growing More Severe?" *Economic Policy* 16 (2001), 51 + 53 – 82.

49. Borio, C. and Lowe, P. , "Asset Prices, Financial and Monetary Stability: Exploring the Nexus", BIS Working Paper, 2002.

50. Borio, C. , "Monetary and financial stability: Here to stay", *Journal of Banking & Finance* 30 (2006), 3407 - 3414.

51. Boyd, J. and Gertler, M. , "The Role of Large Banks in the Recent US Banking Crisis", *Federal Reserve Bank of Minneapolis Quarterly Review* 18 (1994), 1 - 21.

52. Brandt, L. and Li, H. , "Bank Discrimination in Transition Economics: Ideology, Information, or Incentives?" *Journal of Comparative Economics* 31 (2003), 387 - 413.

53. Brock, P. and Franken, H. , "Measuring the Determinants of Average and Marginal Bank Interest Rate Spreads in Chile, 1994 - 2001", Department of Economics of University of Washington Working Papers UWEC - 2003 - 25, 2003.

54. Cai, Hongbin, Chen, Yuyu and Zhou, Li-An, "Income and Consumption Inquality in Urban China: 1992 - 2003", *Economic Development and Cultural Charge* 58 (2010), 385 - 413.

55. Calmès, C. and Liu, Y. , "Financial Structure Change and Banking Income: A Canada-U. S. Comparison", *Journal of International Financial Markets, Institutions and Money* 19 (2009), 128 - 139.

56. Campbell, T. , *Money and Capital Markets* (Glenview, IL: Scott, Foresman, 1988).

57. Capie, F. , "Can There be an International Lender of Last Resort?" *International Finance* 1 (1998), 311 - 325.

58. Carbon Funds 2007 - 2008, Environmental Finance Publications, 2007.

59. Chami, R. , Cosimano, T. F. and Fullenkamp, C. , "Managing Ethical Risk: How Investing in Ethics Adds Value", *Journal of Banking and Finance* 26 (2002), 1697 - 1718.

60. Chant, J. , "Financial Stability as a Policy Goal", Bank of Canada Technical Report, Ottawa, 95 (2003), 1 - 28.

61. Chavance, B. , *Institutional Economics* (Madison, NY: Taylor and Francis, 2009).

62. Chen, Y. , "The Drivers of Green Brand Equity: Green Brand Image, Green Satisfaction, and Green Trust", *Journal of Business Ethics* 93 (2010), 307 – 319.

63. Ciccozzi, E. , Checkenya, R. and Rodriguez, A. , "Recent Experiences and Challenges in Promoting Cleaner Production Investments in Developing Countries", *Journal of Cleaner Production* 11 (2003), 629 – 638.

64. Clarke, G. , Cull, R. , Martinez , M. S. and Sanchez, S. , "Bank Lending to Small Businesses in Latin America: Does Bank Origin Matter?" *Journal of Money, Credit and Banking* 37 (2005), 83 – 118.

65. Cole, R. A. , Goldberg, L. G. and White, L. J. , "Cookie-cutter Versus Character: The Micro Structure of Small Business Lending by Large and Small Banks", *Journal of Financial and Quantitative Analysis* 39 (2004), 227 – 251.

66. Cooper, L. , "Innovation: New Market Investments", *Oxford Review of Economic Policy* 2 (1986), 1 – 17.

67. Cooper, R. G. , "Identifying Industrial New Product Success: Project NewProd", *Industrial Marketing Management* 82 (1979), 124 – 135.

68. Cooper, R. G. , "Perspective: Third-generation New Product Process", *Journal of Product Innovation Management* 11 (1994), 3 – 14.

69. Cooper, R. G. and Edgett, S. , *Product Development for the Service Sector: Lessons from Market Leaders* (Cambridge MA: Preseus Books, 1999).

70. Crockett, A. , "The Theory and Practice of Financial Stability", *Economist* 144 (1996), 531 – 568.

71. Cull, R. and Xu, L. , "Institutions, Ownership and Finance: The Determinants of Profit Reinvestment Among Chinese Firms", *Journal of Financial Economics* 77 (2005), 117 – 146.

72. Curzio, G. , "Pitfalls in International Crisis Lending", [EB/OL] Princeton Essays, 1999.

73. Davis, E. P. and Karim, D. , "Comparing Early Warning Systems for Banking Crises", *Journal of Financial Stability* 4 (2008), 89 – 120.

74. Davis, R. E. , "From Experience: The Role of Market Research in the Development of New Consumer Products", *Journal of Product Innovation Management* 104 (1993), 309 – 317.

75. Davison, H. , Watkins, T. and Wright, M. , "Developing New Personal Financial Products—Some Evidence of the Role of Market Research", *International Journal of Bank Marketing* 71 (1989), 8 – 15.

76. De Bock, R. and Demyanets, A. , "Bank Asset Quality in Emerging Markets: Determinants and Spillovers", IMF Working Paper WP/12/71, 2012.

77. Demirgüç-Kunt, A. , Laeven, L. and Levine, R. , "Regulations, Market Structure, Institutions, and the Cost of Financial Intermediation", *Journal of Money, Credit and Banking* 36 (2004), 593 – 622.

78. Devenow, A. and Welch, I. , "Rational Herding in Financial Economics", *European Economic Review* 40 (1996), 603 – 615.

79. DeYoung, R. , Hunter, W. C. and Udell, G. F. , "The Past, Present, and Probable Future for Community Banks", *Journal of Financial Services Research* 25 (2004a), 85 – 133.

80. DeYoung, R. , Hunter, W. C. and Udell, G. F. , "Whither the Community Bank?" *Journal of Financial Services Research* 25 (2004b), 81 – 84.

81. Diamond, D and Rajan, R. , "Banks, Short Term Debt and Financial Crises: Theory, Policy Implications and Applications", *Carnegie-Rochester Conference Series on Public Policy* 54 (2001), 37 – 71.

82. Djankov, S. , McLiesh, C. and Shleifer, A. , "Private Credit in 129 Countries", *Journal of Financial Economics* 84 (2007), 299 – 329.

83. Doh, J. P. and Teegen, H. , *Globalization and NGOs: Transforming Business, Governments, and Society* (Westport, CT: Praeger, 2003).

84. Drew, A. S. , "Strategic Benchmarking: Innovation Practices in Financial Innovation", *International Journal of Bank Marketing* 13 (1995), 4 – 16.

85. Duisenberg, W. F. , "The Contribution of the Euro to Financial Stability", Globalization of Financial Markets and Financial Stability-challenges for Europe, Baden-Baden, 2001, 37 – 51.

86. Easingwood, C. J. and Storey, C. , "Success Factors for New Consumer Financial Services", *International Journal of Bank Marketing* 91 (1991), 3 – 10.

87. Edwards, S. , "Financial Openness, Crisis and Output Losses", University

of California Working Paper, 2005.

88. Emmons, W. R. et al., "Reducing the Risk at Community Banks: Is It Size or Geographic Diversification that Matters?" Preliminary Draft, Nov., 2002.

89. Ennis, H. and Malek, H., "Bank Risk of Failure and the Too-big-to-fail Policy", *Federal Reserve Bank of Richmond Economic Quarterly* 91 (2005), 21 – 44.

90. Eriksson, K., Kerem, K. and Nilsson, D., "Customer Acceptance of Internet Banking in Estonia", *International Journal of Bank Marketing* 23 (2005), 200 – 216.

91. Eskeland, G. S. and Harrison, A. E., " Moving to Greener Pastures? Multinationals and the Pollution Haven Hypothesis", *Journal of Development Economics* 70 (2003), 1 – 23.

92. Faccio, M., "Politically Connected Firms", *American Economic Review* 96 (2006), 369 – 386.

93. Fan, J., Sheridan, T. and Twite, G., "An International Comparison of Capital Structure and Debt Maturity Choices", Working Paper, 2003, http://www.ssrn.com.

94. Fecht, F. and Tyrell, M., "Optimal Lender of Last Resort Policy in Different Financial Systems", [EB/OL] Working Paper, 2003.

95. Financial Services Authority (FSA), "In or Out? Financial Exclusion: A Literature and Research Review", Jul., 2000.

96. Finnerty, J. and Emery, D., " Corporate Securities Innovation: An Update", *Journal of Applied Finance* 12 (2002), 21 – 47.

97. First, I. and Khetriwal, S., " Exploring the Relationship between Environmental Orientation and Brand Value: Is There Fire or Only Smoke?" *Business Strategy and the Environment* 19 (2010), 90 – 103.

98. Fisher, I., "The Debt-Deflation Theory of Great DePression", *Econometrica* 1 (1933), 337 – 357.

99. FOE, "Subprime Carbon? Re-thinking the World's Largest New Derivatives Market ", Mar., 2009, http://www.foe.org/pdf/SubprimeCarbonReport. pdf.

100. Frame, W. S. and White, L. J., "Empirical Studies of Financial Innovation: Lots of Talk, Little Action?" *Journal of Economic Literature* Mar. (2004), 116 – 144.

101. Frame, W. S., Padhi, M. and Woosley, L., "Credit Scoring and the Availability of Small Business Credit in Low and Moderate Income Areas", *Financial Review* 39 (2004), 34 – 54.

102. Galema, R., Planting, A. and Scholtens, B., "The Stocks at Stake: Return and Risk in Socially Responsible Investment", *Journal of Banking and Finance* 32 (2008), 2646 – 2654.

103. Gentler, M., "Financial Capacity and Output Fluctuations in an Economy with Multi Period Financial Relationships", *Review of Economic Studies* 59 (1992), 455 – 472.

104. Gertler, M. and Gilchrist, S., "The Role of Credit Market Imperfections in the Monetary Transmission Mechanism: Arguments and Evidence", *Scandinavian Journal of Economics* 95 (1993), 43 – 64.

105. Gentler, M. and Hubbard, R., "Financial Factors in Business Fluctuations", Federal Reserve Bank of Kansas City, Financial Market Volatility, 1988.

106. Gertler, M., Simon, G. and Natalucci, F. M., "External Constraints on Monetary Policy and the Financial Accelerator", *Journal of Money, Credit and Banking* 39 (2007), 295 – 330.

107. iannetti, M., "Do Better Institutions Mitigate Agency Problems? Evidence from Corporate Finance Choices", *Journal of Financial and Quantitative Analysis* 38 (2003), 185 – 212.

108. Gilbert, A. R. and Sierra, G. E., "The Financial Condition of U. S. Banks: How Different Are Community Banks?" Federal Reserve Bank of St. Louis, Review, Feb., 2003.

109. Ginzburg, I., "Innovation Trends and Levers", IBM Innovation Week, 2006.

110. Goldberg, L. and White, L., "De Novo Banks and Lending to Small Businesses: An Exploratory Analysis", New York University Working Paper, 1997.

111. Goodfriend, M. and King, R., "Financial Deregulation Monetary Policy and Central Banking", *Economic Review* May (1991), 1988.

112. Goodhart, C. A. E., "A Framework for Assessing Financial Stability?" *Journal of Banking & Finance* 30 (2006), 3415 – 3422.

113. Goodhart, C. A. E., "Myths about the Lender of Last Resort", *International Finance* 2 (1999), 339 – 360.

114. Goodhart, C. A. E., "Why Do Banks Need a Central Bank?" *Oxford Economic Papers* 39 (1987), 75 – 89.

115. Goodhard, C. A. E. and Huang, H., "A Model of the Lender of Last Resort", [EB/OL] LSE Financial Market Group Discussion Paper, 1999.

116. Gregory, A., Matatko, J. and Luther, R., "Ethical Unit Trust Financial Performance: Small Company Effects and Fund Size Effects", *Journal of Business Finance & Accounting* 24 (1997), 705 – 725.

117. Gunningham, N. and Sinclair, D., *Leaders and Laggards: Next Generation Environmental Regulation* (UK: Greenleaf Press, 2002).

118. Gurhan-Canli, Z. and Fries, A., "Branding and Corporate Social Responsibility", *Brands and Brand Management: Contemporary Research Perspectives; Eds. Loken, B, Ahluwalia, R. and Houston, M. J.*, (London: Psychology Press, 2009).

119. Gustafsson, B. and Li, Shi, "Income Inequality within and across Connties in Rural China, 1988 and 1995", *Journal of Development Economics* 69 (2002), 179 – 204.

120. Gylfason, T., "Natural Resources, Education, and Economic Development", *European Economic Review* 45 (2001), 847 – 859.

121. Hall, S., "Financial Accelerator Effects in UK Business Cycles", Bank of England Working Paper No. 150, 2001.

122. Harris, M. and Raviv, A., "The Theory of Capital Structure", *Journal of Finance* 46 (1991), 297 – 355.

123. Hauser, J., Tellis, G. and Griffin, A., "Research on Innovation: A Review and Agenda for Marketing Science", *Marketing Science* 256 (2006), 687 – 717.

124. Hauswald, R. and Marquez, R., "Information Technology and Financial

Services Competition", *The Review of Financial Studies* 16 (2003), 921 – 948.

125. Hein, S. E. et al. , "On the Uniqueness of Community Banks", Federal Reserve Bank of Atlanta, Economic Review, First Quarter, 2005.

126. Hicks, J. R. A. , *Theory of Economics History* (Clarendon: Clarendon Press, 1969).

127. HM Treasure, "Access to Financial Services: The Report of Policy Action Team 14", Nov. , 1999.

128. HM Treasure, "Financial Inclusion: the Way Forward", Mar. , 2007.

129. Hoenig, T. M. , "Community Banks and the Federal Reserve", Federal Reserve Bank of Kansas City, Mar. 14, 2003.

130. Hoffman, N. and Twining, J. , "Profiting from the Low-Carbon Economy", *McKinsey Quarterly*, Aug. (2009), http: //www. mckinseyquarterly. com/ Profiting_ from_ the_ low_ carbon_ economy_ 2412.

131. Houben, A. , Kakes, J. and Schinasi, G. , "Towards a Framework for Safeguarding Financial Stability", IMF Working Paper 101 (2004), 11 – 12.

132. Huang, Xin , Zhou, Hao and Zhu, Haibin, "A Framework for Assessing the Systemic Risk of Major Financial Institutions", *Journal of Banking and Finance* 33 (2009), 2036 – 2049.

133. Humphrey, T. and Keleher, R. , "The Lender of Last Resort: A Historical Perspective", Federal Reserve Bank of Richmond Working Paper No. 84 – 03, 1984.

134. International Finance Corporation (IFC), Swiss Department of Foreign Affairs, UN Global Compact, "New Frontiers in Emerging Markets iInvestment", *Who Cares Wins Annual Event*, Conference Paper, 2007.

135. Jaffe, A. B. and Stavins, R. N. , "Dynamic Incentives of Environmental Regulation: The Effects of Alternative Policy Instruments on Technology Diffusion", *Journal of Environmental Economics and Management* 29 (1995), S43 – S63.

136. Jappelli, T. , Pagano, M. and Bianco, M. , "Courts and Banks: Effects of Judicial Enforcement on Credit Markets", *Journal of Money, Credit and Banking* 37 (2005), 223 – 245.

137. Jin, Hehui, Qian, Yingyi and Weingast, B. , "Regional Decentralization and Fiscal Incentives: Federalism, Chinese Style", *Journal of Public Economics* 89 (2005), 1719 – 1742.

138. Johnson-Cramer, M. E. , Berman, S. L. and Post, J. E. , "Re-examining the Concept of 'Stakeholder Management'", *Unfolding Stakeholder Thinking: Relationships, Communication, Reporting and Performance*; Eds. Andriof, J. , Waddock, S. , Husted, B. and Rahman, S. S. , (Sheffield: Greenleaf, 2003).

139. Johnson, H. G. , "Panama as a Regional Financial Center: A Preliminary Analysis of Development Contribution", *Economic Development and Cultural Change* 24 (1976), 261 – 286.

140. Johnson, S. , McMillan, J. , Woodruff, C. , "Property Rights and Finance", *American Economic Review, December* 92 (2002), 1335 – 1356.

141. Kaminsky, G. L. and Reinhart, C. M. , "The Twin Crises: The Cause of Banking and Balance-of-Payments Problems", *The American Economic Review* 89 (1999), 473 – 500.

142. Karceski, J. , Ongena, S. and Smith, D. , "The Impact of Bank Consolidation on Commercial Borrower Welfare", *Journal of Finance* 60 (2005), 2043 – 2082.

143. Kaufman, G. , "Lender of Last Resort: A Contemporary Perspective", *Journal of Financial Services Research* 5 (1991), 95 – 110.

144. Kaufman, D. , Kraay, A. and Massimo, M. , "Governance Matters VII: Aggregate and Individual Governance Indicators, 1996 – 2007", World Bank Working Paper, 2008.

145. Keeton, W. R. and Morris, C. S. , "Why Do Banks Loan Losses Differ?" *Federal Reserve Bank of Kansas City Economic Review* May (1987), 3 – 21.

146. Kelly, D. and Storey, C. , "New Service Development: Initiation Strategy", *International Journal of Service Industry Management* 111 (2000), 45 – 62.

147. Kessler, E. H. and Bierly, P. E. , "Is Fast Really Better? An Empirical Test of the Implications of Innovation Speed", *IEEE Transactions on Engineering Management* 491 (2002), 2 – 12.

148. Kindleberger, C. P. , *The Formation of Financial Centers: A Study of Comparative Economic History* ( Princeton: Princeton University Press, 1974).

149. Kiyotaki, N. and Moore, J. , "Credit cycles", *The Journal of Political Economy* 105 ( 1997), 211 – 248.

150. Klapper, L. , "The Role of Factoring for Financing Small and Medium Enterprises", *Journal of Banking and Finance* 30 ( 2006), 3111 – 3130

151. Klein, J. and Dawar, N. , "Corporate Social Responsibility and Consumers' Attributions and Brand Evaluations in a Product-harm Crisis", *International Journal of Research in Marketing* 21 ( 2004), 203 – 217.

152. Knack, S. and Keefer, P. , "Institutions and Economic Performance: Cross-Country Tests using Alternative Institutional Measures", *Economics and Politics* 7 ( 1995), 201 – 227.

153. La Porta, R. , Lopez-de-Silanes, F. , Shleifer, A. and Vishny, W. R. , "Legal Determinants of External Finance", *The Journal of Finance* 52 ( 1997), 1131 – 1150.

154. La Porta, R. , Lopez-de-Silanes, F. , Shleifer, A. and Vishny, W. R. , "Law and Finance", *Journal of Political Economy* 106 ( 1998), 1113 – 1155.

155. Laeven, L. and Majnoni, G. , "Does Judicial Efficiency Lower the Cost of Credit", World Bank Policy Research Working Paper 3159, 2003.

156. Laeven, L. and Valencia, F. , "Systemic Banking Crises: A New Database", IMF Working Paper WP/08/224, 2008.

157. Lawrence, R. F. and Thomas, W. L. "The Equator Principles and Project Finance: Sustainability in Practice", *Natural Resources and Environment* 19 ( 2004), 24.

158. Lemelin, A. , "Relatedness in the Patterns of Inter Industry Diversification", *Review of Economics and Statistics* 64 ( 1982), 646 – 657.

159. Lensink, R. and Meesters, A. , "Institutions and Bank Performance: A Stochastic Frontier Analysis", Feb. , 2007. Available at SSRN: http: // ssrn. com/abstract = 965825 or http: //dx. doi. org/10. 2139/ssrn. 965825.

160. Lepetit, L. , Nys, E. , Rous, P. and Tarazi, A. , "The Expansion of Services in European Banking: Implications for Loan Pricing and Interest

*Margins*", *Journal of Banking and Finance* 32 （2008）, 2325 – 2335.

161. Lerner, J. , "Where Does State Street Lead? A First Look at Finance Patents, 1971 – 2000", *Journal of Finance* 57 （2002）, 901 – 930.

162. Levine, R. , "Law, Endowments and Property Rights", *The Journal of Economic Perspectives* 19 （2005）, 61 – 88.

163. Leyshon, A. and Thrift, N. , "Geographies of Financial Exclusion: Financial Abandonment in Britain and the United States", Transactions of the Institute of British Geographers, New Series 20: 312 – 41, 1995。

164. Lievens, A. and Moenart, R. , "Communication Flows during Financial Service Innovation", *International Journal of Banking Marketing* 19 （2001）, 68 – 88.

165. Louzis, D. P. , Vouldis, A. T. , Metaxas, V. L. , "Macroeconomic and Bank-specific Determinants of Non-performing Loans in Greece: A Comparative Study of Mortgage, Business and Consumer Loan Portfolios", *Journal of Banking and Finance* 36 （2012）, 1012 – 1027.

166. Macneil, I. R. , "The Many Features of Contracts", *Southern California Law Review* 47 （1974）, 691 – 816.

167. Maddala, G. S. , Wu, S. , "A Comparative Study of Unit Root Tests with Panel Data and a New Simple Test", *Oxford Bulletin of Economics and Statistics* 61 （1999）, 631 – 652.

168. Mantel, B. and McHugh, T. , "Competition and Innovation in the Consumer e-Payments Market? Considering Demand, Supply, and Public Policy Issues, Federal Reserve Bank of Chicago", Emerging Payments Occasional Working Paper Series EPS – 2001 – 4, 2001.

169. Mantel, B. , "Why Do Consumers Pay Bills Electronically? An Empirical Analysis", Economic Perspectives, Federal Reserve Bank of Chicago, Fourth Quarter, 32 – 47, 2000.

170. Marcela, C. , Moya, R. A. , Powell, A. , "The Importance of an Effective Legal System for Credit Markets: the Case of Argentina", *Defusing Default: Incentives and Institutions*; Ed. Pagano, M. , （Baltimore: John Hopkins University Press, 2001）.

171. Marcelin, I. , "The Relationship Between Institutions, Financial

Development, Banking Performance, Privatization and Growth", PhD Dissertation of Southern Illinois University, 2010.

172. Mauro, P. , "Corruption and Growth", *Quarterly Journal of Economics* 110 (1995), 681 – 712.

173. Mayer, C. , "Financial Innovation: Curse or Blessing?" *Oxford Review of Economic Policy*2 (1986) i – xix.

174. Meltzer, A. , "Financial Failures and Financial Policies", *Deregulating Financial Services: Public Policy in Flux*; Eds. *Kaufman, G. G. and Kormendi, R. C.* , (Cambridge, Massachusetts: Ballinge, 1986).

175. Menor, L. J. , Tatikonda, M. V. and Sampson, S. E. , "New Service Development: Areas for Exploitation and Exploration", *Journal of Operations Management* 202 (2002), 135 – 157.

176. Miller, M. H. , "Financial Innovation: The Last Twenty Years and the Next", *Journal of Financial and Quantitative Analysis* 21 (1986), 459 – 471.

177. Milton, F. and Schwartz, A. , *A Monetary History of the United States: 1867 – 1960* (Princeton, N. J: Princeton University Press, 1963).

178. Mishkin, F. S. , "Financial Instability and Monetary Policy", Speech Delivered at the Risk USA 2007 Conference, New York, Nov. 5, 2007b.

179. Mishkin, F. S. , "Financial Instability and the Federal Reserve as a Liquidity Provider", Speech Delivered at the Museum of American Finance Commemoration of the Panic of 1907, New York, Oct. 26, 2007a.

180. Mishkin, F. S. , "Lessons from the Asian Crisis", *Journal of International Money and Finance* 18 (1999), 709 – 723.

181. Mishkin, F. S. , "Monetary Policy Flexibility, Risk Management, and Financial Disruptions", Speech Delivered at the Federal Reserve Bank of New York, New York, Jan. 11, 2008a.

182. Mishkin, F. S. , "Preventing Financial Crises: An International Perspective", *The Manchester School of Economic and Social Studies* 62 (1994), 1 – 40.

183. Mishkin, F. S. , "Prudential Supervision: Why is it Important and What are the Issues?" [EB/OL] NBER Working Paper 7926, 2000.

184. Mishkin, F. S. , "The Federal Reserve's Tools for Responding to Financial

Disruptions", Speech Delivered at the Tuck Global Capital Markets Conference, Tuck School of Business, Dartmouth College, Hanover, New Hampshire, Feb. 15, 2008b.

185. Mohan, R., "Economic Growth, Financial Deeping and Financial Inclusion", at the Annual Bankers' Conference, at Hyderabad on Nov. 3, 2006.

186. Molyneux, P. and Shamroukh, N., "Diffusion of Financial Innovations: The Case of Junk Bonds and Note Issuance Facilities", *Journal of Money, Credit, and Banking* 28 (1996), 502 – 522.

187. Montgomery, C. A. and Hariharan, S., "Diversified Expansion in Large Established Firms", *Journal of Economic Behavior and Organizations* 15 (1991), 71 – 89.

188. Moriarty, R. T., Kimball, R. C. and Gay, J. H., "The Management of Corporate Banking Relationships", *Sloan Management Review* Spring (1983), 3 – 15.

189. Morl, N., "Financial Inclusion Experiences from India", at the IDB Annual Meeting at Belo Horizonte, Minas Gerais, Brazil on Mar. 31, 2006.

190. Myers, F. and Spong, K., "Community Bank Performance in Slower Growing Markets: Finding Sound Strategies for Success", Federal Reserve Bank of Kansas City, Financial Industry Perspectives, 2003.

191. Myers, S. C., "Determinants of Corporate Borrowing", *Journal of Financial Economics* 5 (1977), 147 – 175.

192. Newey, W. K. and West, K. D., "Automatic Lag Selection in Covariance Matrix Estimation", *Review of Economic Studies* 61 (1994), 631 – 653.

193. Nielson, D. L. and Tierney, M. J., "Delegation to International Organizations: Agency Theory and World Bank Environmental Reform", *International Organization* 57 (2003), 241 – 276.

194. Oberndorfer, U. and Ziegler, A., "Environmentally Oriented Energy Policy and Stock Returns: an Empirical Analysis", ZEW Discussion Paper No. 06 – 079, 2006.

195. Ongena, S. and Smith, D. C., "Banking Relationships: A Review",

*Forthcoming in the Performance of Financial Institutions*; Eds. Hacker, P. and Zmos, S. A., (Cambridge: Cambridge University Press, 1998).

196. Oosterloo, S., Haan, J. and Jong-A-Pin, R., "Financial Stability Reviews: A First Empirical Analysis", *Journal of Financial Stability* 2 (2007), 337 – 355.

197. Perez, O., "The New Universe of Green Finance: From Self-Regulation to Multi-Polar Governance", Bar Ilan University Pub Law Working Paper No. 07 – 3, 2007.

198. Persyn, D., Westerlund, J., "Error Correction Based Cointegration Tests for Panel Data", *Stata Journal* 8 (2009), 232 – 241.

199. Pesendorfer, W., "Financial Innovation in a General Equilibrium Model", *Journal of Economic Theory* 65 (1995), 79 – 116.

200. Petersen, M. A., "Information: Hard and Soft", Preliminary and Incomplete Comments, Jul., 2004.

201. Petersen, M. A. and Rajan, R., "Does Distance Still Matter? The Information Revolution in Small Business Lending", *Journal of Finance* 57 (2002), 2533 – 2570.

202. Porteous, D., *The Geography of Finance: Spatial Dimensions of Intermediary Behaviour* (Aldershot: Avebury, 1995).

203. Prahalad, C. K. and Ramaswamy, V., *The Future of Competition: Co-Creating Unique Value with Customers* (Boston: Harvard Business School Press, 2004).

204. Przeworski, A. and Curvale, C., "Does Politics Explain the Economic Gap between the United States and Latin America?" Department of Politics New York University Working Paper, 2005.

205. Repullo, R., "Who Should Act as Lender of Last Resort? An Incomplete Contracts Model", [EB/Ol] CEMFI and CEPR Working Paper No. 9913, 1999.

206. Qian, Yingyi and Roland, G., "Federalism and the Soft Budget Constraint", *American Economic Review* 88 (1998), 1143 – 1162.

207. Qian, yingyi and Weingast, B. R., "Federalism as a Commitment to Market Incentives", *Journal of Economic Perspective* 11 (1997), 83 – 29.

208. Robinson, J. W. , "Commercial Bank Interest Rate Spreads in Jamaica: Measurement, Trend and Prospects", 2002, www. boj. org. jm/uploads/ pdf/papers_ pamphlets. pdf.

209. Rötheli, T. F. , "Competition, Herd Behavior, and Credit Cycles: Evidence from Major Swiss Banks", *Journal of Economics and Business* 53 (2001), 585 – 592.

210. Sachs, G. , "Why the BRICs Dream Won't Be Green", Oct. , 2006. www2. goldmansachs. com/. . ./why – brics – dream – wont – be – green. print. html

211. Salas, V. and Saurina, J. , "Credit risk in Two Institutional Regimes: Spanish Commercial and Savings Banks", *Journal of Financial Services Research* 22 (2002), 203 – 224.

212. Saloner, G. and Shepard, A. , "Adoption of Technologies with Network Effects: An Empirical Examination of the Adoption of Automated Teller Machines", *Rand Journal of Economics* 26 (1995), 479 – 501.

213. Saraiva, P. P. and Serrasqueiro, Z. M. , "Corporate Sustainability in the Portuguese Financial Institutions", *Social Responsibility Journal* 3 (2007), 82 – 94.

214. Sarmal, M. and Pais, J. , "Financial Inclusion and Development: A Cross Country Analysis", Preliminary Draft for Presentation at the Annual Conference of the Human Development and Capability Association, New Delhi, Sept. 10 – 13, 2008.

215. Scharfstein, D. S. and Stein, J. C. , "Herd behavior and investment", *American Economic Review* 80 (1990), 465 – 479.

216. Scholtens, B. and Dam, L. , "Banking on the Equator. Are Banks that Adopted the Equator Principles Different from Non-Adopters?" *World Development* 35 (2007), 1307 – 1328.

217. Scholtens, B. , "Finance as a Driver of Corporate Social Responsibility", *Journal of Business Ethics* 68 (2006), 19 – 33.

218. Scholtens, B. , "What Drives Socially Responsible Investment? The Case of the Netherlands", *Sustainable Development* 2 (2005), 129 – 137.

219. Schwartz, A. , "Financial Stability and the Federal Safty Net", *Restructuring*

*Banking and Financial Services in America*; Eds. Haraf, W. S. and Kushmeider, G. E., (Washington: American Enterprise Institute, 1988).

220. Schwartz, A., "Systemic Risk and the Macroeconomy", *Banking Financial Markets and Systemic Risk: Research in Financial Services, Private and Public Policy*; Ed. Kaufman, G., (Hampton: JAI Press Inc, 1995).

221. Schwert, G., "Tests for Unit Roots: A Monte Carlo Investigation", *Journal of Business and Economics Statistics* 7 (1989), 147 – 159.

222. Seager, A., "Friends of the Earth Attacks Carbon Trading", *The Guardian*, Nov. 5, 2009, http://www.guardian.co.uk/environment/2009/nov/05/friends – of – the – earth – attacks – carbon – trading.

223. Selgin, G. A., "Legal Restrictions, Financial Weakening and the Lender of Last Resort", *Cato Journal* 9 (1989), 429 – 459.

224. Shen, C. and Chen, H., "Herding Behavior in the Loan Market: Evidence from Taiwan Banking Industry", The 16th Conference on the Theories and Practices of Securities and Financial Markets, Kaohsiung, Taiwan, (NSC 94 – 2416 – H – 218 – 020), 2008

225. Shleifer, A. and Vishny, R., *The Grabbing Hand. Government Pathologies and their Cures* (Cambridge, MA: Harvard University Press, 1998).

226. Siber, W., "The Process of Financial Innovation", *The American Economic Review* May (1983), 89 – 95.

227. Siegel, D., *Innovation and Technology in the Markets: A Reordering of the World's Capital Market System* (Chicago: Probus, 1990).

228. Sinclair, S. P., "Financial Exclusion: An Introductory Survey", Centre for Research into Socially Inclusive Services, Edinburgh College of Art/Heriot Watt University, 2001.

229. Smith, C. W. and Warner, J., "On Financial Contracting", *Journal of Financial Economics* 7 (1979), 117 – 161.

230. Smith, C. W., and Watts, R. L., "The Investment Opportunity Set and Corporate Financing, Dividend and Compensation Polices", *Journal of Financial Economic* 32 (1992), 262 – 292.

231. Social Investment Forum (SIF), "Mutual Funds, Proxy Voting, and Fiduciary Responsibility, How Do Funds Rate on Voting Their Proxies and

Disclosure Practices?" Washington D. C. , 2005.

232. Solow, R. M. , *On the Lender of Last Resort in Financial Crises: Theory, History, and Policy* (Cambridge: Cambridge University Press, 1982).

233. Soppe, A. B. , "Sustainable Corporate Finance", *Journal of Business Ethics* 53 (2004), 213 – 224.

234. Sparkes, R. and Cowton, C. J. , "The Maturing of Socially Responsible Investment, A Review of the Developing Link with Corporate Social Responsibility", *Journal of Business Ethics* 52 (2004), 45 – 57.

235. Stallings, B. and Studart, R. , *Finance for Development: Latin America in Comparative Perspective* (Washington DC: Brookings Institution Press, 2006).

236. Statman, M. , "Socially Responsible Mutual Funds", *Financial Analysts Journal* 35 (2000), 30 – 39.

237. Stein, J. C. , "Information Production and Capital Allocation: Decentralized versus Hierarchical Firms", *The Journal of Finance* 57 (2002), 1891 – 1921.

238. Stiglitz, J. and Greenwald, B. , *Toward a New Paradigm in Monetary Economics* (Cambridge: Cambridge University Press, 2002).

239. Stiglitz, J. and Weiss, A. , "Credit Rationing in Markets with Imperfect Information", *American Economic Review* 71 (1981), 393 – 410.

240. Stiroh, K. , "Diversification in Banking: is Noninterest Income the Answer?" *Journal of Money, Credit and Banking* 36 (2004), 853 – 882.

241. Storey, C. and Easingwood, C. , "The Augmented Service Offering: A Conceptualization and Study of Its Impact on New Service Success", *Journal of Product Innovation management* 154 (1998), 335 – 351.

242. Strahan, P. E. and Weston, J. , "Small Business Lending and Bank Consolidation: Is There Cause for Concern?" *Current Issues in Economics and Finance* 2 (1996).

243. Szabo, M. , "Credit Suisse to Offer Largest Structured CO2 Deal", Reuters, Oct. 22, 2008.

244. Thwaites, D. , "Organisational Influences on the New Product Development Process in Financial Services", *Journal of Product Innovation*

*Management* 9 (1992), 303 – 313.

245. Timberlake, R. H., "The Central Banking Role of Clearinghouse Associations", *Journal of Money, Credit and Banking* 16 (1984), 1 – 15.

246. Toffler, A. and Toffler, H., *Revolutionary Wealth* (New York: Knopf, 2006).

247. Trexler, M., "I've Heard the Carbon Market in Europe Melted Down a Couple of Weeks Ago? What Happened?" Climatebiz, May 15, 2006.

248. Tufano, P., "Financial Innovation and First Mover Advantages", *Journal of Financial Economics* 25 (1989), 213 – 240.

249. Uchida, H. and Nakagawa, R., "Herd Behavior in the Japanese Loan Market: Evidence from Bank Panel Data", Econometric Society 2004 Far Eastern Meetings, Seoul, Korea, 2004.

250. UK Financial Services Authority Commodities Group, "The Emissions Trading Market: Risks and Challenges", Mar., 2008, http://www.fsa.gov.uk/pubs/other/emissions_trading.pdf.

251. UNEP FI, "Green Financial Products and Services: Current Trends and Future Opportunities in North America", 2007, http://www.unepfi.org.

252. Veblen, T. B., *The Theory of Business Enterprise* (*1904*) (New Brunswick: Transaction Publishers, 1978).

253. Vermeulen, M., "Managing Product Innovation in Financial Services Firms", *European Management Journal* 22 (2004), 43 – 50.

254. Vijverberg, C. C., "An Empirical Financial Accelerator Model: Small Firms' Investment and Credit Rationing", *Journal of Macroeconomics* 26 (2004), 101 – 129.

255. Vlachos, P., Tsmakos, A., Vrechopoulos, A. and Avramidis, P., "Corporate Social Responsibility: Attributions, Loyalty, and the Mediating Role of Trust", *Journal of the Academy of Marketing Science* 37 (2009), 170 – 180.

256. Wagner, T, Lutz, R. and Weitz, B. A., "Corporate Hypocrisy: Overcoming the Treat of Inconsistent Corporate Social Responsibility Perceptions", *Journal of Marketing* 73 (2009), 77 – 91.

257 Wedeman, A. , "China's War on Corruption", *Preventing Corruption in Asia*; Eds. Gong, T. and Ma, S. K. , (London, New York: Routledge, 2009).

258. Westerlund, J. , "Testing for Error Correction in Panel Data", *Oxford Bulletin of Economics and Statistics* 69 (2007), 709 – 748.

259. Whited, T. , "Debt, LiquidityConstraints, and Corporate Investment: Evidence From Panel Data", *Journal of Finance* 47 (1992), 1425 – 1460.

260. White, W. R. , "Past Financial Crises, the Current Financial Turmoil, and the Need for a New Macrofinancial Stability Framework", *Journal of Financial Stability* 4 (2008), 307 – 312.

261. Yadav, M. S. , Prabhu, J. C. and Chandy, R. K. , "Managing the Future: CEO Attention and Innovation Outcomes", *Journal of Marketing* 71 (2007), 84 – 101.

262. Zappi, G. , "Corporate Responsibility in the Italian Banking Industry: Creating Value Through Listening to Stakeholders", *Corporate Governance* 7 (2007), 471 – 475.

263. Zimmerman, G. C. , "Factors Influencing Community Bank Performance in California", FRBSF Economic Review No. 1, 1996.

# 社会科学文献出版社网站

## www.ssap.com.cn

1. 查询最新图书　　2. 分类查询各学科图书
3. 查询新闻发布会、学术研讨会的相关消息
4. 注册会员，网上购书，分享交流

　　本社网站是一个分享、互动交流的平台，"读者服务"、"作者服务"、"经销商专区"、"图书馆服务"和"网上直播"等为广大读者、作者、经销商、馆配商和媒体提供了最充分的互动交流空间。

　　"读者俱乐部"实行会员制管理，不同级别会员享受不同的购书优惠（最低7.5折），会员购书同时还享受积分赠送、购书免邮费等待遇。"读者俱乐部"将不定期从注册的会员或者反馈信息的读者中抽出一部分幸运读者，免费赠送我社出版的新书或者数字出版物等产品。

　　"网上书城"拥有纸书、电子书、光盘和数据库等多种形式的产品，为受众提供最权威、最全面的产品出版信息。书城不定期推出部分特惠产品。

咨询/邮购电话：010-59367028　　邮箱：duzhe@ssap.cn

网站支持（销售）联系电话：010-59367070　　QQ：1265056568　　邮箱：service@ssap.cn

邮购地址：北京市西城区北三环中路甲29号院3号楼华龙大厦　社科文献出版社　学术传播中心　邮编：100029

银行户名：社会科学文献出版社发行部　　开户银行：中国工商银行北京北太平庄支行　　账号：0200010009200367306

**图书在版编目（CIP）数据**

创新 风险 保障：中国金融发展安全观/何德旭等著.
—北京：社会科学文献出版社，2012.11
（中国金融安全研究丛书）
ISBN 978 - 7 - 5097 - 3760 - 6

Ⅰ.①创… Ⅱ.①何… Ⅲ.①金融体系 – 研究 – 中国
Ⅳ.①F832.1

中国版本图书馆 CIP 数据核字（2012）第 219243 号

· 中国金融安全研究丛书 ·

**创新 风险 保障：中国金融发展安全观**

著　　者 / 何德旭　张军洲 等

出　版　人 / 谢寿光
出　版　者 / 社会科学文献出版社
地　　　址 / 北京市西城区北三环中路甲 29 号院 3 号楼华龙大厦
邮政编码 / 100029

责任部门 / 财经与管理图书事业部　（010）59367226　　责任编辑 / 史晓琳
电子信箱 / caijingbu@ ssap. cn　　　　　　　　　　　责任校对 / 杜若普
项目统筹 / 史晓琳　　　　　　　　　　　　　　　　责任印制 / 岳　阳
经　　　销 / 社会科学文献出版社市场营销中心　（010）59367081　59367089
读者服务 / 读者服务中心（010）59367028

印　　装 / 北京季蜂印刷有限公司
开　　本 / 787mm × 1092mm　1/16　　　　　　　印　张 / 22.25
版　　次 / 2012 年 11 月第 1 版　　　　　　　　　字　数 / 385 千字
印　　次 / 2012 年 11 月第 1 次印刷
书　　号 / ISBN 978 - 7 - 5097 - 3760 - 6
定　　价 / 55.00 元